SOCIÉTÉ DES AGRICULTEURS DE FRANCE

AF614210

L'AGRICULTURE
L'ÉCOSSE ET DE L'IRLANDE

SÉRIE DE TRAITÉS

PRÉPARÉS POUR LE

CONGRÈS INTERNATIONAL DE L'AGRICULTURE

EN 1878

TRADUITS DE L'ANGLAIS

Par ERNEST MÉRICE

LA PRODUCTION AGRICOLE DANS L'INDE MÉRIDIONALE

D'APRÈS DES DOCUMENTS ENVOYÉS

POUR LE CONGRÈS INTERNATIONAL D'AGRICULTURE

PAR HENRI VILMORIN

Secrétaire-adjoint de la Société des Agriculteurs de France

L'AGRICULTURE EN AUSTRALIE

Par M. JULES JOUBERT

Délégué de la Société royale d'agriculture de la Nouvelle-Galles du Sud

---

OUVRAGES PUBLIÉS PAR LA SOCIÉTÉ DES AGRICULTEURS DE FRANCE

PARIS

AU SIÈGE DE LA SOCIÉTÉ

1, RUE LE PELETIER, 1

1878

L'AGRICULTURE

DE

L'ÉCOSSE, DE L'IRLANDE

DE L'INDE MÉRIDIONALE

ET DE L'AUSTRALIE

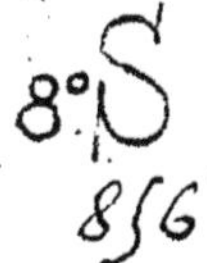

SOCIÉTÉ DES AGRICULTEURS DE FRANCE

L'AGRICULTURE
DE
L'ÉCOSSE ET DE L'IRLANDE

SÉRIE DE TRAITÉS

PRÉPARÉS POUR LE

CONGRÈS INTERNATIONAL DE L'AGRICULTURE

EN 1878

TRADUITS DE L'ANGLAIS

Par ERNEST MÉRICE

LA PRODUCTION AGRICOLE DANS L'INDE MÉRIDIONALE

D'APRÈS DES DOCUMENTS ENVOYÉS

POUR LE CONGRÈS INTERNATIONAL D'AGRICULTURE

PAR HENRI VILMORIN

Secrétaire-adjoint de la Société des Agriculteurs de France

L'AGRICULTURE EN AUSTRALIE

Par M. JULES JOUBERT

Délégué de la Société royale d'agriculture de la Nouvelle-Galles du Sud

OUVRAGES PUBLIÉS PAR LA SOCIÉTÉ DES AGRICULTEURS DE FRANCE

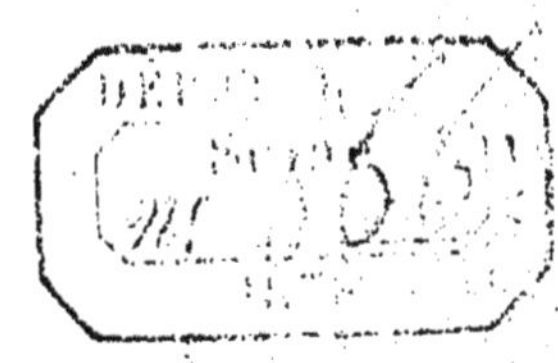

PARIS

AU SIÉGE DE LA SOCIÉTÉ

1, RUE LE PELETIER, 1

1878

RAPPORT SUR L'ÉTAT ACTUEL

DE

L'AGRICULTURE EN ÉCOSSE

COMPOSÉ SOUS LES AUSPICES DE LA

SOCIÉTÉ D'AGRICULTURE DE L'ÉCOSSE

En vue du Congrès international d'agriculture qui doit avoir lieu à Paris

EN JUIN 1878

PRÉFACE

La composition du rapport qui va suivre sur l'état actuel de l'agriculture de l'Ecosse présentait une difficulté exceptionnelle à cause de la rapidité avec laquelle il a dû être rédigé; par suite d'un malentendu, l'invitation adressée par la Société des agriculteurs de France n'a été remise au Conseil de la Société écossaise qu'à la séance du 9 janvier, tandis que le rapport devait être rendu à destination le 1er mars. On obtint sans difficulté un sursis jusqu'au 1er avril; mais, même avec cette prolongation, on ne disposait que d'un temps bien limité. Dès lors, on comprit que la seule marche à suivre était de faire appel aux membres de la Société écossaise, et à d'autres personnes au courant des matières que devait embrasser le rapport, et auxquelles leurs travaux laisseraient le loisir nécessaire pour y travailler. Une fois ce parti adopté, grâce au concours de ses différents collaborateurs, la Société écossaise a pu rassembler les éléments caractéristiques de l'agriculture nationale, et présenter un résumé complet de sa situation présente; c'est ce travail qu'elle soumet aujourd'hui au Congrès international d'agriculture.

Bien que la Société écossaise adopte en général, et prenne sous sa responsabilité l'ensemble des faits consignés dans le rapport, elle n'entend pas s'associer absolument aux opinions individuelles de ses collaborateurs, et elle fait ses réserves à cet égard.

Nous demandons la permission de citer les noms des auteurs qui ont bien voulu participer à ce travail. Ce sont :

MM. Alex. BUCHAN, secrétaire de la société météorologique d'Ecosse, à Edimbourg.
Ralph RICHARDSON, référendaire au sceau, secrétaire de la société géologique d'Edimbourg.
John WILSON, à Wellnage, comté de Berwick, auparavant à Edington Mains.
James DRENNAN, à Auchinlee, comté d'Ayr.
James MOLLISON, à Dochgarroch Lodge, comté d'Inverness.
Alexander Mac NEEL CAIRD, à Genoch, comté de Wigtown.
Robert SCOT SKIRVING, à Edimbourg.
James MELVIN, à Bonnington, Mid-Lothian.
Thomas MYLNE, à Niddrie Mains, Mid-Lothian.
John M. MARTIN, yr. d'Auchendennan, comté de Dumbarton.
John USHER, de Stodrig, comté de Roxburgh.
Robert HUTCHISON, de Carlowrie, West Lothian.
Docteur Andrew P. AITKEN, chimiste de la société écossaise.
Thomas DUNCAN, archiviste et administrateur de la société.
John MACDIARMID, administrateur en second.

Le travail a été coordonné et imprimé par les soins du professeur Wilson, professeur d'agriculture à l'Université d'Edimbourg, et avec le concours de M F. N. Menzies, secrétaire de la Société d'agriculture d'Ecosse.

INTRODUCTION.

Quelques observations préliminaires sont indispensables pour expliquer les raisons qui ont fait adopter à la société écossaise l'ordre suivi dans son rapport sur l'état actuel de l'agriculture en Écosse destiné au congrès agricole international de Paris.

Un coup d'œil sur la carte de la Grande-Bretagne suffit pour faire voir que l'Écosse forme l'extrémité septentrionale de cette île, et s'étend de 54° 38' à 58° 41' de latitude nord. Si l'on y comprend les grands archipels des Orcades et des Shetland, situés eux-mêmes à son extrémité nord, on trouve que cette contrée s'avance au nord jusqu'à 60° 49' de latitude.

La superficie territoriale de l'Écosse est d'environ vingt millions d'acres ou huit millions d'hectares, sur lesquels 3.530,000 acres ou 1.412.000 hectares consistent en terres labourables, et 1.138.000 d'acres ou 455.200 hectares en prairies. La population animale agricole comprend :

Espèce bovine	1.102.074
Espèce ovine	6.968.774
Espèce chevaline	188.736
Espèce porcine	153.257

La géologie, la situation géographique et la constitution physique du pays agissent nécessairement d'une manière matérielle sur son agriculture, et les influences naturelles du sol et du climat déterminent le mode d'occupation de la surface de la contrée.

On a pensé que la meilleure méthode à suivre pour le présent rapport, consistait à se conformer aux indications de la nature, d'après laquelle l'Écosse se divise en trois grandes régions : — Celle de l'est et du nord-est ; celle de l'ouest et du sud-ouest ; et, enfin, celle du centre et du nord-ouest. La première, déterminée dans toute son étendue par la mer du Nord, jouit d'un climat relativement sec, est propre à la culture des céréales, à l'engraissement du gros bétail et des moutons, et se distingue par le système de culture à labour qui y règne sans partage. Dans la seconde région, baignée également tout entière par l'océan Atlantique, l'humidité du climat a imposé le régime pastoral, dont la production des bêtes à cornes et des moutons, ainsi que l'industrie laitière, forment les traits caractéristiques. Dans la troisième région, ou région centrale, on est frappé surtout par l'aspect des chaînes de montagnes et des plateaux élevés, où souvent la vie végétale et la vie animale ont peine à lutter contre les rigueurs de la température, et où seules peuvent trouver à vivre les races robustes des bœufs et des moutons indigènes, à défaut desquelles ces hauteurs se convertiraient en solitudes.

En vue de cette classification, on va faire suivre un exposé sommaire des caractères naturels et physiques de l'Écosse, ainsi que des principales conditions économiques de son agriculture, auquel s'ajouteront les détails agricoles particuliers à la culture des trois régions, et de courtes descriptions des différentes races de chevaux, de bœufs et de moutons particulières à l'Écosse, le tout rangé sous les titres ci-après :

I.—Géographie physique et climatologie.
I.—Esquisse géologique.
III.—Agriculture de l'est et du nord-est.
V.—Agriculture de l'ouest et du sud-ouest.
V.—Agriculture du centre et du nord-ouest.
V .—Régime de la propriété et de la jouissance.
VII.—Main-d'œuvre et ouvriers.
VIII.—Outillage agricole.
IX.—Espèce chevaline. Race Clydesdale.
X.—Espèce bovine. Races du comté d'Ayr, d'Angus sans cornes, de Galloway et des hautes terres.
XI.—Espèce ovine. Races des Cheviots, à tête noire ou des hautes terres, et des Border-Leicester.
X I.—Régime forestier.
XIII.—Applications de la science à l'agriculture.
XIV.—Société nationale et autres associations.
XV.—Statistique agricole de l'Écosse en 1877.

I

GÉOGRAPHIE PHYSIQUE ET CLIMATOLOGIE DE L'ÉCOSSE.

Géographie physique. Dans aucun pays la configuration physique de la surface du sol n'exerce une influence plus décisive qu'en Écosse, sur les changements et les altérations que subit le climat, notamment dans les rapports de la climatologie du pays avec son agriculture. Cette subordination dérive de l'existence d'une chaîne de hautes montagnes qui se dirige, presque sans solution de continuité, du nord au sud, ou plus exactement du nord-nord-ouest au sud-sud-est, se trouvant ainsi perpendiculaire ou à peu près aux vents dominants de l'ouest-sud-ouest, qui arrivent chargés des évaporations de l'Atlantique.

Cette ligne de hauteurs peut être regardée comme ayant son extrémité septentrionale au cap de Duncansbay, d'où elle se dirige à l'ouest-sud-ouest vers le promontoire de Loch Shin; puis, elle va au sud-sud-ouest en se rapprochant de la pointe de Loch Nevis; de là à l'est vers Loch Laggan; ensuite au sud, du côté de Benlomond; puis, au sud-est, vers les ramifications occidentales des montagnes de Pentland; enfin au sud, vers la chaîne des Leadhills, d'où elle court au sud-est se joindre aux Cheviots. A l'est de ce massif, les pluies sont comparativement peu abondantes; la température de toutes les localités un peu éloignées des montagnes et ne s'élevant pas de plus de 500 pieds— 160 à 180 mètres—au-dessus du niveau de la mer, est sèche, et parfaitement propice à la culture des céréales. A l'ouest, au contraire, les pluies sont fortes; le climat est humide, et par-là même mieux approprié à la multiplication des bestiaux. On démontre plus loin que les ramifications de cette chaîne principale qui prennent la direction de l'est, telles que les groupes des Cheviots, des Pentlands et de Lammermoor, exercent à leur tour une influence notable sur l'agriculture de ces portions de l'Écosse, à cause de leur action sur les pluies torrentielles de l'automne; tandis que les hauts contreforts dérivés de son versant vers l'ouest simultanément avec les lacs si nombreux dans le pays, modifient profondément le climat des parties occidentales de l'Écosse.

D'un autre côté, en Irlande, la configuration de la surface n'a pas une influence à beaucoup près aussi prononcée sur la climatalogie de cette île, à cause de la disposition de son système orographique; en effet, les montagnes s'y trouvent massées en groupes distincts sans communication l'un avec l'autre, plutôt que rangées en haute chaîne continue et parallèle aux vents dominants. Aux Etats-Unis, la chaîne des Alleghanys n'altère que bien peu le caractère des climats sur ses deux versants, parce qu'elle ne barre pas les vents du sud-ouest qui dominent dans ces contrées, et qu'elle en suit au contraire la direction.

Climatologie de l'Écosse. Le climat de l'Ecosse, dans ses rapports avec l'agriculture du pays, résulte de sa latitude, de sa situation par rapport à l'océan Atlantique, et plus particulièrement encore des vents dominants, et de la configuration physique du sol.

Les vents qui règnent en Écosse, sous le rapport de la direction et de la force, donnent la moyenne suivante, d'après les observations recueillies pendant les vingt et une dernières années aux cinquante-cinq stations de la société météorologique d'Écosse.

MOIS.	DIRECTION								VARIABLES ET CALMES.	FORCES à raison d'une livre par pied carré.
	Nord.	Nord-est.	Est.	Sud-est.	Sud.	Sud-ouest.	Ouest.	Nord-ouest.		
Janvier	2	2	2	3	4	8	5	3	2	1.80
Février	2	2	2	3	3	6	5	3	2	1.94
Mars	3	3	4	2	3	5	5	4	2	1.81
Avril	3	3	4	3	3	5	4	3	2	1 55
Mai	3	3	4	3	3	5	5	3	2	1.25
Juin	2	2	3	3	3	6	6	3	2	1.19
Juillet	2	2	3	2	4	6	6	3	3	1 20
Août	2	2	2	3	3	7	6	3	3	1.21
Septembre	2	2	2	3	3	7	6	3	2	1.40
Octobre	2	2	3	3	3	6	6	3	3	1.66
Novembre	3	2	3	3	3	5	5	3	3	1.41
Décembre	3	2	2	3	3	7	6	3	2	1.81
Par année.	29	27	34	34	36	73	65	37	28	1.52

Il ressort de là que la direction moyenne des vents se rapproche beaucoup de l'ouest sud-ouest; que le vent vient du sud-ouest et de l'ouest pendant 138 jours de l'année, et que la direction d'où le vent souffle le plus rarement se trouve vers le nord nord-est, le vent du nord et du nord-est ne régnant que 56 jours.

Il y a une direction secondaire maximum qui domine au plus haut degré pendant les mois de printemps, et qui commence en mars. Ainsi, le nombre des jours de mars, avril et mai où dominent les autres vents est de neuf pour le vent du nord, neuf pour le vent du nord-est, douze pour le vent d'est, huit pour le vent de sud-est, neuf pour le vent du sud, quinze pour le vent de sud-ouest, quatorze pour le vent d'ouest et dix pour le vent du nord-ouest; il y a enfin six jours de calme. Il résulte de ce relevé qu'en Écosse la direction secondaire maximum du vent au printemps se rapproche extrêmement de l'est. Dans l'extrême nord de l'Écosse, on remarque une tendance bien décidée à substituer les vents du sud et du sud-est aux vents de l'ouest et du sud-ouest qui règnent dans les autres parties de la contrée. Cette prépondérance des vents du sud dans le nord de l'Écosse résulte tout simplement de la courbe décrite par les vents dominants du nord-ouest de l'Europe quand ils traversent les Iles-Britanniques pour arriver en Danemark et dans la péninsule scandinave, où ils règnent comme venant du sud et du sud-est. C'est à cette direction plus méridionale des vents dominant dans le nord qu'est due en partie l'élévation comparative de la température de cette fraction de la Grande-Bretagne pendant l'hiver.

L'influence de la saison se fait sentir à la prépondérance relative des vents d'ouest et d'est, et aux écarts qu'ils subissent. Le grand courant aérien qui nous arrive de l'ouest, tout imprégné des vapeurs de l'Atlantique, a deux périodes annuelles : la première, de décembre à février, et la seconde, de juillet à septembre. Les vents d'est, d'un autre côté, acquièrent leur plus grande fréquence de mars à mai ; dans le courant de novembre, juin et octobre, ils peuvent être considérés comme servant de transition.

Il existe une différence frappante entre les vents d'ouest de l'hiver et ceux de l'été; et on en trouve l'explication dans le rapport qui existe entre les vents dominants d'Écosse et ceux du continent européen aux époques correspondantes. La tendance des vents dominants en hiver au nord-ouest de l'Europe est de passer sur l'Irlande en décrivant une courbe qui l'entoure ou la traverse; ensuite, en dépassant l'Écosse par le nord, ils acquièrent graduellement un caractère plus méridional; tandis qu'en été la tendance du vent dominant le porte vers les régions centrales du continent européo-asiatique ; et, de là, en passant sur l'Écosse, le courant aérien de l'ouest devient peu à peu septentrional ; — en d'autres termes, il tend à s'infléchir par rapport à la direction des vents dominants du sud-ouest de la Norwège qui viennent du nord pendant l'été. Ainsi, pendant que, comme on vient de l'expliquer, le caractère méridional des vents dominants en hiver au nord de l'Écosse tend à faire monter la température de cette région, le caractère septentrional des vents d'été abaisse la température de l'été ; on s'en convaincra en examinant l'ensemble des lignes isothermes tracées figure 3. Ces faits exercent la plus grande influence sur l'agriculture des archipels des Orcades et des Shetland.

L'action par laquelle la configuration physique de la surface fait dévier les vents de leur direction normale, est parfaitement démontrée par les observations recueillies aux différentes stations de la société météorologique écossaise. Ainsi à South Cairn, dans l'ouest du comté de Wigtown, où la côte, sur une certaine étendue, est à l'exposition du sud et du nord, et où la descente de l'intérieur du pays au rivage est extrêmement rapide, les vents dominants sont ceux du sud et du nord ; le nombre des jours où le vent part de ces deux directions est de 158, pendant que le nombre de ceux où il souffle du sud-ouest et du nord-est est seulement de 42. En d'autres termes, les vents dominants sont déviés de leur cours normal et soufflent dans la direction de l'étroit bras de mer qui sépare de l'Irlande le comté de Wigtown. D'un autre côté, à Glasgow, les vents dominants dévient encore davantage dans une direction réellement orientale et occidentale, quand ils passent sur le déversoir relativement peu élevé qui sépare le golfe de Clyde du golfe de Forth. La déviation imprimée à la marche du vent par les vallées et les hauteurs sur lesquelles il passe est tellement prononcée, que l'un ou l'autre des huit vents de la rose (nord, nord-est, est, etc.) à l'exception de celui du sud-ouest, fait défaut d'une manière frappante à trois au moins des stations météorologiques.

L'influence exercée par les changements matériels de la direction du vent et par les différences extérieures ou locales résultant de la configuration physique de la surface, sur le climat en général et sur le climat des diverses localités en particulier, et les conséquences qui en résultent pour la production agricole, seraient l'objet d'études d'une grande importance pratique.

Mais le côté essentiel de l'influence exercée par la géographie physique d'une région pour en modifier la climatologie n'est pas là ; il consiste dans la participation prise par l'atmosphère à l'humidité, quand le vent la chasse sur les différentes régions ; dans le point à concurrence duquel l'air a été dépouillé de son humidité avant d'arriver à ces diverses destinations. En d'autres termes, les points importants de l'étude des climats locaux considérés au point de vue agricole sont : la répartition de la pluie suivant les saisons, les écarts de la température, enfin les alternatives de soleil et de temps couvert, ainsi que le tout résulte forcément de l'état de l'air, eu égard à la somme d'humidité des différentes régions.

La hauteur de pluie est partout le plus capricieux des éléments dont se compose le climat. Mais dans un pays comme l'Écosse, dont la surface est accidentée de chaînes de montagnes, de collines, de vallées et de plaines, et où l'exposition aux vents qui apportent la pluie change à chaque pas, cette donnée caractéristique est mieux accusée que dans aucune autre contrée. Aussi loin que s'étendent les observations recueillies jusqu'ici, la hauteur de pluie annuelle varie de 128 pouces à Glencroe, immédiatement au pied du Rest and be Thankful, à environ

24 pouces, ou moins d'un cinquième, dans plusieurs des cantons meilleurs producteurs de céréales de l'est du pays. Mais ces extrêmes de hauteur de pluie sont particuliers à des territoires singulièrement restreints; il se trouve de grandes régions où, pour les unes, la hauteur de pluie annuelle n'est pas moindre de cent pouces, tandis que pour les autres, elle ne dépasse pas 28 pouces.

En résultat, d'après les observations pluviométriques recueillies dans les 127 stations, la hauteur moyenne de la pluie sur le versant ouest de l'Écosse est de 50 pouces, et sur le versant est, de 38 pouces. Cet écart est dû à la différence des expositions, et s'explique par le plus ou moins d'accès laissé par elles aux vents humides de l'ouest sud-ouest qui viennent de l'Atlantique.

Dans l'Écosse occidentale, on constate la hauteur de pluie la plus réduite dans les localités peu élevées au-dessus du niveau de la mer et dans le voisinage desquelles il n'existe pas de collines. Ainsi, à Tyree, le montant annuel de la pluie est de 40 pouces ; et c'est-là aussi à peu près le contingent des parties basses du comté d'Ayr, de l'embouchure du Doon à Portincross. De là en remontant l'embouchure de la Clyde, la hauteur de pluie s'élève rapidement ; elle atteint 46 pouces à Largs, 49 à Brisbane, 59 à Skelmorlie, et 65 aux environs de Greenock. Cette progression rapide de la pluie sur un parcours si peu étendu, dans des localités toutes voisines de la côte, est due au rapprochement des hauts terrains formant le versant écossais de ce côté ; ces élévations forment brusquement avec les collines situées en face d'elles, derrière Dunoon, une espèce d'entonnoir ou les vents du sud-ouest viennent s'engouffrer.

La progression rapide de la hauteur de pluie à mesure que les vallées s'élèvent et que les vents pluvieux y pénètrent, s'explique facilement, si l'on fait attention à la déviation des vents dominants de l'ouest sud-ouest dans d'autres directions, telles que le sud-ouest, le sud-sud-ouest ou le sud, comme nous l'avons déjà dit. Ainsi, quand on se dirige vers le lac Lomond, la hauteur de pluie à Balloch Castle est de 55 pouces ; à Cameron House, de 63 pouces ; à Luss, de 79 pouces ; à Firkiu près de Tarbet, de 99 pouces, et à Ardlui, où commence le lac de 115 pouces. Pour les abords du lac Long, on trouve à Castle Toward 50 pouces ; à Dunoon et Arddarroch 75 pouces ; à Arrochar 101 pouces, et à Glencroe 128 pouces. Enfin, pour les environs du lac Fyne, on constate à Callton Mor 53 pouces ; à Kilmory Castle 59 pouces ; à Inverary 60 pouces ; à Cairndow 93 pouces, et à Glen Fyne 102 pouces. Sur le plateau auquel ces vallées conduisent, partout où des observations ont pu être recueillies, on a constaté une très-forte hauteur d'eau, 104 à Tyndrum, 114 au pont d'Orchy, et près de 120 pouces à Drishaig, près Ben Cruachan. Il est hors de doute que sur le grand plateau montagneux où viennent frapper ces vents de l'ouest-sud-ouest, au haut de vallées qui se rétrécissent à mesure qu'elles s'élèvent, la hauteur d'eau dépasse cent pouces (2 mètres 54 c.) et que là se trouve un des centres de condensation des vapeurs atmosphériques des Iles-Britanniques. Une quantité de pluie également considérable se fait remarquer également sur d'autres grandes landes des hauts terrains de l'ouest, telles que Loch Shiel, Glenquoich, Loch Hourn, et la plus grande partie de l'île de Skye. Le cœur est saisi d'une indicible émotion, soit à l'aspect de ces brèches gigantesques dont l'action incessante des pluies a sillonné le flanc des montagnes, soit quand l'œil suit le cours de ces rivières transparentes dont rien n'altère jamais l'éternelle limpidité, et qui, même dans leurs plus fortes crues, ne troublent d'aucun limon la pureté des mers.

Il a été constaté que la hauteur de pluie dans les parties basses du comté d'Ayr était d'environ 40 pouces. A Girvan cependant, dans les terres basses voisines des rivages du canal du Nord, et peu au-dessus du niveau de la mer, la hauteur de pluie annuelle est de 50 pouces. Cette forte augmentation de hauteur de pluie pour Girvan est causée par les collines situées derrière cette localité, à environ deux milles à l'est ou sous le vent. Ce trait particulier du régime des pluies, c'est-à-dire l'influence d'une chaîne de collines augmentant sensiblement la hauteur d'eau à quelque distance du côté du vent, mérite d'être soigneusement noté. La distance à laquelle cette influence se fait sentir et le degré de l'augmentation éprouvée par la pluie sont des problèmes dont la solution n'est pas encore trouvée.

Il existe une anomalie remarquable au sujet des pluies dans ces vallées qui descendent au sud vers le golfe de Solway. La hauteur de pluie dans la vallée de la Ken est plus grande que dans la Nith, et plus forte dans celle-ci que dans l'Annandale; enfin, elle est encore plus faible dans la partie basse de l'Eskdale. La somme de pluie cependant, s'élève plus rapidement et arrive sans doute à un chiffre plus considérable à la montée de la vallée de l'est qu'à celle des vallées d'Annan, de Nith ou de Ken.

Il semblerait que les vents dominants d'ouest, sud-ouest, dans leur trajet vers l'est à travers les lignes de hauteurs dont la succession forme les vallées qui déchargent leurs eaux dans le golfe de Solway, se sèchent à mesure de leur course ; mais que les vents qui ont balayé le golfe de Solway soient en grande partie détournés vers la vallée de l'est, probablement dans la direction de la dépression si frappante subie par le bassin de l'Ecosse méridionale près de Teviothead.

Dans l'est, le régime des pluies est tout autre. En descendant le cours du Teviot et la partie inférieure de la vallée de la Tweed, les hauteurs sont: Teviothead, 55 pouces; Borthwickbrae, 45 pouces; Hawick 33 pouces ; Jedburgh et Springwood Park près de Kelso, 25 pouces ; et Milne Graden, 27 pouces; décroissance rapide et progressive de Teviothead à Kelso. Cette diminution est causée par l'assèchement graduel des vents d'ouest qui perdent continuellement de leur humidité, et à la chaleur croissante qu'ils contractent en descendant la vallée, perdant ainsi progressivement l'eau dont ils sont chargés. Dans la vallée du Forth, cette décroissance de la pluie est encore plus frappante. Ainsi à Glengyle, à la pointe du lac Katrine, la hauteur de la pluie est de 94 pouces; au pont de Turk, de 64 pouces ; à Lanrick Castle, de 47 pouces; à Polmaise, près Stirling, de 39 pouces ; à Linlithgow de 30 pouces ; à Edimbourg, de 26 pouces, et à East Linton de 24 pouces. Ainsi, dans cette dernière localité, la hauteur de pluie se réduit au quart environ de ce qu'elle est à Glengyle.

La hauteur de la pluie dans les montagnes et les terres hautes du comté d'Aberdeen est faible, eu égard à celles qui viennent d'être relevées. Elle atteint à peine et au plus 40 pouces, d'après les observations recueillies jusqu'ici, ce qui forme un contraste bien saillant avec les pluies des localités correspondantes de l'ouest du comté de Perth, où, sur de très-grandes étendues, elles montent au double de la hauteur notée pour le comté d'Aberdeen. La raison de cette différence est l'existence d'une longue suite de collines à l'ouest et au sud-ouest d'Aberdeen ; ces hauteurs sont notoirement connues pour être exceptionnellement pluvieuses, et, en arrêtant ainsi les eaux du ciel, elles procurent au climat d'Aberden une sécheresse relative.

On a constaté que la hauteur de la pluie à Milne-Graden, près de Coldstream, est d'environ deux pouces de plus qu'à Jedburgh et à Kelso.

En examinant les résultats mensuels, on voit que cet écart provient de la surabondance de la pluie à Milne-Graden en septembre, octobre et novembre. Dans les terrains bas de l'est de l'Ecosse, c'est en général pendant ces trois mois que tombent les plus grosses pluies. Les statistiques démontrent que le maximum de hauteur d'eau observé en automne dans ces parties du pays, provient de grosses pluies persistantes venant de l'est, lesquelles affectent souvent un caractère torrentiel, interrompent et terminent souvent la série des beaux temps de la moisson, et ne s'étendent ni beaucoup à l'ouest (elles atteignent rarement la partie occidentale du comté de Perth), ni les régions agricoles situées plus haut. Quand ces averses sont accompagnées de tempête du nord-est, la tombée d'eau est excessive au plus haut degré sur l'extrême littoral du golfe de Moray et du golfe de Forth qui fait face à la tempête venant du nord et de l'est. Quand cependant elle vient du sud-est, sa direction la plus ordinaire, la pluie est intense dans les parties du comté de Berwick qui s'étendent en montant vers les landes appelées Lammermoors, dans le comté de Fife, et le long de la côte est, en gagnant au nord jusqu'à Fraserburgh. C'est ce qui fait que les régions les plus sèches de l'Ecosse sont les expositions basses et découvertes qui se trouvent au nord des monts Cheviot, les expositions analogues situées au nord des landes de Lammermoor, aux environs de Nairn, de Culloden et d'Invergordon, toutes localités peu élevées au-dessus du niveau de la mer, et préservées, par de longues chaînes de montagnes, tant à l'ouest-sud-ouest qu'au sud-est, de la plus grande partie des fortes pluies d'automne.

A propos du climat de l'est de l'Ecosse, on cite décembre 1876 et août 1877 pour leurs pluies extraordinaires et sans précédents. Dans une foule d'endroits, l'eau tombée dépassa de 150, 200, 300 pour 100 et davantage la moyenne connue de ces mois. Dans de telles occasions, peut-être même en toute occasion, la tombée d'eau n'atteint pas la moyenne dans le nord-ouest de l'Ecosse, et le temps y est généralement magnifique. Il n'y a jamais eu d'année, où cette particularité des pluies de l'Ecosse se soit accusée d'une manière aussi fréquente et aussi tranchée qu'en 1872, où pendant huit mois dominèrent les vents du nord, du nord-est, de l'est, du sud-est et du sud, régnant ainsi 28 jours de plus qu'en temps ordinaire pendant ce laps de temps. La carte ci-après fait voir la répartition de l'excédant de pluie pour cette année exceptionnellement humide :

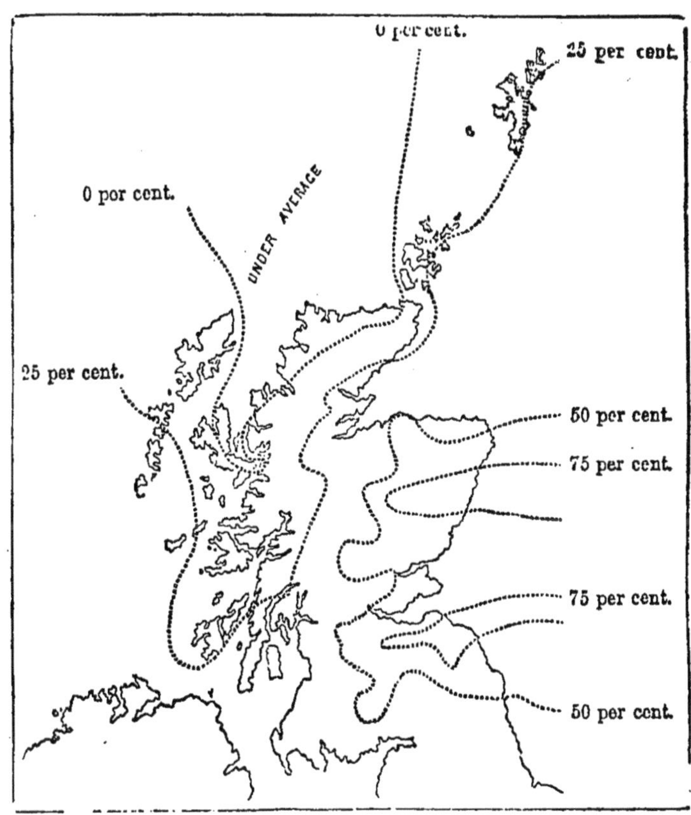

Fig. 1.

On voit, par ce tableau, que dans de vastes régions de l'est de l'Ecosse, l'eau tombée a excédé la moyenne de plus des trois quarts, et que, sur la presque totalité de l'est du pays, la hauteur de pluie a été au moins moitié plus forte que d'habitude, tandis qu'au nord-est elle restait sensiblement au-dessous de la moyenne. La plus forte proportion au-dessous — 16 pour 100 de moins que la moyenne, — s'est produite à Scourie, dans le Sutherland, et le plus fort excédant, — 91 pour 100 de plus que la moyenne, — à West Grange près de Culross ; les observations faites aux autres stations donnent des résultats échelonnés tous entre ces deux extrêmes.

Il est un caractère physique particulier qui exerce une influence toute-puissante sur les pluies en particulier et sur l'agriculture en général, dans une fort grande partie de l'Ecosse ; c'est la dépression existant dans le bassin situé entre les golfes de Forth et de Clyde, dépression accentuée surtout le long du chemin de fer de Falkirk à Ardrossan. Le golfe de Clyde, et les plaines comparativement basses des comtés de Dumbarton et de Stirling laissent le comté de Perth ouvert aux vents de l'ouest sud-ouest, de sorte que l'occident de cette circonscription est arrosé par des pluies qui rivalisent en abondance avec le maximum de celles du comté d'Argyll, et ont lieu à la même époque. A l'ouverture que forme ainsi le golfe de Clyde s'ajoute une brèche dans le bassin aux environs de Beith, par laquelle la part normale de la ville de Glasgow dans les pluies se trouve augmentée d'une quantité supplémentaire. Cet accroissement de pluie s'étend dans la direction de l'est jusqu'à Stirling, où il se bifurque sur Fife d'un côté, et de l'autre, en traversant le comté de Linlithgow, sur l'ouest du Mid Lothian, y compris les hauteurs de Pentland. A Fife, cette influence se remarque à un excédant de 2 à 5 pouces de hauteur de pluie, par rapport à ce qui tombe sur le rivage d'en face dans le même golfe ; le ciel y est aussi beaucoup plus fréquemment couvert. De Glasgow à Bothwell, la hauteur de pluie descend de 44 à 30 pouces. Bothwell est, avec ses environs, la localité de beaucoup la plus sèche de l'ouest de l'Ecosse, et doit ce précieux avantage de son climat aux hautes montagnes qui l'avoisinent au sud-ouest, et qui arrêtent au passage une partie de l'humidité apportée par le vent.

Quant au mois où il tombe le plus d'eau, il n'est pas le même pour toute l'Ecosse. C'est octobre, pour les îles Shetland, les Orcades, l'est du pays en général, et dans la vallée de la Clyde, près de Bothwell, où la pluie est rare pour une région de l'ouest. C'est décembre pour la région nord-ouest, pour l'ouest du comté d'Argyll, pour les cantons montagneux des comtés d'Argyll, de Perth, de Dumbarton, de Lanark et de Dumfries, c'est-à-dire pour les régions immédiatement exposées à l'ouest sud-ouest, à cause de leur situation soit sur les bords de l'Atlantique, soit dans les montagnes qui dominent l'océan. Enfin, c'est janvier pour les comtés d'Ayr, de Wigtown, pour les vallées de Nith, d'Esk, pour l'est du comté de Perth, pour les environs des monts Ochill, parce qu'aucune de ces régions ne donne directement sur la mer. Si, pour un grand nombre de localités de l'est, c'est octobre qui est le mois le plus humide il n'en existe pas moins beaucoup d'autres où le maximum de la tombée d'eau arrive en juillet, août et même septembre; cette particularité se présente surtout dans le sud-est, où, l'été, les pluies sont rares et les orages fréquents.

Le mois où il tombe le moins d'eau est juillet pour les îles Shetland et les îles Orcades; c'est aussi le mois le moins pluvieux aux îles Feroë et sur la côte de Norwége au nord de Bergen. C'est mai dans la moitié septentrionale, et avril dans la moitié méridionale de l'Ecosse, si l'on fait passer la ligne de séparation entre les deux, de l'embouchure de la Clyde à Montrose. Dans le sud de l'Ecosse, les hauteurs de pluie de mars et d'avril tendent à s'équilibrer, quoique mars reste dans bien des endroits le plus sec. Dans les régions du centre et de l'est de l'Angleterre, c'est mars, et même quelquefois février, qui a ce privilége.

La température, qui est d'une importance vitale pour le cultivateur écossais, se répartit d'une manière infiniment moins compliquée. On en comprend mieux la distribution en embrassant à la fois sous ce rapport l'ensemble des Iles-Britanniques. La figure 2 ci-après indique les points d'isothermie pour janvier, qui est le mois le plus froid; la figure 3 les

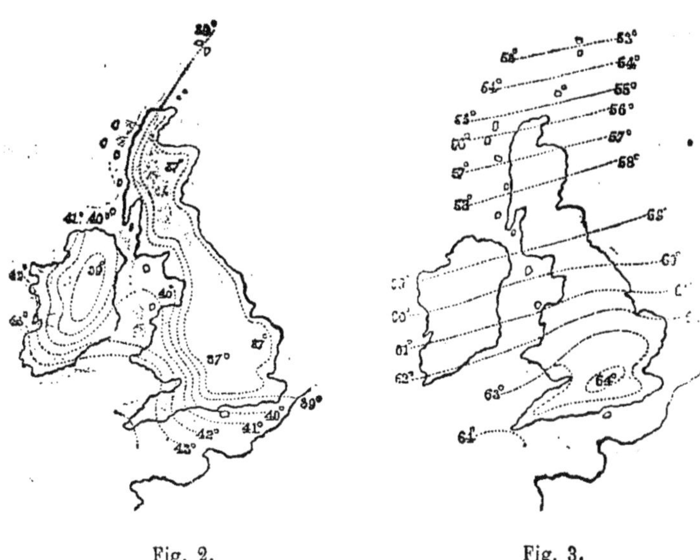

Fig. 2. Fig. 3.

donne pour juillet, qui est le plus chaud, toujours pour les Iles-Britanniques. La direction du nord au sud affectée par ces points isothermes est véritablement étonnante. Ils sont indépendants en hiver des influences solaires, et sont déterminés seulement par les courants chauds de l'Atlantique et les vents doux et moites de l'ouest-sud-ouest auxquels ces courants donnent naissance. De la température moyenne de janvier, qui s'élève à 3° 89 centigrades dans l'ouest et à 2° 78 dans l'est de l'Ecosse, il résulte que, si l'on déduit 0° 56 centigrades par cent mètres d'élévation, cette moyenne ne descend jamais à 0° centigrade, ou à la glace fondante, à moins que l'altitude n'excède cinq cents mètres, élévation que la culture ne peut raisonnablement dépasser. La conséquence de cette donnée, par rapport aux pratiques agricoles, est facile à déduire, surtout si l'on ajoute que la rigueur du froid, quand elle se produit, n'est jamais persistante. Il faut noter également que la douceur de cette température hivernale exclut le retour périodique ou fréquent de ces inondations désastreuses qu'amène la fonte des grandes masses de neige sur les montagnes.

L'intérêt qui s'attache particulièrement à l'isothermie du mois de juillet découle de ce fait, démontré il y a déjà seize ans par la société météorologique d'Ecosse, que dans ce pays, quand la température moyenne de l'été ne s'élève pas au-dessus de 13° 33 centigrades, la culture du blé et de l'orge reste possible, même quand le printemps a été comparativement froid et en retard, pourvu toutefois que les pluies et les temps couverts de l'été et de l'automne ne dépassent pas la moyenne. Il est essentiel d'ajouter cependant que le blé et l'orge atteindraient une maturité suffisante quand même la température moyenne de juillet ou d'août descendrait au-dessous de 13° 33, pourvu que le temps soit chaud pendant la journée ; bien plus, ces céréales mûriront avec une température moyenne, en juillet ou août, de 12° 56; mais alors, il faut qu'une température élevée, aidée d'un brillant soleil, règne aux époques critiques de la floraison et de la maturation.

Il suit de ces observations que si la température de l'été descend d'un degré ou d'un degré et demi centigrade au-dessous de la moyenne, la

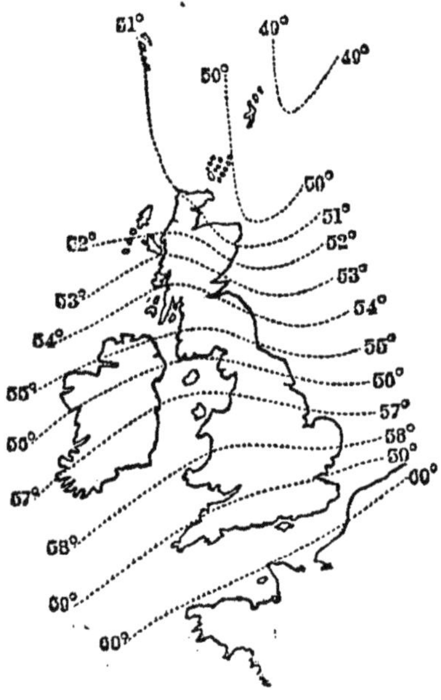

Fig. 4.

récolte manquera ou se fera mal dans une grande partie de l'Ecosse. Et, quand même l'abaissement de la température moyenne n'atteindrait pas jusque-là, si la température diurne descend, faute de soleil, le grain sera d'une qualité défectueuse ; lorsque la température des journées est exceptionnellement basse, comme c'est arrivé pendant l'été de 1877, la qualité du grain sera tellement inférieure, qu'on pourra considérer la récolte comme entièrement perdue.

Il arrive que, quand l'Angleterre, la mer du Nord, le Danemark ou le sud de la péninsule scandinave deviennent le centre de basses pressions barométriques, ou, en d'autres termes, quand ces centres de pression se forment au sud ou à l'est de l'Ecosse, — les brises d'été, soufflant du sud, et qui sont généralement chaudes, font place à des brises froides venant de l'est et du nord ; quand cette substitution se produit aux phases critiques de la végétation des céréales, elle devient un fléau pour les récoltes. Elle a eu lieu du 19 juillet au 1er août 1877, période pendant laquelle la température moyenne est descendue aux degrés représentés dans la figure 4 (1); on voit par là que, pendant l'époque la plus importante pour la bonne venue des récoltes, l'Ecosse entière n'a pas eu plus de 13° 33 de chaleur. Les effets en ont été d'autant plus accentués, qu'ils n'étaient pas contre-balancés par la chaleur solaire; un ciel toujours couvert maintenait pendant le jour la température à un niveau tel, que la moyenne diurne subissait une réduction encore plus grande que la moyenne générale. Cette température fut, à la vérité, suffisante pour faire pousser la paille; mais elle manqua absolument de l'action nécessaire pour le développement des forces végétales indispensables à cette maturité de la semence dont dépend la qualité du grain. Il en résulta beaucoup de coulure parmi les blés et les orges; et chez les grains qui se formèrent, le tégument corné, habituellement mince, s'épaissit et prit un développement excessif, tandis que l'albumen farineux blanc, perdant ses proportions ordinaires, s'atrophiait avant d'avoir acquis sa condition normale.

II.

ESQUISSE DE LA GÉOLOGIE DE L'ÉCOSSE, DANS SES RAPPORTS AVEC L'AGRICULTURE.

Le caractère qui distingue la géologie de la surface de l'Ecosse est la vaste accumulation appelée tantôt dépôt glaciaire, tantôt argile roulée, tantôt enfin banc argileux, qui couvre une proportion considérable du pays, quoiqu'il s'y trouve, par bonheur pour l'agriculture du pays, un certain nombre de lacunes. Le banc argileux d'Ecosse consiste en un dépôt épais, tourmenté et sans couches régulières, d'argile tenace où abondent les cailloux plus ou moins arrondis, striés et polis, tirés en grande partie des roches de la région, mais souvent aussi de provenance très-éloignée.

C'est Agassiz qui le premier affirma que l'Ecosse avait été autrefois couverte de glace, comme le sont encore aujourd'hui la Suisse et le Groënland. Ce savant parcourut l'Ecosse en 1840. Pendant son voyage, il put comparer la physionomie de cette contrée à celle de son pays natal. Après cet examen, l'illustre auteur des *Etudes sur les glaciers* n'hésita plus à assigner à l'action des glaces les phénomènes physiques les plus remarquables qu'il avait observés en Ecosse, et soutint que les roches de ce pays avaient été à plusieurs reprises rabotées, polies et striées par les glaces, dont elles conservent encore la trace aujourd'hui.

Entre autres phénomènes superficiels remarquables d'un grand intérêt géologique, l'Ecosse possède ses cailloux erratiques, ses hauteurs

(1) La figure 4, empruntée au texte anglais, porte les degrés d'après le thermomètre Fahrenheit, seul en usage en Angleterre.

formées de rocs pointus, ses crochets ou *kames*, ses baies exhaussées ou anciens bords de la mer, et les routes parallèles de Lochaber.

Si l'on passe aux roches sédimentaires de l'Ecosse, le premier coup d'œil jeté sur une carte géologique du pays suffit pour en apercevoir au moins l'un des caractères particuliers. C'est en vain qu'on chercherait sur cette carte les roches plus récentes ou mésozoïques qui couvrent une si grande étendue de l'Angleterre et de la France prises en masse. L'observateur finira sans doute par en découvrir la trace, dans des lambeaux de terrain isolés, dans des coins perdus; mais il sera forcé de reconnaître que l'Ecosse est formée à peu près exclusivement des roches les plus anciennes ou paléozoïques.

Passons une revue rapide des roches principales qu'on trouve en Écosse, en allant du nord au sud. L'archipel de Shetland consiste surtout en roches métamorphiques de la formation silurienne inférieure qui forment aussi les hautes terres d'Écosse. Les îles Orcades, à leur tour, sont composées des mêmes roches anciennes de grès rouge qui couvrent le comté de Caithness, dont les Orcades ne sont séparées que par le détroit de Pentland. Dans les hautes terres des comtés de Sutherland et de Ross, la formation rocheuse principale appartient à l'époque silurienne, représentée par des roches inférieures métamorphiques. En traversant la ligne du canal calédonien, nous rencontrons une large bande diagonale des mêmes roches qui traversent l'île, du nord-est au sud-ouest, tantôt s'élevant pour former les cimes des monts Grampians, tantôt s'enfonçant dans les abîmes des ravins et la profondeur des lacs, mais présentant toujours le même contour extérieur, aussi bien dans les montagnes que dans les landes et dans les cours d'eau. La bande diagonale qui se trouve ensuite, celle des roches anciennes de grès rouge, traverse l'île, depuis Stonehaven jusqu'à Helensburgh. La bande suivante, celle des roches carbonifères, occupe la région qui s'étend entre les deux golfes de Forth et de Clyde, et celle d'alentour; c'est là qu'est le centre de l'activité et de la population de l'Écosse, comme on peut du reste l'induire du nom donné à la circonscription, *Coalfields* ou champs de la houille. On trouve pareillement des roches carbonifères le long de la frontière d'Écosse, c'est-à-dire dans la partie du comté de Berwick appelée la Merse, et de la vallée de Liddis à celle de Solway. Enfin, la dernière bande diagonale traverse les basses terres d'Écosse de la pointe de Saint-Abb à l'est jusqu'à Port Patrick à l'ouest, et consiste en roches siluriennes inférieures. A la limite de ces grandes formations, assise principale de l'Écosse, on trouve au nord-ouest des roches laurentiennes et cambriennes, et des couches secondaires au nord-est et aux Hébrides.

Les roches secondaires de l'Écosse contiennent des représentants des formations crétacée et jurassique. Les roches crétacées sont représentées sur une superficie extrêmement restreinte à Mull et dans le voisinage de la côte de Movern. On trouve des roches jurassiques le long des côtes des îles de Skye, de Raasay et de Mull, sur la côte occidentale de l'Écosse, et à Brora sur la côte nord-est du comté de Sutherland. Ces roches secondaires constituent évidemment les restes de formations au trefois extrêmement communes; elles ont échappé à la dénudation générale qui a amené la destruction en masse des dépôts contemporains et même des dépôts antérieurs dans la même région. Sans doute pour la même raison, les roches triasiques et permiennes, les plus récentes de l'époque primaire ou paléozoique, ne sont que faiblement représentées en Écosse. Les premières se rencontrent sur la côte du comté d'Elgin, tandis que les secondes occupent quelques endroits du comté de Dumfries. Dans les couches triasiques d'Elgin, on a découvert de curieux specimens des reptiles particuliers à l'époque du trias. Les grès permiens de Corncockle Muir et de Lochar Briggs, et ceux du comté du Dumfries portent de nombreuses empreintes de pattes de reptiles.

En descendant encore plus bas l'échelle de la vie paléozoique, nous arrivons aux roches carbonifères, qui remplissent en Écosse un rôle si important. Elles constituent un avantage économique inestimable pour un pays où l'agriculture, avec quelque succès qu'on s'y adonne, est incapable, vu les conditions climatériques et le peu d'étendue des surfaces cultivables, de produire de quoi nourrir les habitants. On peut diviser en quatre bassins principaux les champs de houille de l'Écosse: 1° celui du comté d'Ayr; 2° celui du comté de Lanark; 3° celui du comté d'Edimbourg; 4° et celui du comté de Fife. Au-dessous des bancs de charbon se trouvent des grès et d'autres formations minérales appartenant à la période du grès bigarré ou du millstone; plus bas encore, on rencontre le groupe calcaire carbonifère des calcaires marins, avec des grès, des schistes, et des veines de charbon. Plus bas, enfin, se trouvent les formations qu'on a appelées les grès calcaires, consistant en grès, schistes, et calcaires pareils à ceux des embouchures de fleuves, comme à Burdiehouse. L'importance économique de cette série est considérable. Ce sont des grès, dont le grain est très-dur et très-fin, comme celui des carrières de Craigleith, qui ont servi à bâtir la plus grande partie d'Edinbourg. Sa chaux, d'une excellente qualité, est aujourd'hui extrêmement recherchée. Enfin, à l'ouest de cette dernière ville, vient de se créer une grande industrie, la fabrication de la paraffine, huile extraite par la distillation des schistes de cette série. Quoique de création récente, elle a pris de grands développements, qui augmentent tous les jours. On cite entre autres les usines d'Addiewell et d'Uphall.

A la suite de la série carbonifère, se place la formation de l'ancien grès rouge qui traverse l'Écosse d'une large bande diagonale s'étendant de la côte de Forfar à l'est jusqu'à l'estuaire de la Clyde à l'ouest. Des roches de la même époque entourent le golfe de Moray, couvrent le comté de Caithness, et, traversant le détroit de Pentland, vont former l'archipel des Orcades. Les roches de grès rouge, qui, classées auparavant dans le groupe supérieur de l'époque ancienne des grès rouges, sont aujourd'hui transportées par les découvertes les plus récentes à la première époque de la houille, dominent dans des étendues considérables dépendant des comtés de Berwick et de Roxburgh, et traversent l'Écosse d'Haddington à Ayr, en décrivant une ligne brisée diogonale. Elles font aussi leur apparition à Fife et à Kinross. C'est en vain qu'on chercherait des gisements minéraux dans les roches de cette série; en revanche, le sol qui les recouvre est souvent excellent au point de vue agricole.

Le grand système géologique qui vient ensuite, la formation silurienne, est largement représentée en Écosse, où elle couvre près des deux tiers de la superficie totale. Des roches de l'étage silurien supérieur, comme à Ludlow et à Wenlock, ont été reconnus dans le voisinage d'Edimbourg, dans les montagnes de Pentland, dans les environs de Kirkcudbright, dans le comté d'Ayr, et près de Muirkirk. Le grand système silurien inférieur de l'Écosse peut se diviser en roches métamorphiques et en roches non métamorphiques; les premières consistent en roches quartzeuses, en micaschistes et en ardoises formant les hautes terres d'Écosse, de Sutherland à Cantyre; les secondes, telles que les couches de Llandeilo et de Caradoc, s'étendent tout le long des basses terres d'Écosse de la mer du nord à l'Atlantique. Dans ces dernières, les schistes graphiques de Moffat, qui sont les plus anciennes formations fossilifères découvertes jusqu'à ce jour dans les couches siluriennes du sud de l'Écosse, ont offert à l'étude de la vie à l'âge paléozoique le champ le plus intéressant et le plus fécond.

Des grès rouges et pourprés et des conglomérats de l'époque cambrienne composent les circonscriptions d'Applecross et de Gairloch, et entourent celles de Loch Broom ; pendant que le gneiss encore plus ancien de l'époque laurentienne se prolonge dans la direction du sud, du cap Wrath au lac Enard, passe de Gruinard Bay à Gairloch en traversant le lac Maree, et va de là former les îles de Lewis et l'archipel des Hébrides extérieures ou proprement dites.

Si donc il n'existe en Écosse que peu d'échantillons des roches secon daires, elle possède une collection nombreuse et complète des roches paléozoiques et primitives. En réalité, ce sont ces roches qui forment les principales assises de la contrée, et les couches secondaires ne font qu'en effleurer les frontières.

Les rocheuses aqueuses ou sédimentaires sont presque les seules dont il ait encore été fait mention jusqu'ici. On trouve cependant en Écosse une foule de roches ignées ou volcaniques, qui demandent une courte description. On a clairement reconnu en Écosse deux époques distinctes de violente activité volcanique. La première parait avoir duré depuis le commencement de la période du grès rouge ancien jusqu'à la fin de l'ère paléozoique ; la seconde se serait prolongée pendant toute la période tertiaire. A la première de ces époques on assigne le granit des monts Grampians et les masses de roches cristallines et ignées qui se rencontrent de Peterhead au cheval de Mull, et de Cairgom, Ben Nevis et Ben Cruachan aux bruyères de Rannoch. Les granits du comté de Kirkcudbright appartiennent également à cette époque. On y rapporte également les laves de Lorne et des îles voisines, et les trapps qui forment presque à eux seuls les massifs montagneux de l'Écosse centrale, et entre autres, les hauteurs des Ochils, des Sidlaws, de Pentland et de Braid, les chutes des Campsie, les hauteurs de Kil patrick, etc., comme aussi le siége d'Arthur, et les escarpements pittoresques si communs dans es Lothians et le comté de Fife.

COMTÉS.	SUPERFICIE PROPRE A LA CULTURE DU BLÉ.		SITUATION POUR CHAQUE COMTÉ.	PRINCIPALES ROCHES SOUS JACENTES.
	En acres.	En hect.		
Ayr	26.000	10.400	De Monkton et d'Ayr à Girvan.	Carbonifère et trapp.
Berwick	28.000	11.200	La Merse et le bord des rivières.	Id. Id.
Clackmannan	6.000	2.400	La côte.	Carbonifère et d'alluvion.
Dumbarton	4,000	1.600	Les bords de la Clyde.	Ancien grès rouge, trapp et d'alluvion.
Dumfries	6.000	2.400	Côtes et bords des rivières.	Permienne et d'alluvion.
Edimbourg	26.000	10.400	Littoral.	Carbonifère et trapp.
Elgin ou Moray	20.000	8.000	Relais de Moray.	Triasique et ancien grès rouge.
Fife	100.000	40.000	Circonscription orient., St-Andrews, etc.	Carbonifère, rouge ancienne et trapp.
Forfar	70.000	28.000	Strathmore, Dundee et Montrose.	Id. Id.
Haddington	70.000	28.000	Presque tout le comté à l'exception des hauteurs de Lammermoor.	Carbonifère, basalte et conglomérat basaltique.
Inverness	6.000	2.400	Littoral de l'est	Rouge ancienne.
Kincardine	4.000	1.600	Littoral.	Rouge ancienne et silurienne.
Kirkudbright	4.000	1.600	Littoral.	Silurienne et carbonifère.
Lanark	25.000	10.000	Terres basses, Glasgow, etc.	Carbonifère, trapp et d'alluvion.
Linlithgow	10.000	4.000	L'est à partir de Linlithgow.	Carbonifère et trapp.
Perth	100.000	40.000	Carse de Gowrie, Perth et pont d'Earn.	D'alluvion, rouge ancienne et trapp.
Renfrew	16,000	6.400	Bords de la Clyde.	D'alluvion et trapp.
Ross et Cromarty	25.000	10.000	Ross oriental.	Rouge ancienne.
Roxburgh	18.000	7.200	Vallées de la Tweed et du Teviot	Carbonifère et trapp.
Stirling	20.000	8.000	Carse de Stirling et Falkirk.	Alluvion.
Wigtown	20.000	8.000	Région sud (littoral).	Silurienne et d'alluvion.
Totaux	604.000	241.600		

La seconde période ignée a commencé longtemps après, c'est-à-dire dans les temps tertiaires. Alors paraissent avoir existé des cratères volcaniques en activité dans les iles de Rum, de Mull, de Skye et de saint Kilda, ainsi que dans la péninsule d'Ardnamurchan ; ils vomissaient des cendres, des petites pierres, des scories, etc ; de leurs flancs jaillissaient des torrents de lave qui forment aujourd'hui des basaltes.

La base du cratère de Mull doit avoir eu une circonférence d'au moins quarante milles ou seize lieues. Le volcan de Skye n'était pas de dimensions inférieures à celui de Mull. Le granit d'Arran se rapporte aussi à cette période. Les terrains, produits de la désagrégation de ces roches par les agents atmosphériques, sont presque aussi différents les uns des autres que les matériaux auxquels ils doivent leur origine ; et leurs facultés productives dépendent peut-être en Écosse, plus encore des situations qu'ils occupent et des conditions climatériques auxquelles ils sont soumis, que des constituants minéraux dont ils sont formés.

Le tableau qui suit indique les régions de l'Écosse ou le blé est cultivé, et les différentes roches associées aux terrains de ces mêmes régions. La limite de la culture du blé est de 500 pieds ou 150 mètres au-dessus du niveau de la mer.

La superficie totale occupée en Écosse par les ensemencements de céréales était en 1877, d'après les statistiques officielles, de 1,412,679 acres ou 565,071 hectares, dont 81,185 acres ou 32,474 hectares portaient du froment. Les comtés qui ne renferment pas de terres à blés ou n'en possèdent qu'une quantité minime ne figurent pas au tableau qui précède; ce sont ceux d'Aberdeen, d'Argyll, de Banff, de Bute, de Caithness, de Kinross, de Nairn, d'Orkney, de Shetland, de Peebles, de Selkirk et de Sutherland. Toutes les principales formations rocheuses sont mentionnées à ce tableau; on en trouve de carbonifères dans onze, et le trapp se rencontre dans douze des comtés d'Écosse qui rapportent du blé.

Quoique les caractères géologiques généraux de l'Écosse, comme ceux des autres pays, aient été déterminés, à une époque récente, par les savants les plus distingués, et qu'ils soient maintenant bien constatés et bien reconnus, il n'en est pas moins à désirer qu'à cause des rapports étroits de l'agriculture avec la géologie, la météorologie et la topographie, ne serait-ce que pour donner un exemple aux pays où ces sortes d'études ont été jusqu'ici négligées, l'attention du congrès international agricole de Paris se porte sur les développements qui font le sujet de ce chapitre.

III.

L'AGRICULTURE DES RÉGIONS DE L'EST ET DU NORD-EST.

Pour traiter de la situation actuelle de l'agriculture en Ecosse, il faut commencer par rappeler au lecteur qu'il n'y a pas plus de 120 ans, elle commençait à peine à naitre et à sortir péniblement des langes de la barbarie et de l'ignorance. Tout le pays, tel que nos grands-pères l'on vu, était dépourvu de clôtnres, à part quelques parcelles insignifiantes; on savait à peine ce que c'était qu'une plantation d'arbres; le défaut complet de routes et de ponts faisait qu'il n'y avait pas de voitures, et qu'on était réduit à transporter les marchandises à dos de cheval; l'art du drainage n'existait pas, et le labourage n'abordait que les terres séchées par la main de la nature; les parties basses du pays consistaient en tourbières, marais, étangs, le tout sans écoulement aucun; les hommes étaient désolés par les fièvres paludéennes, et les moutons par la clavelée. Jusqu'au milieu du dix-huitième siècle, la terre, même dans les comtés privilégiés du sud, était occupée par des cultivateurs vivant réunis dans les villes, souvent dans le voisinage immédiat du château fortifié de leur propriétaire; la terre labourable, ou *infield*, était répartie entre les tenants d'après un système appelé *run-rig*, en vertu du quel chacun recevait à son tour une parcelle étroite de terrain nommée rig, jusqu'à ce que toute la superficie de la circonscription fut distribuée ainsi entre eux tous, abstraction faite des différentes qualités du sol. Quant aux pâtures, ou *outfield*, portion non cultivée, elles étaient loties conformément au même principe, chaque tenant ayant droit de nourrir un nombre déterminé de têtes de bétail, de l'espèce bovine ou ovine, proportionnellement à la part qu'il prenait dans la terre labourable. L'avoine, l'orge commune, (hordeum vulgare) et les pois étaient les seules graines qu'on récoltât; la paille de ces récoltes, avec le peu d'herbe sauvage qui se trouvait dans les champs, étaient la seule pitance des animaux pendant l'hiver; aussi les pauvres bêtes se trouvaient-elles si épuisées par la faim, quand revenait le primtemps, qu'elles étaient souvent incapables de se relever toutes seules.

En fait de légumes, la cuisine écossaise était réduite pour toute ressource à un peu de choux, de panais et de pommes de terre tardives que le hasard faisait pousser dans les jardins.

Vers 1760, la plus value donnée aux produits agricoles par l'augmenta tion de la population et par l'aisance dérivant du mouvement manufacturier et commercial commença à exercer une salutaire influence sur l'agriculture nationale. Le sol, jusque là morcelé en parcelles infimes, et cultivé par les tenants et leur famille sans le concours du travail salarié, commença à se constituer en plus grandes exploitations et à se louer à long bail à ceux des tenants qui possédaient le plus de courage et de ressources. Une méthode plus rationnelle de culture se substitua peu à peu à la pratique vicieuse et barbare qui consistait à faire porter tous les ans à la terre la même récolte, jusqu'à épuisement absolu, puis à l'abandonner aux mauvaises herbes, jusqu'à ce qu'une période également indéfinie de repos lui eût rendu sa fécondité. Avec le nouveau système, les récoltes en vert telles que turneps, trèfles et raygrass commencèrent à alterner avec les récoltes en grain, et donnèrent naissance à l'expression de culture alternante dont on se servit pour désigner le nouvel état des choses. On eut aussi fréquemment recours à la jachère d'été, si efficace pour ameublir les terres les plus fortes, et pour les débarrasser de l'effrayante quantité des mauvaises herbes qui les encombrent, en signe de leur mauvaise tenue originaire.

Jusque là, le régime agricole de l'Ecosse ne pouvait à aucun égard supporter la comparaison avec celui des bonnes régions d'Angleterre; mais alors, il commença à lui faire de nombreux emprunts. En 1764, un jeune et entreprenant cultivateur du comté de Roxburgh, appelé Dawson de Frogden, se rendit dans le comté de Leicester; là, il se mit pendant plusieurs mois, en qualité de laboureur, au service du célèbre Bakewell de Dishley; et après s'être initié à tous les détails de la culture du turneps, il revint les mettre en pratique dans sa propre ferme. C'est à lui que l'Ecosse doit une plante de grande culture, à laquelle se prêtent merveilleusement son sol et son climat, et qui, depuis lors, n'a cessé de former la clé de voûte de tout son système agricole.

De 1770 à 1795 l'agriculture de l'Ecosse fit, sous tous les rapports, des progrès non interrompus. Ce fut vers la fin de cette période que dans les comtés les plus éclairés, on commença à enclore les terres déjà agglomérées en fermes compactes: ce fut une innovation heureuse et pratique. Non-soulement la démarcation de toute exploitation avec ses voisines fut fermée par une clôture, mais chacune d'elles fut subdivisée en champs rectangulaires, proportionnés à l'étendue de l'ensemble, et destinés à être soumis tour à tour à une méthode rationelle et régulière d'assolement. Partout où se plaisait l'épine blanche ou aubépine, (cratægus oxyacantha), elle a servi à faire les haies tant extérieures que subdivisionnaires. On la plante ordinairement sur deux rangées parallèles à cinq pieds de distance l'un de l'autre, avec de chaque côté de larges et profondes tranchées qui servent à deux fins: d'abord, elles protègent les jeunes plantes contre les empiètements du bétail; puis elles absorbent l'eau qui peut se trouver à la surface des champs qu'elles entourent. C'est même par ce procédé que les campagnes commencèrent jusqu'à un certain point, mais dans une proportion déjà sensible, à se débarrasser de leurs eaux stagnantes. En même temps, les campagnes furent percées en tous sens de routes commodes, où les voitures pouvaient circuler sans difficulté. L'un des premiers résultats de cette métamorphose fut la généralisation de l'application du carbonate de chaux calciné aux terres arables; on répandait sur la surface du sol cet engrais à l'état pulvérulent, à raison de six tonnes de chaux non éteinte par acre, ou de quinze mille kilogrammes l'hectare. La première expérience faite avec un si énergique agent fut décisive: il exerça sur les récoltes un effet tellement merveilleux que les cultivateurs en furent électrisés. Dès lors, le progrès marcha à pas de géant. C'est alors aussi que la charrue nationale écossaise, machine incommode, si lourde, qu'il ne fallait pas moins de six ou huit bœufs pour la tirer, disparut en faisant place au brabant perfectionné et introduit par Small en 1760, qu'une paire de chevaux suffisait à trainer, et que conduisait un laboureur seul et sans le concours d'un charretier. C'est alors également que la machine à battre de Meikle, mue par l'eau, le vent, ou le cheval, fit tomber en désuétude l'emploi lent et fatigant du fléau. Enfin, c'est vers la fin de cette période que la culture écossaise s'enrichit de deux précieuses acquisitions: le navet de Suède ou turneps, et la farine de pomme de terre. Comme pour ajouter à des auspices déjà si heureux, c'est encore à cette époque que l'Angleterre introduisit en Ecosse la race bovine à courtes cornes et la race ovine de Leicester.

Au moment où l'agriculture écossaise se trouvait ainsi lancée dans la voie du progrès, éclata la révolution française ; l'Europe entière fut entraînée par elle dans une guerre générale. En 1795, à la suite d'une mauvaise récolte et de la suspension de l'importation, le prix du blé, qui depuis plus de vingt ans n'avais jamais atteint 50 shellings par quarter, ou vingt francs l'hectolitre, monta subitement à 81 shellings et demi, et, l'année d'ensuite, à à 96 shellings (36 et 40 fr. par hectolitre). En 1797, la crainte d'une invasion amena une panique; les capitalistes se portèrent en masse sur les banques pour en retirer leurs fonds, et il fallut, pour prévenir l'effondrement du crédit général, promulguer d'urgence une loi qui suspendit les paiements en argent et favorisa un système illimité d'opérations à crédit. Sous l'aiguillon de tels événements, toutes les branches d'industrie se développèrent avec un entrain sans exemple; mais il n'y en eut aucune qui fit des progrès aussi extraordinaires que l'agriculture. L'élévation du prix de toutes les denrées accéléra l'amélioration des terres alors en labour, et la mise en valeur de celles qu'on avait jusqu'alors laissées incultes. Cette crise dura ainsi, avec des phases diverses, de 1795 à 1814. L'agriculture de l'Ecosse s'est élevée pendant ces vingt années à une perfection probablement sans parallèle dans l'histoire. La preuve en est que le loyer des terres, qui, en 1795, se chiffrait par deux millions de livres ou cinquante millions de francs, atteignait en 1815 cinq millions sterling un quart, ou cent trente et un mil lions et demi de francs. Il avait presque triplé en vingt ans.

Mais cette prospérité hâtive et fiévreuse trouva un terme. Elle fut suivie de nombreux désastres et d'un avilissement général des denrées. A la reprise des paiements en or, — mesure bonne en elle-même, — les cultivateurs écossais,, enchaînés par leurs baux a long terme, se trouvèrent dans de grands embarras. L'influence prépondérante des propriétaires dans la législature britannique eut pour conséquence immédiate, à ce moment, le rétablissement d'un droit onéreux à l'importation des blés étrangers, sous le prétexte fallacieux de protéger l'agriculture indigène ; ce qui eut pour conséquence d'induire les cultivateurs dans une fausse voie, de ralentir l'élan commercial, et d'aigrir pendant toute une génération les rapports politiques de l'Angleterre avec les autres puissances. Le concours, en 1824 d'une récolte abondante et d'une hausse sur les prix amenée par la reprise du commerce national, encouragea les cultivateurs de la Grande Bretagne à reprendre leur marche en avant, en leur en fournissant les moyens. En 1825, les os pulvérisés, dont les comtés de l'est de l'Angleterre se servaient déjà depuis quelque temps pour fumer leurs turneps, firent leur apparition en Ecosse. A la première nouvelle de la découverte d'un engrais facile à trouver partout à bas prix, en même-temps si efficace et si aisé à transporter, que le simple chargement d'une charrette suffisait pour assurer à trois acres une pleine récolte de turneps, il se produisit un mouvement qui prit l'importance d'une véritable révolution agricole. Des milliers d'acres de terres de mauvaise qualité, particulièrement dans l'intérieur et sur les plateaux, qui n'auraient pas donné de quoi payer le labour, devinrent l'objet d'une exploitation lucrative. C'est à peu près à la même époque que la vapeur s'introduisit dans l'agriculture du pays pour être adaptée aux machines à battre. On avait déjà fait beaucoup de tentatives pour dessécher les terrains les plus humides, au moyen de profondes canalisations souterraines en pierres; mais, en 1835, M. James Smith de Deanston, annonça dans ses écrits, en prêchant d'exemple sur ses terres, son système aujourd'hui si répandu de drainage à fond et de labourage du sous-sol; son succès fut tel en Ecosse, et ses procédés furent si généralement adoptés, qu'ils changèrent la face et la constitution de régions entières, et préparèrent la voie à tous les autres progrès agricoles réalisés depuis. Les grandes opérations de drainage devinrent faciles, et la dépense en fut réduite, par l'emploi des tuyaux de terre cuite qui se substituèrent, en 1840, aux pierres employées jusque là pour cet usage. On vit s'élever comme par enchantement, sur tous les points du pays où se trouvait de la terre à briques, une foule de tuileries pourvues de l'outillage nécessaire pour la fabrication des drains. Le système de drainage souterrain d'après la méthode Smith a été si universellement adopté, que, dans les régions les mieux cultivées du pays, on a tout à fait abandonné l'ancien procédé de dessication du sol au moyen de billons parallèles d'une largeur de cinq ou six mètres, avec des tranchées à ciel ouvert dans tous les intervalles creux et au bout de tous les billons ; on laisse au contraire le sol aussi uni que possible pour faciliter la marche des faucheuses, des moissonneuses, de la charrue à vapeur, et en général de toutes les opérations culturales.

Depuis 1845, le nombre des engrais étrangers concentrés et d'un transport facile s'est augmenté de précieux auxiliaires auxquels l'Ecosse fait de nombreux appels : il y a d'abord le guano, tiré tant du Pérou que des autres gisements intertropicaux; puis et surtout le superphosphate de chaux provenant d'os, et plus spécialement de phosphates minéraux, dont on vient de découvrir des dépôts inépuisables dans toutes les parties du monde.

Enfin, l'instrument par excellence de la prospérité agricole de l'Ecosse contemporaine, a été créé en 1845 ; c'est le chemin de fer du nord de l'Angleterre, livré à la circulation; il ouvre aux denrées écossaises un débouché direct et rapide dans les grands centres de consommation de l'Angleterre. Depuis lors, les embranchements de chemins de fer ont étendu leurs ramifications dans tous les coins du pays, et ont opéré un rapprochement, qui équivaut à un voisinage, entre producteur et acheteur.

Avant le commencement du XIXe siècle, les instruments et les machines agricoles étaient en petit nombre et d'une construction rudimentaire. Mais, à mesure du progrès, de nouvelles combinaisons donnaient lieu sans cesse à de nouveaux besoins, amenant d'incessants perfectionnements, jusqu'à ce qu'à la fin la fabrication des instruments et des machines est devenue l'une des grandes industries nationales de l'Ecosse Il serait oiseux d'entrer dans des détails à ce sujet qui se trouve sans doute traité à fond dans le mémoire de nos amis les Anglais; et or peut être certain, en tout cas, de voir figurer en foule, à l'exposition e Paris, les modèles des fabricants les plus en renom.

Parallèlement à cette activité agricole, le progrès se portait aussi sur le régime forestier. Dans toutes les parties de l'Ecosse s'élevaient, sur une échelle très-étendue, des plantations d'arbres forestiers destinés à embellir les maisons de campagne, à protéger les propriétés contre les vents et les rafales, et à préparer des coupes lucratives sur des terrains que leur stérilité, leur pente, ou leur élévation rendait inaccessibles à la culture et même au pâturage. Un examen attentif de ces grands bois et de ces belles avenues qui embellissent les paysages de l'Ecosse et en font la plus agréable parure, amène l'observateur à constater qu'on y trouve peu d'arbres centenaires ; la plupart n'ont pas plus de cinquante ans.

Si, pour vérifier l'exactitude de nos assertions, quelques-uns de ces représentants de l'agriculture française pour lesquels nous professons de si vives sympathies, voulaient nous honorer d'une visite, ils admireraient, dans toutes nos campagnes, des champs vastes et bien dessinés, des bâtiments bien construits et bien adaptés à leur destination, des routes et des clôtures bien tracées et bien entendues ; ils apprécieraient la perfection des opérations culturales, la propreté et la belle venue des récoltes, le nombre et la vigueur des bestiaux qui peuplent les prairies. Ce qui augmente certainement la valeur de cet ensemble aux yeux d'un homme du métier, c'est la réflexion qu'il a suffi de moins d'un siècle pour le tirer du néant.

Après ce court résumé historique, on nous permettra une rapide énumération des traits principaux qui caractérisent l'état actuel de l'agriculture dans la partie est de l'Écosse. La tâche de l'écrivain est à cet égard simplifiée jusqu'à un certain point par l'uniformité de la culture, au moins en ce qu'elle a d'essentiel, dans toute la région qui s'étend de la frontière anglaise aux îles Orcades. En règle générale, tout le terrain cultivable est entre les mains de fermiers auxquels il est loué par des baux dont la durée ordinaire est de 19 à 21 ans. Ces baux obligent le fermier, à peine de dommages-intérêts, à se renfermer dans une rotation strictement déterminée. A part certaines exceptions résultant de particularités du sol ou de la situation physique, on peut dire que l'assolement quinquennal est la règle de toute cette région de l'Écosse. Avec cela, tous les ans, un cinquième des terres d'une ferme est en avoine ; un cinquième en turneps ou autre récolte en vert semée en ligne ; un cinquième en orge ou en froment, avec graines de trèfle ou de foin semées dans la récolte de céréales ; un cinquième en trèfle ou en ray grass qu'on appelle en Écosse *young grass* ; enfin, pour le dernier cinquième, on laisse les mêmes graines une seconde année comme prairie artificielle. Si dans la location se trouve comprise une portion de vieilles pâtures, on interdit généralement au fermier de les rompre. C'est à la suite d'une longue expérience que la sole quinquennale s'est ainsi universellement imposée. Elle constitue un système de culture bien équilibré, où les récoltes en grain et en vert sont avantageusement combinées et réparties. La prépondérance des verdures permet de nourrir une aussi grande quantité de bestiaux que possible ; les engrais en provenant assurent de bonnes récoltes en grains, et le travail de la culture se trouve également réparti sur toute la durée de l'année. Dans tous les endroits où le sol est trop argileux pour la culture du turneps, on suit une rotation basée sur les mêmes principes, mais se prolongeant à six ans. La sole est alors ainsi arrangée : première année, avoine ; deuxième, féveroles ; troisième, blé; quatrième, jachère nue ; cinquième, blé ; et sixième, trèfles et foins. Quelquefois, on laisse ces dernières graines un an de plus, ce qui porte la sole à sept ans. Sur les terres d'alluvion fertiles qui abondent dans les Lothians et dans le comté de Fife, ainsi que dans certaines parties de différents autres comtés, on varie cette sole de six ans en substituant en tout ou en partie les pommes de terre aux fèves, les turneps à la jachère nue ; aux turneps on fait succéder l'orge, qui remplace ainsi le second blé. Quand le grain était plus cher et la main-d'œuvre à meilleur marché qu'aujourd'hui, on réduisait souvent la sole de cinq années à quatre, en culbutant les verdures au bout de la première année. Mais l'élévation des salaires et des autres frais de culture porte à présent les cultivateurs à rétrécir plutôt qu'à étendre la surface en labour. Quelle que soit la rotation déterminée par le bail, il est interdit en principe au fermier de vendre sa paille, ses turneps ou son fumier; toutes ses nourritures et ses verdures doivent être consommées par ses bestiaux, et le fumier ainsi produit ne peut être distrait de ses terres. Si le cultivateur a la faculté de vendre du foin ou des pommes de terre, la superficie qu'il doit leur consacrer est rigoureusement déterminée, et on stipule habituellement qu'il sera obligé d'acheter au dehors des engrais en proportion. Ces restrictions et ces clauses ont naturellement pour objet la conservation de la fertilité des terres ; elles empêchent le fermier d'y porter atteinte par une culture imprévoyante ou une production excessive. Antérieurement à l'introduction des engrais concentrés, et la à généralisation de l'usage, à présent si répandu, de nourrir les bestiaux de tourteaux et de farines mélangés aux verdures, ces entraves apportées à la production et à la libre disposition pouvaient se justifier. Mais aujourd'hui, que la plupart des cultivateurs dépensent tous les ans, en engrais et en nourritures, une somme égale ou supérieure à leur fermage, et que toutes les dépenses se sont également augmentées dans une plus ou moins grande proportion, il est devenu aussi impolitique qu'injuste de maintenir les anciennes restrictions dans des conditions si différentes. L'opinion tend à faire admettre que, tant que le fermier tient sa terre propre et en bon état de culture, il est de son intérêt et de l'intérêt du propriétaire qu'on le laisse libre de récolter comme il l'entend, et de vendre ce que bon lui semble.

D'une telle analogie dans le mode de jouissance et jusque dans le mode d'assolement, on ne se trompera pas en inférant que toute l'Écosse orientale présente une pareille ressemblance dans les pratiques culturales Cette uniformité est si complète que la description des travaux habituels de l'année dans une ferme bien administrée est susceptible de servir pour toutes les autres du même type. On peut la constater aussi bien pour le bétail que pour les autres branches de l'administration fermière. C'est toujours à l'étalon Clydesdale et au taureau à courtes cornes qu'on a recours pour améliorer les races locales chevaline et bovine ; et partout où l'on entretient un troupeau de moutons sur les fermes à labour des basses terres, à bien peu d'exceptions près, c'est le demi sang qui domine. Le croisement du bélier particulier aux frontières du Leicester, avec la brebis des Cheviots a tellement gagné en valeur depuis une trentaine d'années, qu'il est universellement reconnu aujourd'hui pour la race donnant le plus de profit au cultivateur. Il s'est répandu dans toutes les directions, si bien qu'il serait aujourd'hui difficile de décider s'il jouit d'une prospérité plus complète dans son pays d'origine, le Border Leicester, que dans les iles Orcades, ou dans le comté de Caithness.

Il est cependant un point de vue sous le rapport duquel on signale des différences bien sensibles ; c'est celui de la superficie des exploitations. En se reportant au tableau statistique contenu dans ce rapport, on verra que les plus étendues se trouvent sur la frontière, ou dans le Border, où il y a peu de fermes de moins de vingt hectares, et où celles de 120 à 200 hectares sont les plus nombreuses. On a calculé cependant, qu'une superficie d'un mille carré, soit 640 acres ou 256 hectares, est la grandeur à laquelle il est bon de s'arrêter avec un seul corps de ferme pour qu'il n'y ait pas de déperdition de main d'œuvre ; dès lors, quand cette .imite est sensiblement dépassée, il faut une installation auxiliaire. Sur les champs fertiles des Lothians et du comté de Fife, les fermes de 80 à 120 hectares forment de beaucoup la majorité. Mais aussitôt qu'on a passé le Tay et qu'on s'avance au nord, on trouve, entourées d'une multitude de petites cultures appelées crofts, (mot qui correspond au français héritages dans le sens de l'art. 637 du code civil), de quatre hectares et au-dessous, quelques grandes fermes de deux cents hectares et plus, beaucoup de moins de 40 hectares, et enfin une quantité d'autres variant de 40 à 120 hectares, qui sont les plus nombreuses de toutes.

La dimension plus ou moins étendue des exploitations soulève un problème social fort difficile à résoudre, mais dont la solution serait d'une importance majeure pour la prospérité nationale. Personne ne doute que l'abolition de l'usage suranné du parcours commun et de la vaine pâture, ainsi que l'agrégation des terres en exploitations compactes, n'aient été le préliminaire indispensable de toute amélioration à notre ancien système de culture. On accordera de plus qu'une grande ferme (en entendant par là une exploitation de 120 à 200 hectares), comporte le minimum de dépense possible pour routes, clôtures et bâtiments ; qu'elle est susceptible de la meilleure administration et de la plus grande économie de main d'œuvre ; et qu'enfin elle peut occuper avantageusement un outillage inabordable pour les fermes plus restreintes. La question cependant reste de savoir si ces avantages matériels incontestables ne sont pas acquis aux dépens de la masse des intérêts agricoles. On peut désirer par dessus tout qu'un bien plus grand nombre des individus, déjà engagés dans des profession agricoles, aient un intérêt direct dans la terre qu'ils cultivent et que, pour y arriver, les petites cultures, auxquelles suffit une paire de chevaux, soient notablement multipliées. La possession de misérables lambeaux de mauvaise terre, incapables, dans les meilleures années, de donner de quoi manger à une seule famille, n'est qu'un moyen de perpétuer la pauvreté et la misère parmi les hommes. Mais la multiplication de petites fermes, qui seraient cependant assez grandes pour faire entrevoir à tout laboureur énergique et désireux de s'enrichir la possibilité de devenir un jour fermier lui même, et d'arriver à un but dont il est séparé aujourd'hui par un abîme infranchissable, cette multiplication adoucirait les frottements du rouage social et consoliderait, en les élargissant, les assises de notre société.

Le travail, tant des hommes que des animaux, nécessaire pour faire marcher une ferme déterminée, ne dépasse pas une quantité fixe tout le long de l'année, excepté seulement pendant la moisson des céréales et l'arrachage des pommes de terre quand ce farineux devient bon à vendre, périodes pendant lesquelles une main d'œuvre supplémentaire est toujours indispensable. La bonne répartition et l'usage des forces employées dans une ferme, de telle sorte que le travail soit toujours fait comme il faut et au temps voulu, et aussi aux moindres frais possibles, est le premier des éléments pour déterminer si l'ensemble de l'opération culturale se résoudra en gain ou en perte. Pour faire aller une ferme de terre ordinaire à rotation quinquennale, la proportion habituelle est un homme et une paire de chevaux par cent acres ou quarante hectares, ou plutôt par vingt acres ou huit hectares de la sole en grains sur jachères. Sur les sols compacts, non seulement toutes les opérations de culture sont plus pénibles, mais la nécessité de charrier, pour l'emmagasiner à la ferme, toute la récolte de turneps, sans pouvoir la faire consommer aux moutons en grande partie sur le lieu même, augmente tellement la besogne, qu'une sole de 15 ou 16 acres, ou six hectares, est tout ce qu'on peut leur demander. La culture des féverolles, et plus encore celle des pommes de terre, avec une rotation de six années, augmente beaucoup le travail de la ferme; il faut y pourvoir par un personnel en conséquence. Sur les exploitations de deux charrues seulement, le fermier se sert habituellement à lui-même de contre maître et de berger, et c'est lui qui fait le plus de besogne. Dans les fermes plus grandes, qui emploient cinq ou six charrues, le temps du maître suffit à peine à une surveillance exacte et à la direction des travaux et du bétail, aux achats, aux ventes et à la tenue des livres. Indépendamment de ses valets de charrue, il lui faut un contre maître, un bouvier et un berger, et à toute occasion un nombre déterminé de jeunes gens des deux sexes, ordinairement fils et filles de ses ouvriers mariés, pour mener les menus travaux de la ferme, consistant à répandre l'angrais, arracher et mettre en tas les mauvaises herbes, éclaircir et biner les turneps, les arracher et les apprêter quand ils sont mûrs, aider aux foins et à la moisson, et ensuite au battage ainsi qu'aux diverses mains d'œuvre des grains.

Aussitôt la rentrée des récoltes dans la région décrite ici, les cultivateurs se hâtent d'ouvrir la nouvelle campagne agricole : ils charrient et répandent sur les éteules d'avoine tous les engrais existant alors dans leurs étables et dans leurs cours. Les plus soigneux ont mis en tas la totalité du fumier produit dans leur ferme pendant les douze mois précédents, et profitent de ce moment pour l'étendre. Leur raison d'agir ainsi est que cette pratique économise la main d'œuvre, particulièrement aux moments où l'on plante la pomme de terre et où l'on sème le turneps, quand le temps presse et que les moments sont précieux. Alors, on laboure les chaumes avec un soc très fort, de 8 à 10 pouces de profondeur, afin que le sol s'ameublisse par l'action des variations de température, et se trouve disposé pour les travaux du printemps suivant. Pendant octobre et novembre, l'arrachage et le charroi des pommes de terre, des betteraves et des turneps, le battage des grains, leur transport au marché, le tout à mesure qu'on a besoin de paille et d'argent, ne laissent pas un jour de loisir.

Dans les parties de la région favorables à la culture du blé, les terres d'où viennent d'être enlevées les racines qu'on vient d'énumérer, aussi bien que les jachères nues et les éteules de féveroles, sont labourées et ensemencées en blé pour la fin de novembre. En décembre, le labour des prairies, — pour culbuter les semences qui ont duré deux ans — en vue de la récolte d'avoine, est ou terminé ou poussé fort loin, à moins que la gelée ne prenne, cas auqu il faut bien arrêter la charrue. Dans cette occurrence, le fumier qui s'est accumulé dans les étables depuis la rentrée des bestiaux en automne est enlevé, et conduit soit à la fosse à purin, soit sur les terres qui en ont besoin, où il est amoncelé en grands tas sur lesquels on fait passer les tombereaux pour le raffermir et prévenir une fermentation nuisible.

Grâce à notre situation insulaire, nous avons rarement des gelées de longue durée. Quand le temps s'adoucit, on reprend le labour, tant pour terminer les façons à donner aux prairies rompues, que pour préparer les parcelles qu'on débarrasse l'une après l'autre de turneps, consommés soit par le gros bétail à la ferme, soit par les moutons sur place. Préserver les turneps de la gelée est l'une des préoccupations les plus vives du cultivateur. Il emploie pour y arriver différents moyens. Toute la portion de sa récolte qui doit être consacrée à la nourriture du bétail est arrachée, nettoyée et charriée à un endroit bien choisi à proximité de la ferme, et mise en tas peu élevés d'environ huit mètres de large, sur une hauteur approximative de 60 centimètres; on leur donne la longueur qu'on veut. A mesure que l'opération se continue, on couvre ces tas d'une couche de paille assez épaisse pour garantir les turneps de la gelée.

On a eu la précaution de mettre de côté, pendant qu'on battait les grains, les couvertures de chaume et les tresses de paille qui recouvraient les meules, et on s'en sert alors pour les turneps. Mais comme cet emmagasinement des turneps est une besogne fastidieuse, et que les gelées peuvent survenir avant qu'il soit terminé, la plupart des cultivateurs garantissent jusqu'à un certain point une certaine portion de leur récolte en traçant avec la charrue à deux versoirs une raie entre les lignes des turneps, de manière autant que possible à en recouvrir de terre le collet. Ce dernier procédé a l'avantage d'être expéditif; s'il n'est pas d'une réussite absolument certaine, il présente assez de chances de succès pour qu'on ne doive jamais négliger d'y avoir recours. En ce qui concerne la part de la récolte de turneps réservée aux moutons, celle qu'on hachera pour les jeunes animaux, en décembre et janvier, est nettoyée, arrangée en tas ronds contenant chacun environ 2000 kilogrammes, et disposés en lignes droites à intervalles égaux, de manière que le sol soit foulé d'une manière égale, et que le parc y soit régulièrement réparti. Ces tas sont recouverts d'une couche épaisse de terre, que par les grands froids, il faut briser à la pioche; on a ainsi des turneps frais et sains pour la consommation journalière. Quand on veut ne les faire manger qu'au printemps, on peut se contenter de les buter à la charrue, de la manière indiquée plus haut; on met les racines en tas, suivant le temps qu'il fait, et à mesure des besoins.

Remettant à détailler un peu plus loin les soins à donner aux animaux pendant l'hiver, revenons aux travaux purement agricoles. Aussitôt que les vents secs, appelés hâles de mars, qui dominent généralement dans ce mois, ont suffisamment égoutté la terre, on presse d'urgence la semaille des céréales de printemps, c st-à-dire des avoines sur la sole en éteules labourées, et de l'orge succédant aux turneps. On fait tout ce qu'on peut pour que ces travaux soient terminés au plus tard pour la troisième semaine d'avril. Semer le grain à la volée au moyen d'un instrument qui couvre à chaque coup une étendue de cinq à six mètres est le procédé suivi généralement en Écosse ; cependant l'usage de la machine à semer en lignes gagne petit à petit du terrain. Aussitôt le grain semé, on herse à une ou plusieurs reprises, sans s'arrêter, à moins qu'on n'y soit forcé par la pluie. Puis on sème le trèfle et le foin avec la machine à la volée sur les blés d'automne et l'orge récemment semée. Toujours quand il s'agit des premiers et quelquefois aussi quand il s'agit de la seconde, si la pluie a tassé la surface du sol et y a formé une croûte superficielle, on commence par donner un tour de herse ordinaire ; puis on sème les petites graines, qu'on recouvre aussi légèrement que possible au moyen de la herse-brosse et du rouleau. On roule à cette époque de l'année toutes les emblavures de céréales, et on épierre soigneusement, de manière que les surfaces soient bien unies et se prêtent mieux au jeu des moissonneuses. Dans une pareille intention, en même temps on roule et on nettoie soigneusement de pierres les prairies tant naturelles qu'artificielles qu'on a l'intention de faner. Si l'on veut cultiver les féveroles, on les sème avant l'avoine et l'orge, c'est-à-dire au mois de février, si faire se peut. Le mode généralement reconnu comme le plus avantageux pour cette opération consiste à se servir d'un semoir à lignes espacées de quarante centimètres. Une portion prise dans la sole d'avoine en rapport avec l'importance de la culture, est ensemencée à intervalles déterminés de vesces qui seront consommées en vert au commencement de l'automne. Si l'on ne fait de pommes de terre que pour la consommation des gens de la ferme, on les plante immédiatement après avoir terminé les travaux qui viennent d'être décrits, c'est-à-dire, pendant la dernière semaine d'avril ; mais dans les localités où la pomme de terre forme la culture principale, on fait tous ses efforts pour en parfaire la plantation d'aussi bonne heure que possible. Quand on doit planter en pommes de terre le sixième des terres d'une ferme, ou même davantage, il faut s'y prendre aux premiers jours du printemps, et aussitôt que l'état du sol le permet. On vient d'inventer des instruments pour disposer le plant dans les raies ouvertes par la charrue ; ils fonctionnent bien et économisent beaucoup de temps et de main-d'œuvre. D'ailleurs, en plantant de bonne heure, on court généralement moins de risques sous le rapport de la maladie des pommes de terre.

En poursuivant le cours de eette revue sommaire, nous voici arrivés au moment de semer les turneps. C'est d'eux, plus que de toute autre espèce de récolte, que dépend le succès de tout le système agricole de l'Écosse. Vers le dix mai, si la terre a pu être mise en bonne état de propreté et d'entretien, on commence à semer les rutabagas. La pratique générale en Écosse, est de semer tous les turneps en lignes surélevées, ou petits billons, espacées de 27 pouces ou 68 centimètres. On ouvre d'abord des sillons ainsi écartés dans un sol parfaitement pulvérisé par la charrue à deux versoirs ; l'engrais, quel qu'il soit, est distribué uniformément dans les dépressions ainsi ménagées, et se trouv immédiatement recouvert par le mouvement inverse de la charrue laisse les billons formés, renfermant l'engrais, là où en premier lieu les sillons avaient été ouverts. La graine est déposée près de la surface, à raison de quatre livres par acre pour les rutabagas, — ou à peu près 4 kilogrammes par hectare — et de moitié pour les autres variétés de turneps, par un instrument qui sème deux lignes à la fois, et qui, en marchant, entre légèrement dans les petits billons et recouvre les graines à mesure qu'il avance. Après qu'on a fini de semer les rutabagas qui, dans les comtés méridionaux, occupent habituellemnt la moitié de la superficie consacrée aux racines, on sème les variétés à chair jaune et, en dernier lieu, les variétés blanches plus tendres et d'une venue plus rapide, avec cette distinction que quelques acres de ces sortes blanches sont ensemencés les premiers de tous, afin d'être prêts pour qu'on s'en serve dès la fin de septembre, comme on va l'expliquer ci après. La semaille de tnrneps est ordinairement terminée vers le milieu de juin. Le fumier provenant de la ferme, soit qu'on le répande et qu'on le laboure en automne sur les éteules, soit qu'on le distribue au fond des lignes au moment de la semaille, est réparti à raison de tant par acre, de manière que toute la végétation en ait sa part ; sans préjudice au fumier de ferme, et toujours au moment de la semaille, on ajoute une large mesure d'engrais concentré, soit du guano, soit de la poudre, d'os soit du superphosphate, ordinairement même un mélange de toutes ces substances. La qualité réglementaire de ces engrais auxiliaires est de cinq ou six quintaux par acre. En semant des graines aussi menues que celle du turneps, et cela, au moment le plus sec et le plus chaud de l'année, le succès dé pend du concours de deux conditions qui s'excluent jusqu'à un certain point l'une l'autre, et qui sont, d'une part, l'extrême ameublissement du sol, et, en second lieu, une humidité suffisante pour une germination rapide.

Les instruments mus par la vapeur, remuant profondément le sol sans en culbuter la surface, sont particulièrement propres à remplir ce but; aussi voit on l'usage s'en répandre tous les jours. Quel que soit du reste le moteur qu'on emploie, il faut chercher à conserver à la surface du sol la couche superficielle qui a été pénétrée de l'action des éléments, et respecter ce que les cultivateurs appellent la sève d'hiver. Si les rutabagas semés les premiers ont bien levé, et si la plupart ont pu éviter les atteintes de l'insecte ennemi de leur espèce, l'haltica nemorum, ils seront à point pour être éclaircis au moment où se terminera la semaille des autres turneps. Ce travail sera effectué,d'abord par une houe à cheval ou hoyau à essarter qu'on fait passer entre les lignes, et aussi près que possible de la tige des plants, pour enlever toutes les mauvaises herbes annuelles qui ont pu lever avec la récolte ; et alors, avec des houes à main, les plants sont dégagés et isolés, de façon à se trouver à environ trente centimètres l'un de l'autre.

La fauchaison des trèfles et des ray-grass mélangés, et leur fanage, se disputent les soins du fermier avec l'éclaircissement des turneps. Il a maintenant sous la main d'excellentes faucheuses et de bons rateaux à cheval, qui le mettent à même de tirer de ses chevaux tout le parti possible, et qui simplifient énormément, tout en y apportant une économie, ces importantes opérations qui ont besoin d'être faites vite pour être bien faites. Si l'état de la récolte est tel qu'on puisse commencer à faucher une plaine de plusieurs côtés à la fois, chaque faucheuse travaillera à raison d'un acre par heure ; à cette vitesse, soit avec des relais de chevaux de façon à profiter de toute la durée du jour, soit avec plusieurs machines à la suite l'une de l'autre, soit enfin par la combinaison de ces deux manières d'opérer, il arrive souvent qu'on peut finir, un seul jour de couper tout le foin d'une ferme. Jusqu'ici, les cultivateurs anglais avaient dépassé de beaucoup leur confrères d'Écosse dans l'art de faire le foin ; mais, depuis quelques années, ces derniers ont regagné l'avance. La demande toujours croissante de fourrage de trèfle, destiné à la nourriture du nombre immense de chevaux occupés dans les villes et dans tous les grands centres pour desservir les chemins de fer, et pour exécuter les travaux publics, a, dans la plupart des régions du pays, fait monter ce produit au rang des récoltes les plus rémunératrices. Comme le prix d'un tel article dépend surtout de sa qualité, il est certain qu'à l'avenir il sera plus soigné que quand on ne le produisait guère que pour la consommation de la ferme.

Au commencement de juillet, quand les blés ne montent encore qu'à mi-jambe, on passe dans la plaine, et à l'aide de la béquille, on la débarrasse de chardons et d'autres grands parasites. On inspecte également le pied des haies et les pâtures, et on extirpe ces mauvaises herbe avant que leurs graines ne soient formées. Pendant tout ce temps, on fait constamment marcher les houes à main et à cheval dans les champs de turneps, qu'on nettoie toujours deux fois, et plus ordinairement même trois fois, après avoir éclairci, avant que la maturité des récoltes vienne concentrer toute l'activité de la ferme sur le travail qui couronne l'année, la récolte et l'engrangement des grains. Dans nos régions les plus hâtives, la moisson commence en moyenne du 10 au 20 août. Ce pénible travail est maintenant confié à peu près exclusivement à des moissonneuses tirées chacune par une paire de chevaux. Le nombre de machines en activité est naturellement en proportion de l'importance de l'exploitation; cette proportion est d'une par chaque fois 60 ou 70 acres (24 à 28 hectares.) Quand le cultivateur emploie deux ou plusieurs machines à la fois, elles opèrent simultanément, se sui ant l'une l'autre à distance suffisante pour laisser le temps à trois ou quatres couples de ramasseurs ou de lieurs attachés à chacune, de débarrasser la voie en ramassant et en liant en gerbes le blé qui a été coupé, et en rassemblant les gerbes en tas de huit ou dix chacun, ce qu'en France on appelle dizeaux.

Sur les terres fertiles, la récolte est généralement volumineuse et serrée; le vent et la pluie l'ont plus ou moins versée, de sorte qu'on peut rarement moissonner autrement qu'en donnant une direction unique aux machines, qui doivent alors revenir à vide après chaque tour. En ce cas, on donne la préférence aux instruments qu'on peut diriger à la main, à cause de la facilité qu'ils laissent pour suivre les différentes inclinaisons subies par la récolte. Chaque machine coupe de cinq à huit acres, c'est-à-dire de deux à trois hectares par jour, suivant les conditions plus ou moins favorables dans lesquelles le travail s'opére. Là où la paille est en grande partie courte, et où les blés sont par suit généralement plus droits, on préfère les appareils dits automatiques, parce qu'ils débarrassent le chemin qu'ils parcourent, et peuvent ainsi travailler à grande vitesse, d'un bout de la plaine à l'autre, sans rien laisser à faire derrière eux. Il y a tout lieu d'espérer aujourd'hui que nous aurons bientôt des instruments qui arrangeront les blés coupés en gerbes liées automatiquement.

Dans notre humide climat, les gerbes sont rarement assez sèches pour qu'on puisse les mettre en meule sans les avoir laissées sur le sol pendant dix ou quinze jours. Quand elles sont à point, on les transporte avec des voitures à un seul cheval, soit dans la cour de la ferme, soit dans quelque endroit bien choisi à portée, soit même dans un coin du champ où on les a récoltées; là on les empile en meules rondes, dont chacune contient le produit d'un à trois acres, quarante à cent vingt ares. La dimension des meules dépend nécessairement de l'état des gerbes. Si le blé est bien sec, on donne aux meules un grand développement; si la dessication n'est qu'à moitié complète, comme c'est souvent le cas quand la saison est contraire, alors on réduit la quantité réunie dans chaque meule jusqu'au point où disparaissent les inconvénients du tassement. Le système qui consiste à construire les meules en groupes isolés à différents endroits selon la convenance, économise le temps et la main d'œuvre au moment où ces deux facteurs sont les plus précieux, et a de plus l'avantage de diminuerritéel srisques de perte par incendie. Aveo toute la célé possible, on couvre en chaume les meules pour les mettre à l'abri de la pluie, et on raffermit cette couverture avec des cordes de paille tressée. La confection de ces cordes occupe le personnel les jours de pluie avant et pendant la moisson. On a soin de mettre de côté, sur la paille de la dernière récolte, une réserve suffisante, pour couvrir la nouvelle, et on la nettoie soigneusement avant le commencement de la moisson.

C'est le moment ici de dire quelques mots des forces, tant animales que mécaniques, à qui incombent les travaux de la culture. On a renoncé depuis longtemps au service des bœufs pour le labour; le charroi et tout le travail agricole, dans les champs comme sur les routes, est aujourd'hui confié uniquement à des chevaux. Ces chevaux, sous le rapport de la taille et du poids, diffèrent beaucoup suivant les régions, ceux de moyenne taille et d'une certaine vivacité obtenant la préférence dans les localités où le sol est léger, tandis qu'on recherche les animaux plus grands et plus vigoureux sur les terres fortes, là où les charrois sont plus lourds. Partout domine plus ou moins la race de la vallée de la Clyde. D'ordinaire, dans le cours de l'été, on les envoie sur le pré pendant le temps de repos de midi, et le soir, ainsi qu'à tous les moments où ils ne travaillent pas ; mais dans quelques fermes, on les nourrit simplement alors de fourrage vert qu'on leur donne soit à l'écurie, soit dans les cours à bestiaux, alors inoccupées. En addition aux verdures ils reçoivent tous les jours, quand ils travaillent, une ration supplémentaire d'avoine. Dès que commence la moisson, on les fait rentrer la nuit, et aussi longtemps que durent les rudes travaux d'automne, on leur donne à discrétion la meilleure avoine et le meilleur foin, sur le pied d'environ huit kilogrammes de foin et de cinq à six kilogrammes d'avoine par jour. Pendant les courts jours, l'hiver, le foin disparaît en totalité ou en partie; il est remplacé par la paille d'avoine ou la paille de féveroles, avec une petite quantité de rutabagas ou de pommes de terre ; mais on continue toujours, aux trois repas de chaque jour, la ration d'avoine, pour nourrir et fortifier les animaux ; seulement la ration est moins forte quand l'ouvrage est moins lourd. Au retour du printemps et des travaux de fatigue, on recommence à donner la ration pleine, tant de foin que d'avoine, en y ajoutant même quelques féveroles. D'entretenir les chevaux en bon état est toujours l'une des grosses dépenses d'une ferme ; en cette matière, la véritable économie consiste à n'employer que de bons chevaux, à les bien nourrir, et, par suite, à n'en avoir que juste autant qu'il en faut pour faire l'ouvrage.

La charrue à vapeur est connue dans presque tous les comtés des circonscriptions Est et Nord-Est de l'Écosse. Il est rare qu'un propriétaire ou qu'un cultivateur fasse pour lui seul emplette de ce formidable engin ; plus souvent, les individus, associés ou isolés, se bornent à fournir les transmissions et les accessoires, et louent simplement la locomobile. Comme pour bien d'autres récentes applications de la vapeur à l'industrie, il est probable qu'on n'a pas encore atteint, en ce qui concerne le labourage, le maximum de simplicité et d'économic. Dès à présent, on ne peut contester l'immense supériorité du travai exécuté par la vapeur, quand elle est dirigée par une main habile et exercée, sur tout ce qu'on peut faire à l'aide des chevaux. La dépense, considérable d'un tel outillage empêchera sans doute pendant un certain temps qu'il ne devienne d'un usage général ; mais on peut compter que, d'une manière ou d'autre, cet obstacle sera incessamment surmonté. De puissants instruments analogues, accompagnés d'un outillage spécialement combiné pour lutter contre des difficultés spéciales, ont été employés avec succès dans le comté de Sutherland pour la misc en valeur d'énormes étendues de terrains incultes. L'an dernier, tout un assortiment de ces instruments spéciaux a été placé dans plusieurs fermes de la circonscription de Lammermuir et y a effectué, avec un plein succès, le défrichement des landes. Quand la couche résistante de gazon est d'abord complétement rompue, ainsi que sa couverture de bruyère et d'autres plantes coriaces, que le tout a été bien tassé et réduit en petits fragments, alors on peut semer sur la terre des navettes comme première récolte, et puis, après, le sol se trouve tout disposé pour le régime ordinaire de culture.

En rendant compte ci-dessus de la marche périodique des exploitations en Écosse, on a cité en passant les différentes récoltes qui font l'objet de la culture, et les époques différentes où ont lieu les semailles. Il faut maintenant les passer en revue.

C'est au blé qu'appartient la première place dans cette énumération, parce que l'époque où on le sème se trouve être le point de départ de l'année agricole, et aussi parce qu'il est à la tête des autres produits par sa valeur intrinsèque. Les variétés de blé cultivées en Écosse sont très-nombreuses. La première classification qui vient à l'esprit, quand il s'agit de les décrire avec méthode, est la division en variétés blanches et variétés rouges; les premières, toutes choses égales d'ailleurs, sont toujours plus chères, et sont surtout recherchées par les cultivateurs quand il se rencontre une série d'années favorables pour le blé. Quand reviennent les mauvaises années, au contraire, on est également certain de la préférence momentanée qui se déclarera pour les variétés rouges, parce qu'elles résistent mieux aux mauvais temps. C'est la quantité produite, plutôt que la qualité du produit, qui doit toujours guider le choix du producteur; un sac d'excédent par acre a plus d'effet sur la recette nette que la majoration de prix accordée à une qualité plus élevée. La moyenne de produit est de 30 à 40 boisseaux par acre; soit de 27 à 35 hectolitres par hectare.

Le poids du boisseau est de 22 kil. 38 à 23 kil. 50 c. ce qui donne un produit en poids pour l'acre de 670 à 705 kilogrammes pour la production à 30 boisseaux l'acre, et de 895 à 940 pour la production à 40 boisseaux l'acre. Le poids à l'hectare irait de 1,675 à 2,350 kilogrammes. Le blé peut être également semé au printemps ; mais les risques sont plus grands, de sorte qu'actuellement on ne fait plus guère en Écosse de ce qu'on appelle en France blés de mars. Bien plus, il suffit de se reporter aux statistiques des ensemencements en Écosse pour s'apercevoir que depuis quelques années la culture du blé diminue beaucoup en Écosse tandis que la culture de l'orge augmente en proportion. Ce résultat est dû au libre échange qui ouvre nos marchés au commerce du monde entier; ils sont si bien fournis en blés supérieurs ou blé indigène, qu'une récolte de blé finit par valoir moins à l'acre qu'une récolte d'orge, parce que l'orge se plaît au climat de l'Écosse, y rend beaucoup, et y surpasse en qualité celle de l'étranger. La quantité employée à la semaille dépend de la variété qu'on veut semer, de l'état de la terre, et enfin de l'époque de la semaille. On peut compter de deux à trois boisseaux à l'acre, ou deux à deux hectolitres et demi par hectare.

L'orge obtient donc forcément en ce temps-ci une préférence sur le blé; c'est notre principale récolte de grains; elle vient après les turneps, dans toutes les localités où le climat le permet. La variété Chevalier (hordeum distichum) à cause de sa supériorité, est cultivée presque à l'exclusion de toutes les autres. On la sème en mars et avril; la quantité de semence est, par acre, de deux à trois boisseaux, ou de deux hectolitres à deux hectolitres et demi par hectare; quand on sème en ligne, il faut un demi-boisseau de moins par acre, ou un demi-hectolitre de moins par hectare. Plus le sol est riche, plus on doit semer de bonne heure, pour donner plus de consistance à la paille, et diminuer les risques de verse. Dans les Comtés du Nord, sur les plateaux d'une altitude considérable, l'orge à quatre rangs (hordeum vulgare) est l'objet d'une culture importante, parce qu'elle résiste mieux, et mûrit plus tôt que la variété à deux rangées. Un produit de 35 à 40 boisseaux à l'acre, ou de 32 à 36 hectolitres l'hectare est généralement atteint, avec un poids de 52 à 56 livres du boisseau, ou de 1,900 à 2,100 kilogrammes l'hectare.

Mais c'est l'avoine qui est la céréale dominante en Écosse; c'est elle qu'à peu d'exceptions près, on sème toujours sur prairie. Non-seulement en ce cas, mais sur les cultures situées à plus de 700 pieds ou 230 mètres au-dessus du niveau de la mer, et même, partout où le sol et le climat ne sont pas propices au blé et à l'orge, on ne connaît d'autre céréale que l'avoine, qu'on préfère pour sa rusticité et son rapport. Il faut ajouter que la paille d'avoine est préférable comme fourrage à toutes les autres. Les variétés d'avoine cultivées sont si nombreuses qu'il serait fastidieux d'en donner seulement les noms. On sème d'habitude de quatre à cinq boisseaux par acre — c'est-à-dire de 3 h. 60 à 4 h. 50 par hectare — quand la fertilité du sol se rencontre avec les autres conditions requises; mais dans les circonscriptions les moins favorisées, on ne croit pas que six boisseaux par acre ou cinq hectolitres par hectare soient une quantité excessive. A cause de la grande différence de sol et de climat des différentes localités où l'on cultive l'avoine, il y a une différence correspondante dans le rendement à l'acre, aussi bien que dans le poids du grain au boisseau. Le rendement varie de 30 à 60 boisseaux à l'acre — 25 à 50 hectolitres l'hectare; le grain, de 38 à 45 livres le boisseau — ou de 40 à 50 kil. l'hectolitre.

Le seigle est si peu répandu en Écosse que ce n'est pas la peine d'en parler.

C'est ici le cas de placer deux observations relatives aux récoltes de céréales. La quantité de grain employée habituellement pour la semence par le cultivateur écossais, dépasse de beaucoup celle que dans le midi de l'Angleterre, on affecte au même usage. En Écosse, où la végétation est plus tardive, on croit bien faire de charger le sol de plantes dès le moment de la semence, pour ne pas favoriser le tallage, qui ferait perdre du temps et retarderait d'une manière fâcheuse l'époque de la maturité. Semer dru dans un cas, semer clair dans un autre, c'est se conformer aux conditions où l'on se trouve, et le succès justifie chacune des deux différentes pratiques. Quand il s'agit des céréales, une loi, qui ne s'applique pas seulement à elles, impose à la plénitude de leur développement la condition de fréquents changements; les graines doivent provenir d'un sol, et surtout d'un climat autres que celui du champ où l'on se propose de les semer. Bien plus, une condition du succès est l'introduction de nouvelles variétés à certains intervalles; il est en effet bien rare de voir celles qui ont rallié les préférences d'une génération donnée de cultivateurs, continuer à occuper la même place dans l'estime de la génération suivante. Il ne faut pas voir là l'effet d'une mode ou d'un caprice; c'est la conséquence forcée du fait de la dégénérescence graduelle de nos céréales sous l'influence d'une culture continue.

La féverole, comme plante de grande culture, est aujourd'hui moins commune qu'elle ne l'était autrefois en Écosse. Le drainage à fond a maintenant approprié à la culture du turneps une quantité de terres qui étaient auparavant réservées exclusivement aux féveroles, qui, d'un autre côté, ont été aussi partiellement remplacées par les pommes de terre. Elles n'en forment pas moins cependant, une récolte importante; et on peut présumer à différents indices, qu'elles pourront regagner jusqu'à un certain point e terrain qu'elles ont perdu. On a parlé plus haut du temps et du mode de la semaille de cette légumineuse. La semence prend trois boisseaux par acre, ou un hectolitre l'hectare. Le rendement moyen est de 30 à 40 boisseaux l'acre — de 25 à 32 hectolitres l'hectare. Le poids habituel est 65 à 68 livres le boisseau — 72 à 75 kilogrammes l'hectolitre.

Les pois ne tiennent pas beaucoup de place dans la grande culture de l'Écosse. On les sème quelquefois, de même que les vesces, mélangés avec les féveroles, dont les fortes tiges remplissent le rôle de tuteurs vis-à-vis des autres, faibles et grimpantes, et les aident ainsi à mieux mûrir leurs cosses.

Quoi qu'il en soit, les vesces, prises isolément, sont très-cultivées comme fourrage. Il n'est guère de cultivateur qui n'en sème un acre ou deux, destinés aux chevaux de travail pendant la récolte. On a déjà signalé la valeur de cette sorte de fourrage pour l'entretien du gros bétail, pendant la période de transition qui sépare le foin des turneps. Souvent aussi les vesces sont destinées à la nourriture des agneaux qui viennent d'être sevrés; pour cela, on parque les agneaux sur les vesces comme sur des turneps, sauf que dans ce cas particulier, le parc est formé de treillis de bois; les animaux allongent la tête à travers leurs barreaux pour manger la verdure, qu'on fauche successivement en bandes parallèles et qu'on met à leur portée. Tous les jours on change le parc de place pour le rapprocher de la bande à faire consommer. C'est là une nourriture extrêmement salutaire pour les agneaux qui, après quelques semaines de ce régime, attaquent plus volontiers les rutabagas, et avec moins d'inconvénients que quand ils sont amenés directement de la prairie au champ de turneps. On fauche aussi quelquefois les vesces en pleine floraison pour en faire du fourrage. Ce procédé est particulièrement avantageux dans les fermes à moutons situées sur les hauteurs, où une récolte de cet excellent fourrage a souvent plus de valeur qu'une récolte d'avoine. Les trèfles et les foins semés avec les vesces étant levés de bonne heure, s'enracinent et s'affermissent dans le sol avant l'hiver, et forment, l'été d'après, une meilleure pâture, que s'ils avaient été étouffée par des avoines mûrissant en même temps qu'eux.

Les choux forment une excellente nourriture pour les moutons et le bétail; dans ce dessein, on les cultive de plus en plus en Écosse. Leur rôle commence en juillet et août, et ils viennent bien à point pour remplir la lacune si désastreuse pour les bestiaux qui se produit pendant les étés secs, après que la chaleur a desséché les prés et avant que les rutabagas ne soient mûrs. On jette des choux dans les prés; ils sont fort recherchés par les animaux, qui traversent ainsi sans encombre une période critique, où, sans ce précieux auxiliaire, ils auraient beaucoup à souffrir. Nos cultivateurs contractent assez rapidement l'habitude de faire tous les ans quelques acres de choux dits à tête en tambour. On sème la graine sur couches au commencement d'août; moins de quatre cents grammes suffisent pour donner le plant nécessaire à un acre de terrain. On laisse quelquefois le jeune plant en couches jusqu'au mois de mars suivant, et alors on le repique en plaine par rangées espacées à soixante centimètres. Mais il est mieux d'arracher le plant des couches au mois d'octobre, et de piquer le tout ensemble dans un endroit abrité. Ce traitement les force à bien s'enraciner, et alors ils supportent beaucoup mieux au printemps l'épreuve de la transplantation en plein champ.

Les betteraves, pour leur culture, reçoivent le même traitement que les rutabagas; seulement, on sème la betterave plus tôt, — autant que possible la dernière semaine d'avril. — Autre différence : la dernière semaine d'octobre, il faut arracher le plant, en couper les sommités et placer les racines dans de longues tranchées qu'on recouvre soigneusement d'une épaisse couche de terre. Le climat de l'Écosse se prête beaucoup mieux à la végétation des turneps qu'à celle des betteraves; cependant, il est bon d'avoir quelques acres de betteraves, parce que ces racines sont de bonne garde, qu'elles forment le meilleur aliment à donner aux brebis pleines, et enfin qu'elles sont excessivement utiles pour engraisser les bestiaux à la fin du printemps, quand la saison des rutabagas est passée, ou qu'ils sont tous consommés.

Les pommes de terre ont fait longtemps en Écosse une partie importante de la grande culture, en premier lieu et principalement en vue de la consommation sur place, mais aussi, dans un certain nombre de localités, comme article de vente. Dès le commencement du XIXe siècle, en était ainsi sur tout le littoral du comté de Fife, et dans d'autres localités du même genre, où le concours de plusieurs circonstances, un sol productif, l'abondance des engrais de ville, la facilité des transports par eau, favorisait la culture d'une plante avide d'engrais, et trop encombrante pour qu'on fît les frais de la charrier jusqu'aux marchés éloignés du lieu de production. L'introduction simultanée du guano péruvien et des voies ferrées fit disparaître les deux côtés onéreux de cette culture. Quand la maladie, alors mystérieuse, de la pomme de terre éclata avec tant de violence en 1846, on découvrit que le climat de l'Est-Lothian, qui est l'un des plus secs de la Grande Bretagne, jouissait d'une immunité comparative; on constata en même temps qu'il produisait des pommes de terre de premier choix; aussi les cultivateurs de ce pays ne perdirent-ils pas de temps, et, saisissant l'occasion aux cheveux, firent-ils le plus qu'ils purent de pommes de terre. Depuis cette mémorable année, la pomme de terre a gardé le premier rang dans cette circonscription, non sans des fortunes diverses, mais toujours sans mésaventure sérieuse jusqu'en 1877; alors des pluies, sans précédent dans l'histoire du pays, et un ciel d'où le soleil avait disparu, anéantiren- à peu près la récolte des pommes de terre. Les grands profits que dont nait cette culture au début de cette période, avaient suscité une concurrence excessive pour la location des terres, et avaient fait monter les fermage à un taux également excessif. Aujourd'hui enfin, qu'au bout de trente ans la crise s'est déclarée, il est vraisemblable que, si l'on faisait le calcul pour toute la période, on trouverait, en fin de compte, que la pomme de terre a occasionné soit directement, soit par voie détournée, plus de pertes que de bénéfices. Et il n'est guère probable qu'elle reprenne jamais la place qu'elle occupait auparavant.

Comme la maladie (peronospora infestans) fait ordinairement son apparition au mois d'août, il y a un avantage évident à cultiver les variétés hâtives et à planter de bonne heure, de manière qu'à l'invasion du fléau les tubercules soient aussi près que possible de leur maturité. Les découvertes les plus récentes ont aussi fait connaître que les germes de la maladie, ou oospores, se conservent dans les tiges ou chaumes des plantes infectées, qui servent ainsi de foyers pour la perpétuer d'une saison à l'autre, quand les conditions climatériques en favorisent le développement. Ce fait démontre qu'il serait indispensable de détruire absolument, aussitôt l'arrachage, les tiges d'une récolte où la maladie s'est manifestée. Le meilleur remède, qui est en même temps le plus facile, consiste à les brûler.

Il ne reste plus à parler ici que des trèfles et des foins. Quinze livres ou six kilogrammes de graines de trèfle de toute sorte, avec vingt à quarante litres de graine de raygrass, telle est la mesure ordinaire pour un acre ou quarante ares. Le trèfle rouge est le meilleur à faucher, soit pour être donné en vert, soit pour être fané; quand il ne doit subsister qu'un an, et qu'on veut surtout le faucher, douze livres ou quatre kilogrammes et demi de graines de trèfle rouge, mélangées à dix litres de raygrass vivace et à pareille quantité de raygrass d'Italie, forment généralement une quantité suffisante. Quand, au contraire, le trèfle doit servir de pâture et durer deux ans ou davantage, on a coutume d'employer le mélange suivant : 1 kil. et demi de chacune de ces quatre espèces de trèfle, hybride, blanc, jaune, et des vaches, avec vingt litres de raygrass vivace et autant de raygrass d'Italie. Au lieu du raygrass, ou même quelquefois en addition au raygrass, on prend trois quarts de kilogramme de graine de phléole, même quantité de dactylis glomerata, plus 375 grammes de persil commun et autant de plantain lancéolé, le tout pour la semence d'un acre ou quarante ares. Pour les prairies permanentes, on sème une grande variété de plantes naturelles, et tout à la fois une plus grande quantité de graine, souvent même sans qu'il y ait de récolte de blé.

Dans un rayon de deux lieues autour d'Edimbourg, il s'est établi une culture suburbaine d'une nature particulière qui mérite une mention spéciale. Le produit de ces fermes est amené à la ville sous forme de fourrage vert, de pommes de terre, turneps, paille et foin ; les tombereaux qui apportent ces denrées ramènent aux fermes de fortes quantités de fumier de cheval et de vache. On met de 20 à 40 tonnes par acre, ou de 50 à 100 tonnes par hectare de cette amendise pour les récoltes de racines, avec un important supplément d'engrais concentré en couverture. L'engrais concentré est également répandu par grands tas sur les récoltes de trèfle mêlé et de raygrass destinées à être fauchées. Avec un pareil système de fumure, les cultivateurs ne sont astreints à aucun assolement, ils cultivent de la manière qu'ils croient être la plus rémunératrice, et mettent même blé sur blé s'ils veulent. La culture se sert dans cette banlieue de vigoureux chevaux de race clydesdale, tant pour les travaux que pour les charrois. Le labourage à vapeur s'introduit de plus en plus tous les jours dans la pratique agricole. Autrefois la population d'Edimbourg faisait la plus grande partie de sa provision de lait chez les laitiers, qui avaient leurs étables dans l'intérieur de la ville. Depuis que les maladies contagieuses se sont déclarées parmi les vaches, la sévérité des règlements que fait exécuter la municipalité tend à faire disparaître de la cité ces sortes d'établissements ; et un grand nombre de cultivateurs des environs ont entrepris le commerce du lait.

A proximité d'Edimbourg, 700 acres ou 280 hectares en tout sont consacrés à la production maraîchère, c'est-à-dire aux légumes et aux fruits de table. Près de certains autres centres de population, tels que Perth, Dundee et Aberdeen, on récolte des masses de petits fruits destinés à être vendus, soit frais, soit en conserves. Le climat de l'Écosse est trop froid, son ciel est trop souvent couvert pour qu'on y cultive avec succès les fruits plus gros et plus délicats ; mais les petits fruits d'été, fraises, groseilles à maquereaux, framboises, groseilles ordinaires, y viennent en abondance et y sont d'excellente qualité.

Il ne reste plus à décrire qu'une spécialité de culture pratiquée dans le voisinage d'Edimbourg, celle à irrigation d'eau d'égout. Les prés irrigués y sont connus depuis 1760 ; leur réussite a été aussi constante que complète, tant au point de vue de lenr fécondité, qui n'a pas subi d'altération, que sous le rapport des gros profits nets. On trouve de ces prés à l'ouest et au sud de la ville, mais surtout au nord-est, entre

Edimbourg et la mer ; on les appelle prés de Craigentinny. Leur sol consiste en sable presque pur ; il convient admirablement à l'écoulement des eaux d'égout chargées d'immondices qui viennent s'y déverser pendant toute l'année. La superficie de ces prés irrigués est d'environ 350 acres ou 141 hectares en tout. On les loue tous les ans à l'enchère, et on en tire un fermage de 25 à 30 livres par acre — ou de 1,562 liv. 50 à 1,875 livres par hectare. On les fauche d'avril à octobre, et on fait cinq coupes tous les ans. Le système d'irrigation est assez grossier et très-simple ; on a eu en vue d'éviter les frais, tant de premier établissement et d'entretien des travaux que de distribution des liquides. Aussi ne peut-on les citer au point de vue de la purification des eaux d'égout par l'irrigation ; mais, tels qu'ils sont, considérés comme placement de fonds, ils donnent les plus brillants dividendes et constituent une excellente spéculation.

Abordant maintenant le côté *bétail* de notre agriculture, nous devons avant tout rendre compte du régime auquel est soumis un troupeau de moutons, tel qu'on en rencontre habituellement dans toutes les fermes où l'on élève régulièrement des bestiaux. Le nombre de brebis mères se monte à peu près à une par hectare, ou quarante par cent acres. Comme on l'a déjà dit, elles sont, ou de la race appelée demi-sang — c'est-à-dire du premier croisement entre brebis des cheviots et béliers du Border Leicester — ou le produit des femelles de ce croisement avec un second mélange de race Leicester, appelé trois quarts de sang. Comme il n'est pas avantageux de faire plus de deux croisements avec le bélier Leicester, les cultivateurs des basses terres ont pris l'habitude d'acheter tous les ans, dans les régions plus hautes, un nombre suffisant de jeunes brebis du premier croisement, pour conserver le chiffre normal de leurs reproductions, et engraisser pour la boucherie la totalité des agneaux nés chez eux. Ils gardent les mères jusqu'à quatre ans et demi, c'est-à-dire, jusqu'à ce qu'elles aient donné trois portées d'agneaux. Chaque automne, les brebis ayant atteint cet âge formant ainsi le tiers du troupeau, sont mises au rebut et vendues, comme bêtes de réserve, à des cultivateurs, soit du pays, soit de l'Angleterre, qui occupent des terres spécialement propices à l'engraissement, et qui, les soumettant encore une fois à la lutte, en vendent le produit comme agneaux gras, ainsi que les brebis elles-mêmes, aussitôt qu'elles sont bonnes pour la boucherie.

Prenant, comme précédemment, la fin de la moisson pour point de départ, et supposant que les agneaux ont été sevrés vers le milieu de juillet, nous voyons leur nombre augmenté par les acquisitions du mois d'août d'autant de jeunes brebis du premier croisement qu'il en faut pour conserver le même nombre de mères; la ferme comptera, comme troupeau de moutons pour l'hiver, à peu près deux agneaux par chaque brebis. Aussitôt après le sevrage, tout le troupeau, jeunes et vieux, sont plongés un à un, la tête seule restant en dehors, dans un bain contenant une solution d'arsenic ou d'autres agents chimiques qui les débarrassent des parasites. Les agneaux sont mis au vert sur le pré le plus propre et le plus gras que possède la ferme, par exemple sur le jeune trèfle après la fenaison — ce qu'on appelle foggage en Écosse — et ensuite, pendant quelques jours sur les jeunes graines dans les éteules d'orge. Mais, en outre d'un paturâge bien propre, l'usage général est maintenant de leur donner tous les jours une ration supplémentaire, comme des tourteaux de lin ou de coton décortiqué, broyés menu, du maïs ou d'autres grains, et du son frais, le tout mêlé ensemble à poids égal pour chaque nourriture, et disposé dans les bacs à raison de quatre onces (125 grammes) par tête. Ce petit supplément d'aliments secs et subtantiels produit le plus heureux effet sur leur croissance et leur santé. Vers la fin de septembre, on répand tous les jours quelques turneps ronds à chair blanche, sans en retirer les feuilles, sur le pré où paissent ces agneaux, qu'on commence à appeler antenais, pour leur faire prendre l'habitude de cette espèce, nouvelle pour eux, de nourriture succulente, qui fera bientôt le fond de leur régime pour six ou sept mois. Au commencement d'octobre, on les mène aux turneps, en les parquant sur un coin de champ de turneps, d'où l'on a arraché et enlevé au moins les deux tiers des lignes de turneps. Par ce procédé, on leur laisse amplement la place nécessaire pour se coucher sans salir ce qu'ils mangent, dans l'espace nécessairement restreint que renferme leur premier parc. Ce parc est lui-même formé de longues pièces de ficelle tressée, attachées à de légers piquets de bois fichés en terre. Cette clôture mince et portative, haute d'environ un mètre, est facile à poser, et peut être enlevée aussi facilement et aussi vite qu'on le désire. Pour toutes ces opérations, on pratique en terre une rangée de trous à l'aide d'une pince en fer pointue; dans chacun des trous on enfonce un piquet qu'on affermit par quelques coups d'un maillet de bois. Quand les animaux ont fini de consommer les turneps de ce premier parc, on l'agrandit, en déplaçant les filets, de manière qu'ils contiennent quelques lignes de turneps en plus. Mais il faut avoir soin, à chaque changement de place, de ne pas donner plus de turneps qu'il n'en faut pour deux ou trois jours, afin que la nourriture des animaux puisse être toujours fraîche et propre. Comme la chair des turneps n'est mangée que jusqu'au ras du sol, on déplante la partie souterraine avec une petite houe, de manière que les animaux l'atteignent sans difficulté, et que rien ne soit perdu. La récolte de turneps est consommée ainsi progressivement jour par jour. Mais les animaux ne profiteront pas si le turneps, qui contient 90 pour cent d'eau, est leur unique aliment. Aussi est-il indispensable de continuer la ration supplémentaire déjà indiquée, et faut-il même l'augmenter par degrés pour satisfaire l'appétit d'animaux dont la croissance est rapide. En addition au tourteau et au grain, on y mêle chaque jour une nourriture sèche, composée en parties égales de bon foin et de paille d'avoine sèche, le tout réduit en morceaux d'un demi-pouce de longueur au moyen d'un hache-paille. Si cette nourriture était servie à l'état natu- dans les râteliers, les moutons en feraient tomber la plus grande tie, en piétineraient et en gaspilleraient la moitié; mais si la paille hachée, ils la consommeront jusqu'à la dernière bribe. Cette nourriture sèche leur est donc présentée dans des bacs en bois qu'on déplace tous les jours, afin que les déjections puissent être également réparties sur toute la surface du champ.

Au milieu d'octobre, on mène les béliers aux brebis ; on a soin préalablement que ces dernières soient en bon état. Si l'on y réussit, il est probable que les deux tiers d'entre elles mettront bas deux petits. — Un bélier suffit pour cinquante brebis. On lui en livre souvent un plus grand nombre ; mais c'est un tort de donner trop de besogne au mâle, et ce tort engendre souvent des pertes sérieuses et de cruels mécomptes.

Au commencement de décembre, les agneaux commencent à ébranler ou à user leurs dents de lait en broutant les turneps. Quand on voit ces accidents commencer à se produire, on arrache les navets, on les nettoie, on les met en tas d'environ deux tonnes chacun, après les avoir coupés en tranches longitudinales avec un instrument spécial, et on les sert ainsi préparés aux moutons dans des bacs amenés dans le parc. Il faut beaucoup de surveillance pour avoir la certitude que cette nourriture leur est donnée avec la propreté et la régularité requises, c'est-à-dire qu'on leur en donne toujours en quantité suffisante, mais jamais trop à la fois, et que les bacs à turneps sont déplacés deux fois par jour, afin que les agneaux puissent se tenir sur un sol propre, afin aussi que leurs excréments soient également répartis sur la totalité du terrain. Il n'existe pas de moyen aussi efficace pour enrichir et améliorer une terre légère et pauvre, que de la faire piétiner et fumer par les animaux pendant qu'ils consomment les turneps, auxquels on ajoute une bonne quantité de tourteau et de grain. Au cas d'agneaux qu'on veut rendre assez gras pour les envoyer à la boucherie, à l'âge de onze à douze mois, on les nourrit de turneps jaunes à peu près jusqu'au nouvel an, puis ensuite, jusqu'à la fin de la saison des turneps, avec les rutabagas les plus nourrissants. Pour les agneaux femelles qu'on destine à la reproduction, et pour ceux qu'on garde pour plus tard et qu'on engraisse sur prés, on se trouve mieux de ne leur donner que des turneps jaunes seuls, avec des nourritures sèches hachées à discrétion, aux quelles on ajoute très-peu de tourteau.

Les brebis pleines s'arrangent pour trouver leur subsistance dans les pâtures jusqu'à la fin de l'année ; mais à mesure que l'herbe devient rare et peu nutritive, il est bon d'y suppléer avec un peu de substances farineuses. Quand arrivent la gelée et la neige, des turneps blancs ou jaunes, dont on a conservé une provision à cette fin, sont disséminés sur les pâtures, au taux d'une charretée par jour pour cent brebis ; on y jette en même temps une bonne quantité de foin et de paille hachés, ou des tourteaux et du grain assortis, au taux d'une livre de 373 grammes par tête et par jour. La brebis a en ce moment à nourrir, outre son propre corps, un fœtus — probablement double — qui grossit rapidement ; aussi faut-il le nourrir abondamment si l'on veut que tous deux prospèrent. Ce mode d'alimentation doit être suivi jusqu'à la fin de la période de gestation. Les premiers agneaux viendront à terme vers le milieu de mars, quand les brebis sont rentrées toutes les nuits dans un parc sec et spacieux, où l'on étend tous les jours une litière de paille fraîche et bien propre. Ce parc est recouvert d'un hangar en forme de toit, à façade ouverte; la moitié de la superficie qu'il contient est divisée par des claies en petits compartiments dans chacun desquels, pour les premières vingt-quatre heures, est placée avec ses petits l'une des brebis qui donnent naissance à deux agneaux; puis on la mène dans les jeunes prés, qui commencent alors à donner une herbe assez succulente, formant alors la nourriture la plus propre à rendre le lait riche et abondant; il faut cependant y ajouter encore des turneps ou des betteraves, avec du tourteau et du grain, jusqu'à ce que la saison plus avancée leur permette de mordre à pleine bouche dans les trèfles et les herbes. L'agnelage donne beaucoup de travail et de soucis au berger qui ne peut guère quitter son troupeau ni jour ni nuit. Les mâles subissent l'opération de la castration, et mâles et femelles sont amputés de la queue, quand ils sont âgés d'une quinzaine de jours.

Pendant ce temps-là, les jeunes agneaux consomment leur part de la récolte de turneps, dont le sol doit être entièrement débarrassé au plus tard vers le milieu d'avril, afin que la terre puisse être labourée et semée en orge avant qu'il ne soit trop tard en saison. Comme les prés sont rarement assez avancés à cette époque pour qu'on y mette les agneaux, il faut garder en réserve assez de tas de turneps pour les leur faire manger dans le premier coin venu, jusqu'à ce que l'herbe soit assez haute. S'ils ont été bien entretenus pendant l'hiver, ils sont alors bons pour la vente, et après les avoir fait passer par la fontaine pour les laver, on les tond, et on les envoie au marché par petits détachements, un chaque semaine. Mais s'ils ont été soignés conformément à la méthode qui vient d'être décrite, l'usage commence à prévaloir de les envoyer au marché avec leur laine en février ou mars, quand ils ont onze ou douze mois, âge auquel ils ont atteint probablement un poids net de 70 à 80 livres chacun (de 26 à 30 kilogrammes). De jeunes individus de ce poids valent plus à la livre que quand ils ont atteint quatre vingt-dix livres et davantage (soit 33 kilogrammes et demi) parce qu'alors l'addition en poids se compose principalement de graisse dont l'excès empêche la viande de se vendre aussi avantageusement en détail. Aussi beaucoup de cultivateurs ne peuvent-ils mieux faire de vendre ainsi leurs jeunes agneaux gras de bonne heure pour en acheter d'autres qui ont été moins poussés de nourriture, afin de consommer le restant de leurs turneps, et pour s'engraisser sur le pré. Si dès le mois d'octobre le cultivateur prévoit que sa récolte de turneps sera abondante, il achète en conséquence tel nombre d'agneaux plus âgés qu'il pense qu'elle comporte, et il les revend quand ils sont devenus gras.

Tel est le système adopté pour les moutons dans toutes les fermes à terres sèches et friables des comtés du Border, et en général dans les régions basses de l'Écosse. Sur les fermes à terres fortes qui souffriraient si l'on faisait parquer les moutons sur les champs de turneps, on entretient habituellement un troupeau de brebis pour la reproduction, mais on vend les agneaux aussitôt qu'ils sont sevrés. Dans les fermes de cette nature, une grande partie du foin et la presque totalité des turneps est consacrée à élever et à engraisser de gros bétail. Dans les Lothians, on entretient dans les fermes à labour moins de moutons de n'importe quelle sorte que dans les comtés du Border; et en général les troupeaux entretenus en vue d'une reproduction régulière sont confinés dans les fermes à labour situées sur la lisière des hauteurs. Sur les basses terres, quand il se trouve des moutons, on suit pour eux la méthode déjà décrite qu on appelle du troupeau volant, soit qu'on garde les mères âgées pour avoir des agneaux gras, soit qu'on achète de jeunes agneaux ou des antenais provenant de régions moins favorisées, qu'on garde un temps limité pour les engraisser. On engraisse beaucoup de moutons dans le comté de Fife, mais il y en a peu qui y soient nés. Les cultivateurs de ce comté sont grands acheteurs d'agneaux de la meilleure qualité du Border, ainsi que de brebis âgées, en condition de réserve, venant de différents côtés. Dans le comté d'Angus, le sol sec et fertile des fermes de Strathmore est admirablement propice à la production des moutons; aussi la population ovine y augmente-t-elle; mais cependant le gros bétail y est encore prépondérant. On y engraisse cependant sur turneps beaucoup d'antenais des hautes terres. En allant de-là vers le nord, jusqu'au golfe de Dornoch ou Dornoch Frith, à la limite du comté de Sutherland, les terres arables sont la région par excellence du gros bétail. Il existe cependant, dans ces comtés à bétail, un système particulier en ce qui concerne les moutons. Aussitôt que les bêtes à cornes sont rentrées en octobre, d'immenses troupeaux de jeunes moutons descendent des hauts pâturages des montagnes pour hiverner dans la région basse. Ils consomment tout ce que les gros animaux ont pu laisser de prairie, ainsi que tout ce qu'ils peuvent ramasser dans les éteules, après quoi on leur donne, durant les mauvais temps de l'hiver, une ration déterminée de turneps. Ils regagnent les hauteurs où ils sont nés aux environs du premier mars, époque à laquelle leurs propriétaires paient pour leur hivernage aux fermiers de la terre arable une somme préalablement débattue entre eux. Dans le comté de Caithness, où se pratique aussi cette coutume d'hivernage, on produit et on élève en outre un très-grand nombre de moutons demi-sang, dont on engraisse sur place une partie; mais la plupart sont envoyés plus au sud comme antenais pour y être engraissés.

Pour conserver le nombre normal de ces animaux demi-sang auxquels j'ai fait de si fréquentes allusions, il faut qu'il y ait une source généreuse d'où l'on puisse tirer à la fois en quantités proportionnées les individus de race pure qui donnent naissance au croisement en faveur, c'est-à-dire les béliers border leicester et les brebis des cheviots. Les femelles de pure race cheviot, soit comme mères en pleine vigueur tirées du troupeau, soit comme agnelettes, proviennent principalement des innombrables troupeaux de cette race qu'on trouve sur les hauteurs herbues de la campagne du Border anglais, où des troupeaux qui remplissent le Sutherland et les comtés limitrophes du nord, dans lesquels cette race a été acclimatée à la fin du siècle dernier, et où elle a singulièrement prospéré. Pour se procurer des mâles, toutes les régions de l'Écosse ont recours aux troupeaux de race pure border leicester, entretenus spécialement en vue de la production des béliers (c'est même la seule raison pour laquelle on les laisse subsister aujourd'hui). Cette race se rencontre surtout aux environs de Kelso, dans le comté de Roxburgh qui est couvert par les monts Cheviot. Cette ville peut être considérée comme le quartier général de la race ; on y vend tous les ans aux enchères environ deux mille béliers antenais le second vendredi de septembre. Une adjudication semblable a lieu la même semaine à Edimbourg, et rivalise d'importance avec celle de Kelso ; d'autres ventes, mais moins considérables, ont encore lieu aux marchés des villes du centre et du nord de l'Écosse.

C'est ici peut-être le véritable moment de décrire le régime des races ovines des montagnes — race des cheviots et race à tête noire — puisque c'est de l'une ou de l'autre que sont peuplées les fermes pastorales du sud de l'Écosse. Les grasses vallées des fleuves tels que le Teviot, la Tweed, l'Esk et la Liddle ont été longtemps le quartier général de la race cheviot. Les hauteurs couvertes de bruyères de Lammermoor, de Peebles, de Lanark, et une partie des comtés circonvoisins sont plus généralement occupés par la race à tête noire, qui est plus rustique. Mais comme dans le fond les habitudes et le régime sont les mêmes pour les deux races, une description unique leur suffira également.

Il est nécessaire de constater dès le début qu'il y a environ trente ans a éclaté une révolution dans la manière d'administrer ces fermes de montagnes, et l'espèce de moutons qu'on y entretient. En même temps que s'y introduisaient les engrais artificiels et le drainage souterrain, il se forma des marchés et en même temps des centres de production pour une espèce de moutons répondant mieux que la race pure des cheviots aux exigences de la vie et de l'agriculture modernes. Partout où les circonstances le leur permirent, les cultivateurs montagnards commencèrent à défricher à la charrue les parties les plus basses et les plus fertiles de leurs pâtures, à les enclore et à les subdiviser par des murs de pierres sèches en champs d'une dimension appropriée, à y appliquer l'indispensable amendement calcaire, et enfin, au moyen d'engrais d'os et autres semblables semés d'une main prodigue, à faire pousser des turneps et des trèfles. Ces verdures artificielles ne furent pas plutôt venues, qu'ils substituèrent les demi-sang aux cheviots aussi radicalement que pouvait le leur permettre leur production de récoltes en vert. Le profit en argent obtenu pour la laine, les agneaux et les brebis surnuméraires provenant du demi-sang ayant été double de ce que rapportait le cheviot, il n'y a rien de surprenant dans les progrès qu'a faits et que continue de faire la substitution d'une race à l'autre. Mais ce n'est pas pas à cela seulement que s'est bornée la défaveur subie par la race cheviot. Dépouillés de leur parcours originaire sur les terres basses qui sont en même temps les meilleures, les cheviots se sont trouvés dans une situation tellement désavantageuse, qu'il est devenu nécessaire dans plusieurs occurrences de les remplacer sur les hauteurs par les sujets plus vigoureux de la race à tête noire. Et ainsi, comme conséquence de ces modifications, il se trouve une foule de pâtures que la génération précédente a vues entièrement couvertes de moutons cheviot, et d'où ceux-ci ont aujourd'hui complétement disparu. On doit regretter que cette race, repoussée des deux côtés à la fois, ait perdu tant de terrain. Une telle décadence est due sans doute à la cause qui vient d'être signalée, mais elle a été précipitée par la décroissance de vigueur chez la race actuelle, comparée à ses ancêtres d'il y a trente ans. Vers cette époque, il se produisit une tentative d'amélioration prétendue, au moyen d'un léger croisement de sang leicester. On augmentait ainsi la taille, l'apparence et la valeur vénale de la race. Ce procédé fut adopté si universellement qu'on ne trouverait probablement plus aujourd'hui un seul troupeau exempt de mélange. Mais on a reconnu malheureusement trop tard qu'il altérait à un tel point la vigueur des cheviots qu'il leur est impossible de vivre sur les pâtures où autrefois ils se plaisaient et prospéraient.

Nous commençons avec l'automne la description du régime suivi par par les troupeaux des montagnes; nous supposons qu'on a au préalable selon l'habitude, disposé du nombre annuel ordinaire d'agneaux et de brebis mères d'âge mûr, et qu'on n'a conservé, en fait d'agnelettes, que le nombre suffisant pour assurer la reproduction du troupeau. C'était autrefois l'usage d'engraisser ces agnelettes en les laissant à elles-mêmes sur un herbage de choix. Aujourd'hui, on les met seulement à part pendant quelques jours, le temps de faire passer le lait des brebis; alors on les fait revenir au troupeau, et chaque agneau se réunit de nouveau à sa mère. Quand on laisse les animaux suivre leur instinct naturel, ils se disséminent d'eux-mêmes sur la plaine en petits groupes, comme ils le feraient à l'état sauvage; et on retrouve toujours les mêmes individus au même endroit. La méthode qui consiste à faire paître ensemble agneaux et brebis a toujours réussi. Les agneaux sont guidés par leurs mères dans leur parcours sur un herbage approprié à la saison; ils se familiarisent bientôt avec le terrain, et forment un troupeau qu'on peut changer de place sans craindre pour sa santé; plus facile d'ailleurs à soigner, et mieux disposé à affronter les intempéries des saisons que si on le rentre d'abord pour le remettre ensuite sur le pré à un âge plus avancé. Chaque agneau reste donc ainsi attaché à sa mère jusqu'à ce que cette dernière donne le jour à un autre agneau; et alors c'est un charmant spectacle que ce trio de famille qui reste un pendant toute la durée de l'été. En octobre, on profite des jours où il ne pleut pas pour faire passer tout le troupeau, un à un, dans un bain chimique, en vue de détruire les parasites de la peau, suivant la méthode déjà décrite à propos des troupeaux des terres basses. Vers le 20 novembre, on donne le bélier aux brebis, à raison d'un pour quarante femelles. Comme les agnelettes paissent confondues avec le reste du troupeau, il est nécessaire de les préserver de l'atteinte prématurée du mâle; à cette intention, on leur coud solidement sur le derrière un morceau de toile d'emballage. On retire les béliers vers le premier janvier. Si l'on veut conserver la vigueur et la bonne qualité du troupeau, il est essentiel d'en modifier fréquemment le sang. Pour y arriver, le maître doit acheter, chaque automne, quelquefois assez cher, un ou deux béliers d'une origine renommée, et leur donner un certain nombre de ses meilleures brebis soigneusement choisies dans l'élite de son troupeau. On les garde ensemble sur un pré fermé jusqu'à la fin du temps du rut; alors on marque les brebis pour les reconnaître, et on les ramène à leurs places antérieures. Dans la progéniture de ces brebis d'élite, on choisit un nombre suffisant de jeunes mâles pour servir de reproducteurs et pour assurer le maintien de la population animale de la ferme.

Excepté dans les grandes tourmentes de neige, le troupeau vit et se nourrit toute l'année sur les pâtures. Il est cependant nécessaire de de pourvoir aux éventualités, et de lui assurer en tout cas le vivre et le couvert. Pour cela, chaque berger (il lui est assigné environ six cents brebis, sur une superficie d'environ 1.000 acres ou 400 hectares), a, comme dépendances de son parcours, quelques abris artificiels appelés stells, avec une meule de foin voisine de chacun d'eux. Le meilleur de tous les abris est une plantation de pins, sur une étendue de 10 ou 12 acres (4 ou 5 hectares) entourée d'un mur de pierres. A défaut de quoi on se contente d'un enclos circulaire de 20 mètres de diamètre, fermé d'un mur de pierres sèches de 6 pieds de haut, avec une ouverture large de 5 pieds de 5 pieds sur un côté. Dans ces régions sauvages et tourmentées, il faut beaucoup d'expérience, de sang-froid et de courage au berger, pour retirer en lieu sûr chacun des détachements de son troupeau, quand se déchaîne tout à coup une tempête de neige. Dès que s'est apaisée la première furie de l'ouragan, il faut qu'il tâche de trouver dans le voisinage quelque coin de bruyères ou de joncs grossiers que les animaux déterrent en grattant la neige avec leurs pieds. Tout le temps qu'ils peuvent se nourrir eux-mêmes de cette façon, on ne leur donne guère de foin; mais quand le sol est profondément enseveli sous la neige, ou durci par la gelée, on est obligé d'avoir recours au foin; on le leur sert deux fois par jour, soit par poignées sur la neige, soit dans des corbeilles de jonc tressé, accrochées à des piquets.

Vers la fin de mars ou au commencement d'avril, si le temps est assez au sec pour que la chose soit praticable, on en profite pour mettre le feu aux plus mauvais coins de vieille bruyère et d'autres herbes dures et de mauvaise qualité; on s'en débarrasse ainsi, et on se procure une végétation nouvelle et tendre, qui fournit aux troupeaux pour quelques années de suite, une pâture plus saine et plus agréable. On doit toujours essayer de ce procédé d'amélioration par incendie, de manière à détruire par longues bandes longitudinales la bruyère ancienne qui ne pousse plus; on s'assure ainsi une succession régulière de bruyères jeunes et vieilles alternativement.

La saison de l'agnelage est une époque de soins pour l'éleveur, et une époque de fatigue sans relâche pour ses bergers et leurs chiens intelligents. Tous doivent être sur pied du crépuscule jusqu'au soir humide, ou moins poétiquement du matin au soir, ne pas laisser un coin de leurs vastes étables sans l'inspecter plusieurs fois par jour, pour voir si tout est en ordre, et pour aider au cas de besoin. Aux brebis de ces vigoureuses races de montagnes, l'assistance de l'homme est rarement nécessaire pour l'acte de la parturition ; mais encore même chez elles le fœtus se présente-t-il quelquefois mal. Il y a aussi des cas de mort parmi les nouveaux-nés, cas auquel il faut mener la mère au plus prochain stell ou hangar, et mettre à la place du mort un agneau choisi entre deux jumeaux; on a généralement assez de jumeaux pour cela. Comme c'est surtout par le sens de l'odorat que la mère reconnaît sa progéniture, on dépouille l'agneau mort, et on couvre de sa peau toute fraîche le nouveau nourrisson qu'on enferme alors avec la mère dans un très-petit local ; alors elle adopte ordinairement au bout de quelques heures l'enfant supposé, et toujours d'autant plus vite que ses mamelles sont plus remplies. Aussitôt que la saison de l'agnelage se rapproche de son terme, le berger rassemble dans un clos ses brebis qui n'ont pas agnelé, les examine une à une pour vérifier si elles sont pleines, marque d'un signe particulier les stériles pour les renvoyer en liberté sur les hauteurs, et retient les autres dans un petit champ près de sa demeure, d'où il peut les surveiller facilement jusqu'à ce qu'elles mettent bas. Les agneaux sont châtrés et écourtés aussitôt qu'ils ont de dix à douze jours.

Sur ces parcours élevés, la tonte n'a pas lieu avant juillet; de fait, elle serait prématurée tant que la jeune laine ne commence pas à croître et ne permet pas aux ciseaux d'opérer librement entre le cuir et la toison anciennement formée. On lave préalablement les brebis en les faisant traverser à la nage à plusieurs reprises une mare alimentée par un filet d'eau vive. Elles sont forcées de s'y jeter en sortant du parc, placé à dessein de quelques pieds au-dessus de la surface de l'eau. Le plongeon qu'elles font d'abord et le trajet qu'elles accomplissent en nageant nettoie parfaitement leur toison. Quand il s'agit d'animaux de l'espèce à tête noire, on se dispense ordinairement de leur faire subir ce lavage ; on croit plus avantageux de laisser à la toison son suint ou sa graisse naturelle.

Quand une seule ferme possède plusieurs bergers, il tondent en société, aidés souvent par des auxiliaire salariés, parce qu'il est avantageux que chaque lot distinct du troupeau puisse être tondu le même jour ; on évite ainsi le dérangement résultant pour les animaux d'être rassemblés à plusieurs reprises. Le lot à tondre est amené de grand matin de la montagne ; les agneaux sont séparés de leurs mères, et relégués dans un enclos particulier ; après quoi on fait venir les animaux adultes dans le local affecté à la tonte parmi les bâtiments de la ferme. Les tondeurs sont placés sur des chaises de bois à dossier bas, ou sur de petits bancs formés de mottes de verdure et se disposent en rang faisant face à un petit parc plein de moutons à tondre. Chacun se pose à califourchon sur la chaise ou sur le banc qui lui sert de siége, en tournant le dos au parc, d'où un homme tire les brebis une à une, et les leur passe par-dessus la barrière. L'animal est d'abord placé le dos appuyé sur le siége, et on lui tond la partie inférieure du corps ; ensuite on lui lie les jambes avec une corde de laine qui ne soit pas dure, et et on le tond d'abord d'un côté, puis de l'autre, au moyen de coups de ciseau successifs dirigés de la tête à la queue. On jette les toisons sur une toile, et on les porte au magasin, où des ouvrières en retirent les caillots, les roulent proprement et les empilent. Avant de laisser aller le mouton quand on a fini de le tondre, un enfant plonge la marque du propriétaire de l'animal dans la poix fondue, et l'imprime sur le cuir de l'animal. Dès son jeune âge, chaque agneau conservé pour la reproduction reçoit deux empreintes sur les oreilles ; l'une appelée marque du troupeau, qui est la même pour tous du troupeau, et d'une forme invariable ; l'autre appelée marque d'âge, qui change tous les ans, et permet au berger de discerner et de mettre à part à l'automne les brebis portières qui ont atteint l'âge mûr. Une ou deux fois par an, tous les traînards ramassés sur les terres d'une région bien déterminée sont conduits à un rendez-vous fixé d'avance ; là, les bergers réunis examinent les marques des fugitifs, qui sont rendus chacun à qui de droit. Dans certains comtés, chaque ferme a une catégorie de marques qui lui est assignée, et qui est inscrite sur un registre officiel. Cette louable pratique facilite la reconnaissance et la restitution des animaux volés.

On sèvre les moutons au mois d'août ou de septembre. Les meilleures agnelettes sont choisies en nombre suffisant et réservées pour la reproduction ; le reste des agneaux est vendu, soit pour être engraissé, soit pour être tué tout de suite, suivant le cas. En octobre, les brebis hors d'âge sont retirées et vendues. C'est ainsi que se termine l'année pastorale.

Il reste encore à dire quelques mots de notre autre grande catégorie d'animaux de ferme, c'est-à-dire de l'espèce bovine. En renvoyant le lecteur au détail déjà donné de nos différentes races de bétail, avec les localités occupés par chacune d'elles, nous n'avons plus qu'à dire un mot de leur régime agricole. Nous avons énoncé plus haut que nos régions du Nord sont la patrie par excellence de nos bêtes à cornes. Parmi nos comtés producteurs, c'est celui d'Aberdeen qui tient le premier rang, tant pour son étendue que par le nombre énorme de bêtes à cornes qu'il possède, (elles y dépassent les moutons de beaucoup de milliers), par la supériorité de leur qualité, et l'habileté de ses cultivateurs dans tout ce qui a rapport au bétail. C'est principalement de ces côtés que viennent les écossais première catégorie dont on ne manque jamais de faire mention dans le compte rendu des marchés de Londres, comme s'étant vendus le plus cher à cause de leur rendement en viande. Le sol ou le climat du comté d'Aberdeen possède une vertu secrète qui donne aux foins et aux turneps qui y viennent des qualités spéciales pour l'élève et l'engraissement du gros bétail ; sa race indigène de bétail sans cornes possède aussi un mélange de vigueur et de docilité qui la rend capable de tirer le meilleur parti de pareilles récoltes en vert dans une région si froide. Un étranger qui visite le comté d'Aberdeen ne peut s'empêcher d'être surpris à l'aspect de ces admirables bestiaux qui paissent sur des prés d'une apparence si misérable. Les cultivateurs de cette région septentrionale font preuve d'habileté pratique et d'une grande sûreté de jugement dans les soins infinis qu'ils prennent pour la sélection de leurs animaux reproducteurs, et notamment en ne lésinant jamais sur le prix d'un taureau de race pure et de bonne qualité. Ils sont également pénétrés de l'importance du régime à faire suivre à leurs jeunes animaux ; ils savent qu'il ne faut pas leur laisser perdre leur chair de veau, mais les tenir toujours en croissance et en progrès tant qu'ils les gardent en leur possession. Les cultivateurs dont les terres ne conviennent pas pour amener les bons animaux à maturité, et qui, par suite, les rendent à un an, un an et demi, deux ans, comme bêtes de ré serve, ont cependant l'amour-propre de les avoir aussi forts pour leur âge et en condition aussi satisfaisante que possible. En agissant ainsi, ils n'ont pas seulement en vue leur propre intérêt, mais aussi celui des acheteurs de ces jeunes animaux, qui n'ont plus qu'à terminer, l'engraissement, et à vendre l'article à la boucherie dès qu'ils lui ont donné le denier fini.

Il y a un certain temps, le comté de Berwick était une région importante sous le rapport de l'élève du gros bétail. Partie de ses animaux étaient engraissés sur place par les éleveurs, mais la majorité était vendue à l'âge de douze ans aux nourrisseurs anglais. Depuis environ trente-cinq ans, le grand développement qu'y a pris la culture du turneps, tant comme étendue, que comme rendement en poids à l'acre, a révolutionné de fond en comble tout le système d'organisation relatif aux bêtes à cornes. Le nombre des animaux qu'on engraisse aujourd'hui, et le poids en viande expédiée au marché ont éprouvé une augmentation très-considérable, mais le nombre des élèves indigènes a décrû dans la même proportion. Le comté de Berwick tire les jeunes animaux dont il a besoin principalement du nord et du nord-ouest de l'Angleterre, et subsidiairement de l'Irlande. Ces jeunes animaux appartiennent de nom à la race à courtes cornes ; mais beaucoup d'entre eux sont des métis de sang inférieur qui n'ont guère des courtes cornes que la robe rouge et blanche. Comme pour la plupart ils sont nés et ont été élevés dans des circonscriptions où il y a peu de labour et pas de turneps, on leur fait passer l'hiver sur le pré où ils n'ont que du foin pour tout aliment ; aussi, au retour du printemps, sont-ils d'ordinaire mourants de faim et en piteux état. La plupart, en dernière analyse, quand ils sont largement nourris, atteignent de grandes dimensions et un poids considérable en viande ; mais le suif s'y trouve à l'intérieur en quantité disproportionnée, et ils n'arrivent jamais à cet embonpoint solide et régulier en chair de première catégorie, que possèdent les bestiaux uniformément bien alimentés depuis leur naissance jusqu'à la fin de l'engraissement. La même observation s'applique au bétail d'Irlande dont, indépendamment de ce qu'ils tirent du nord de l'Angleterre, les cultivateurs des Lothians, de Fife et d'Angus inondent leurs prés et leurs étables. On s'aperçoit dès à présent que le mécontentement engendré par la qualité inférieure de ces animaux et par les pertes résultant des maladies qu'ils transmettent, fait peu à peu rentrer en faveur la race indigène.

Ce serait allonger sans nécessité ce rapport que d'y faire entrer le détail de toutes les méthodes de production, d'élevage et d'engraissement du bétail. Il nous suffira de dire que, dix ou douze semaines après leur naissance, on donne aux veaux trois fois par jour du lait chaud nouvellement trait; que, dès que faire se peut, on les habitue à manger un peu de bon foin, de turneps haché, et de tourteau de lin; qu'en fin, à la saison propice, on les sort tous les jours pour les mener sur un pré bien propre et bien abrité; mais qu'à la nuit on les ramène à l'étable, où on leur donne une petite ration de tourteau de lin. Pendant leur premier hiver, on les garde dans des locaux spacieux et clos, et on les nourrit de turneps blancs ou jaunes, ainsi que de paille d'avoine fraîche, à quoi l'on ajoute quotidiennement deux livres ou 750 grammes du meilleur tourteau de lin. Ce dernier aliment leur est donné, non-seulement pour les aider à grandir, mais comme préservatif souverain contre la terrible maladie du sang, appelée en anglais jambe noire, en français septicémie et en latin hæmatosepsis. On les fait pâturer de nouveau sur de bons prés pendant leur second été, et dès le mois de septembre on les ramène à couvert pour la nuit en les nourrissant, concurremment avec le foin mangé sur le pré, de fourrages verts consistant en vesces, trèfles ou choux. Les légumes succulents coupés en vert, et les cosses remplies de graines à peine formées constituent un genre d'aliment qui, dans sa saison, fait faire de plus rapides progrès que tout autre à l'engraissement du bétail. Les turneps blancs hâtifs viennent d'abord s'ajouter aux fourrages verts, qu'ils finissent par remplacer tout à fait. Au premier octobre, toutes les bêtes à cornes sont rentrées, et reçoivent tous les jours deux repas de turneps, de 50 à 60 livres, ou de 18 à 20 kilogrammes chacun, et deux rations de paille d'avoine hachée et trempée d'eau froide, puis mêlée de tourteau de lin ou d'œillette broyé fin et de farine de n'importe quelle espèce de grain qu'on trouve à bon marché dans le moment. On laisse cette provende en tas pendant vingt-quatre heures avant de la donner au bétail. Quelquefois on fait dissoudre une petite quantité de mélasse dans l'eau destinée à humecter la paille, afin de rendre cette paille plus agréable au goût et plus nourrissante. La ration du mélange de tourteau et de farine se mesure d'abord au taux de trois livres ou un peu plus d'un kilogramme par tête et par jour, et s'élève en dernier lieu à six livres ou deux kilogrammes un quart quelques semaines avant l'envoi de l'animal au marché. Quelques livres de bon foin ajoutées tous les jours à la ration pendant le dernier mois, donnent à un animal ce qu'on peut appeler la dernière touche comme perfection d'engraissement On contribue au bien-être des bestiaux en ayant soin qu'ils aient toujours une bonne litière de paille sèche et propre, de manière qu'ils aiment à y rester couchés le plus de temps possible; et pour la même raison, on évite tout ce qui pourrait les troubler ou les déranger.

L'opinion est aujourd'hui formée, et on est généralement d'accord sur un point : c'est que, pour la bonne tenue des animaux, pour l'économie dans la nourriture et la conservation de l'engrais, le bétail à engraisser doit être tenu constamment à couvert; en un mot, le système de la stabulation n'a plus d'adversaires. Toute la discussion se borne à ceci : les animaux doivent-ils être tenus sinplement à couvert, sans aucun lien, en lots de six ou huit ensemble, ou attachés dans des stalles en longues rangées doubles, ou enfin chacun dans une box ou boîte distincte de huit pieds sur douze, aussi en rangées doubles, avec des séparations faites de forts poteaux et d'épaisses barrières ? L'avantage notable des deux dernières méthodes consiste en ce que chaque animal jouit sans dérangement possible, tant de sa place que de sa ration dont on peut modifier la quantité et la qualité selon sa plus ou moins bonne condition. L'emploi fréquent de l'étrille et de la brosse est aussi agréable que salutaire à tous les bestiaux à l'engrais, et tout particulièrement quand l'isolement les empêche de se gratter et de se lécher l'un l'autre.

IV

AGRICULTURE DES RÉGIONS DE L'OUEST ET DU SUD-OUEST.

L'atmosphère humide de l'ouest de l'Ecosse y rend la terre peu propre à la culture des céréales, par rapport du moins aux comtés de l'est. La petite région qui s'étend des villes d'Ayr et de Troon sur le golfe de Clyde, jusqu'à Kilmarnock est l'une des plus sèches du sud-ouest. La moyenne de la hauteur annuelle de la pluie à Ayr, pendant les vingt-deux dernières années, est d'environ 36 pouces ou 90 centimètres. Dans le nord du comté d'Ayr, vers Greenock, cette hauteur est beaucoup plus grande, et elle devient énorme dans la circonscription montagneuse du sud, vers la limite du comté de Wigtown et de l'intendance de Kirkcudbright. Dans les cantons les plus bas du comté de Wigtown, la hauteur de pluie est encore de 8 ou 9 pouces plus fortes qu'à Ayr; le pays central, comprenant les montagnes de Galloway, est excessivement pluvieux. Le haut des vallées de la Nith et l'Annan, comté de Dumfries, a aussi un climat humide, mais, dans le bas, la hauteur n'excède que de peu celle des environs d'Ayr.

Malgré les inconvénients du climat, l'étendue des terres cultivées dans les quatre comtés du sud-ouest, Ayr, Wigtown, Kirkcudbright et Dumfries, suffit pour en faire une importante région agricole. Cette étendue comprend la plus grande partie du sol arable, jusqu'aux altitudes où il serait impossible de compter sur une récolte, à cause des retards que subit la moisson, et de l'incertitude même où l'on est de la voir mûrir. En nombre rond, on cultive :

Dans le comté d'Ayr.	313.000	acres ou	125.200	hectares.
Dans le comté de Dumfries. . . .	223.000	—	89.208	—
Dans le Kirkcudbright..	173.000	—	69.200	—
Dans le comté de Wigtown.. . .	145.000	—	58.000	—

le tout est soumis à un assolement régulier de récoltes et de prairies.

La plus grande partie de ces terres ont dû être drainées pour se prêter aux exigences de la culture moderne. Il n'y avait pas beaucoup de terrains dans le comté d'Ayr où il n'y eût de l'eau. Ceux naturellement secs consistaient en longues bandes sablonneuses le long de la côte, et aussi en grandes plaines de gravier, de trapp, et d'autres sols légers répandus dans tout le comté, où prédominent cependant les argiles et les glaises argileuses. Dans le comté de Dumfries, les sables et les graviers ont une étendue considérable. Les terres arables de Kirckudbright et de Wigtown renferment une forte proportion de sol rocailleux, dont la plus grande partie était sèche de sa nature. Dans le comté d'Ayr, probablement les neuf dixièmes, et dans les trois autres, près des trois quarts des terres labourables ont eu besoin d'être drainées à fond.

Le drainage au moyen de tuyaux a fait en 1824 son apparition dans le comté d'Ayr, et depuis cette époque il a pris de grands développements. Il y a vingt-cinq ans, une profondeur de 30 pouces (75 centimètres) était indiquée comme minimum sur quelques propriétés du comté d'Ayr, et cette profondeur a été progressivement augmentée, jusqu'à celle de 42 à 48 pouces (1m 05 à 1m 20) qui a été définitivement adoptée par les commissaires institués pour la clôture des terrains vagues. Une profondeur de 4 pieds (1m 20) est d'un bon effet dans les sols poreux; mais l'expérience a démontré qu'il était inutile d'y avoir recours dans les argiles caillouteuses du comté d'Ayr. Dans ces sols tenaces, on se trouve mieux d'appliquer la dépense qu'aurait exigée une profondeur plus forte, à diminuer en proportion l'intervalle entre les drains, et à ne les descendre qu'à 38 ou 40 pouces (0m 95 ou 1 mètre).

Dans le comté de Dumfries au contraire, le drainage n'a pas commencé d'aussi bonne heure; mais on en reconnut les avantages du moment où on commença à y recourir; aussi propriétaires et fermiers s'empressèrent-ils de profiter des facilités que leur offrit le gouvernement pour emprunter à cet effet, d'après les dispositions de la loi présentée par sir Robert Peel en 1845. Dans le cours de quelques années, le gouvernement prêta plus de 70.000 livres (1,750,000 fr.) pour le drainage dans ce comté. Dans l'intendance de Kirkcudbright et dans le comté de Wigtown, que l'on réunit ensemble sous l'appellation de Galloway commune aux deux circonscriptions, le drainage en grand des campagnes présentait des difficultés d'exécution dues à la nature rocailleuse du sol. Ces obstacles ont été surmontés avec un merveilleux entrain, et l'augmentation proporti 80arplonnelle de lauojaəlv[illegible]14 uid ièccrs pe suite des progrès de la culture, est probablement aussi forte dans cette circonscription que n'importe où en Ecosse. Une foule de petits propriétaire de Kirkcudbright se sont mis à faire valoir et à améliorer les terres qui leur appartenaient; mais les progrès accomplis dans le comté de Wigtown, où il n'y a que des biens affermés, ont été tout aussi rapides.

Antérieurement à la révolution opérée par le drainage à fond, la situation agricole du sud-ouest de l'Ecosse laissait en général beaucoup à désirer. A l'exception d'une étendue relativement faible de terrains légers et passablement secs, le comté d'Ayr et le Galloway ne se prêtaient pas aux récoltes vertes semées en lignes. Dans les premières années de ce siècle, les hommes intelligents étaient désolés de voir la différence entre l'agriculture de l'est et celle de l'ouest de l'Ecosse.

Sous le climat plus sec de la côte est, on suivait un assolement améliorant, pendant que les comtés de l'ouest en étaient encore aux pratiques du moyen âge. Un écrivain du temps constatait qu'un étranger de passage dans les campagnes d'Ecosse, aurait pu supposer avec vraisemblance que chacune de ces deux régions avait son gouvernement à part. Le même auteur avait remarqué dans les baux faits dans le comté d'Ayr une clause qui s'y trouvait généralement insérée, et qui, dans le but d'assurer le maintien de la terre en bon état, interdisait au fermier d'y faire plus de trois récoltes de céréales l'une sur l'autre. Eh bien ! de pareilles stipulations, quel que soit le caractère de grossièreté dont elles nous semblent aujourd'hui entachées, constituaient cependant déjà un progrès sur les pratiques antérieures et sur l'époque où l'on ensemençait les terres en avoine tous les ans sans désemparer, pour ne s'arrêter que quand la récolte ne valait plus la peine d'être moissonnée. L'adoption d'une méthode quelconque était un pas fait pour sortir de la barbarie. Les clauses d'assolement s'introduisirent dans les baux vers la seconde moitié du dix-huitième siècle. Elles astreignaient le preneur à cultiver en succession régulière toute la partie arable dépendant de la location. Les trois récoltes successives pouvaient être avoine, féveroles ou escourgeon ; on semait les graines de verdures avec la troisième récolte. On fauchait le foin la quatrième année, puis on laissait le terrain en pâture pendant un nombre d'années convenu. L'engrais consistait en chaux, en compost, et en fumier de ferme. Une partie considérable du comté d'Ayr a pour tréfonds les gisements de houille qu'on appelle *Coal measures*, et les puits de mines fournissent, en beaucoup d'endroits, aux cultivateurs un accès facile aux couches calcaires. On s'en est beaucoup servi pendant les trente premières années de ce siècle. Comme la marne a produit pendant un certain temps d'excellents effets, on la considérait à peu près comme le seul améliorant que possédât le cultivateur pour féconder une terre humide ; et on en mit coup sur coup à tant de reprises qu'elle finit par n'avoir presque plus d'action. Quand la marne perdit ainsi son efficacité, on se trouva mieux de ne plus prendre que deux récoltes successives de céréales au lieu de trois, en abrégeant la période de pâture.

Sur les terrains plus secs, on put adopter un système plus avantageux. On intercala une récolte de pommes de terre entre les deux récoltes de céréales, et toutes les semailles de l'assolement se firent ainsi dans deux conditions relativement bonnes. Les terrains sableux et les graviers du comté de Dumfries se prêtaient bien à la culture de la pomme de terre. Aussi l'y cultiva-t-on sur une grande échelle ; et les effets améliorants de cette culture firent prendre immédiatement au comté de Dumfries le pas sur les comtés voisins. Le turneps y était aussi semé dans les terrains qui pouvaient lui convenir ; mais, comme plante d'un usage général, on ne peut guère le faire remonter à plus de cinquante ans dans le sud-ouest de l'Ecosse.

A la différence de ce qui s'était passé dans la plus grande partie du comté d'Ayr, les terres du comté de Dumfries et de la circonscription de Galloway n'avaient pas été marnées à l'excès quand vint à prévaloir un système de culture mieux entendu. Aujourd'hui les chemins de fer mettent la chaux à portée des cultivateurs de cette région, et ceux-ci en profitent largement. On tirait de la marne au siècle dernier sur différents points du comté de Wigtown, et elle produisait des merveilles sur les terres faibles ou fatiguées. A défaut d'autres agents fertilisants, elle semblait être l'amendement par excellence.

La modification subie par le sol à la suite du drainage à fond rétablit en grande partie l'équilibre entre l'agriculture de l'Est et celle de l'Ouest. Le Sud-Ouest conserve néanmoins une infériorité relative, dans les années ordinaires, à cause de l'abondance des pluies et de l'humidité de l'air ; mais des soins bien entendus ont adapté aux récoltes vertes les terrains moyens du comté d'Ayr, et la presque totalité des terres arables de Galloway et de Dumfries. Les cultivateurs s'étaient préparés à profiter de ce changement. L'esprit de recherche est entretenu chez eux par les sociétés agricoles et les cercles de fermiers, dont plusieurs sont déjà de fondation ancienne dans le comté d'Ayr. Le club de Kilmarnock s'établit vers 1790 ; quelques années après fut instituée la société de Carrick ; et, à une époque plus rapprochée, les sociétés de Saint-Quivox, de Lockerbie et d'autres, se sont signalées en répandant la science pratique de l'agriculture dans le sud-ouest de l'Écosse. L'usage de l'engrais d'os a répandu, en la perfectionnant, la culture des récoltes vertes dans le comté de Dumfries, antérieurement au drainage à fond ; des particuliers entreprenants ont donné aussi dans la même voie une impulsion féconde aux terrains de la côte et aux autres terres susceptibles d'amélioration des circonscriptions d'Ayr et de Galloway. Les fermiers du sud-ouest, mis ainsi à même d'apprécier le profit qu'ils pouvaient retirer d'une terre appropriée aux récoltes vertes, embrassèrent avec ardeur un système dont le drainage leur facilitait l'adoption.

Les améliorations nécessitées pour l'adaptation de la terre à la nouvelle culture, entraînèrent des travaux considérables dans la plus grande partie de la circonscription de Galloway. Il fallut de grands frais pour construire des conduites d'épuisement dans les marais, et une infatigable persévérance pour faire disparaître les pierres et les rocailles. Les travaux ont changé la face des landes et des marécages ; l'automne pare aujourd'hui de riches pâtures et de luxuriantes récoltes les terrains qu'ils occupaient. Beaucoup des terres du Galloway restent cependant peu productives en céréales, malgré leur fertilité, et quelque dépense qu'on y ait faite. Aussi, sur les plus médiocres d'entr'elles de fortes récoltes de turneps et de foin sont-elles le seul objectif du cultivateur, qui trouve dans son troupeau plus de profit que ne lui en donnerait la production des grains.

La rotation des récoltes est à peu de chose près la même dans toute l'étendue des circonscriptions de Dumfries et de Galloway. Quand on culbute un pré, on prend une récolte de grain, quelquefois d'orge, mais plus souvent d'avoine. Puis arrive une récolte verte, consistant en turneps, pommes de terre, betteraves, carottes ou choux. La troisième année, a lieu une récolte de blé, d'avoine ou d'orge : on sème avec le grain des trèfles ou du ray grass. La quatrième année, la terre peut être récoltée en foin ou laissée en pré; enfin, on peut allonger la rotation par une cinquième, une sixième et même une septième année de pâture. La durée de l'assolement ne dépasse pas d'ordinaire cinq ans, mais il a une certaine tendance à l'augmenter. Plus on allonge l'intervalle entre les récoltes, moins on risque de voir le turneps attaqué par la maladie appelée en anglais doigts et orteils, et en latin dactylorhyza; plus une récolte est saine, plus elle est abondante. En donnant plus de temps aux matières végétales pour s'emmagasiner dans le sol, on favorise le développement du grain, sous le double rapport de la quantité et de la qualité. Sur certains terrains, on pense qu'on peut récolter une même somme de blé et de turneps avec l'assolement de six ans qu'avec celui de cinq. Si le fait est exact, l'année additionnelle en herbe ajouterait beaucoup aux bénéfices de la rotation prolongée que déjà beaucoup de cultivateurs habiles sont disposés à adopter.

Dans le comté d'Ayr, sur la circonscription de Carrick, sur la plus grande partie de celle de Kyle, et sur les terrains les plus légers de Cunningham, on suit généralement l'assolement à cinq ans. En général, le grain y est d'un meilleur rapport que dans les comtés du Sud, et y fait l'objet principal de la culture. Sur certaines fermes de grand rapport du voisinage des villes d'Ayr et de Girvan, l'assolement est réduit à quatre ans par la suppression de l'année de pâture. La superficie des terres du comté d'Ayr soumises à l'assolement quadriennal n'est cependant pas en résultat bien considérable.

Après avoir substitué, dès que les terres furent drainées, au vieil assolement des deux récoltes d'avoine suivies d'une de foin, la rotation moderne avec une récolte de racines dans le milieu, les cultivateurs d'une grande partie du nord du comté d'Ayr en sont presque revenus à leur ancienne pratique. Au premier abord, cette rotation où s'intercalait une récolte de racines avait paru avantageuse. Grâce au guano, on faisait de fortes récoltes d'avoine, et le turneps donnait beaucoup quand l'année était favorable. Mais les mauvaises années arrivèrent à la file. En 1860, en 1861 et en 1862, les turneps ne levèrent pas sur les terrains compacts situés même à une altitude modérée, et la terre se trouve appauvrie au lieu d'être améliorée. Le sol argileux qui avait été réduit en poussière fine fut coagulé sous l'action de pluies abondantes et prolongées, et devint matériellement impropre aux grains et au foin. Tout le monde se plaignit. Les récoltes étaient insuffisantes, l'herbe manquait au bétail. Dans ces conditions, il n'y avait pas deux partis à prendre. On abandonna les racines et on recommença à semer les petites graines avec la seconde avoine. Des argiles également compactes continuent cependant à être cultivées, avec une année de racines ou de jachères dans leur assolement, dans certaines fermes du comté d'Ayr à proximité de la côte. On dit même que cet assolement donne de bons résultats dans les terrains serrés du comté de Wigtown, quoique le climat y soit probablement plus humide qu'aux environs de Kilmarnock. Mais comme la température est plus chaude, et que le niveau y est plus bas, l'évaporation y fait disparaître plus vite l'humidité.

Les statistiques agricoles font voir qu'un grand tiers des terres arables du comté d'Ayr sont aujourd'hui laissées en repos après la seconde récolte. Dans cette proportion sont comprises les terres non drainées de hauts plateaux, où la récolte d'avoine sert principalement de nourriture d'hiver. Une étendue considérable de terrains froids, légers, et d'une altitude élevée, est cultivée de la même façon, et il n'est pas à supposer qu'une telle culture soit bien lucrative. Les nourritures de cette provenance reviennent souvent bien cher.

Dans le même comté, la proportion des racines et de la jachère nue d'une part, aux céréales d'autre part, était de 18432 acres ou 7.372 hect. 80 ares pour les premières, et de 59,573 acres ou 23,829 hectares 20 ares pour les secondes. Sur une étendue considérable de terres fortes où les racines sont encore comprises dans l'assolement, on prend deux avoines avant les racines, et une troisième après. Dans ces cas, on laisse habituellement la terre en pré au moins un an. Après deux récoltes de céréales, le sol est mieux ameubli qu'après une seule, et par suite, il est plus facilement pulvérisé en vue de la récolte de racines, tandis que les binages ne sont pas plus difficiles sur une terre de cette catégorie qui est restée plusieurs années en pré. Mais une telle pratique a pour effet de porter atteinte à la fertilité du sol, et non de l'accroître, et toute explication à ce sujet ne peut avoir que la valeur d'une excuse. Dans le Comté de Dumfries, la superficie tant en racines qu'en jachère l'année dernière était de 26,587 acres ou 10,634 hectares 80 ares, pour 50,261 acres ou 20,104 hectares 40 ares en céréales. Une moins forte proportion d'avoine dans le comté de Dumfries que dans celui d'Ayr atténue le reproche d'un excès de céréales. Dans Kirkcudbright, la proportion tend davantage encore à faire présumer une bonne culture et une exploitation bien ménagée. Il y a dans cette circonscription 18,390 acres ou 7,756 hectares de racines et de jachères contre 32,661 acres ou 13,064 hectares 40 ares de céréales. L'habitude prévaut dans Kirckudbright, plus peut-être que dans tout autre partie de l'Ecosse, de laisser reposer la terre après les turneps, sans prendre de récoltes de céréales. On fait un sacrifice dans le présent, pour se ménager plusieurs années de bon foin ; et on devrait agir ainsi partout où l'on sait tirer bon parti du foin. Dans le comté de Wigtown la proportion est la même que dans le comté de Dumfries. Il y a 19,604 acres ou 7,841 hectares 60 ares de racines et jachères contre 38,904, acres ou 15,561 hectares 60 ares de céréales. Avec une assez grande quantité de terre forte d'alluvion prrfaitement propre à la culture du blé, le comté de Wigtown a plus de jachères nues qu'aucun autre des comtés sud-ouest de l'Écosse. Dans le comté d'Ayr, la jachère d'été a presque disparu, malgré la grande étendue qu'y occupent les terres fortes.

La disposition de l'assolement quinquennal ne varie pas beaucoup dans les différents comtés du sud-ouest. On commence généralement le labour de la jachère aussitôt la saint Martin pour les terres fortes, ou dans les pays retardés, et à l'approche du nouvel an dans les localités plus chaudes, et on le continue sans autre interruption que celle du mauvais temps. Il y a dix ans on se servait partout pour retourner le sol, de la charrue à versoir. La charrue anglaise à roues a été essayée de temps en temps, et toujours abandonnée ensuite. Mais l'introduction de la charrue à deux socs attira l'attention sur l'avantage qu'avait la roue de diminuer le frottement et par suite le tirage. On reconnut que le tirage d'une bonne charrue à double soc, portée sur roues, donnait à peu près autant de tirage à trois chevaux qu'en donnait à deux une simple charrue à versoir appuyée sur sa sole et son soc. Dans les grands champs de niveau de terre légère, la charrue à deux socs est sans doute éminemment utile; mais elle ne convient pas au sol accidenté et tenace du comté d'Ayr, ni à la culture parcellaire des buttes rocailleuses de Galloway. La charrue montée sur roues et à un seul soc est donc généralement en usage, et elle rend beaucoup de services pour les labours profonds de la culture qui suit la récolte sur jachères.

L'avoine est semée presque invariablement sur jachère. On voit quelquefois une récolte d'orge prise après jachère sur les terres faibles et âpres du comté de Wigtown, mais un fait pareil est presque sans exemple dans le comté d'Ayr. Il est rare qu'on commence la semaille d'avoine avant le 15 mars. Après cette époque, on profite de tous les jours de beau temps, tant sur les terres légères des localités basses, que sur les hauts plateaux froids où l'on craint toujours que la moisson soit en retard. Sur les terres légères des parties les plus précoces du comté d'Ayr, quelques cultivateurs se servent du semoir en lignes, parce qu'ils trouvent que cet instrument leur procure une légère économie sur la semence à la volée, et qu'en général la récolte en ligne est plutôt meilleure. Mais les intempéries de la côte ouest empêchent l'usage du semoir de se généraliser. Quand le temps est incertain, le fermier est bien aise de recourir au procédé le plus expéditif, et de semer à la volée, soit avec un instrument, soit à la main. Les semoirs en lignes sont très-répandus dans les bonnes fermes de Dumfries et de Galloway. Sur les terrains plus légers de ces circonscriptions, ils présentent plus d'avantage que dans le comté d'Ayr; mais, en général, le cultivateur qui a une fois essayé des semoirs, soit en ligne, soit à la volée, ne sème plus à la main que quand il ne peut pas faire autrement.

Pour faire venir l'avoine, la terre du Galloway demande plus de semence qu'il n'en faut dans le comté de Dumfries; la différence s'accentue davantage encore pour le comté d'Ayr. On cultive dans le comté de Wigtown des variétés d'avoine à basse tige; la quantité de semence employée varie de 4 à 5 boisseaux et demi par acre impérial, c'est-à-dire de trois hectolitres deux tiers à cinq hectolitres l'hectare. Dans le comté de Dumfries, ce sont au contraire les variétés à haute tige que l'on sème de préférence, et la quantité de semence dépasse rarement quatre hectolitres et demi par hectare ou cinq boisseaux par acre, si la terre est bien fumée. Les avoines à basse tige rendent moins que les autres. Dans le comté d'Ayr, c'est une variété à haute tige qui domine, sans doute parce que le sol et le climat lui plaisent, bien qu'elle ne soit pas en faveur dans la plus grande partie du surplus de l'Écosse. La culture de cette même variété prend une certaine importance sur les terrains pauvres des parties hautes du comté de Dumfries. La quantité de semence varie de trois à quatre boisseaux par acre ou de deux hectolitres 3/4 à trois hectolitres 2/3 par hectare sur les meilleures terres des parties précoces du comté d'Ayr. Dans les localités plus en retard, et particulièrement sur les sols rudes et non drainés, on en met davantage. On a obtenu de bonnes récoltes, avec seulement deux boisseaux par acre, ou 180 litres par hectare, de grain semé en ligne, et par un temps propice. Mais on considère comme peu sûr de réduire jusque là la quantité de semence, même sur les terres qui conviennent le mieux à l'avoine. Une variété précoce très-intéressante est cultivée depuis quelques années dans le comté d'Ayr; elle est assez répandue en Écosse, et y est connue sous le nom d'avoine suisse.

Les grands arrivages de guano péruvien de bonne qualité, mis en vente à un prix raisonnable en 1845 et longtemps encore ensuite, firent de la culture de l'avoine en billons une pratique très-commune. Ce puissant engrais faisait produire, à une terre inférieure ou négligée, des rendements le cédant de peu à ceux des fermes perfectionnées. Depuis que le guano est devenu moins abondant, et qu'il a perdu en qualité, sa place a été prise par le superphosphate, plus ou moins enrichi par des additions de sels ammoniacaux. Dans une grande partie des comtés d'Ayr et de Dumfries, on trouve que, sans billons, il n'y a plus moyen d'avoir de récoltes pleines; mais ce procédé n'est pas aussi général dans le Galloway. Avec des stimulants aussi actifs, la paille est généralement plus molle dans le Galloway que dans le comté d'Ayr. La bonne tenue du sol sur une superficie assez étendue, dans le Galloway, amène un état de haute fertilité, où l'utilité du billon se fait moins sentir.

Dans les cantons bas des différents comtés, on fait généralement suivre les racines de la seconde année de rotation, par le blé ou l'orge pour la troisième. Quand la racine est aussi humide qu'on l'a vue aux fins d'année de 1876 et 1877, on diminue les surfaces destinées au blé, et on augmente d'autant, au printemps, les semailles d'orge ou d'avoine. Le blé ne se sème guère une fois que l'altitude atteint 110 mètres ou 360 pieds, quoiqu'on puisse en trouver encore de temps en temps dans le comté d'Ayr à plus de 500 pieds ou 150 mètres de hauteur. Dans les cantons élevés, les racines sont suivies par les avoines. Quant au blé, sa culture dans le sud-ouest n'a fait que décroître depuis vingt ans. En 1855, la surperficie en blé, dans le comté de Dumfries, était de 3,244 acres ou 1,297 hectares 60 ares; onze ans plus tard, en 1866, elle était tombée à 962 acres ou 384 hectares 80 ares; et après une autre période de onze ans, en 1877, il n'y en avait plus que 378 acres ou 151 hectares 20 ares. En prenant une période plus courte pour l'intendance du Kirkcudbright, la décroissance est de 993 acres ou 397 hectares 20 ares en 1871; à 214 acres ou 85 hectares 60 ares en 1877, pour le comté de

Wigtown, elle est de 4,363 acres ou 1,745 hectares 60 ares, en 1871, à 2,832 acres ou 1,132 hectares 80 ares en 1877. Dans le comté d'Ayr, la superficie en blé s'élevait, en 1856, à 16,879 acres ou 6,751 hectares 60 ares ; en 1873 elle descendait à 6,461 acres ou 2,584 hectares 40 ares ; enfin, en 1877, en partie à cause du mauvais temps à l'époque des semailles, il n'en restait plus que 3,804 acres ou 1,521 hectares 60 ares. L'inconstance du ciel des comtés de l'ouest, après la première moitié d'octobre, forme un grand obstacle à la réussite des blés.

On met en blé une étendue considérable de terrain après jachère nue sur les terres fortes et tenaces du comté de Wigtown ; la même succession a lieu, mais sur une moins grande échelle, dans le comté d'Ayr. Au mois de septembre, on enfouit le fumier de ferme et on sème le blé, si la chose est possible. Une quantité de deux boisseaux à deux boisseaux et demi de semence par acre, 180 à 227 litres par hectare devrait suffire à cette période de la saison, la plante ayant le temps de se fortifier et de grossir souterrainement. Après les racines, la semaille a lieu autant que possible en novembre. C'est le mois qu'il faut préférer pour ensemencer les terres légères, sauf toutefois quand elles sont découvertes et sans abri, comme par exemple la côte de Carrick, où les tempêtes de l'hiver font du tort aux jeunes récoltes, et où, par suite, on diffère la semaille jusqu'en janvier et février. Les meilleurs cultivateurs du comté de Wigtown enfouissent jusqu'à 15 et 20 tonnes de fumier sur leurs terres sortant de turneps pour la préparer au blé ; cet amendement leur assure une forte récolte, d'abord, et une belle végétation de foin pour les années subséquentes de la rotation. Dans le comté d'Ayr, comme on fait plus de pommes de terre, il n'y a que peu de fumier à dépenser, mais on cultive aujourd'hui en billons presque tous les blés de printemps. Ainsi traités, ces blés poussent avec plus de vigueur, et se fortifient assez à temps pour bien mûrir. Dans les cantons précoces du comté d'Ayr, les cultivateurs expérimentés ne voulaient pas dépasser l'équinoxe pour semer leur blé, tout en profitant des instants de beau temps ; mais aujourd'hui les fermiers les plus habiles s'inquiètent moins d'une époque précise, et veulent que toutes les terres disponibles soient ensemencées. Quand on a semé de bonne heure, le rendement est d'ordinaire plus fort; quand, au printemps, on remplace l'orge par le blé, cette substitution est très-favorable aux foins, auxquels on fait maintenant beaucoup plus d'attention qu'autrefois. Le seigle a presque disparu des petites terres qui le produisaient il y a vingt ou trente ans ; et cette défaveur est due à ce que les jeunes herbes poussent rarement bien sous son couvert. On en voit cependant encore un peu sur les sables pauvres du comté d'Ayr et sur les petites terres à mousses du comté de Wigtown. Les terres fortes du comté d'Ayr portent de bonnes récoltes de féveroles. Ces féveroles se sèment quelquefois, avec un léger mélange d'avoine tardive, en jachère fumée. Les récoltes de ce genre sont très-productives, et la séparation de l'avoine et des féveroles s'effectue facilement lors du battage.

Quand la saison n'a rien d'extraordinaire, la moisson du blé commence, dans le comté de Dumfries et le long des côtes des comtés de

Wigtown et d'Ayr, dans la première semaine d'août. A la seconde semaine d'août, toutes les localités précoces sont en moisson, et l'opération s'étend petit à petit vers les hauteurs. Mais le temps où on la commence est bien rarement le même. La moisson de 1877 a été l'une des plus retardées dont on ait conservé le souvenir. Même dans les cantons bas, on n'était guère avancé en août, et beaucoup de cultivateurs, dans les localités en retard, ont dû différer jusqu'en octobre. Avec une maturité si tardive, les rendements sont insuffisants; le grain n'a pas pris de poids, et la paille est généralement endommagée par la pluie avant qu'on ait pu mettre la récolte en meules.

Dans les années favorables, la moisson est aujourd'hui en elle-même une opération facile. C'est la moissonneuse qui fait presque toute la besogne; elle s'est substituée à la faucille, apportant ainsi un merveilleux allègement aux fatigues de la population des campagnes. La moisson se trouve à la fois mieux faite, et terminée en moins de temps. Le travail s'était déjà trouvé considérablement réduit quand la faux avait pris la place de la faucille, mais les javelles n'étaient pas aussi bien assemblées. L'exposition internationale qui eut lieu à Londres en 1851, fit connaître la moissonneuse, qui a été perfectionnée depuis, et insensiblement est devenue d'un usage général. Les fabricants y ont apporté tous leurs soins; un perfectionnement en a suivi un autre, et les embarras de la moisson de 186. en ont rendu les avantages évidents. Pendant la durée de plusieurs moissons, il s'était produit des difficultés résultant de défauts dans les machines, et surtout du manque de ces connaissances pratiques que l'expérience seule peut donner. On en est aujourd'hui venu à bout; et il n'est pas rare d'entendre les cultivateurs s'applaudir d'avoir terminé leur moisson sans qu'il y ait eu d'interruption produite par bris ou dérangement du mécanisme. En général, la moisson dans une ferme ne doit pas durer plus d'une quinzaine. Il y a toujours avantage à pouvoir la commencer à sa véritable époque.

La période pendant laquelle on doit laisser la moisson en dizeaux varie suivant le temps qu'il fait. On coupe aujourd'hui l'avoine quand elle est encore nuancée de vert; et il faut par suite un intervalle plus long avant de pouvoir la mettre en meule afin d'éviter qu'elle ne s'échauffe. Mais quand les avoines sont ainsi coupées avant la disparition de la teinte verte, et qu'elles sont ensuite arrangées convenablement, le grain ne s'en comporte pas plus mal; il ne perd ni en qualité, ni en qualité, et la paille vaut mieux que si elle était restée sur pied jusqu'à parfaite maturité.

D'ordinaire dans les terres basses des divers comtés, on n'éprouve ni grandes difficultés ni embarras sérieux pour serrer les récoltes. On charrie les céréales à l'endroit où elles doivent être gardées; on en forme des meules d'une forme ronde et élégante, hautes de dix ou douze pieds, jusqu'à l'égout ou larmier, avec un faîte pyramidal qu'on affermit ensuite avec du chaume et des tresses de paille. Dans les cantons élevés et retardés, l'époque de la moisson est un temps d'angoisses. Obligés de travailler dans une saison plus avancée, quand les jours diminuent, et que trop souvent le temps est mauvais, les cultivateurs ne doivent pas perdre une minute quand il est favorable. Anciennement, le zèle des ouvriers pendant les moissons difficiles répondait à l'activité des maîtres. Aujourd'hui, ce n'est plus la même chose; cependant les ouvriers se refusent rarement à donner un coup de collier, c'est-à-dire à travailler plus vite et à faire des journées plus longues, quand l'inconstance du temps rend nécessaire un redoublement d'efforts. Dans les petites cultures, si communes sur les plateaux arables de grande altitude, les fermiers eux-mêmes encouragent les moissonneurs par leur exemple, et se donnent autant de mal que de simples ouvriers.

La moisson finie, le cultivateur doit porter ses soins sur les travaux préalables à la récolte de racines à faire l'année qui va suivre. Quoique le climat de l'ouest de l'Écosse ne se prête guère à la culture d'automne, on fait un peu de besogne en utilisant les intervalles de beau temps. Dans quelques endroits, aussitôt la moisson enlevée, les fermiers commencent à faire passer la herse à cheval dans les chaumes d'avoine, à quelques pouces au-dessous de la surface du sol, après quoi ils le hersent, et font ramasser et enlever les mauvaises herbes. Ils s'évitent ainsi beaucoup de peine au printemps. Sur les sols plus légers, ils se bornent à passer la herse et à biner en automne, et à labourer profondément au printemps ; mais là où la terre est plus forte, il est bon de faire suivre la houe d'un trait de labour profond au commencement de l'hiver. C'est dans toute la rotation le moment le mieux choisi pour donner plus de profondeur au labour, parce que toutes les parties du sous-sol qui sont amenées à la surface sont soumises à l'influence des gelées d'hiver. Quand on a fini les binages et les labours vers la fin de l'année, il n'y a plus rien à faire pour les terrains à planter en pommes de terre au printemps, sauf un hersage, destiné à niveler le sol pour le semer en ligne.

Sur la côte, près de Girvan et sur les fermes bien exposées d'Ardrossan et de West Kilbride, l'usage est de labourer sur fumier, après la récolte, de temps, en temps pendant l'hiver. Dans ces cantons renommés pour leurs pommes de terre, les fermiers déposent des quantités considérables de varech, qui constitue un engrais auxiliaire de grande valeur. On le répand sur la surface des hautes terres, et on l'enfouit en quantités énormes. Indépendamment de son action fertilisante, le sel contenu dans le varech conserve les récoltes sur les sols sableux en temps de sécheresse.

Quand le sol n'a pas reçu d'autre préparation qu'un labour d'automne ou d'hiver, il est nécessaire de le biner et de le sarcler au printemps. Dans les exploitations soignées, ce travail ne demande pas beaucoup de temps, puisque les terres légères seules reçoivent des pommes de terre hâtives. Mais il faut que le sol soit parfaitement pulvérisé. Si le temps est beau, on commence à planter, dès février, dans les cantons les mieux situés; mais les fermiers des autres endroits retardent volontiers de dix jours, les jeunes plantes courant risque de geler à la fin d'avril dans les expositions découvertes. Quand le fumier a déjà été enfoui, on va vite à planter. On peut planter en un jour de trois et demi à quatre acres (de 140 à 160 ares) avec deux paires de chevaux et un nombre suffisant d'ouvriers. Aux environs d'Ayr et de Saint-Quivox, où presque tout le fumier est confié aux semoirs pour être distribué simultanément à la plantation, uu nombre double peut être nécessaire pour la même étendue superficielle. Chaque méthode à ses avantages. Dans les saisons exceptionnelles, par exemple en 1867, quand une gelée rigoureuse se déclara au milieu du mois de mars, et pénétra profondément dans le sol, le fumier garantit de tout mal les pousses de pommes de terre, et la chaleur qu'il dégage peut en hâter le développement. Mais de quelque manière qu'on l'emploie, de grandes quantités d'engrais sont indispensables à la bonne venue d'une récolte de pommes de terre hâtives. Aucun fait n'est mieux démontré par l'expérience. Dans une ferme bien tenue, tout près d'Ayr, avec une rotation quadriennale, on combine les deux méthodes relatives au fumier. La quantité employée s'élève de 40 à 45 tonnes par acre (cent à cent douze mille kilogrammes par hectare) pour les pommes de terre et les carottes. Un tiers du total est enfoui avec les chaumes; les deux autres tiers sont mis dans les semoirs au printemps. Sur le fumier, on sème de six à sept quintaux de guano par acre dans les lignes (de 1,500 à 1,750 kilogrammes à l'hectare) dans le but de hâter la végétation, qui se développe en effet avec une grande rapidité dès que les feuilles de la plante ont commencé à pousser.

Quant à l'époque de l'arrachage, elle varie suivant la tournure de la saison. Lorsqu'elle est assez bonne, il a lieu sur une grande étendue aux environs de Girvan et de West Kilbride, dans la dernière semaine de juin. Le prix est si élevé au début qu'on a du profit dès qu'on retire plus de deux tonnes par acre (5,000 kilogrammes par hectare); on arrache donc dans bien des endroits avant que le rendement atteigne quatre tonnes. Glasgow, avec sa population de plus de cinq cent mille âmes, est le centre principal de la vente des pommes de terre pendant les trois premières semaines de juillet. Pendant ce temps, la récolte s'est accrue, l'approvisionnement général s'est formé, et les prix sont tombés graduellement. Des masses de pommes de terre sont alors expédiées à Newcastle, à Manchester et aux villes populeuses du comté d'York. Le temps de l'arrachage vient enfin pour les endroits les plus tardifs, dont les produits sont envoyés aux marchés d'Ecosse et d'Angleterre jusqu'à la veille de la moisson.

Les champs ayant été débarrassés des pommes de terre vers le milieu de juillet, c'est le moment d'un autre semaille, s'il se trouve assez d'humidité pour faire germer les graines. Sous le climat pluvieux de l'ouest Kilbride, on prend généralement une récolte en couverture, mais cet usage n'est pas général sur la côte de Girvan. Dans certaines années, quand il tombe beaucoup de pluie en juillet, on obtient de cette manière de pleines récoltes de turneps; mais, si l'on répète l'opération, le turneps montre bientôt des symptômes de maladie sur les terres faibles et légères. On récolte ainsi de la navette ou de la moutarde pour les moutons; on obtient également de forts rendements d'orge qu'on coupe en vert et qu'on met de côté pour le gros bétail. L'orge qui vient avec cette rapidité est succulente, sans être probablement fort nourrissante.

Dans d'autre cas, on sème du ray grass, et quand il lève, on y fait pâturer les agneaux au commencement de septembre.

La culture des pommes de terre hâtives ne remonte pas très-haut dans le comté d'Ayr. On en a fait un peu il y a vingt-cinq ans dans les environs de la ville d'Ayr, à une époque où 18 à 20 livres (450 à 500 francs) de l'acre (1.125 à 1.250 fr. par hectare) étaient considérées comme un prix rémunérateur pour une bonne récolte. Plus tard, quand les prix augmentèrent, cette culture s'étendit le long de la côte, de Carrick à Girvan, et on reconnut qu'elle convenait aux terrains rouges et profonds de l'ouest Kilbride. Elle donne au fermier le revenu le plus vite réalisé, et bien souvent le plus important de toute son année. Des centaines d'acres de l'ouest Kilbride sont louées tous les ans à un marchand de pommes de terre de Glasgow, à un prix qui va de 13 à 17 livres l'acre (de 812 fr. 50 c. à 1602 fr. 50 c. l'hectare). D'après les traités passés avec lui, le fermier fournit la terre, y met le varech et le fumier, fait avec ses chevaux tous les travaux de culture, et charrie les pommes de terre à la station. Le marchand fournit de son côté le guano et la semence, fait la plantation, l'arrachage, et s'arrange du produit. Il faut dire à la louange tant du marchand que des cultivateurs que leurs arrangements ont subi l'épreuve de bonnes et de mauvaises années, sans aucune atteinte à leurs bonnes relations. Cet exemple, cependant, n'a pas rencontré d'imitateurs dans le comté d'Ayr. La plus grande partie de la récolte des alentours de Girvan, d'Ayr, et d'autres localités où la végétation est précoce, se vend à l'acre; c'est le cultivateur qui subit les chances de gain ou de perte, et qui fait l'arrachage lui-même, pour consigner ensuite les pommes de terre entre les mains d'intermédiaires chargés de la vente. Un certain nombre des premières ventes de l'an dernier ont donné de 30 à 38 livres l'acre, (1875 à 2.375 francs l'hectare); mais en règle générale on regarde comme avantageux dans les localités les plus favorisées, un prix de 24 à 30 livres (1.500 à 1875 francs l'hectare).

Les cultivateurs des environs d'Ayr et de Saint-Quivox prétendent que les carottes sont encore les racines qui donnent le produit le plus lucratif. On prépare le sol et on le fume comme pour les pommes de terre, et on sème la graine dans la dernière semaine de mars ou la première semaine d'avril. Le semis dont on se sert trace deux lignes distantes l'une de l'autre de six pouces ou 15 centimètres; on a soin que l'engrais soit parfaitement recouvert et ne fasse pas obstacle à l'ensemencement. Comme on ne peut faire passer la herse après le semis, on voit généralement paraître une forêt de mauvaises herbes avant que la récolte lève. Si l'on ne se débarrassait pas de ces plantes parasites, elles étoufferaient le jeune plant dès qu'il se montrerait. On est obligé à une forte dépense de main d'œuvre à ce moment, pour les binages à bras. S'il vient alors à pleuvoir deux ou trois jours de suite, on peut avoir bien du mal à venir à bout de ce nettoyage, et pour empêcher que toute la récolte ne soit abîmée. Pour sarcler et éclaircir, il faut compter dépenser, une année dans l'autre, cinq livres par acre ou 312 fr. 50 c. par hectare. Comparée avec ce qui se passe pour les pommes de terre, cette dépense est plus qu'à demi compensée par l'insignifiance relative de ce que coûte la graine pour les carottes. Une variété de carottes rouges, appelée intermédiaire, se sème principalement dans le comté d'Ayr, et donne de forts rendements. Elle se vend à tant l'acre, et quand la récolte est hâtive, la plus grande partie est expédiée en automne sur les marchés pour être vendue dans les villes. Quand elle a atteint une bonne grosseur, le produit s'élève de 25 à 25 tonnes par acre (50 à 62,500 kilogrammes par hectare), et les bons producteurs se font de 40 à 45 livres de l'acre, de 2.500 à 2.800 francs l'hectare.

Les cultivateurs de Saint-Quivox ne pensent pas qu'une terre doive être semée une seconde fois en carottes avant un intervalle de huit à dix ans. Dans la sole quadriennale ou quinquennale, on peut prendre une récolte de cette racine sur deux rotations. Un champ peut être mis moitié en carottes et l'autre moitié en pommes de terre pendant une rotation, et à la rotation suivante, on fait alterner les deux racines l'une avec l'autre. La différence est parfois saisissante, quand par hasard on franchit la ligne de démarcation entre les deux divisions du champ, et que la carotte revient sur la même terre qu'à la rotation précédente.

Pour la culture de la betterave, le comté d'Ayr tient la tête parmi tous les comtés d'Ecosse. Cette racine y occupait l'an dernier 871 acres ou 348 hectares 40 ares, et, dans le comté de Wigtown, 292 acres ou 116 hectares 80 ares. La superficie totale en betteraves était, pour l'Écosse entière, d'environ 2.100 acres ou 840 hectares. La betterave est une plante propre aux climats plus chauds que celui de l'Ecosse, et, quand elle s'avance au Nord aussi haut que 55 degrés de latitude, elle exige de grands soins. Des labours profonds et complets, des engrais abondants, une semaille faite de bonne heure lui sont indispensables; et encore, quand toutes ces conditions sont remplies, la récolte est-elle insuffisante quand la belle saison est en retard. Mais on obtient de beaux rendements dans les bonnes années sur les terres hâtives; la betterave conservée est en outre d'un grand secours comme nourriture au printemps et au commencement de l'été. Elle sert aussi pour reposer une terre fatiguée des turneps.

Les pommes de terre destinées à mûrir et à être arrachées à l'automne sont plus cultivées dans les circonscriptions de Dumfries et de Galloway que dans le comté d'Ayr. Comme de temps en temps elles rapportent beaucoup, le fermier pourrait avoir la tentation d'en faire l'objet d'une culture suivie, si la maladie, inévitable dans les années humides, ne rendait la récolte trop précaire. Ces pommes de terre se plantent généralement en lignes distantes de trente pouces (0m. 75 c.) l'une de l'autre, et ne sont pas fumées aussi énergiquement que les hâtives, qui sont mûres en quelque sorte avant l'époque des chaleurs d'été.

Il n'y a pas grande différence dans le mode de préparation des terres pour le turneps, dans les différents comtés du sud-ouest. La nature pluvieuse du climat empêche les labours d'automne de se faire régulièrement. On fait peu de turneps dans l'intendance de Kirkcudbright. Dans le comté d'Ayr, le turneps est confiné dans les champs divisés en vue de récoltes précoces en pommes de terre, en carottes et en betteraves. Les éteules sont retournées et labourées profondément partout où le sol le permet. Il est impossible de tracer de forts sillons dans la plupart des terres de Galloway; mais l'automne est le vrai moment d'augmenter la profondeur du labour, quand il est avantageux de le faire. Dans la culture du commencement de l'été, la houe remplace peu à peu la charrue. La houe va plus vite et n'enlève pas autant d'humidité à la terre quand il se produit une sécheresse. Elle pulvérise bien le sol, et le débarrasse des mauvaises herbes. Il n'y a pas beaucoup de binages à faire à ce moment quand les terres ont été bien entretenues. Quand une fois le sol a été bien nettoyé et bien fumé, de manière à produire ensuite de fortes récoltes, on n'est plus en général importuné par les mauvaises herbes. Exceptons toutefois certains terrains, comme par exemple ceux de Saint-Quivox, où il est impossible de détruire le chiendent (triticum repens).

On espace les lignes de 28 pouces (66 centimètres) pour les turneps: quelques cultivateurs portent la distance à 30 pouces (75 centimètres) pour les rutabagas. Dans le comté d'Ayr, on met généralement un peu de fumier dans les lignes; mais le fermier dans le Galloway a plutôt recours aux engrais légers, enfouissant la plus grande partie de son fumier de ferme en vue des céréales. Les cultivateurs de Galloway semblent toujours avoir peur que leurs récoltes ne soient pas assez fumées. Guano, os, superphosphates, ils prodiguent l'engrais sous toutes ses formes. Dans le comté de Wigtown, plus de la moitié des engrais consistent en os broyés; le surplus se compose principalement d'os dissous et de superphosphates. Dans l'Est de l'intendance de Kirkcudbright et dans le comté de Dumfries, la proportion d'os broyés n'est pas ordinairement aussi forte. Beaucoup des producteurs de turneps dans les différents comtés aiment à mélanger les différents engrais, en y ajoutant un peu d'ammoniaque pour activer la végétation dans ses premières phases. On a singulièrement perfectionné dans le comté de Wigtown les instruments servant de distributeurs d'engrais dans le sens de l'utilité pratique, et les essais faits dans ce sens semblent avoir amené les meilleurs résultats.

Sur quelques terrains inférieurs, on adopte pour les récoltes une autre espèce de rotation. Près de Dumfries, de grands terrains mis en culture à la suite du desséchement des tourbières de Lochar sont assolés à cinq ans. Cet assolement comprend deux récoltes de racines, une de céréales et deux ans de prairie. On met des pommes de terre au lieu de céréales quand on rompt la jachère, et la terre est facilement préparée pour les turneps l'année d'ensuite. On prétend que les turneps ainsi obtenus ne sont pas sujets à la maladie; et cependant des cultivateurs voisins, fermiers des meilleures terres labourables du comté de Dumfries, pensent qu'il est préférable de mettre plus de cinq ans d'intervalle entre deux récoltes semblables. On voit quelquefois suivre une méthode semblable, mais sur une échelle plus réduite, dans le comté d'Ayr. Une pièce de terre légère, partie d'un plus grand champ, peut être plantée de pommes de terre précoces après jachère, puis, l'année suivante, porter une récolte de carottes ou de betteraves. Au moyen de la décomposition des racines des jeunes graminées dans le sol, les pommes de terre se comportent généralement bien, et la terre se trouve dans un état de fertilité plus parfait que si elle avait donné deux récoltes de céréales.

On a longtemps sur cette même ferme pratiqué l'usage de répandre de trois à cinq quintaux de sel de cuisine par acre, au printemps sur le sol chargé d'une récolte de racines. On jette ce sel en février et mars sur la terre labourée,quand il est à présumer qu'il tombera assez de pluie pour le faire fondre.

Le sol est très-sableux, et on croit que le sel a une influence salutaire sur la récolte en temps de sécheresse. On pense aussi qu'il éloigne ou détruit les vers de terre et les mans ou larves de hannetons, quand on l'applique à cette période de l'année. Il n'est pas facile d'atteindre ces animalcules souterrains ; mais les gens du pays rapportent que les récoltes de la ferme jouissent, à cet égard, d'une remarquable immunité.

L'usage de terminer l'assolement par le foin et la graine de trèfle,sans récolte de céréales, a plus d'importance, à cause de l'étendue des terres où il est en vigueur dans l'intendance de Kirkcudbright. Dans ce comté, on attache beaucoup d'importance au foin, et on ne se préoccupe que faiblement de la légère perte qu'on éprouve dans le présent en omettant une récolte d'avoine sur une terre disposée en prairie permanente. Mais cet usage n'est pas restreint aux terres ainsi retirées de la culture. Il n'est pas rare de voir les cultivateurs de l'Est de ce comté ensemencer ainsi à époque fixe une partie de leur exploitation, et labourer ensuite pour continuer l'assolement. Ils prennent une récolte d'avoine sur jachère, et lui font succéder une récolte de turneps bien travaillée et bien fumée. Les turneps sont mangés sur place par les moutons, et, au printemps suivant, la terre est labourée, et ensemencée en petites graines. Un peu de navette ou de céréales de n'importe quelle sorte, mélangée avec la semence, sert à empêcher la production des mauvaises herbes annuelles. On fait manger aux moutons la navette ou le grain, et, pour peu que la saison soit favorable, les foins ne tardent pas à se renforcer. Il est essentiel que la terre soit bien nettoyée quand elle porte des racines; malgré les soins les plus minutieux, il est impossible à cette époque d'empêcher les mauvaises herbes de pousser dans une terre qui en contient les germes. On tire beaucoup d'argent de grands champs où le foin est jeune, et on croit que l'assolement qui a le foin pour objectif donne des bénéfices.La valeur de cette méthode est expérimentée d'une manière plus décisive, au point de vue pécuniaire, quand elle est suivie sur une grande échelle, que quand le cultivateur n'y assujettit qu'une faible portion de ses terres. Mais comme le cultivateur s'attache surtout au résultat, quand on le voit adopter une pratique impliquant un sacrifice dans le présent, on peut être sûr qu'il a ses raisons, et qu'il compte y trouver une compensation dans l'avenir.

Kilmarnock peut être considéré comme le centre de cette importante circonscription du comté d'Ayr dans laquelle, après avoir drainé à fond leur terre, et adopté l'assolement moderne renfermant une récolte de racines, les cultivateurs en sont revenus à leur ancien usage de semer comme dernière récolte une céréale succédant immédiatement à une première. Tout le monde n'avait pas adopté, il y a vingt ans, la rotation renfermant une récolte de racines, bien que cet assolement fût alors généralement à la mode. Mais le comté eut à subir quelques années humides et tardives, où les turneps ne réussirent pas sur les terres fortes, et où le sol se trouvait mal disposé pour la dernière récolte de la rotation. La récolte en grain qui suivit fut comparativement médiocre, et le foin à la suite fut décidément mauvais. Alors les cultivateurs furent obligés de réfléchir, et de se demander quelle était la situation qui leur était faite par la nouvelle rotation contenant une récolte de racines ; elle n'avait rien d'encourageant. Voici à peu près ce qu'ils se dirent dans cette fâcheuse occurrence : Dans des années comme 1857 et 1859, où les turneps avaient pourtant énormément rendu, la récolte des racines ne leur avait pas rapporté grand'chose. La terre ne convenait pas aux moutons, et ils avaient cru s'apercevoir que les turneps y étaient de qualité inférieure, comme valeur nutritive. Ils manquaient d'ailleurs, pour les choix et pour l'entretien des animaux à engraisser de cette habileté qu'une longue expérience seule aurait pu leur faire acquérir. Puisque, par les bonnes années, ils faisaient à peine leurs frais, quelles ne seraient pas leurs pertes dans les années humides! leurs dépenses augmentaient dans une proportion énorme, sans profit correspondant. Les récoltes de racines absorbaient tout le fumier de la ferme, et il n'en restait plus pour les prés trop clairs qui en avaient besoin. Les prairies naturelles disparaissaient peu à peu, le trèfle ne venait pas bien sur un sous-sol froid dans un climat humide, et l'insuffisance du foin devenait un fléau pour une circonscription productive de lait. Par suite des résolutions amenées par ces raisonnements, on finit par obtenir des propriétaires, là ou les baux étaient en cours, la permission de reprendre l'ancien mode de culture, et ce fut d'autant plus facile, que tout le monde pensait qu'il fallait en revenir là. Aujourd'hui, l'usage presque universellement adopté sur les exploitations composées exclusivement de terres fortes, est de ne cultiver de pommes de terre que ce qu'il en faut pour la consommation de la ferme, de faire quelques choux pour les donner aux vaches en automne, et un peu de turneps également pour le commencement de l'hiver. Cette récolte de racines se fait naturellement l'année qui suit la récolte sur jachères ; dans tout le surplus des terres, on ne prend plus que la seconde récolte pour finir. Le fumier de la ferme est mis, partie sur la jachère en automne avant qu'elle soit rompue pour être ensemencée en avoine, et partie sur la jeune herbe après l'enlèvement de la récolte de foin. La jachère est défoncée à une profondeur de cinq à six pouces (15 centimètres) ; cette profondeur est portée à huit pouces (vingt centimètres) quand on laboure l'éteule pour la seconde récolte. Pour cette seconde récolte, on dispose un peu quelquefois la terre en billons lors de la semaille ; puis, quinze jours après, on sème les petites graines, consistant en deux boisseaux environ par acre (180 litres par hectare) de ray grass vivace, avec une petite quantité de trèfle hybride et de trèfle blanc. L'hiver suivant, on met pâturer, sur le jeune ray grass, les veaux ou les moutons jusqu'au commencement d'avril, mais il faut avoir soin de ne pas le surcharger de bétail, ce qui le ruinerait. On laisse pousser le ray grass jusqu'en juillet pour que ses graines aient le temps de mûrir, après quoi on coupe et on récolte le foin à peu près comme si c'était une récolte d'avoine.

Ce système de culture n'entraîne pas une forte dépense annuelle ; mais il ne peut être suivi avec succès que sur des terrains qui, sous un ciel plus propice aux céréales, produiraient des blés et des trèfles de première qualité. Les deux récoltes qu'on y prend l'une après l'autre sont à peu près de même valeur, avec cette différence que le grain de la seconde est un peu plus léger que le grain de la première. Le foin de la troisième année est battu avant la moisson ; puis on le vend, ou on le met en meule pour la consommation de la ferme. Le poids du foin ainsi battu est sensiblement moindre que celui du foin coupé en vert, et la valeur vénale en est réduite de 10 à 15 shillings (12 fr. 50 à 18 fr. 75 c.) par tonne. La graine produite par le battage se monte de 24 à 30 boisseaux par acre (ou de 22 à 27 hectolitres l'hectare), ce qui est regardé comme une bonne moyenne. Cette manière d'opérer est appliquée sur une grande quantité de terres qui se louent aisément à 40 shellings l'acre (125 francs l'hectare), et dans une circonscription presque exclusivement laitière. Après deux récoltes d'avoine et une de foin, la terre est laissée en pré cinq ou six ans.

Il faut à une vache de deux à trois acres de pré (de 80 à 120 ares) selon la qualité et la condition de la terre. On élève quelques jeunes animaux pour maintenir l'effectif normal de la laiterie et avoir plus de choix. Dans beaucoup de fermes, on conserve ainsi un tiers et un quart des veaux, et le reste est vendu pour la boucherie. Cette manière d'administrer, qui est générale dans le nord du comté d'Ayr, ne réussirait pas aussi bien dans le sud du même pays ; et elle deviendrait ruineuse sur les terrains faibles et friables qui dominent dans les régions de Galloway et de Dumfries. Il semble téméraire de critiquer les opinions de gens éclairés qui se guident d'après leur expérience ; mais, malgré la déférence qu'elles méritent, on attaque souvent le système qui consiste à laisser mûrir le ray grass pour en tirer la graine, sur une terre qui reste ensuite en pré quatre, cinq ou six ans. Tout en tenant compte de la condition supérieure du sol, on se demande toujours si le profit que procurent les graines n'est pas plus que contrebalancé d'abord par le déchet subi par le foin lui-même, et ensuite par l'affaiblissement de la végétation du pré pendant les années subséquentes.

Il ne se trouve dans le district de Cunningham que peu de terres en pâture permanente. Les cultivateurs prétendent que le sol ne s'y prête pas ; mais leur opinion n'est pas basée sur l'expérience, puisqu'ils rompent toujours leurs pâtures quand elles deviennent moins productives. De terres fortes et fertiles, on peut espérer une augmentation progressive de valeur quand elles ont reposé six ans ; cette amélioration peut être activée par des billons, puisque cette circonscription n'est pas bien éloignée des grands approvisionnements d'engrais de Glasgow. Il serait extrêmement avantageux pour la production laitière de posséder, en pâtures anciennes et riches, une partie des terres dont elle dispose.

L'industrie laitière dispose encore d'une grande étendue superficielle dans le haut district de Kyle, près d'Auchinleck et des Cumnocks. Le sol y est d'une altitude variant de 500 à 900 pieds (150 à 270 mètres) au-dessus du niveau de la mer, et comme la plus grande partie du sol est froide et sans épaisseur, la réussite de l'avoine pour la provision d'hiver y est extrêmement incertaine. Quand on cultive à de telles hauteurs une terre où la couche végétale est si mince que le soc de la charrue touche au sous-sol, on ne peut guère avoir d'autre objectif que le fourrage ; et ce n'est que par exception que les récoltes de grain y réussiraient. Quand la saison est mauvaise, l'épi ne se remplit pas, et la paille est gâtée par les pluies d'octobre. Le besoin d'une autre plante fourragère se faisait sentir ; et la culture, comme fourrage, de la graminée appelée en anglais l'herbe à Timothée, en français la phléole, et en latin *phleum pratense*, semble remplir à cet égard presque toutes les conditions requises. Elle est parfaitement appropriée à la localité, à l'épreuve des variations de température, donnant une végétation luxuriante sur les sols profonds d'alluvion, et profitant même, avec des soins, sur les sous-sols froids à surface mince. Les personnes éclairées, qui sont familiarisées avec la culture de la phléole, assurent que si l'on savait profiter de toutes les ressources offertes par cette graminée, la valeur des hauts plateaux de Kyle augmenterait sensiblement, parce qu'on pourrait la semer avec avantage sur des terrains qui ne lui conviennent, pour ainsi dire, qu'à moitié.

Les sols où dominent les sables et les graviers ne se prêtent pas au maintien prolongé de la phléole ; elle se plaît au contraire dans les argiles fortes, et y forme d'excellentes prairies. La terre doit être préparée avec soin avant d'être mise en pré. La préparation consiste, soit en une récolte de racines bien sarclées, soit en jachère nue. Quelquefois la graine de phléole est semée dans les avoines, mais il est plus ordinaire de ne pas faire de récolte de grain. Si l'on fait de l'avoine, il est essentiel qu'à ce moment le sol ne soit pas trop riche d'engrais ; comme la jeune plante de phléole est très-sensible, elle serait immanquablement étouffée entre les avoines, qui sont trop lourdes pour être bien droites. Il est donc préférable de réserver une partie de l'engrais pour plus tard. Quand on sème après des racines, sans avoir pris une avoine, on se trouve bien de donner un labour à la terre au commencement de l'hiver, ou aussitôt l'enlèvement des racines. Le sol qui doit former couche pour les petites graines est ainsi exposé durant l'hiver à l'influence de désagrégation exercée par l'atmosphère. Au printemps, la surface, alors de niveau, est réduite en poussière très-fine par la herse, après quoi on la comprime et on l'égalise avec le rouleau. On sème alors à la volée la phléole à raison de seize livres par acre (quinze kilogrammes l'hectare). On y ajoute d'ordinaire deux livres (750 grammes) de *trifolium hybridum*, et de 3/4 de kilogramme à un kilogramme de graine de navette. Sur les terres fortes des plateaux on est rarement importuné par les mauvaises herbes, et on n'a guère besoin de la navette pour les réprimer ; mais, à part cette considération, on l'ajoute tout de même en vue de donner bonne bouche aux moutons quand la saison finit. A la suite du semeur qui a semé la phléole, le sol ne doit être qu'effleuré ; il faut employer le léger instrument appelé herse-brosse, à l'exclusion de tout autre plus lourd ; si les graines étaient recouvertes seulement d'un pouce de terre, il n'y en aurait pas beaucoup qui lèveraient. Déjà même, à moitié de cette profondeur, elles ne se comportent en général pas bien. Quoi qu'il en soit, les cultivateurs ne sont pas encore éclairés à cet égard par une longue expérience ; toujours est-il qu'ils savent déjà qu'il vaut mieux semer la phléole sans avoir pris de récolte d'avoine. Comme le pré peut rester sans être rompu pendant huit à dix ans, si on l'entretient abondamment d'engrais, il est plus avantageux de s'assurer une couverture régulièrement fournie en jeune foin pendant tout ce temps, que de récolter une avoine, au moins dans le haut pays.

Parmi les hauts plateaux de Kyle, il se trouve des bandes de terre à couche végétale mince, de couleur sombre, produisant des mousses, reposant sur un sous-sol humide et compact. Un tel terrain n'est pas de beaucoup de rapport, soit qu'on le laisse en pâture, soit qu'on l'assujettisse à la rotation ordinaire ; mais dans certains cas, on en a obtenu de bons rendements comme pré irrigué. Des champs de cette espèce, après avoir servi de pâture pendant nombre d'années, ont été mis en valeur de la manière suivante. Le sol a été disposé en billons larges de seize pieds (environ cinq mètres), un peu relevé en dos d'âne vers le milieu. Une rigole de deux pieds (60 centimètres), de profondeur a été pratiquée dans chaque intervalle, moyennant une dépense totale de six livres par acre, ou 375 francs par hectare, tout compris. Puis on a fait une première récolte d'avoine, suivie d'une seconde, quand les racines des vieilles herbes spontanées n'avaient pas complétement disparu. Quand la récolte de céréales était enlevée, on donnait immédiatement un labour très-superficiel, si la saison d'automne le permettait. Le labour était immédiatement hersé avec soin, puis on labourait de nouveau le sol assez profondément pour recouvrir la surface pulvérisée d'une couche parfaitement propre ; enfin on laissait les choses en cet état pour l'hiver. Quand le beau temps revenait à la nouvelle saison, on étendait avec précaution à la surface une quantité modérée de fumier de ferme en couverture, qu'on enfouissait ensuite en labourant assez superficiellement pour ne pas ramener à l'air la croûte raboteuse recouverte au commencement de l'hiver. Alors on semait l'avoine, et, après le hersage, le rouleau venait comprimer et égaliser la surface. Après cette préparation, on semait 16 livres (six kilogrammes) de phléole, 750 grammes ou deux livres de trèfle hybride, sans aucun hersage à la suite. Le jeune foin était généralement très-faible à l'automne et en hiver, mais il revenait très-fort et très-dru l'été suivant, rendant comme première coupe 2,500 ou 3,000 kilogrammes à l'acre (6,250 ou 7,500 à l'hectare). Après la rentrée du foin, un troupeau de petits agneaux à tête noire, à raison de deux par acre, était mis à pâturer le regain, sur lequel on les laissait rester jusqu'au mois de mai. Une couverture de trois quintaux de superphosphate et d'un quintal de nitrate de soude par acre était alors donnée à la pâture, et le profit résultant de la nourriture des agneaux équivalait à peu près à la valeur de l'engrais. On continuait ainsi, d'année en année, à y faire venir les agneaux à l'automne, et à mettre en mai du superphosphate et du nitrate de soude en couverture. La consommation des animaux au printemps ne paraissait pas diminuer la quantité de foin. On obtenait ainsi d'excellents résultats. La moyenne du foin récolté montait généralement à quinze cents kilogrammes par acre, soit 3,750 kilogrammes par hectare, pendant une période de six à huit ans, au bout de laquelle l'épuisement de la phléole rendait nécessaire le renouvellement du pré. Ces tentatives ont à la vérité bien réussi, mais on ne peut encore envisager cette méthode comme sortie de la phase des expériences et définitivement acquise à la pratique.

Quand les intempéries de la saison ne permettent pas au cultivateur de préparer sa terre pour la semence d'avoine, ainsi que pour la semence de phléole, la jachère d'été est la seule alternative qui lui reste. Si la terre a pu être convenablement disposée pour le 24 juin, on sème un peu de navette avec la phléole ; mais si l'on diffère jusqu'après juillet, la navette ne lève plus bien ; la jeune plante, n'étant pas suffisamment forte, se comporte mieux en hiver sous un ciel pluvieux, si l'on n'y met pas le troupeau. Quand le temps est variable, si la semaille a été faite tard dans l'été, il arrive quelquefois que l'herbe disparaît dans le cours du premier hiver, puis repousse rapidement l'année d'après quand l'été approche. Si elle se trouve trop claire au printemps, on peut y semer une certaine quantité de graines vers le milieu d'avril, et, pour peu que le sol ait de consistance, ces graines partiront sans qu'il y ait besoin de hersage. Ce qui donne le plus d'embarras et d'ennui au cultivateur, c'est une terre sans consistance, envahie par les mousses, sujette à laisser sortir, pendant l'hiver, les racines des plantes superficielles. Quand cet inconvénient se produit, le seul remède consiste à rouler et à resemer. Le rouleau de Cambridge, avec ses cercles concentriques, comprime alors le sol d'une manière plus efficace que le rouleau ordinaire, et doit lui être préféré quand il s'agit de préparer la terre pour la semence de phléole.

On est d'accord pour trouver qu'il est assez temps, au milieu de mai dans un climat arriéré, pour faire billonner la terre avec des engrais d'une nature stimulante. Si l'on fumait trop tôt, et que, par suite, la végétation fût trop avancée, le jeune foin pourrait souffrir de la gelée, et ne pas être en état de se rétablir pendant toute la saison.

La phléole a été semée sur une certaine étendue de terres valant très-cher à l'acre dans la région du centre ; elle y a donné des rendements avantageux, étant bien soignée, particulièrement sur les terrains mous d'alluvion. Sur la plupart des exploitations où on la cultive, tant sur les plateaux de Kyle, que dans la circonscription laitière de Cunningham, l'usage est de faire des billons et de fumer tous les deux ou trois ans. On obtient ainsi des coupes abondantes, et la graine n'a pas besoin d'être renouvelée de longtemps. Comme plante fourragère, elle a enfin, dans un climat humide, l'avantage d'être plus ferme au temps du fauchage, et de faner mieux que le ray grass, sans lui être inférieur en qualité nutritive.

Le sud-ouest de l'Ecosse ne possède pas une grande superficie de terrains entretenus comme prés irrigués, bien que la nature accidentée du pays et les innombrables ruisseaux qui l'arrosent paraissent offrir toute facilité d'y avoir recours pour la production du foin. Les cultivateurs prétendent que les irrigations à l'eau pure, dans les années ordinaires, sont à peu près sans effet, mais qu'elles deviennent avantageuses dès que l'eau se mélange au purin de la ferme et le charrie avec elle. Aujourd'hui, dans les comtés d'Ayr et de Dumfries, l'attention se porte sur les prés naturels. Leur foin est d'une haute valeur comme nourriture d'hiver pour les vaches laitières. Avec quelques billons d'engrais de ferme de temps en temps, les foins sont plus serrés et plus beaux que si l'on prenait toujours à la terre sans jamais lui rien rendre; en outre, le pré naturel a cet avantage sur les autres, qu'il ne demande jamais à être renouvelé.

L'engrais liquide, au moyen de réservoirs collecteurs établis à la ferme, de conduites en fer parcourant les pièces de terre, et d'une machine à vapeur aspirante et foulante pour sa distribution, a été essayé sur une grande échelle, dans le comté d'Ayr, il y a trente ans environ. Tout le système était parfaitement combiné, et on en obtint de fortes récoltes de céréales, de turneps et de ray grass d'Italie. On venait de toutes les parties du pays et même du continent pour le voir fonctionner dans les fermes où il avait été installé. On l'imita même en Angleterre dans différents endroits; les plus fanatiques allaient même jusqu'à reprocher aux cultivateurs qui hésitaient à suivre cet exemple, de manquer d'initiative et d'énergie. M. de la Vergne parle de la ferme de Cunning Park comme de la merveille des trois royaumes; malheureusement, ni elle, ni la ferme de Myremill, qui lui avait servi de modèle, ne faisaient leurs frais. Aussi, après avoir continué ces essais pendant huit ans, finit-on par les interrompre. L'irrigation au moyen d'engrais liquide fut encore tentée quelques années après dans quelques exploitations sur la côte de Carrick. A Legg, on s'était dispensé d'employer la vapeur, parce qu'on obtenait une pression suffisante par la différence des niveaux. On s'y prenait, dans ces dernières fermes, avec tout le soin, toute l'habileté, toute l'économie possibles, et cependant il a fallu renoncer à ce système dans ces deux dernières années. On a reconnu que le profit n'égalait pas la dépense, même dans les conditions les plus favorables.

On met en pâture une grande partie des jeunes prés de la région de Galloway, au lieu de les laisser pousser pour y faire une coupe de foin. Cet usage améliore surtout les terres légères; d'ailleurs, l'éloignement où cette circonscription se trouve des grands centres de population n'encourage pas le cultivateur à produire des foins pour les vendre. On y fait aussi très-peu de graines de foin. Ordinairement, le seul souci du fermier est de se ménager assez de nourriture pour son hiver. Mais, dans le comté de Dumfries, on fauche beaucoup plus de ray grass, qu'on garde comme fourrage, et il est des localités de ce même comté où l'on récolte de fortes quantités de graines. Avec l'augmentation de valeur donnée aux pâtures par le perfectionnement des races et les progrès de l'industrie du bétail, la récolte des graines mûres du ray grass paraît encore plus critiquable sur le sol léger de Dumfries que sur les terres plus fortes du nord du comté d'Ayr. Mais la production en grand des graines de foin a lieu, tant sur une portion importante des terrains relativement légers de Karrick, que sur le sol compact des environs de Kilmarnock. Elle se fait peu cependant sur les fermes bien administrées des terres basses du comté d'Ayr. Sur celles de ces fermes qui sont assolées à quatre ans, on coupe les foins en vert ; on les fauche également, mais non dans une aussi forte proportion, sur la terre bien cultivée des cantons du centre, avec des rotations de cinq ou six ans. L'agglomération de la population et l'activité du commerce à Glasgow et dans les villes environnantes, rend nécessaires un grand nombre de chevaux et une grande production de lait ; pour tous ces chevaux et toutes ces vaches, il faut beaucoup de foin. Il est dès lors naturel que le prix du foin s'élève assez pour qu'il devienne plus avantageux de produire des foins que d'autres denrées agricoles ; autrement, l'approvisionnement ferait défaut.

Presque tout le foin, qu'il soit coupé en vert, ou qu'on en laisse mûrir la graine, est fauché au moyen de machines légères dont le travail est excellent. Elles fonctionnent mal dans certains terrains inégaux du Galloway, où des protubérances pierreuses coupent et accidentent tellement le sol arable, que les gens habitués aux plaines unies ne comprennent pas qu'on parvienne à le labourer. En ce cas, le râtelage, aussi bien que le fauchage, est effectué au moyen de chevaux. L'économie de main-d'œuvre n'est pas le seul avantage que présentent la machine à moissonner et le râteau à cheval. Dans un climat si incertain, on peut, avec leur concours, terminer la besogne bien plus rapidement quand se présente le moment favorable, et, dès lors, les foins se trouvent faits dans les meilleures conditions. La tâche manuelle de la ferme se trouve allégée, et on a moins l'occasion de demander aux ouvriers le travail forcé auquel les astreint l'incertitude du temps.

Les habitudes méthodiques des pays à climat plus sec et moins variable n'auraient pas leur raison d'être dans l'ouest de l'Ecosse. On ne peut pas fixer de temps ni de délai pour faire les foins. On n'a qu'un but : mettre le foin en tas, puis en meule, sur le lieu même, aussi vite que possible, tout en prenant garde qu'il ne s'échauffe.

Le comté de Dumfries a donné un louable exemple en adoptant une amélioration qui semble devoir être féconde. Un grand nombre de hangars à foin ont été bâtis dans différentes localités de ce pays, et peu à peu on s'en est servi pour mettre à couvert les récoltes de céréales. On les construit à très-peu de frais. Les montants sont en charpente, généralement de bois du pays, et la couverture est en ardoises. Le bâtiment a ordinairement 12 pieds de haut (3m·60 sur une largeur de 18 pieds (5m·40); quant à la longueur, elle est réglée seulement par les convenances de la ferme. La dépense de ces constructions est d'environ deux livres (50 francs) par chaque tonne de fourrage qu'elles sont susceptibles de contenir. Elles ne sont pas encore en grand nombre dans le comté d'Ayr, où les cultivateurs commencent cependant à s'en occuper. On les fait plus grandes dans le comté d'Ayr que dans celui de Dumfries.

Les cultivateurs qui ont l'habitude de se servir de ces hangars n'admettent plus qu'on en révoque en doute l'utilité. Ils peuvent, une fois qu'ils les ont, mettre leurs foins à l'abri, au lieu de les emmeuler à l'aventure ; les foins s'y gardent parfaitement, grâce au courant d'air qui s'y produit. Il n'y a besoin, ni de couverture en chaume, ni de liens de paille, par suite, il en résulte une économie notable, tant de main-d'œuvre que de matière première. Le foin ne craint plus rien de la pluie dès qu'il est placé sous le toit, et il ne souffre pas des intempéries si on le rentre pour les besoins de l'hiver. Il est réparti dans des compartiments auxquels on donne la grandeur qu'on veut. Le grain est également séparé du foin par des cloisons en maçonnerie, et, en le mettant ainsi à l'abri, on fait, pendant les instants si précieux de la moisson, une économie de main-d'œuvre, et par suite de temps, qui a son importance. Au lieu d'employer les meilleurs ouvriers de la ferme à élever, à remplir et à arranger les meules, on peut les occuper à fourcher et expédier les gerbes à mesure qu'elles sont faites ; les femmes et les enfants les empilent dans les hangars, et le grain se trouve immédiatement en sûreté, à une époque de l'été où les pluies, dans l'ouest de l'Ecosse, sont souvent torrentielles.

La plus grande partie des bons prés du sud-ouest de l'Ecosse servent de pâture aux vaches. On mène de front l'exploitation de la laiterie et la production des récoltes. C'est la variété, connue sous le nom de race du comté d'Ayr, qui peuple presque exclusivement les étables. Cette variété a été créée dans le cours du dernier siècle au moyen de croisements habiles ou heureux, et elle produit des vaches laitières dont la supériorité est généralement reconnue en Ecosse. Ces vaches sont dociles et suffisamment robustes ; elles réussissent sur les pâtures de qualité moyenne ou même inférieure. Elles donnent une quantité de lait considérable en proportion de la nourriture qu'elles consomment ; et, enfin, elles s'engraissent facilement pour la boucherie.

La race du comté d'Ayr s'est introduite, dès les premières années de ce siècle, dans un grand nombre de fermes de Galloway et du comté de Dumfries. Pendant longtemps, elles furent presque entièrement aux mains des gens du pays d'Ayr, qui étaient allés chercher des fermes dans le sud, et s'étaient substitués aux anciens détenteurs, en se soumettant à payer plus cher de loyer. La prospérité des laiteries dirigées par ces hommes entreprenants, et la supériorité des vaches d'Ayr comme bêtes de rente, étaient des faits qui s'imposèrent à la population rurale, à une époque où, dans quelque endroit que ce fût de l'Ecosse, elle était dominée par la routine et les préjugés.

Dans ces derniers temps, le bétail d'Ayr a gagné rapidement la faveur publique, et est devenu la race dominante dans les parties basses du comté de Wigtown et dans les cantons les plus importants de l'intendance de Kirkcudbright. Dans l'est de ce district, la race indigène sans cornes, ou bétail de Galloway, est plus répandue, surtout dans les fermes de classe inférieure. Les bestiaux d'Ayr sont pareillement devenus nombreux dans le comté de Dumfries, spécialement dans le haut des vallées de la Nith et de l'Annan. Il existe des laiteries à une bien plus grande altitude dans Dumfries que dans Galloway ; quelques-unes sont à 7 ou

8 cents pieds (210 à 240 mètres) d'élévation; et celles des terres de Galloway qui se trouvent à cette hauteur ne conviennent pas à la production du lait.

Dans le comté d'Ayr, presque tous les animaux sont de la race indigène, excepté les croisés de courtes-cornes à l'engrais, dont quelques-uns sont nés sur le lieu même, mais dont la plupart viennent d'Irlande ou d'Angleterre.

Le nombre des vaches existant dans le comté d'Ayr varie un peu tous les ans. Il se tient généralement dans les environs de 45,000. Dans le comté de Dumfries, il y en a près de 17,000; dans Kirkcudbright, plus de 12,000 et dans le comté de Wigtown, près de 20,000. Pendant ces derniers temps, tous ces chiffres ont augmenté: mais l'augmentation a été plus forte dans le comté de Wigtown et dans l'intendance de Kirkcudbright, que dans les deux autres comtés. Cette augmentation peut être attribuée en grande partie à la hausse amenée sur les fromages par de récents perfectionnements de fabrication.

Il y a une grande différence d'importance d'une laiterie à l'autre, dans les différents comtés du sud-ouest. Cette importance varie beaucoup dans le comté de Dumfries. En ce qui touche celui d'Ayr, les étables sont généralement petites dans les localités où se fabrique le fromage. Dans plus de la moitié d'entre elles probablement, le nombre des vaches ne dépasse pas vingt. Les plus petites étables du Galloway passeraient pour grandes dans le comté d'Ayr. Plusieurs de celles du comté de Wigtown comptent de quatre-vingts à cent vaches. Un troupeau de moins de quarante est regardé comme plus dispendieux qu'un plus considérable, à cause des frais généraux à répartir sur un moindre nombre de têtes.

Un changement extraordinaire s'est produit en peu de temps par rapport à la réputation et à la valeur commerciale des fromages d'Écosse. Il y a vingt-cinq ans, ils étaient connus en bloc sous le nom de fromages de Dunlop. On avait essayé à plusieurs reprises d'imiter les produits anglais, et, bien que certains producteurs Ecossais fussent arrivés à une réussite partielle, on fut longtemps sans pouvoir signaler une amélioration générale. Il y avait alors, comme aujourd'hui, des familles de fromagers en vogue, à côté d'autres sans réputation. A défaut de tout système raisonné, méritant le nom de méthode, la finesse de leurs observations leur révélait le moyen de produire un article relativement bon, et leurs produits étaient débités en détail dans les ménages d'Edimbourg par les marchands ambulants de la campagne. Tout le mérite de la bonne confection d'un fromage était dû à la femme ou à la fille du fermier, les femmes s'en occupant seules à l'exclusion de l'autre sexe. Le travail de la laiterie était considéré comme incompatible avec la dignité masculine, quoique le fermier ne crût pas sans doute y déroger, en empochant de ses fromages un prix exceptionnel.

Plus de cinquante ans se sont écoulés depuis que la société agricole éveilla l'attention publique sur l'infériorité du fromage d'Ecosse, et fit des essais pour l'améliorer. En 1824, elle offrait un prix de dix livres (250 francs) pour la meilleure imitation du fromage double de Gloucester qu'on fabriquerait à ce moment en Ecosse; et elle continua pendant trente ans de proposer des prix semblables à toutes ses expositsion· En 1854, la société agricole du comté d'Ayr prit une initiative plus efficace : elle envoya deux de ses membres en Angleterre, pour y recueillir des informations sur les meilleurs procédés de fabrication du fromage. L'année suivante, elle fit marché avec un fermier de Somerset et sa femme, pour leur faire confectionner du fromage de Cheddar, dans le comté d'Ayr. Leur procédé fut immédiatement adopté, et il se répandit rapidement dans les comtés du sud-ouest.

L'opinion des marchands de fromage est un criterium infaillible du succès obtenu par le changement de fabrication. Un progrès incontestable fut réalisé en peu de temps dans une grande partie des laiteries du comté d'Ayr : dans le Galloway, l'amélioration fut encore plus générale et plus complète. On fait encore, dans le comté d'Ayr, une certaine quantité de fromage de Dunlop, ou du moins de fromage bâtard revêtu de ce nom ; il ne peut servir qu'imparfaitement de terme de comparaison. Avec les améliorations apportées à sa fabrication, et empruntées en partie au Chedadr, le Dunlop a été entraîné dans le mouvement général de renchérissement. On peut dire sans exagération que la nouvelle méthode a augmenté de 10 shillings, ou 12 fr. 50 par quintal, la valeur du fromage produit par les comtés de sud-ouest. Cette plus-value amène une augmentation dépassant 120,000 livres (trois millions de francs) dans le revenu annuel constaté des laiteries de cette région.

Les négociants qui approvisionnent la ville de Glasgow ont presque cessé de se fournir en fromages anglais supérieurs de Cheddar, autrefois réputés seuls dignes des tables opulent s et du palais des connaisseurs. Ils en donnent pour raison qu'ils en trouvent, dans le pays même, qui sont absolument aussi fins.

La plupart des laiteries du comté d'Ayr sont exploitées par leurs propriétaires, et dirigées par les femmes et les filles des fermiers. En général, les laiteries sont trop peu importantes pour fournir une occupation suffisamment rémunérée à des personnes capables. Le fromage est ordinairement fait par la femme du fermier, qui partage son temps entre cette occupation et les soins du ménage. Là toutefois où deux fermes sont tenues par un seul occupant, il n'est pas rare qu'on prenne une sorte de cheptelier pour l'une des deux. Il entre habituellement à la saint Martin. On convient des fournitures de fourrage, de l'étendue des pâtures et du prix du marché ; le loyer annuel peut s'élever de 9 à 15 livres (225 à 375 francs) par tête de bétail, selon la qualité de la terre, les avantages de la localité, et d'autres considérations. Dans le Galloway, la proportion des vaches ainsi données à cheptel est plus forte. Le loyer varie de 9 à 14 livres (de 225 à 350 francs) quand il consiste en argent, ou, quand il est payable en nature, de 17 à 20 meules de fromage, du poids chacune de 24 livres, ou 9 kilogrammes, le tout pour chaque vache, sous la déduction d'un quart ou d'un cinquième pour les vaches de première année. Les accords de ce genre étaient autrefois très-usités ; mais aujourd'hui les cultivateurs préfèrent s'arranger avec une personne au courant des soins à donner aux vaches et de la fabrication du fromage. Un gérant ou régisseur capable peut se faire, tant en argent qu'en fournitures, des appointements équivalant à trente shillings (37 fr. 50) par tête de vache ; et, de plus, si ses fromages se vendent cher à l'exposition de Kilmarnock, ou bien si le produit de la laiterie dépasse un chiffre déterminé, il a droit à une remise importante. Un ouvrier, habile dans la fabrication du fromage, préfère naturelle la situation de cheptelier à celle de gérant ou régisseur ; dans la première hypothèse il empoche seul le supplément de prix qu'obtiennent sans difficulté les produits de qualité supérieure ; dans certains cas, on a vu ce profit s'élever à plus d'une livre, ou de 25 francs par vache. Mais d'un autre côté, la difficulté des arrangements pour les nourritures à livrer au cheptelier fait hésiter le cultivateur, et le décide souvent à conserver la disposition de toutes ses vaches. Quand les beaux temps règnent, si la végétation du foin est luxuriante, il est libre alors d'augmenter le nombre de ses vaches sur le pré, s'il n'a pas aliéné son droit ; si au contraire, une autre année, le foin fait défaut, il a toute latitude pour y suppléer comme il l'entend.

L'alimentation des vaches pendant l'hiver varie suivant les fermes Une ferme doit autant que possible se suffire à elle-même, tel est du moins le but auquel on s'efforce généralement d'arriver. Dans le Galloway, deux tonnes de turneps jaunes, ou une quantité équivalente de choux si la ferme en produit, peuvent servir à nourrir la vache depuis le moment où l'herbe commune a manqué jusqu'à la saint Martin. Pour l'hiver et le printemps, cinq tonnes de turneps jaunes ou de rutabages, et deux ou trois boisseaux (de 75 litres à un hectolitre) de féveroles réduites en farine constituent, pour une vache, la ration habituelle de nourriture supplémentaire. Il n'y a peut-être rien à mettre au-dessus du son et de la farine de féveroles, pour améliorer au printemps la qualité du lait. Dans le comté d'Ayr, où les cheptels ne sont pas si nombreux que dans le Galloway, on ne peut fixer d'une façon aussi précise la pratique du pays. Voici cependant des détails qui donneront l'idée de la manière dont est dirigée une bonne ferme des hautes terres, à la tête de laquelle se trouve un homme capable et tout à son affaire. Les vaches sont mises au sec dans le mois de décembre, souvent même dès le commencement de ce mois. On leur donne ensuite quelques turneps, simultanément avec de la paille d'avoine, jusqu'au commencement du trimestre du printemps. Des aliments bouillis, consistant en turneps, paille et foin haché, le tout accompagné d'un peu de farine de féveroles, leur sont donnés une fois par jour, de la Chandeleur (2 février) jusqu'au moment du vêlage, qui commence vers la fin de mars. Comme le foin de pré naturel ou de phléole sert de base à l'alimentation à partir du 1er mars, les vaches se portent bien sans aliments cuits dans les années où le foin a été rentré dans de bonnes conditions ; mais, tout suffisant que peut paraître ce régime, l'expérience démontre qu'il y a tout avantage à nourrir les vaches plus abondamment. On se laisse facilement aller à les nourrir trop fort dans une exploitation laitière. Plus la nourriture est forte, plus le nourrisseur court de risques ; les vaches trop nourries durent moins longtemps.

Dans une ferme située à une plus grande altitude, et où l'on ne fait pas de turneps, le même propriétaire laitier donne un peu de tourteau à ses vaches jusqu'à ce qu'il soit temps de leur servir des aliments cuits et de la farine de féverolles. Il donne encore un peu de farine de féveroles à toutes ses vaches pendant les deux ou trois semaines qui suivent le moment où l'on commence à les faire pâturer.

Certains fermiers du comté d'Ayr, qui n'ont que des prés médiocres, continuent de donner de la farine de féveroles à leurs vaches pendant toute la saison où elles pâturent. Sur les fermes des terres basses, où il y a abondance de turneps, ces racines constituent l'accessoire le plus important du fourrage, comme dans le comté de Dumfries et dans la circonscription de Galloway. Pour garnir le pré de bonne heure, on force le ray grass en billons, quand on en a besoin pour le mois de juin ; vesces et trèfles arrivent plus tard en saison.

Dans une partie du nord du comté d'Ayr, les laiteries sont assez à portée de la ville de Glasgow pour que les cultivateurs y portent, même quotidiennement, leur lait dans leur voiture. Les fermiers plus éloignés mettent tout le leur dans la baratte, et expédient leurs beurres et leurs fromages, soit à Glasgow même, soit dans les faubourgs populeux qui en dépendent.

Les vaches qui fournissent le lait destiné à la consommation des villes sont fortement nourries. Les mares de distilleries, et toutes les autres espèces de nourritures qui peuvent augmenter la quantité du lait, leur sont prodigalement distribués, malgré l'affaiblissement qu'une sécrétion forcée entraîne pour la constitution de la vache. Dans les fabriques de beurre, il faut prendre plus de soin pour régulariser l'alimentation, faute de quoi les produits d'hiver seraient inévitablement défectueux : mais là aussi, malgré tout, on se laisse aller à user les bêtes en leur donnant trop à manger.

C'est l'usage de tous les nourrisseurs des campagnes d'engraisser leurs vaches quand ils les retirent de la laiterie. D'après le roulement ordinaire des fromageries, on réforme tous les ans une vache sur sept ; dans les laiteries des villes, la proportion est plus forte. Vers le nord du comté d'Ayr, nombre de fermiers gardent leurs vieilles vaches après les avoir livrées au taureau à l'époque habituelle. Ils profitent de leur lait l'hiver quand le lait est cher, puis ils les vendent pour les laiteries de qGlasgow, uand elles arrivent à terme en août ou septembre.

Le recrutement des jeunes animaux pour les laiteries a une importance de premier ordre. On fait dans le comté d'Ayr une élève considérable de vaches laitières. Le nombre de veaux qui naissent annuellement dans cette circonscription est presque d'un pour trois vaches ; et comme on n'en réserve relativement que fort peu pour les engraisser, cette production dépasse de beaucoup les besoins locaux. C'est le contraire dans le Galloway et dans le comté de Dumfries où l'on fait une grande élève de bétail pour l'alimentation. Dans les meilleurs cantons laitiers, cependant, les nourrisseurs aiment à élever eux-mêmes une partie de leurs vaches laitières. Galloway en tire tous les ans une forte quantité du comté d'Ayr, et le prix du jeune bétail a haussé presque dans les mêmes proportions que la valeur des produits de l'industrie laitière. Les jeunes animaux sont achetés vers la fin de la saison du pâturage, quand ils ont atteint deux ans et demi. De bonnes bêtes de service, qui auraient coûté de 9 à 10 livres (225 à 250 francs) il y a vingt ans, valent à présent de 12 à 13 livres (300 à 325 francs). De grandes troupes de vaches et de jeunes animaux du comté d'Ayr sont dirigées vers le Nord pour combler les vides des étables à proximité de Glasgow, où la vente des laits et beurres rapporte plus que l'élevage ; du reste, le comté d'Ayr fournit constamment du bétail à toutes les parties du pays. Il vient même de temps en temps des acheteurs des Etats-Unis et des colonies anglaises. Les sortes les moins perfectionnées du bétail d'Ayr disparaissent petit à petit, et les animaux à nature fine, à forme symétrique, à extérieur doux, qu'on ne trouvait guère qu'à titre de curiosité chez les amateurs il n'y a pas encore longtemps, sont maintenant répandus en nombre considérable dans tout le pays. La plus belle réunion qu'on puisse voir de ces animaux dans le courant d'une année a lieu à la fin d'avril dans la ville d'Ayr, lors de la réunion annuelle de la Société du comté d'Ayr ; et on peut y voir le premier grand concours de la saison.

L'élève du porc est intimement liée à celle du bétail du comté d'Ayr et à son industrie laitière. Les comtés du sud-ouest possèdent à eux quatre à peu près le tiers de la population porcine de l'Ecosse. Les comtés d'Ayr et de Dumfries en nourrissent chacun plus de 15,000, et les deux comtés formant le Galloway en comptaient 18,500. Il y a longtemps que Dumfries possède beaucoup de porcs. A l'époque qui a précédé le drainage perfectionné, les cultivateurs du comté de Dumfries faisaient beaucoup de pommes de terre sur leurs terrains acides, et, comme ils n'avaient pas de débouchés, ils en donnaient la plus grande partie aux porcs. Cette habitude se perdit quand survinrent d'autres changements ; mais l'élève du porc doit conserver son importance, à cause de sa connexité avec l'industrie fromagère locale. Il y a différents systèmes pour l'établissement des toits à porcs ; mais tout le monde convient qu'il y a profit à donner du bien-être aux animaux. Aujourd'hui il n'est peut-être pas d'éleveurs qui les nourrissent exclusivement de petit lait. On y ajoute presque toujours du maïs pilé, bouilli ou trempé. Dans ces derniers temps, les variétés de la race porcine ont été singulièrement perfectionnées, comme au surplus les autres sortes d'animaux de ferme. L'animal des temps anciens, avec sa longue tête, ses gros os, son squelette décharné, a disparu, et a cédé la place à un successeur élégant, rebondi, à développement rapide. Si l'étable à porcs est bien dirigée, elle doit rapporter de 20 à 30 shillings (de 25 à 37 fr. 50) par vache pour le petit lait, déduction faite de la dépense occasionnée par l'achat de nourritures.

La race de Galloway, bien qu'elle ait cédé la place à celle d'Ayr dans les bonnes fermes arables des comtés de Wigtown et de Kirkcudbright, conserve encore une grande importance dans certains grands cantons de vallées qui s'étendent sur la limite des marais. Là un jeune bétail robuste croît sur des terres âpres et affermées à bas prix. On le fait hiverner dans des plaines plus abritées, où on lui donne, pour suppléer à l'insuffisance de sa pâture, un peu de foin de pré ou de montagne. Le bétail noir est encore préféré aujourd'hui pour les laiteries dans un grand nombre de fermes des terres basses de l'intendance, où, par un traitement habilement dirigé, il atteint une valeur considérable. Dans le comté de Dumfries, la race de Galloway est partout répandue en foule ; dans les fermes bien tenues, on s'occupe beaucoup du perfectionnement du bétail. Dans les cantons plus élevés, la majorité des animaux sont vendus à deux ans aux herbages des terres basses, ou à des marchands qui les expédient en Angleterre.

Les comtés du sud-ouest ne possèdent pas beaucoup d'anciennes et riches pâtures, bien qu'une grande partie de la superficie du comté d'Ayr convienne naturellement aux foins. La plupart des vieilles et belles prairies dépendent des parcs où s'élèvent les châteaux de la noblesse du pays, et en général elles rapportent plus aux propriétaires que des terres cultivées de même classe. Sur les plaines de qualité passable on entretient ordinairement soit de jeunes bêtes à cornes, soit des moutons ; mais le meilleur foin est réservé aux animaux à l'engrais. Une partie des bestiaux sont tenus l'hiver au parc dans la région de Galloway ; mais dans le comté d'Ayr tous les animaux sont renfermés pendant les froids.

Quelques occupants de fermes arables dans le comté d'Ayr et dans le Galloway et un grand nombre de cultivateurs du comté de Dumfries aiment mieux se livrer à l'industrie de l'engraissement qu'à celle de la production du lait. Ils achètent du gros bétail pour garnir leurs prés, et pour l'engraisser ensuite pendant l'hiver. Cette diversité dans les préférences est généralement le résultat soit du goût particulier, soit des aptitudes individuelles du cultivateur. Un homme qui connaît bien les bestiaux, qui sait bien acheter et vendre, réussira en changeant fréquemment ses animaux ; son voisin, dans une exploitation toute pareille, peut trouver l'industrie laitière plus avantageuse. Avec la laiterie, on peut compter sur plus de régularité dans les bénéfices ; quand on la gère avec le degré d'habileté auquel sont parvenus la plupart des fermiers du Galloway et beaucoup de ceux du comté d'Ayr, il y a toute probabilité que ce sera la spéculation la plus lucrative, si l'on prend la moyenne sur un certain nombre d'années. Une combinaison des deux industries est tentée par les cultivateurs qui tiennent des taureaux courtes-cornes. Ils élèvent les veaux de leurs vaches laitières, et les vendent gras à deux ans. Ils obtiennent ainsi un bon croisement, qui coûte moins à nourrir que les courtes-cornes de race pure, mais qui a un inconvénient par rapport aux vaches, dont la parturition est souvent rendue difficile par la forte taille des veaux.

L'engraissement du bétail prend de plus en plus d'importance, comme branche d'industrie agricole, dans le comté de Dumfries et la région de Galloway. Au moyen d'engrais abondants, on obtient assez régulièrement de fortes récoltes de turneps ; et l'emploi sur une grande échelle de nourritures fabriquées met le cultivateur à même d'engraisser un nombre de plus en plus considérable de bestiaux. Les marchés des comtés du Sud sont bien approvisionnés en octobre de bêtes de réserve, que les fermiers achètent suivant leurs besoins. La plus grande valeur assurée aux animaux de bonne race est reconnue tous les jours par les acheteurs intelligents ; et les prix comparativement élevés obtenus par le bétail de bonne qualité sont le stimulant le plus efficace qui puisse agir sur les nourrisseurs amis du progrès.

Presque tous les animaux sont mis à l'engrais dans des stalles, sur le comté d'Ayr et le district de Galloway, où il n'y a que peu de fermiers qui les tiennent dans des étables sans compartiments. Dans le comté de Dumfries, cette dernière méthode est la plus suivie. Dans les deux cas, on apporte les plus grands soins à l'engraissement.

L'engraissement des moutons sur terres arables est probablement pratiqué dans le comté de Dumfries et dans le district de Galloway avec autant de perfection et de succès que dans aucune autre région de l'Ecosse.

L'usage de préparer les animaux pour la boucherie à un an et demi a été vivement encouragé, depuis quinze à vingt ans, dans la vallée de l'Annan par le club des fermiers de Lockerbie ; et l'exemple des cultivateurs du comté de Dumfries a trouvé une foule d'imitateurs.

Plusieurs troupeaux particulièrement soignés près de Kirkucdbright sont tondus au commencencement d'avril, puis vendus ; dans le comté de Wigtown, la même opération a lieu, mais avec un retard de quelques semaines. L'Annandale continue de mériter, sous le rapport de la beauté de son bétail, son ancienne réputation de supériorité ; cette supériorité est cependant moins sensible, à cause des progrès faits par les autres régions.

Les parcours des moutons des quatre comtés sud-ouest comprennent une étendue de plus de quinze cent mille acres (six cent mille hectares). Les collines du comté de Wigtown et les chaînes de montagnes qui s'étendent au nord de l'intendance et au sud du comté d'Ayr sont couvertes de la robuste race à tête noire, qui prospère sur des terrains où ne se plairaient pas les Cheviots. Les parties plus humides des parcours à moutons, comprenant la plus grande partie des terrains montueux du surplus du comté d'Ayr, sont aussi remplies de moutons à tête noire, aussi bien que les plus hautes collines du comté de Dumfries. Dans ce comté en général, et dans les parties plus sèches et plus gazonnées de l'intendance, on préfère les Cheviots. Entre les mains d'éleveurs habiles, les moutons cheviots ont été admirablement perfectionnés dans le comté de Dumfries.

Il n'est pas une catégorie de cultivateurs dans le sud-ouest qui a autant prospéré, dans ces dernières années, que les exploitants éclairés des grands parcours à moutons. Dans le Nithdale, qui peut être considéré comme une circonscription du centre, ce sont des hommes qui, à une grande instruction en toutes choses, joignent les qualités du capitaliste rural et du cultivateur entreprenant. Les fermes les plus importantes leur sont louées depuis 1,000 livres jusqu'à près de 1,500 (de 25,000 à 37,500 francs) ; quelques-uns des plus actifs, pour augmenter leurs bénéfices, prennent en plus, comme accessoires de leur exploitation principale, d'autres fermes, soit des environs, soit même d'autres parties du pays.

Sur les pâtures de dernière classe du Galloway, et aussi sur certaines hauteurs de meilleure qualité, on entretient ce qu'on appelle un troupeau coureur, composé d'animaux à tête noire. Un choix d'agneaux mâles est conservé et nourri comme moutons à l'engrais jusqu'à ce qu'ils aient atteint l'âge de trois ans, et on garde également les meilleures agnelettes pour combler les vides causés par la réforme annuelle des animaux âgés. Le reste est vendu. Dans les animaux de différente sorte, distingués sous le nom de troupeau de brebis, on choisit également un nombre suffisant des meilleurs agneaux pour entretenir la production, puis on envoie au marché les brebis inférieures et la totalité des jeunes moutons. Les troupeaux de brebis donnent un gros revenu, pourvu qu'elles soient sur un terrain qui leur convienne.

Les troupeaux de cheviots sont en général d'un meilleur rapport que les troupeaux de têtes noires. Mais il y a une série de hauteurs, s'étendant de Carsphairn dans le Kirtcdbright jusqu'à New Cumnock, Auchinleck et Muirkirk dans le comté d'Ayr, et s'élargissant dans le comté de Lanark, sur lesquelles la race à tête noire rivalise avec eux. Dans cette circonscription, le fermage s'est élevé, sur les bonnes fermes, jusqu'à 9 et 10 shillings (11 fr. 25 c. à 12 fr. 50 c.) par tête de moutons. Ce loyer atteint celui que donnent les cheviots sur la plupart des fermes du Nithsdale. On peut évaluer approximativement le loyer des cheviots, dans le comté de Dumfries, de 8 à 12 shillings (10 à 15 francs) par mouton. Beaucoup de fermes, cependant, sont de nature mixte. Elles comprennent des terres labourables, situées à une faible altitude, dont la culture, combinée avec les pâturages des montagnes, est fort avantageuse, et donne aux travaux du fermier l'agrément de la variété.

Sur les lisières des marais du comté d'Ayr, et sur quelques parcours de moutons situés à une hauteur moyenne, on produit, par le croisement du bélier Leicester avec la brebis à tête noire, des agneaux qu'on appelle de race croisée, pour les distinguer du produit donné par le croisement du bélier Leicester avec le bélier Cheviot, lequel est connu sous la dénomination de demi-sang. Les agneaux dits de race croisée conviennent mieux que ceux de demi-sang au terrain comparativement lourd du comté d'Ayr, et on en obtient de bons résultats sous le rapport du poids et de la précocité. Là on l'on pratique le croisement, le troupeau de brebis est d'un entretien dispendieux. Beaucoup de brebis avortent de bonne heure, la valeur de leur laine diminue, et il devient nécessaire d'acheter un nombre relativement important d'agnelettes. La plupart des individus de race croisée du comté d'Ayr proviennent cependant de brebis portières qu'on tient pendant une saison sur les terres basses. Dans quelques-unes des vallées les plus herbues, des brebis portières de race Cheviot sont tous les ans données au bélier en vue de produits demi-sang, mais cet usage n'est pas très-répandu.

On entre en jouissance des fermes de montagne à la Pentecôte ou au 15 mai ; le fermier entrant reprend généralement, à dire d'experts, le troupeau au fermier sortant. Si le bail comprend des terrains humides, le nouveau fermier s'arrange avec le propriétaire pour les dessécher au moyen de rigoles à ciel ouvert. Les frais de ce travail sont d'environ 90 shillings pour cent perches linéaires de cinq yards et demi chacune, soit 112 fr. 50 c. par cinq cents mètres. Les fossés sont larges de 22 à 24 pouces (55 à 60 centimètres) en haut, et de 6 à 8 pouces (15 à 20 centimètres) en bas. Leur profondeur est de 14 à 16 pouces (35 à 41 centimètres) s'il y a assez de terre végétale pour qu'on descende jusque-là. Sur un sol profond, les fossés d'écoulement peuvent n'être écartés l'un de l'autre que de 12 à 18 pouces (30 à 45 centimètres) ; mais sur les terres tourbeuses, leur distance doit être portée à 30 ou 40 yards (27 à 36 mètres). Car si l'asséchement des sols de cette espèce était trop complet, les plantes qu'ils produisent spontanément, notamment l'*agrostis pumila* et l'*eriophorum polystachium* cesseraient d'y pousser, et ces végétaux sont d'une grande ressource pour les moutons au printemps. Les fossés doivent être curés à fond tous les six ou sept ans ; les frais de ce curage sont à peu près de 70 shillings par 100 poles, soit 87 fr. 50 c. par cinq cents mètres courants. L'écoulement des eaux semble se faire mieux, après le curage, qu'au moment où les rigoles ont été ouvertes.

Un troupeau de reproducteurs, évalué et livré comme tel à un fermier entrant, comprend les brebis, un nombre déterminé de béliers, et les jeunes animaux qui doivent être admis successivement pour entretenir l'effectif. Les brebis, de race Cheviot ou à tête noire, ont leurs premiers agneaux à l'âge de deux ans ; le nombre des brebis portières de première année varie du tiers ou quart du nombre total. La proportion dépend de la nature des saisons et de la santé du troupeau. Le nombre des animaux qui meurent chaque année subit également de grandes variations d'une ferme à l'autre et d'une région à l'autre.

Il n'y a que fort peu de fermiers qui gardent les petits agneaux à couvert ; il devient de plus en plus dispendieux et de plus en plus difficile de leur procurer de bons quartiers d'hiver. Ordinairement on les fait partir au commencement de novembre, et on les fait revenir au 1er avril.

Les béliers sont donnés aux brebis vers le 22 novembre. Sur la montagne, il faut un bélier par 40 ou 50 femelles, selon la nature du *haft* et d'autres circonstances accessoires ; mais dans un parc fermé, avec une surveillance exacte, un bon bélier peut suffire à 80 ou 100 brebis. On entend par *haft* le cantonnement particulier à un troupeau de brebis. Pendant la saison de la monte, il faut que les bergers soient aussi vigilants que soigneux. On emmène les béliers à la fin de l'année, et l'agnelage commence un jour ou deux après le 1er avril

Il est d'usage qu'un berger garde de quatre à six cents animaux, suivant la nature du sol, et selon que sa configuration rend la surveillance plus ou moins facile.

Depuis quatorze ou quinze ans, la situation des ouvriers agricoles de toute classe s'est modifiée à leur avantage. Ils sont mieux logés et mieux payés. Si beaucoup d'entre eux ne jouissent pas, malgré cela, d'une indépendance plus grande que leurs prédécesseurs, ils n'ont à s'en prendre qu'à leur imprévoyance. Ceux qui sont sobres et économes sont à même de se procurer un certain bien-être domestique, tout en mettant de côté quelque chose pour l'avenir.

Les progrès de l'industrie minière et de l'industrie métallurgique dans le comté d'Ayr, et le développement des nombreuses entreprises qui s'y rattachent, ont rendu la main-d'œuvre très-recherchée pendant les années de prospérité. Les campagnards ont été entraînés, par la séduction des gros salaires, à abandonner le travail de la terre. Placé entre les demandes de l'industrie indigène d'une part, et l'émigration continuelle des ouvriers pour la ville de Glasgow, le fermier ne recrutait son effectif qu'avec une difficulté exceptionnelle. La conséquence était une augmentation continuelle des salaires qui, au bout de dix ou douze ans, se trouvèrent avoir subi une hausse de 50 pour 100. C'était là un avantage énorme pour la majorité des paysans. La détresse du commerce pendant ces deux dernières années a entraîné une certaine réaction à cet égard ; mais, autant qu'on peut le prévoir, la réduction ne sera pas considérable.

Grâce à la proximité de Glasgow, les ouvriers agricoles ont toujours été mieux payés dans le comté d'Ayr que dans le Galloway. Mais, avec la multiplicité croissante des voies de communications, cette différence ira sans doute en s'amoindrissant : sur une ferme du centre du comté d'Ayr, qu'on peut prendre ici pour exemple, trois laboureurs mariés gagnent aujourd'hui 36, 34 et 32 livres par an en argent, c'est-à-dire 900, 850 et 800 francs. En plus, on leur donne à chacun douze quintaux et demi de farine d'avoine, quatre quintaux de pommes de terre, avec la jouissance d'une chaumière et d'un jardin. On leur amène gratis leur charbon ; et, enfin, les gens qui savent s'y prendre arrivent à se créer d'autres petits profits qui n'entrent pas en ligne de compte. La moyenne des gains des trois ouvriers cités est d'au moins 48 livres ou douze cents francs par an, habitation comprise. Les cours du Dumfries sont un peu plus bas ; dans le Galloway, l'importance totale de la rémunération du paysan peut être de deux ou trois livres (50 ou 75 francs) moindre que dans le Nord ou le Centre du comté d'Ayr. Sur la ferme prise comme exemple, la femme du laboureur gagne régulièrement deux shillings et demi (environ trois francs) par jour pendant le mois que dure la moisson, quand les autres ouvrières courent le risque de ne pas avoir d'ouvrage. Les journaliers de campagne gagnent en général 18 shillings (22 fr. 50) par semaine, et ont à se loger à leurs frais au village le plus proche.

La paye des ouvrières pour binages et autres travaux en dehors des époques où l'on est pressé, varie d'un shelling trois deniers à deux shellings six deniers (1 fr. 55 à 3 fr.), suivant les localités. Les moments où les salaires montent davantage sont l'époque de l'arrachage des pommes de terre, la coupe des foins et la moisson. Dans le comté de Wigtown, le temps où l'on éclaircit les turneps est l'un des plus occupés de l'année. Plus la culture est parfaite, plus grande est la difficulté à ce moment-là ; car la bonne préparation du sol et l'abondance de l'engrais font pousser le jeune plant trop rapidement, de sorte qu'on est toujours en retard pour l'éclaircir. Dans les fermes à lait du Galloway, l'initiative individuelle a plus de liberté; hommes et femmes y sont mieux rémunéré que dans le comté d'Ayr. Les filles de cour gagnent de 10 à 15 livres (de 250 à 375 francs) par semestre, suivant leur capacité, dans les deux comtés du Galloway; elles sont en plus logées à la ferme; les servantes novices ont de 6 à 8 livres (de 150 à 200 francs) dans le Galloway, et de 7 à 9 livres (de 175 à 225 francs) dans le comté d'Ayr. Les bergers ne sont pas tout à fait aussi bien payés que les ouvriers en plaine, sur les fermes à labour; mais la valeur du supplément habituel de leurs gages, qui consiste dans l'entretien d'une vache avec son suivant, dépend des capacités de la femme du berger comme ménagère, et arrive parfois à dépasser l'estimation ordinaire.

Pour fournir des logements aux ouvriers occupés dans la ferme, on a fait beaucoup dans le sud-ouest, et beaucoup reste encore à faire. Le drainage souterrain, et les perfectionnements qui l'ont suivi, ont mis les propriétaires dans la nécessité de pourvoir à l'agrandissement des locaux habitables. On n'avait presque rien fait à ce sujet pendant la longue période d'inertie qui a si longtemps pesé sur l'agriculture, et, quand le progrès s'est fait jour, le cultivateur a songé d'abord à loger son bétail, puis à d'autres dépenses qui devaient lui rapporter, avant de penser au bien-être de son ouvrier, lequel d'ailleurs ne se plaignait pas. Cependant, au fond, l'amélioration des logements était réclamée par la morale autant que par l'hygiène; les anciens cottages, mauvais partout dans le comté d'Ayr, pires encore dans le Galloway, outre qu'ils tombaient en ruines, qu'ils étaient infects et affreux, avaient encore une si mauvaise distribution, qu'on ne pouvait y remplir les obligations les plus élémentaires de la décence et du respect de soi-même. Le plus souvent, il n'y avait qu'une seule pièce pour les pères et mères et les enfants. Familiarisé par l'habitude avec l'avilissement résultant d'une telle situation, le paysan n'aspirait pas à en sortir. S'il était indispensable que les propriétaires prissent l'initiative des sacrifices, en vue de l'avenir des habitants de leurs domaines, ceux-ci ne s'y prêtèrent pas du tout, quoique ce fût en définitive pour eux que ces sacrifices étaient faits. Quand les habitations nouvelles furent terminées, le paysan au lieu de s'y installer commodément, refusait de meubler même une chambre, bien plus, de se servir de tout local autre que la cuisine. Sans avoir égard à cet entêtement de gens bornés, les propriétaires éclairés n'en continuèrent pas moins les améliorations commencées. Sur une foule de grandes propriétés, on avait bâti des cottages contenant trois chambres à coucher, dans l'espérance que ces chambres finiraient par être occupées, l'une par les parents, la seconde par les enfants; et, au cas de maladie d'un membre de la famille, on ne pouvait pas contester l'utilité de la troisième. Mais toutes ces divisions restèrent à l'état d'anachronisme dispendieusement commis, et le plan originaire fut simplifié dans beaucoup de domaines.

Quoique l'augmentation de prix, tant sur les matières premières que sur la main-d'œuvre, ait ajouté, depuis peu d'années, près de quarante pour cent à la dépense, les propriétaires fonciers du sud-ouest n'en continuent pas moins de bâtir avec une activité limitée seulement par les moyens dont ils disposent. Le revenu direct résultant de cette dépense est fort exigu; mais ils persévèrent néanmoins, convaincus qu'en agissant comme ils le font, ils travaillent sans bruit à relever une classe longtemps abandonnée et négligée, à laquelle il faudra faire beaucoup de bien avant que les effets n'en soient sensibles. Une maison où se trouvera le bien-être intérieur pourra rivaliser avec le cabaret, et décider l'ouvrier à rompre avec les habitudes qui l'empêchent d'améliorer son humble condition.

Dans des temps que les personnes âgées se souviennent d'avoir vus, on ne trouvait pas extraordinaire qu'un homme bien élevé abusât des liqueurs fortes; plus récemment encore, un gros fermier ne refusait pas, un soir de marché, de tenir tête à un compère altéré. Mais ces temps sont passés. Aux foires, aux assemblées, le cultivateur fait ses affaires, et revient chez lui ensuite. Naturellement, il y a des exceptions; à certaines foires, on remarque chez le public une tenue plus régulière qu'à certaines autres; mais, à toutes, il y a un progrès sensible sous le rapport de la sobriété. La même amélioration se produit aux degrés inférieurs de l'échelle sociale; elle atteint jusqu'au paysan, et, si le progrès est lent, il n'en est sans doute que plus durable.

En ce qui concerne le prix de revient de la main-d'œuvre, les inventions mécaniques de notre active et industrieuse époque rendent moins lourds au cultivateur les sacrifices résultant de son renchérissement. Sur une ferme méthodiquement administrée dans le comté d'Ayr, comprenant une étendue de 280 acres (112 hectares), le nombre des chevaux a pu descendre de quatre paires à trois, en raison principalement de l'emploi de machines et d'instruments perfectionnés; la culture n'a souffert en rien de cette réduction. L'exploitation est assolée à cinq ans, et la main-d'œuvre coûte environ 40 shillings par acre (125 francs par hectare) non compris l'entretien des chevaux et le prix des matières premières employées par le maréchal, le menuisier et le bourrelier. Cela fait une augmentation de près de cinquante pour cent, ou de 13 à 14 shillings par acre (30 à 34 francs l'hectare) depuis douze ou quatorze ans. Les cultivateurs doivent pareillement avoir égard à l'intérêt d'un capital singulièrement grossi, et tenir compte d'un surplus de risques pour les chevaux, dont la valeur a plus que doublé dans le cours d'un bail de dix-neuf ans. De façon ou d'autre, il faut que le cultivateur s'arrange pour tirer de la terre vingt shillings par acre (62 fr. 50 c. par hectare) de plus, pour être dans la même situation pécuniaire qu'il y a quatorze ans. Il doit y arriver au moyen d'une culture bien entendue, au moyen d'engrais abondants, au moyen d'une augmentation de production en verdures et en racines. Dans le voisinage des grandes villes, le haut prix des foins et des pailles constitue aujourd'hui un grand avantage pour les cultivateurs de terres assolées à quatre ans.

En résultat, malgré les difficultés qui hérissent la profession agricole, le loyer de la terre continue son mouvement ascensionnel à chaque renouvellement de bail dans le Sud-Ouest : sur les bonnes fermes pastorales, l'augmentation n'est pas moindre de 50 à 70 pour 100 depuis 1862.

Sur des terres de cette nature, les frais de main-d'œuvre n'ont qu'une importance secondaire. Les progrès de l'industrie laitière sont pour beaucoup dans la plus-value acquise par une grande partie de la région entière, et du Galloway en particulier. Les exploitations bien adaptées à la production des racines ont une tendance toute spéciale à la hausse, tendance plus caractérisée encore dans différentes parties du comté d'Ayr, renommées pour leurs carottes et leurs pommes de terre hâtives. Où la hausse n'a pas atteint de grandes proportions, par exemple, ce sont les fortes argiles labourables. Le loyer des terres d'alluvion compactes qui se trouvent dans certains cantons du comté de Wigtown est resté presque stationnaire, parce que l'augmentation de la main-d'œuvre fait contre-poids aux avantages résultant du progrès moderne ; mais sur les glaises du comté d'Ayr, on ne renouvelle pas de baux sans augmentation du fermage. Avec la rotation prolongée, de règle sur les terres fortes, l'importance relative des prés est devenue plus grande qu'autrefois.

Les fermages les plus élevés des comtés du Sud-Ouest sont tirés des bonnes terres précoces du comté d'Ayr. Dans le canton d'Ouest Kilbride, le prix de location de diverses petites fermes s'est élevé dernièrement jusqu'à 5 livres par acre (312 fr. 50 par hectare), quoique à quinze lieues de Glasgow par le chemin de fer. Il faut dire toutefois que c'est là un chiffre exceptionnel, même pour la localité la mieux située. Le loyer de certaines fermes des alentours d'Ayr se rapproche de 4 livres par acre (250 fr. l'hectare); quelques terres voisines de Girvan sont encore plus chères; mais, tout considéré, les quatre comtés ensemble ne comptent qu'une bien minime quantité de terre produisant 3 livres l'acre de fermage annuel (187 fr. 50 l'hectare). Beaucoup de bonnes terres de rapport, sur Dumfries et Galloway, se louent de 30 à 40 shillings l'acre (de 93 fr. 75 à 125 fr. l'hectare); quant à la terre inférieure, son loyer descend avec sa qualité, jusqu'au taux du parcours à moutons.

Les relevés pour les contributions montrent bien quel est le changement survenu dans la valeur de la terre. Si l'on compare les chiffres d'aujourd'hui avec les revenus d'il y a quatorze ans, on voit que tout le Sud-Ouest a beaucoup augmenté. C'est dans le comté d'Ayr, à cause de la grande proportion de fortes terres à labour qu'il contient, que la différence s'accuse le moins; c'est dans le comté de Dumfries, à cause de l'étendue de ses excellentes pâtures, qu'elle est le plus sensible. Dans l'intendance et dans le comté de Wigtown, la progression est presque la même que pour le comté de Dumfries. En distinguant, sur les rôles, les terres des maisons, des mines et des chemins de fer, on trouve que, dans l'espace de quatorze ans, l'augmentation du loyer annuel du sol a atteint 27 et demi pour 100 dans le comté de Dumfries, et près de 15 pour 100 dans le comté d'Ayr. L'augmentation du loyer annuel, pour les maisons et les terres prises ensemble, est, pour la même période, de 27 et demi pour 100 dans l'intendance et de 25 et demi pour 100 dans le Wigtown. Eu égard à la différence causée par l'englobement des maisons dans ces derniers chiffres, l'augmentation spéciale à la terre atteint probablement 26 pour 100 dans l'intendance et 24 pour 100 dans le Wigtown.

C'est aux améliorations reçues par le sol en général et par les terres labourables en particulier, qu'est due, en grande partie, une telle augmentation. Sur quelques grands domaines, les propriétaires ont dépensé de ce chef, en moyenne, depuis trente ans, un cinquième de leur revenu brut; mais, de ce cinquième, une partie a nécessairement passé à l'entretien des bâtiments. De leur côté, les cultivateurs, par la bonne tenue de la terre, l'ont fait aussi augmenter progressivement. Indépendamment du drainage souterrain — qui n'est généralement pas le fait du fermier — l'enlèvement des pierres, l'approfondissement du sol par la culture intensive, l'enrichissement du ét sds talou lncr l'abondance des engrais, augmentent pendant la durée d'un bail la valeur matérielle d'une exploitation. Quand la circonstance s'y est prêtée, les propriétaires ont obtenu de fortes augmentations de loyer au moyen des dépenses par eux faites pour améliorations permanentes; mais, en général, ils n'ont pas tiré un bien fort intérêt des capitaux qu'ils avançaient. Mais à cet égard, une évaluation, même approximative, serait hasardée, à cause de l'impossibilité où se trouve le statisticien de discerner l'augmentation de loyer provenant des améliorations, de la plus-value que la terre aurait acquise par la force des choses, sans amélioration d'aucune sorte.

V

AGRICULTURE DU CENTRE ET DU NORD-OUEST DE L'ECOSSE.

On peut dire que les hautes terres du Nord de l'Ecosse s'étendent depuis le golfe de Clyde au sud jusqu'au détroit ou Firth de Pentland au Nord, sur une longueur d'environ 250 milles (quatre cents kilomètres), et une largeur variant de 30 à 40 milles (48 à 64 kilomètres). Cette région de l'Ecosse est de beaucoup la plus stérile, puisqu'il n'y en a pas la six-centième partie qui soit susceptible de culture. A proprement parler, elle forme une énorme masse, dont la surface présente quelquefois de petites vallées, des plaines étroites, des lacs, des tourbières et des marécages, mais en général couverte de rocs élevés de plusieurs centaines de pieds au-dessus du niveau ordinaire des plaines ; parmi ces rocs, il s'en trouve beaucoup qui ont plus de trois mille pieds au-dessus du niveau de la mer ; quelques sommets atteignent quatre mille pieds ; le plus haut, le Ben Nevis, a environ 4,370 pieds anglais, ou 1,331 mètres. Les limites de cette région de l'Ecosse, au nord et à l'ouest, consistent presque uniformément en pentes abruptes sur la côte. A certains endroits, les rochers de la côte, de plusieurs centaines de pieds, sont tellement à pic, qu'on dirait presque qu'ils surplombent au-dessus de la mer.

Le climat, sur toute l'étendue de la côte ouest de l'Ecosse, est invariablement doux, mais plus humide qu'agréable. La cause en est dans sa situation géographique ; son extrême douceur est due à l'influence du Gulf stream sur l'océan Atlantique, qui borde cette région. La population est clairsemée, et, sauf les villes et les villages, ne dépasse pas deux âmes par mille carré.

Toute la contrée a un caractère pastoral, et, à part quelques forêts peuplées de cerfs, elle est entièrement couverte de moutons ou de gros bétail de races appropriées aux différentes altitudes et aux diverses espèces de pâtures. Malgré la douceur du climat sur toute la côte ouest, la température de l'intérieur est très-rigoureuse, comme sur les hauteurs de Badenoch et dans d'autres parties des monts Grampians, où il y a de la neige en toute saison, plus ou moins, et où les races les plus résistantes de moutons sont seules susceptibles de parquer.

Il se trouve aussi dans cette région une certaine quantité de terres arables bien cultivées et de nombreux bâtiments d'exploitation bien construits ; nulle part, dans le Royaume-Uni, le besoin d'abondantes récoltes de foin et de racines ne se fait aussi impérieusement sentir. Aucune des industries agricoles de l'Ecosse ne rapporte sans doute autant aujourd'hui que celle du bétail sur les hautes terres ; mais on ne profitera bien des avantages que présentent en été ces pentes et ces vallons de montagnes, qu'avec un troupeau trop nombreux pour y trouver à vivre en hiver ; aussi est-il indispensable de ménager des racines et des pâtures basses à la partie du troupeau la plus jeune et la moins endurcie, pendant les rigueurs de l'hiver, non-seulement pour entretenir et fortifier les animaux dont on adoucit ainsi le régime, mais aussi pour diminuer le nombre des autres laissés sur la montagne, et pour prévenir la mortalité et l'épuisement qui s'y produiraient autrement. Plus on va, plus on comprend la nécessité des racines, du foin, et des prés bas.

La concurrence croissante pour les fermes à moutons, a amené dans ces derniers temps une augmentation correspondante dans le taux des fermages ; on met aujourd'hui sur les terres autant de moutons qu'elles en peuvent porter ; et les jeunes animaux quittent périodiquement, par centaines de mille, les fermes où ils étaient nourris, pour aller hiverner à d'autres endroits où ils trouveront des racines et des prairies artificielles. Ces déplacements ne se font pas sans grands frais. Le transport par chemin de fer ou par bateau, quelquefois par l'un et l'autre, à des distances de 50 à 150 milles (80 à 240 kilomètres) pour aller et pour revenir, et la dépense en pâturage et autres accessoires pendant une période de cinq mois, reviennent en tout à 8 shillings six deniers (10 fr. 60), par tête d'animal de moins d'un an, ne valant pas lui-même plus de vingt shillings (25 fr.) l'un ; on voit par là quels frais énormes supporte à elle seule la spécialité de l'élève des moutons.

Et ce n'est pas là la seule difficulté qu'aient à surmonter les éleveurs de moutons de cette région de l'Écosse. Il s'y trouve beaucoup de grands espaces de terrain couverts du plus riche gazon, qui sont positivement empoisonnés, c'est-à-dire sur lesquels une mortalité inexplicable enlève, à certaines saisons, une grande partie du troupeau, sans qu'on parvienne à en découvrir la cause. On prévient cependant jusqu'à un certain point les accidents par les moyens suivants : drainage de la surface ; éloignement, à l'automne, des jeunes animaux, qu'on met sur des prés bas ; changement de pâturage au printemps pour les animaux plus âgés.

Les clôtures font aussi généralement défaut, et ce défaut est sensible surtout aux limites de démarcation des fermes, où elles empêcheraient les animaux de s'écarter et contribueraient à les faire tenir plus tranquilles. Bien souvent, sur les terrains hauts, on perd quantité de bestiaux que les ouragans de neige précipitent des rochers ; d'autres fois il y en a qui sont engloutis par des avalanches.

Heureusement, les maladies contagieuses sont à peu près inconnues dans les véritables troupeaux de montagnes ; il faut cependant beaucoup de surveillance pour prévenir la gale, appelée en Écosse *scab*, dont le nom scientifique est *dermatodectes ovis* ; et c'est là une des maladies les plus désastreuses auxquelles soient sujets les moutons des montagnes. Pour la prévenir, il est indispensable que tous les animaux de montagne soient *arrangés*, c'est le mot technique, au moins une fois tous les ans ; le procédé en usage dans toutes les montagnes d'Écosse est de barbouiller chaque brebis à l'automne, soit au mois d'octobre, avec un mélange de graisse et de goudron, ordinairement du goudron d'Amérique, et de beurre fondu, qu'on mêle ensemble à parties égales. Cette recette est d'une application à la fois pénible et coûteuse ; elle revient à un shilling (1 fr. 25) par animal. Cette préparation est non-seulement un préservatif infaillible contre la gale (dermatodectes ovis) et les tiques (melophagus) ou ixodes ; mais encore elle constitue une protection efficace contre les tempêtes de l'hiver ; aussi, sur les fermes des hauteurs, est-elle en pratique aujourd'hui autant qu'il y a trente ans. On emploie aussi des bains ou lavages de différentes espèces, qui sont à peu près aussi efficaces, s'ils sont administrés comme il faut, pour préserver de la gale et des ixodes les troupeaux qui séjournent sur les terres basses ; mais sur les hautes fermes, et partout où l'herbe est rare et l'hiver rigoureux, rien ne vaut le goudron et le beurre.

On ne trouve, sur les pâturages des montagnes du nord de l'Écosse, que deux variétés distinctes de moutons, qui sont : la race indigène d'Écosse, à laine relativement longue, à cornes en volute et à tête noire ; et la race plus lourde, mais à laine plus courte, connue sous le nom de Cheviot.

Toutes deux sont remarquables par leur vigueur et leur vivacité. La première convient mieux aux collines couvertes de bruyères des comtés d'Argyll et de Perth, ainsi qu'aux massifs plus élevés des comtés d'Inverness et de Ross ; pendant que la variété Cheviot, quoique non moins vive et non moins vigoureuse, se plaît mieux dans les prés plus verts du comté de Sutherland et de la partie occidentale du comté d'Inverness, et ne se nourrit pas aussi bien sur les bruyères proprement dites, que préfèrent de leur côté les animaux à tête noire. Les deux variétés ont été grandement perfectionnées depuis vingt-cinq ans.

Les moutons Cheviot s'engraissent parfaitement. Pour les rendre à point comme viande de boucherie, on les nourrit en hiver de turneps auxquels on ajoute un peu de grain, de tourteau et de foin ; en été on les met sur prairie artificielle, et on leur donne aussi du grain et du tourteau. De cette façon, ils sont vite bons à tuer ; de 3 ans 1/2 à quatre ans ils pèsent 90 livres (34 kilogrammes) et atteignent même parfois 100 livres (37 kilogrammes).

La race indigène à tête noire est beaucoup plus belle et plus régulière que les cheviots. Elle est aussi grande productrice de viande. Il est vrai que sa laine est d'une qualité plus rude, mais le brin en est plus long, et elle est toujours aussi recherchée que celle des cheviots, étant particulièrement propre à la fabrication d'étoffes fortes et épaisses. Quant à sa chair, elle est supérieure à toute autre viande de mouton, et elle se vend invariablement plus cher.

En règle générale, les individus à tête noire ne fournissent pas à la boucherie autant de poids que les cheviots ; pour des moutons vieux de trois ou quatre ans, la différence serait de 8 à 10 livres (2 kilogrammes et demi à trois) en faveur des cheviots ; le progrès de l'engraissement des têtes noires, au régime des racines et du grain, serait plus lent que chez les autres, parce que, sans doute, ils ne peuvent rester tranquilles quand on les renferme. Cependant cet usage d'engraisser des moutons à tête noire, qu'on fait pâturer sur des champs de racines, est uniformément suivi dans toute l'Écosse, et on trouve que le nourrisseur y trouve son profit, aussi bien que s'il s'agissait d'animaux d'une race différente. La tonte d'un mouton à tête noire est à peu près la même que celle d'un cheviot ; la brebis à tête noire est un peu inférieure ; et, comme, d'autre part, la laine des cheviots se vend constamment plus cher, la race Cheviot a décidément, sous ce rapport, l'avantage sur les têtes noires.

L'amélioration réalisée depuis vingt-cinq ans a été plus réelle sur les têtes noires que sur les cheviots. Non-seulement les têtes noires ont beaucoup gagné comme forme et comme taille, mais la quantité et la qualité de la laine ont presque entièrement doublé.

Il y a vingt-cinq ou trente ans, la toison d'un mouton à tête noire du Nord ressemblait plus à celle d'une chèvre qu'à celle d'un mouton d'aujourd'hui. Ce progrès a été obtenu, sans croisement d'aucune sorte, simplement par une introduction d'animaux du sud, de forme plus parfaite et de taille plus grande, qui a rendu à la race sa force et sa pureté originaires.

En réalité, d'ailleurs, il n'y a pas de variété qui puisse servir au perfectionnement des têtes noires; un croisement quelconque ferait disparaître la plupart des traits qui caractérisent cette noble race; on le sait, et personne n'en a jamais eu l'idée. On n'améliore ces animaux que par leurs pareils.

Le nombre et la valeur des animaux qui couvrent aujourd'hui les pâtures des montagnes et des hautes vallées de l'Écosse est extrêmement considérable. En argent, ils vaudraient presque autant que la superficie qu'ils occupent, si l'on s'en tenait aux cours d'il y a cinquante ans. Sur des fermes de moyenne grandeur, employant par exemple trois bergers aidés du fermier lui-même, il n'est pas rare de voir un troupeau valant 10.000 livres (250.000 francs); sur les fermes de première classe, cette valeur serait au moins du double.

Les fermiers pasteurs, comme les fermiers cultivateurs, ont dans ces derniers temps commencé à souffrir du manque de bras à l'époque des travaux d'urgence, comme la tonte et le barbouillage; ils ont été obligés d'augmenter les journées, tout en restant exposés à toutes sortes de contre-temps quand la saison est à la pluie, ce qui arrive souvent sur toute la côte occidentale de l'Écosse; et, dès qu'il pleut ni tonte ni barbouillage ne sont possibles.

Il n'y a qu'une voix dans toute la région pour réclamer des clôtures en fils de fer, surtout des clôtures à la limite des propriétés, de manière à diminuer les frais de garde des troupeaux, à empêcher que les animaux ne passent continuellement sur les terres d'autrui, et à prévenir les pertes résultant de ce qu'ils s'égarent. Les clôtures subdivisionnaires seraient aussi d'un grand avantage, en facilitant la division du troupeau en sections, suivant le besoin, et en permettant de réserver les pâtures les meilleures et les mieux abritées pour la mauvaise saison ou le fanage. Au prix réduit où l'on vend à présent le fil de fer pour clôtures, et avec les légers appuis en lattes, qui peuvent remplacer les cinq sixièmes des poteaux du modèle ordinaire, on fait à présent à bon marché beaucoup de clôtures dans certains cantons supérieurement administrés; on s'en trouvera bien, très-certainement, et cela décidera à en faire davantage.

Les observations qui précèdent sont applicables à toute la région du nord-ouest de l'Écosse. Il reste à indiquer les principaux usages particuliers aux différents comté, aux fractions de comté, et aux îles principales.

Le comté d'Argyll s'étend sur la côte occidentale de l'Écosse et au nord du golfe de Clyde. Sa plus grande longueur est d'environ 115 milles (184 kilomètres) et sa plus grande largeur de 66 milles (105 kilomètres). Sa superficie est de 3.200 milles carrés, ou un peu plus de deux millions d'acres, (huit cent mille hectares), dont un septième seulement est cultivé. Le comté est très-accidenté et très-pittoresque. La partie nord-est, bornée par la chaîne des Grampians, est la plus montueuse; près de la côte il y a moins d'inégalités, quoique quelques-uns des pics voisins de la mer s'élèvent à une hauteur qui dépasse deux mille pieds (six cents mètres). Le comté comprend en outre vingt-cinq îles qui toutes sont d'une dimension exiguë, excepté Mull, Jura et Islay, qui ont chacune environ trente milles (48 kilomètres) de longueur. La ligne que décrit la bordure est très-découpée; une foule de petites baies avancent dans les terres, et donnent ainsi au comté plus de 600 milles (960 kilomètres) de côtes.

Comme sur tout le reste de la côte occidentale de l'Écosse, le climat y est doux et humide. Le comté possède, comme on vient de le dire, une grande étendue de terre arable, qui est généralement cultivée sous une rotation de cinq ou six ans. Et dans certaines parties du comté, telles que par exemple la presqu'île de Cantyre, on voit de très-fortes récoltes tant en céréales qu'en racines, produisant jusqu'à 28 tonnes de turneps, ou 8 tonnes de pommes de terre, ou dix quarters d'avoine à l'acre. Ce qui donnerait à l'hectare 70 mille kilogrammes de turneps, vingt mille kilogrammes de pommes de terre, ou 73 hectolitres d'avoine. Ces résultats pourraient être regardés comme considérables pour les terres les mieux cultivées du Royaume-Uni; la moyenne pour le comté est cependant beaucoup moins forte : elle donne 30 boisseaux d'avoine, 16 tonnes de turneps, 112 boisseaux de pommes de terre, et de deux tonnes à deux tonnes et demie de foin par acre. Ce qui fait approximativement par hectare, vingt-sept hectolitres d'avoine, quarante mille kilogrammes de turneps, cent hectolitres de pommes de terre, et de cinq à six mille kilogrammes de foin.

Les fermes les plus considérables sont généralement louées par baux de onze à dix-neuf ans; les petits clos et les petites propriétés se cultivent à l'année. La plupart des bâtiments ne valent rien, sauf ceux de construction récente, qui sont bien faits et bien entendus.

De tous les comtés des hautes terres, c'est Argyll qui est le plus grand producteur de gros bétail; et non-seulement il est le premier sous le rapport de la quantité, mais ses animaux sont du sang le plus pur et de la meilleure qualité.

La race du comté d'Ayr est l'objet, dans Argyll, d'une certaine attention, et on en voit des représentants qui sont dans la bonne moyenne; mais la race pure de Kyloë, connue sous le nom de race des hautes terres de l'ouest, est plus parfaite dans ce comté que dans aucune autre partie du Royaume-Uni. De grands troupeaux de bêtes à cornes, tant sur la terre ferme que dans les îles, y sont produits et y sont élevés jusqu'à l'âge de trois à quatre ans. Dans la plus grande partie d'Argyll, ainsi que dans les îles, on ne rentre jamais les animaux; jamais on ne leur donne de nourriture artificielle, même en hiver, si ce n'est dans les temps exceptionnellement rigoureux.

L'espèce bovine ne produit pas de plus parfait animal que le bœuf Kyloë pur sang, à l'âge de quatre ans. A ce moment, il a pris tout son développement; sa tête superbe et ses cornes majestueuses sont dans toute leur beauté. Les courtes cornes, qui sont aujourd'hui à la mode et qui excitent l'enthousiasme de tout le monde, n'ont ni le galbe ni l'aisance d'un Kyloë élevé avec soin; le courtes-cornes ne peut pas le dépasser sous le rapport de la beauté et de la netteté des lignes, la longue échine plane, les quartiers bien remplis, les cuisses parfaitement modelées, et une poitrine au sujet de laquelle toute rivalité d'une autre race de bétail est impossible.

On n'oublie jamais, quand on l'a vu une fois, le spectacle d'un troupeau de bœufs Kyloë pur sang sortant de sa litière à l'aube d'un jour de gelée; ils étirent leurs longues échines unies, secouent les glaçons (et non pas la rosée) qui pendent de leurs rudes crinières; puis, au premier rayon du soleil, ils s'élancent en bondissant vers les prés hauts et plus découverts; la bise, agitant leur long pelage soyeux, épais et feutré à sa naissance, leur donne une apparence formidable, et, à leur allure audacieuse, ils paraissent braver le ciel et les tempêtes.

Les animaux de première catégorie de cette race sont recherchés par la boucherie, qui les achète à quatre ans, sortant des pâtures qui les ont vus naître, à un prix qui s'élève de 18 à 24 livres (de 450 à 600 francs) par tête.

Argyll convient admirablement à cette espèce de bestiaux, de même que les îles qui en dépendent ; aussi s'y sont-ils perfectionnés notablement depuis quelques années. Ce qui plaît surtout aux yeux, c'est qu'il y en a de toutes sortes de couleurs : noirs, rouges, bruns, blancs, café au lait et pommelés. Il faut noter, comme principe, qu'*un même animal ne doit jamais être de deux couleurs distinctes.*

Dans quelques parties du comté d'Argyll, on produit des chevaux très-supérieurs, de race Clydesdale, ainsi que des poneys. Les poneys et les doubles poneys originaires de l'île de Mull ont été longtemps en réputation ; et ils sont en réalité, plus que n'importe quels chevaux, vigoureux et durs à la fatigue. Ils se vendent très-cher quand ils sont faits au harnais. On a vu payer jusqu'à quatre-vingts guinées (2,100 francs) d'un jeune double poney bien dressé.

Quoiqu'on entretienne dans le comté d'Argyll de grands troupeaux de moutons à tête noire, ce comté n'est pas du tout sain pour la race ovine ; on perd toujours au printemps beaucoup d'animaux qui succombent à la paralysie ou à d'autres maladies ; elles en emportent quelquefois jusqu'à dix pour cent. Le gros bétail s'y porte au contraire parfaitement bien.

Le drainage du sol pâturé par les moutons, et les progrès de la culture en général tendent, depuis quelques années, à diminuer la mortalité chez ces animaux, à en augmenter la taille et à en améliorer la laine. Le revenu brut annuel du comté d'Argyll est d'environ 450,000 livres (11 millions 250 mille francs), sur lesquelles trente mille livres ou 750,000 francs proviennent de la location des chasses. Le comté est bien pourvu de routes, et les canaux de Calédonie et de Crinan ont fait beaucoup pour mettre en communication régulière les différents cantons et les îles avec la cité de Glasgow et les autres grandes villes. Il y a très-peu de grandes industries quelconques dans le comté ; cependant la main-d'œuvre y est chère, la taxe des pauvres et les autres charges locales y sont fort lourdes ; les fermiers paient de ce chef 7 et demi pour cent du revenu imposé, et les propriétaires autant.

Du comté de Perth, on ne peut mentionner ici que la partie qui peut être considérée comme presque exclusivement pastorale, ou, plus précisément, que les hautes terres du Perthshire. Elles forment les cinq-sixièmes de la superficie totale du comté. A la différence d'Argyll, le comté de Perth est très-compacte, et se trouve bordé de tous côtés par les comtés voisins. C'est peut-être la région la plus pittoresque de l'Écosse, et celle de tout le Royaume-Uni où l'on trouve le plus de variété dans le sol et dans le climat. Sa plus importante rivière est le Tay, qui arrose presque tout le comté. Les points les plus élevés qu'on y remarque sont : Ben Lawers, 3,984 pieds ou 1,195 mètres au-dessus du niveau de la mer ; Ben More, 3,835 pieds ou 1,150 mètres ; Ben Ledi, Ben Venu, tous deux près du lac Katrine, et plusieurs autres.

Le sol des cantons montagneux est léger et sableux; mais le long des bords du Tay, de l'Earn, du Teith, et des autres rivières, il est fertile et donne de fort belles récoltes.

Les bords du Tay produisent les meilleures pommes de terre du pays. Les loyers varient de 20 à 40 shillings l'acre (62 fr. 50 c. à 125 francs l'hectare). Les fermes sont généralement louées par baux. Sur les hautes pâtures propres à l'engraissement on fait paître des moutons à tête noire de qualité supérieure; dans les grandes vallées arrosées et les pâtures basses, on produit et on élève, suivant les procédés les plus perfectionnés, du gros bétail de la race West Highland ou Kyloë, quoique, il faut l'avouer, on reste à cet égard au-dessous du comté d'Argyll. Sans doute on doit trouver, dans l'intérieur du comté de Perth, quelques troupeaux véritablement supérieurs de la variété Kyloë.

Le climat du comté de Perth est rigoureux, et les pâtures autres que celles de terres basses et des vallées, sont beaucoup moins riches et moins productives que ne le sont en général celle de la côte Occidentale. Le loyer par tête de mouton pour les pâtures des hauteurs y est donc plus élevé que dans Argyll et que dans l'ouest du comté d'Inverness; on peut l'évaluer pour Perth à environ cinq shillings (6 fr. 25 c.) par tête d'animal à tête noire.

Le comté de Perth possède une grande quantité de bêtes à cornes de la race d'Ayr, utilisées tant pour la reproduction que pour l'industrie aitière, et nourries sur les pâtures des terres basses du comté. Elles sont l'objet des soins les mieux entendus, et on peut souvent montrer des sujets magnifiques; mais on produit peu de chevaux ou de poneys pour la vente sur les hautes terres du comté de Perth.

On ne se plaint pas des dommages causés par le gibier dans cette partie du comté de Perth; les fermiers ne se plaignent pas trop non plus de l'élévation de la taxe des pauvres ni des autres charges locoles; en revanche, on réclame à grands cris contre le manque et l'insuffisance des constructions habitables. Il s'y trouve peu de grandes industries de quelque nature que ce soit. Tout le comté est sillonné de bonnes routes, et aucune partie des hautes terres n'est mieux desservie par les chemins de fer. Le revenu brut annuel du comté dépasse 950,000 livres ou 23,750,000 francs.

Les comtés d'Inverness, de Ross et de Cromartry peuvent être considérés comme formant une seule et même circonscriptoin, la culture et les industries rurales y étant partout exactement identiques. Inverness est le plus grand de tous les comtés d'Ecosse; c'est de lui que dépendent les Hébrides, ou îles Occidentales. Sa superficie est de 2,700,000 ares ou 1,080,000 hectares. L'étendue réunie de Ross et de Cromarty, y compris l'île de Lewis, est d'environ 2,000,000 d'ares, ou 800,000 hectares. Toute cette région est extrêmement montagneuse. Les remarquables groupes de pics coniques, dont dépendent les Cuchullins dans l'île de Skye, les Glenshiel et les Applecross dans le comté de Ross, forment le panorama le plus grandiose de tout le Royaume Uni.

On admire aussi dans le comté d'Inverness une foule de beaux lacs d'eau douce, dont les principaux sont Loch Ness, Loch Lochie, Loch

Arkaig, Loch Morar, Loch Laggan, etc. Il faut y ajouter, pour le comté de Ross, les lacs appelés Loch Maree, Loch Fannich, et une quantité d'autres moins importants. Les principales rivières d'Inverness sont le Ness, le Spey, le Lochy et le Beauly, qui donnent toutes de superbes saumons. Ross et Caomarty ne possèdent aucune grande rivière; ils sont arrosés par le Carron et le Conon, où le saumon se trouve également en abondance.

Les roches du comté d'Inverness sont généralement de l'époque primaire; le gneiss et le micaschiste y dominent, quoiqu'on rencontre dans les Grampians d'énormes quantités de granit et de trapp. Il s'y trouve des calcaires, et le grès y abonde. On y a découvert des veines de plomb argentifère; la présence du fer y a été aussi constatée.

Les terres arables d'Inverness, Ross et Cromarty se trouvent presque toutes à l'extrémité orientale de chacun de ces trois comtés, et n'y occupent qu'une étendue fort restreinte. Les fermes, soit de culture, soit de pâturages, sont tenues en vertu de baux.

La grande masse superficielle de cette vaste circonscription est un parcours de moutons, dont on peut dire que les deux tiers sont des cheviots, tandis que le dernier tiers se compose de têtes noires. Toute la partie occidentale renfermant l'île de Skye et les Hébrides, est presque entièrement peuplée de cheviots. Plus à l'intérieur, sur toutes les montagnes de Monaghlea, dans le comté d'Inverness, et sur toutes les hauteurs du centre du comté de Ross, ce sont au contraire les têtes noires qui dominent.

Les deux races sont l'une et l'autre l'objet de soins éclairés, et la valeur des troupeaux qui en sont formés, sur beaucoup de fortes fermes, monte à un chiffre très-important. Il y a de simples fermiers du comté d'Inverness qui paient annuellement pour la terre qu'ils occupent près de cinq mille livres ou 125.000 francs; ce fermage implique la possession d'une valeur en animaux qui ne peut être au-dessous de 60.000 livres, ou un million et demi de francs.

La dépense qu'entraine l'entretien et l'hivernage d'hiver des moutons des hautes terres est véritablement énorme; pour y faire face, sans qu'il y ait encore de marge laissée au bénéfice, il faut que la vente des laines suffise à elle seule pour payer le loyer. On n'y est pas arrivé cependant depuis quelques années, nous en avons bien peur, à cause de la baisse qui s'est produite sur cet article.

Les cantons du centre et les localités élevées ont beaucoup à souffrir de continuelles tempêtes de neige, à la suite des quelles il arrive souvent que les animaux meurent de faim; on en perd ainsi beaucoup. Plus près de la côte occidentale, la mortalité des moutons est due en grande partie à la paralysie, ou au tremblement suivant le terme vulgaire. Nous avons eu connaissance d'une perte de sept cents brebis, éprouvée au printemps en une seule année par une ferme d'importance moyenne, ce qui, avec la perte d'agneaux qui en était la suite, représentait un préjudice d'au-moins deux mille livres où cinquante mille francs. Malgré les inconvénients inhérents à leur industrie, les fermiers à moutons sont généralement à leur aise; beaucoup d'autre eux ont même de grosses fortunes.

C'est dans la ville d'Inverness, au mois de juillet de chaque année, qu'a lieu la foire où sont envoyés par centaines de mille, les moutons venant des comtés de Ross, d'Inverness, de Sutherland, etc.

Les affaires y présentent un caractère à part. On les fait sans voir les animaux; l'acheteur s'en rapporte absolument à la bonne foi du vendeur, et traite avec lui d'après la qualité des animaux qu'on lui connaît. Les fermiers à moutons de cette partie de l'Écosse tirent vanité de pouvoir dire, ce qui est vrai, que jamais marché conclu à cette foire n'a donné lieu à procès, bien que son existence remonte presque au commencement de ce siècle.

Les laines, qui s'y vendaient jadis de la même manière que les moutons, sont aujourd'hui presque toutes consignées entre les mains d'intermédiaires, et figurent aux ventes périodiques qui ont lieu à Glasgow, à Edimbourg, etc.

Le problème qui s'impose aujourd'hui à l'attention des fermiers à moutons, comme étant pour eux d'une importance de premier ordre, c'est la prévention de la mortalité qui sévit sur les animaux au printemps. Nous avons besoin d'espérer que pour en trouver la solution on fera un plus grand nombre de clôtures, et qu'on fermera absolument les prés irrigués, de manière à les conserver pour la consommation du printemps, soit qu'on les fasse alors pâturer en vert, soit qu'on en fauche le foin en vue de la consommation du fourrage sec.

Nous pensons également que les brebis pleines peuvent sans grandes difficultés être abritées sous de petits refuges appelés *Hirsels*; où, pendant les printemps froids et secs, et quand elles sont au moment de mettre bas, on devrait leur donner un peu de paille hachée et de tourteau. Cela sans doute entraînerait la confection d'auges couvertes et une certaine main-d'œuvre; mais de la dépense une fois faite dans ces conditions, résulterait ensuite une économie pour une longue période d'années.

Il existe peu, et même très-peu d'animaux de l'espèce bovine dans l'intérieur des comtés d'Inverness et de Ross; en revanche dans les îles il y en a beaucoup, dont un certain nombre sont de qualité supérieure, et de pure race Kyloë. On rentre rarement ces animaux, même l'hiver; on leur donne peu ou pas de nourriture artificielle, si ce n'est aux veaux et aux bêtes les plus jeunes.

Toute la côte occidentale des comtés d'Argyll, d'Inverness et de Ross est habitée par une population rurale très-dense; il en est de même des îles. Mais toute cette classe de paysans est dans une situation déplorable qu'on a tenté bien des fois d'améliorer, mais toujours sans succès.

La petite culture disposant de douze à quinze acres (4 hect. 80 ares à 6 hectares) est selon nous, un mal en principe. Elle empêche l'occupant de sortir de chez lui et de trouver au dehors un travail rémunérateur, sans donner par elle-même à son activité un aliment suffisant. Il reste donc à moitié oisif dans son intérieur, où il meurt à peu près de faim. Quand il demeure près de la côte, il a la ressource, — et beaucoup en usent — de la petite pêche; mais elle est bien précaire, et il n'y a pas sur les hautes terres de population plus besoigneuse que ces demi-pêcheurs, demi-cultivateurs. Une situation bien préférable à notre avis, est celle du locataire d'un petit lot de terrain contenant une simple habitation, un champ de pommes de terre, et une pâture à côté pour une vache. Il paie pour le tout environ deux livres (50 francs par an), moyennant quoi le chef de famille peut aller où l'appelle une main-d'œuvre rémunératrice, et quand il l'a trouvée, mettre de côté au moins douze shillings (15 francs) par semaine.

La plupart des terrains de hautes terres dont jouissaient précédemment de petits propriétaires et de petits fermiers ont été convertis en grands pâturages à moutons; on a beaucoup parlé et beaucoup écrit contre la suppression du morcellement, et la violence des procédés employés.

Voici, abstraction faite de tout argument *a priori*, quelle en a été la conséquence; les gens ainsi expulsés qui se sont astreints à un travail régulier et quotidien, sont à présent dans les conditions de bien-être ordinaires, et élèvent une postérité qui saura à son tour se rendre utile; tandis que ceux qui ont voulu rester quand même sur leur froid côteau, à cultiver un sol ingrat, abandonné à l'humidité et aux intempéries des saisons, demeurent dans un état voisin de la barbarie, livrés à un dénûment que ne supporterait pas vingt-quatre heures le plus simple journalier du pays.

Depuis quelques années, cette région de l'Écosse a été dotée de lignes de chemins de fer et de navires à vapeur; elle en a tiré de grands avantages.

De magnifiques steamers font deux fois par semaine le trajet, aller et retour pendant l'été, et une fois par semaine l'hiver, entre Glasgow et Stornoway, en desservant presque toutes les îles et une foule de points de la côte. D'autres steamers font le service tous les jours entre Skye et Strowe, en correspondance avec l'embranchement du chemin de fer des hautes terres qui se dirige vers Skye.

On ne peut assez apprécier l'utilité de ces services pour le transport du bétail qu'on fait sortir des basses terres ou qu'on y ramène, aussi bien que pour l'importation des matières grasses et autres nécessaires à la grande industrie productrice des moutons; ils finiront par amener la réalisation des améliorations dont nousa vons indiqué plus haut la nécessité

Le revenu brut annuel du comté d'Inverness est d'environ 400.000 livres ou 10 millions de francs; celui des comtés de Ross et Cromarty réunis est de 283,0 0 livres ou 7,075,000 francs.

On clôt généralement les forêts réservées aux cerfs, pour en interdire l'accès aux brebis qui pâturent à proximité; on se met en devoir de faire des clôtures à celles qui en sont encore dépourvues.

Les taxes de paroisse, d'école et autres ne sont jamais inférieures à cinq pour cent du loyer payé par les fermiers, les propriétaires supportant en outre de leur côté une charge égale.

Les voies publiques par toute la circonscription sont les plus belles, du Royaume-Uni. L'embranchement du chemin de fer des hautes terres du côté de Skye; fait la fortune de cette région.

Le comté de Sutherland fait suite à celui de Ross, qui lui sert de frontière au midi. Il est d'une superficie totale de 1,886 milles carrés ou environ 1.200,000 acres (480,000 hectares).

L'aspect général de ce comté est celui d'un désert âpre et glacé, où rien ne captive le regard. L'intérieur consiste en une série de montagnes et de marécages, coupés de ravins et de hauts plateaux que dominent de toutes parts des pics élevés et inaccessibles. Les lacs innombrables qui baignent leurs pieds, ajoutent encore à la rudesse farouche de la contrée, et lui donnent l'empreinte d'une éternelle désolation, qui semble défier les approches de l'homme.

La ligne de la côte, jusqu'au cap Wrath, n'est qu'une suite d'escarpements, de caps et de récifs du caractère le plus abrupt et le plus sauvage. Les cantons de l'Ouest et du Nord en sont remplis. Mais l'Est et le Midi du comté forment avec eux un heureux contraste, et où y rencontre un grand nombre de riantes et fertiles vallées.

Il se trouve, sur la côte orientale de ce comté, une certaine quantité de bonnes terres à labour, cultivées selon les enseignements de la science moderne. Depuis dix ans, le duc de Sutherland, après avoir fait établir dans ses domaines un chemin de fer de plusieurs milles de longueur donnant accès aux meilleures parties du comté, y a exécuté de gigantesques travaux de défrichement. Le succès, la rapidité et la grandeur de l'entreprise n'avaient pas de précédents dans les trois royaumes.

Une allusion a déjà été faite à la nécessité indispensable d'une production de racines et de foins au centre d'une région dont les moutons constituent presque l'unique richesse. Le duc de Sutherland l'a sans doute comprise, quand il a commencé la grande opération de mise en valeur qu'il a déjà achevée sur certains points, mais qu'il étend aujourd'hui presque jusqu'au centre de ses immenses parcours. Un aperçu de l'agriculture de l'Ecosse serait absolument incomplet, s'il ne donnait pas une idée de ce prodigieux travail, et de la manière dont il a été accompli. On l'a commencé il y a environ six ans, à un endroit appelé Shinnes, près de la ligne du chemin de fer qui appartient au duc. La superficie à défricher était un sol inégal et verdâtre, couvert de broussailles et de buissons rabougris, parsemé de pierres, de bruyères et de tourbes; tel enfin qu'on en rencontre de tous côtés dans le haut pays. Les travaux ont été poursuivis opiniâtrement et sans relâche, en dépit de tous les obstacles, de telle sorte qu'aujourd'hui plus de 2,000 acres (800 hectares) de terrain qui n'était qu'une lande stérile, sont convertis en fertiles campagnes portant toutes les espèces de récoltes que le comté est susceptible de produire.

On a aussi construit de beaux bâtiments, répondant à tous les besoins de l'agriculture. La terre a changé de face, et forme un agréable paysage.

C'est à la vapeur qu'est due cette transformation. Elle a opéré des merveilles, dirigée par le génie du noble duc; lui-même était déjà entouré d'hommes déjà connus par des travaux analogues, quoique moins importants; ils ont inventé pour lui des instruments et des machines d'une puissance appropriée aux difficultés de la tâche.

Aussitôt que les jalons de l'arpenteur étaient enlevés d'une portion de la surface à défricher, on y amenait deux formidables locomotives à la suite l'une de l'autre; une charrue, d'une force et d'une dimension énormes, tirée par les deux machines, parcourait la place en tous sens sans jamais s'arrêter, et sans qu'aucun obstacle la fît dévier. L'obstacle le plus fréquent consistait en racines, restées vigoureuses, de vieux arbres ensevelis dans le sol humide et bourbeux. On en rencontrait à chaque pas.

Après plusieurs essais, on adopta définitivement un modèle de coutre pour la charrue, consistant en un disque coupant à révolution, au moyen duquel on parvint à vaincre des difficultés qui autrement auraient été insurmontables Ce coutre à révolution réussissait à soulever le soc de la charrue, qui franchissait ainsi les troncs et les rochers, lesquels étaient immédiatement arrachés par un gigantesque extirpateur attaché lui-même derrière la charrue. Les ouvriers appelèrent ce dernier instrument le *cure dents du duc*, parce qu'il avait la forme d'un énorme croc à pêcher la raie, et que c'était le duc lui-même qui en était l'inventeur.

Les racines d'arbres et les pierres ne sont pas plus tôt franchies par la charrue, qu'elles sont saisies et enlevées par les grandes dents de ce croc, tout l'outillage en bloc se comportant comme si rien n'était susceptible de l'arrêter. Il y avait pourtant des moments où il cessait d'avancer, et où le cure-dents ne voulait plus fonctionner; en ce cas, on entourait tout de suite d'une lourde chaîne la souche ou la roche rebelle; la locomotive s'approchait en haletant; avertis par un coup de sifflet, les ouvriers se garaient à quelque distance. Alors on entendait se précipiter de plus en plus vite la puissante respiration de la vapeur, et il fallait bien que l'un des deux eût raison de l'autre. Au milieu des tourbillons de fumée, la machine redouble ses furieuses secousses, et à la fin triomphe de la résistance de la racine, qui se déchire en craquant; les ouvriers reviennent, et le travail reprend de plus belle.

Pendant ce temps, d'autres locomotives sont occupées à tirer de grands traîneaux de fer à bascule automatique, qui, après avoir été remplis de pierres par les ouvriers, sont amenés à l'endroit où l'on a tracé une clôture, une route, ou les fondations d'un bâtiment, et y déposent leur chargement prêt à être mis en œuvre.

Des fossés d'écoulement ont été pratiqués partout où il en fallait; quand le sol était tourbeux, avec un fond entièrement mou, on les faisait en tuiles assemblées sur des tablettes de bois, pour être sûr qu'elles joignissent bien; quand au contraire, le fond était assez résistant pour qu'on pût s'y fier, et qu'il s'y trouvait des pierres, les rigoles étaient faites en pierre. On leur donnait une profondeur de 3 à 4 pieds, et on les espaçait de 18 à 24 pieds.

Après avoir ainsi nettoyé la surface, on procédait à la désagrégation, qui était opérée par des écraseurs d'une dimension énorme, munis de disques à révolution, opérant à des angles différents de la ligne de tirage. Ces disques à bords coupants n'avaient pas plus tôt saisi, ou pour mieux dire mordu, les grands sillons tout d'une pièce découpés par la charrue, qu'ils étaient poussés par leur mouvement propre de révolution sur la ligne de tirage; le fragment ou morceau était instantanément jeté de côté, les disques étaient débarrassés, et ainsi de suite.

Aussitôt qu'une façon avait été donnée au sol, on y appliquait de la chaux et d'autres engrais, puis on y semait des céréales ou d'autres graines. On avait découvert à portée, de la pierre calcaire d'excellente qualité. On construisit des fours, et on eut ainsi sous la main autant de chaux cuite qu'on pouvait en désirer.

De fortes récoltes de grains — même de froment — ont déjà été obtenues, ainsi que de splendides rendements en racines, auxquels sol et climat paraissent admirablement appropriés. Il y a ainsi tout lieu de croire à la pleine réalisation de l'objet que le duc s'était proposé, c'est-à-dire, l'approvisionnement pour l'hiver, de cette multitude de moutons, qui jusque-là, devaient être expédiés au dehors à grands frais.

A présent, non-seulement les défrichements se sont continués, comme on vient de le dire; mais de plus on a construit de magnifiques bâtiments d'exploitation, sous la dépendance desquels on a allotti les terres mises en valeur, de façon à former des ensembles bien agencés et à tirer parti de tout.

Aussitôt que le duc a eu terminé sa grande opération à Shinnes, il s'est mis à l'œuvre sur un autre point de ses vastes domaines, à Kildonan, éloigné de Shinnes d'environ trente milles (48 kilomètres).

Là, 500 acres (200 hectares) environ sont déjà labourés, et les travaux continuent avec toute apparence de succès.

La plus grande partie des terres ainsi mises en valeur sont des tourbières d'une profondeur considérable; c'est là qu'éclate la nécessité de recourir, comme l'a fait le duc, à la vapeur pour les défoncements; ces sols mouvants n'auraient jamais pu porter des bêtes de trait, de la force et du poids qu'exigeaient ces travaux.

Naturellement, si un propriétaire ordinaire voulait faire des améliorations, personne ne lui conseillerait de s'y prendre de la même manière, bien qu'on n'ait eu ici qu'à s'en féliciter. Mais on peut en proposer l'exemple aux grandes compagnies; et à cet égard, l'initiative à la fois si hardie et si heureuse du duc de Sutherland aura été d'un grand enseignement.

Les troupeaux du comté sont tous composé de cheviots de première catégorie, cotés invariablement au plus haut cours sur les grandes foires d'Inverness.

Les fermes sont généralement occupées par des gens qui tiennent la tête de leur industrie; les fermages sont élevés sans doute, mais non extravagants.

Ce comté est dépourvu de prés naturels où l'on puisse faucher les foins; les troupeaux y ont beaucoup à souffrir des rigueurs de l'hiver. On se plaint aussi beaucoup de l'insuffisance des clôtures, qui font défaut là comme partout dans la région pastorale des hautes terres.

La population rurale du Sutherland à les mêmes mœurs et la même manière de vivre, avec peu ou pas de différence, que la même classe sur les autres parties déjà décrites des hautes terres.

La taxe des pauvres, la taxe d'école et les autres charges locales sont dans certaines paroisses excessivement lourdes pour le fermier; elles atteignent jusqu'à 15 p. 100 du fermage, ce qui touche à la vexation.

Le Sutherland possède une grande variété de roches; on y trouve surtout des granits de plusieurs couleurs, des gneiss, des calcaires, des grès, de l'oolite, des conglomérats, du marbre et du quartz. On extrait du charbon dans l'oolite, près d'Helmsdale, mais en petite quantité.

Le climat présente beaucoup de différences. Au sud et à l'est, il est doux et véritablement salubre; au centre et à l'ouest, il est triste, assombri par des pluies continuelles et souvent par de violentes tempêtes.

Le revenu brut du comté est fixé à moins de 80 000 livres (2 millions de francs. Des 120 000 acres (480,000 hectares) qu'il contient, 1 176 454 (470 581 hectares 60 ares) appartiennent au duc, à qui ils rapportent environ soixante mille livres (un million et demi de francs).

Le comté de Caithness s'étend à l'est de celui de Sutherland, dont il est limitrophe sur environ 50 milles (80 kilomètres); des autres côtés, il est entouré par la mer.

Il n'est pas un comté en Ecosse où il ait été fait autant d'améliorations dans ces quarante dernières années. De l'état de désert lugubre, inondé, glacial et inabordable, il a été transformé par la coopération des fermiers et des cultivateurs, tous pleins d'initiative et d'ardeur, qui en ont fait l'une des régions les mieux cultivées de l'Ecosse.

On y a exécuté d'immenses opérations de drainage souterrain, notamment à l'aide d'emprunts faits à la caisse des travaux d'amélioration foncière, — on y a construit d'excellents bâtiments de culture, mis en valeur de vastes étendues. On y trouve à présent quantité de grandes fermes, pour lesquelles on n'a regardé à aucune dépense; on y produit une classe supérieure de gros bétail de la race à courtes cornes. Les animaux qui en proviennent sont recherchés pour l'engraissement dans tout le centre de l'Ecosse.

On trouve à l'extrémité nord-ouest plusieurs fermes à moutons très-importantes. Leurs animaux sont de race cheviot supérieure. Sur toute l'étendue du comté se trouvent en foule les demi-sang perfectionnés, donnant une laine plus longue et plus fine que n'en produisent les croisements sur aucune autre partie de l'Ecosse.

Le sol et le climat se prêtent très-bien à la production des turneps, des foins et de l'avoine; toutes ces denrées y font l'objet d'une culture admirablement soignée. On se sert des instruments les meilleurs et les plus perfectionnés. Bêtes à cornes et bêtes à laine sont ordinairement vendues pour être terminées autre part. Bœufs et génisses se vendent à quinze mois de 15 à 18 livres (375 à 450 francs) par tête; les moutons demi-sang de même âge, de 45 à 50 shillings (56 à 62 francs) par tête, tondus.

On exploite d'immenses carrières de dalles dans les lits de grès rouge ancien; on se sert avec succès de la vapeur dans les travaux. Ces dalles servent au pavage. Elles sont expssedieédc a l à dn toutes les parties du Royaume-Uni, et sur une foule de points du globe.

Les voies publiques dans tout le comté sont magnifiques, et aujourd'hui qu'il est pourvu de chemins de fer, Caithness avancera encore dans la voie du progrès, sous l'impulsion des hommes habiles et hardis auxuels est confiée aujourd'hui la direction de ses affaires.

Le comté est plat, et à beaucoup d'égards peu attrayant à la vue. Le climat est un peu trop pluvieux, mais doux et uniforme. Il y a trop peu de soleil pour que le grain des récoltes soit abondant et bien coloré ; en revanche, elles donnent une énorme quantité de paille.

La superficie totale du comté de Caithness est d'environ 472.000 acres (188.800 hectares), avec un revenu brut de près de 137.000 livres ou 3.425.000 francs.

On peut dire des îles Orcades à peu près la même chose que de Caithness. Tout le système de culture y a changé de fond en comble depuis vingt-cinq ans. On n'y voit plus aujourd'hui que des animaux perfectionnés, de race bovine comme de race ovine.

La terre est généralement bonne, et vraiment très-bien cultivée. On y fait d'excellentes récoltes de turneps, allant jusqu'à 30 et 35 tonnes par acre (75 à 88.000 kilogrammes l'hectare). L'avoine et le foin y viennent parfaitement.

Le climat est doux ; on ne s'y est jamais plaint de la rigueur de l'hiver, quelque septentrionale que soit la situation de l'archipel.

La superficie des îles Orcades est de 220.000 acres (88.000 hectares). Leur revenu brut est de 63 000 livres (1.575.000 francs).

Il n'existe pas à proprement parler d'arbres de haute tige dans les îles Orcades, ni dans le comté de Caithness. On ne voit pas non plus dans le comté de Sutherland de grandes futaies un peu anciennes, bien qu'on y ait planté depuis dix ans beaucoup d'arbres forestiers. Le comté de Ross est plus riche en bois ; il en possède de très-vieux, qui sont d'excellente qualité.

Dans le comté d'Inverness, il y a beaucoup de bon bois de charpente. Le domaine de Seafield, dans le canton appelé Strathspey, est depuis longtemps renommé pour la taille et la qualité de ses arbres ; le propriétaire actuel vient encore d'y faire planter plusieurs millions d'acres. Plusieurs des grands propriétaires fonciers du comté d'Inverness y ont aussi fait de grandes plantations depuis vingt ans.

Le comté de Perth n'a pas à s'enorgueillir de l'étendue de ses plantations ; pourtant les plus beaux et les plus gros mélèzes du Royaume-Uni se trouvent sur le domaine d'Athole.

Il n'y a dans le comté d'Argyll que 40.000 acres (16.000 hectares) de bois, dont la taille et la qualité n'ont rien de remarquable.

Il faut consacrer quelques lignes à l'énumération des mauvaises herbes qui, en Écosse, font le plus de mal aux récoltes.

Le climat de cette contrée, dont l'influence impose certaines restrictions à la culture indigène, a heureusement aussi un effet restrictif sur la végétation des plantes spontanées du pays ; le nombre de leurs espèces est moins grand que dans les contrées méridionales ; cependant, elles sont encore trop largement représentées, même dans les parties les plus soignées de l'Écosse.

La plupart des cultivateurs de ce pays et des pays étrangers reconnaîtront en elles de vieilles connaissances ; ceux qui sont le plus familiers avec elles sauront dire combien il serait désirable, et en même temps combien il serait difficile, de s'en débarrasser entièrement.

Arctium minus.	Bardane.
Carduus lanceolatus.	Chardon d'Écosse.
*Carduus arvensis.	Chardon hémorrhoïdal.
Carduus palustris.	Chardon des marais.
Carduus acaulis.	Chardon plat.
Papaver dubium.	Pavot.
*Papaver rhœas.	Coquelicot.
*Sinapis arvensis.	Moutarde sauvage, senevé, cendrée.
*Raphanus raphanistrum.	Ravenelle.
Stellaria media.	Mouron des oiseaux ou margeline.
Bromus arvensis.	Brome des champs.
Bromus mollis.	Brome mou.
Anthemis cotula.	Camomille puante.
Pyrethrum parthenicum.	Matricaire.
Chrysanthemum segetum.	Marguerite dorée.
Senecio Jacobœa.	Seneçon.
Centaurea cyanus.	Bluet.
Veronica hederœfolia.	Thé d'Europe, herbe aux ladres.
Rumex obtusifolius.	Patience sauvage.
Rumex crispus.	Sang dragon.
Rumex acetosa.	Oseille sauvage.
Rumex acetellosa.	Parelle.
*Avena fatua.	Folle avoine.
*Triticum repens.	Chiendent.
Arrhenatherum arenaceum bulbosum (*sic*).	Renouée des oiseaux, traînasse, herbe à cochon.
*Juncus conglomeratus.	Jonc aggloméré.
*Juncus effusus.	Jonc épars.
Tussilago farfara.	Tussilage pas-d'âne.
Chenopodium album.	Patte d'oie blanche.
Galeopsis tetrahit.	Ortie morte.
Galeopsis versicolor.	Ortie rouge.
Urtica dioica.	Ortie commune.
Lychnis githago.	Fleur du coucou.

On peut avancer, comme règle générale, que l'embarras et le préjudice causés par les mauvaises herbes sont en raison inverse de leur taille Les plantes grandes et profondément enracinées, bien que prenant individuellement plus de place et tirant du sol plus de substance, sont plus faciles à arracher que les herbes annuelles, qui, insignifiantes comme unités, puisent une redoutable force de destruction dans la vitalité de leurs graines, la rapidité de leur croissance, et l'immensité de leur foule. La mode d'existence des herbes nuisibles n'est pas sans analogie avec la vie animale dans ce qu'elle a d'hostile à l'agriculture. On a détruit facilement les grands carnivores, tandis que d'inperceptibles insectes, aussi variés qu'innombrables, se rient des efforts de l'agriculteur.

Quelques herbes gênantes sont communes à presque toutes les parties cultivées de l'Écosse ; d'autres ont des habitats particuliers en dehors desquels on ne les trouve plus, quoiqu'on rencontre ailleurs d'autres terrains en tout semblables à ceux où elles ont élu domicile.

Certaines herbes, autrefois communes en Écosse parmi les céréales, y sont devenues fort rares Parmi celles qui ont ainsi disparu, on peut citer l'ivraie (lolium temulentum) ; elle était, il n'y a pas longtemps, très-abondante, mais aujourd'hui on en trouverait difficilement un échantillon. La nielle ou néelle des blés (agrostemma githago) dont les graines

Les plantes marquées d'un astérisque * sont celles dont la multitude et la persistance donnent le plus d'ennui au cultivateur.

faisaient le supplice du cultivateur, est à présent beaucoup moins répandue que jadis.

Les mauvaises herbes indiquent avec assez de certitude la nature et la qualité de la terre où elles poussent ; quelques-unes font connaître par leur présence qu'un drainage est nécessaire, tandis que d'autres, par leur contenance maigre et rabougrie, portent témoignage de la stérilité du sol. D'un autre côté, de mauvaises herbes, vigoureuses et bien développées, font voir qu'elles sont le produit d'un sol qui pourrait nourrir et porter des plantes plus utiles aux hommes.

Pour lutter victorieusement contre les mauvaises herbes, le cultivateur doit soutenir avec elles une guerre sans trêve. C'est à elles que s'applique le proverbe campagnard, d'après lequel la semaille d'une année est de la mauvaise graine pour sept. C'est la conséquence de la malédiction de la terre, prononcée à l'origine en ces termes : Elle produira à jamais des ronces et des chardons, qui feront couler la sueur de la face de l'homme. Mais il est également certain que le poids de cette condamnation devient moins lourd, quand l'homme accomplit sa tâche avec résignation, avec constance, avec courage.

Les instruments perfectionnés et l'outillage que la science moderne met à la disposition du cultivateur lui facilitent, depuis ces derniers temps, la destruction des mauvaises herbes.

VI

PROPRIÉTAIRES ET OCCUPANTS DU SOL.

Propriété. — La superficie territoriale de l'Ecosse est, non compris les surfaces occupées par les eaux, de : Acres. 18.946.694 — Hectares. 7.578.677 60

Elle donne un revenu annuel de 18,698,804 livres sterling, ou 467,470,100 francs, ce qui fait à peu près une livre sterling ou 25 francs par acre, ou 62 fr. 50 par hectare. Mais ce revenu s'applique aux habitations et autres constructions, tant urbaines que rurales. Le revenu propre au sol est de 7,493,00 livres ou 187,325,000 francs, ou une moyenne de huit shillings par acre ou 25 francs l'hectare.

La plus forte partie de la masse se partage entre un bien petit nombre de propriétaires.

		Acres.		Hectares.
24	personnes possèdent ensemble. .	4.931.884	ou	1.972.753 60
44	autres.	3.025.616		1.210 246 40
68	personnes possèdent donc ensemble . . . . c'est-à-dire un peu moins que la	7.957.500		3.183.000 00
	A repoëter.	[illegible]		[illegible]

	Report.	6.444.434	1.5 5.455 55		
	superficie totale de l'Écosse.				
103	autres personnes possèdent.	3.071.728	1.228.691 20		
159	autres possèdent.	2.150.111	860.044 40		
250	autres possèdent.	91.726.86	690.747 60		
580	personnes possèdent à elles seules. C'est à dire beaucoup plus que les trois quarts de l'Écosse. Le moins que chacune d elle possède est 5.000 acres ou 2.000 hec.	14.906.208	5.962.583 20		
587	autres personnes possèdent	1.843.378	737.351 20		
591	autres possèdent.	835.242	334.096 80		
1.758	individus possèdent donc ensemble. ou en moyenne dix mille acres ou quatre mille hect. chacun.	17.584.828	7.033.931 20		
	La plus grande partie de ces immenses propriétés et une portion aussi des propriétés moins importantes qui vont figurer ci-apèrs, sont grevées de substitutions dont la nature sera expliquée ultérieurement.				
.875	autres personnes possèdent . . . . en moyenne 165 acres ou 66 hect.	1.303.215	521.286 00		
9.471	autres individus possèdent . . . . en moyenne un peu plus de 3 acres ou 1 h.20 chacun.	29.327	11.730 80		
22	les statistiques font défaut pour 22 personnes et.	1.147	458 80		
	Le surplus de l'Écosse se répartit entre				
113.005	113.005 propriétaires fonciers ayant des maisons dans les villes, les villages, etc., chacun ayant moins d'un acre ou de quarante ares, et en moyenne un peu moins d'un quart d'acre ou de dix ares. . .	28.177	11.270 80		
132 131	individus propriétaires de. . .	18.966.694 ou	7.578.677 60	18.946.694	7.578.677 60

Le surplus de la population, ou 3.227.887 individus, n'ont aucune part à la propriété du sol, tandis que, comme on vient de le voir, 68 personnes en possèdent près de la moitié, et que 580 personnes possèdent plus des trois quarts du tout. Ce ne sont pas là de bonnes conditions politiques; cette répartition vicieuse est le résultat d'une loi d'exception et de subtilités contraires à la nature des choses.

En Angleterre, en y comprenant le pays de Galles, plus d'un cinquième ou 20 p. 100 du sol appartient à des propriétaires ayant de 40 à 200 hectares. En Ecosse, cette classe possède moins de 3 p. 100 du territoire. En Angleterre, plus de 10 p. 100 de la totalité du sol appartient à des propriétaires ayant de 200 à 400 hectares. En Ecosse, cette classe ne possède qu'un peu plus de 3 p. 100 du territoire.

Les individus possédant de 40 ares à 4 hectares sont, pour les deux pays :

En Ecosse, au nombre de.	9.471
En Angleterre et dans le pays de Galles.	121.983

Ceux qui possèdent de 4 à 20 hectares sont :

En Ecosse.	3.469
En Angleterre et dans le pays de Galles.	72.640

Enfin ceux qui possèdent de 20 à 40 hectares sont :

En Ecosse.	1.123
En Angleterre et dans le pays de Galles.	25 839

Pourtant la proportion de la population comparée des deux contrées n'est que de 6 1/2 en Angleterre contre un en Ecosse.

D'un autre côté, 58 p. 100 du territoire de l'Ecosse appartiennent à des propriétaires possèdant chacun 8,000 hectares et au-dessus, pendant que pour l'Angleterre et le pays de Galles, la proportion appartenant à cette classe est seulement de 7 p. 100.

Substitutions forcées. — Le droit d'aînesse règne aussi bien en Angleterre qu'en Ecosse; il ne suffit donc pas à expliquer cette disproportion, ni l'énorme concentration du sol écossais dans un si petit nombre de mains. Il faut en chercher la cause dans la loi de substitution forcée, en vigueur en Ecosse depuis près de deux cents ans.

Cette loi est un stratagème imaginé par les légistes pour satisfaire l'ambition de quelques grands propriétaires. Elle a eu pour objet d'assurer à jamais leurs propriétés à leurs familles; son système a consisté à créer une succession sans fin d'intérêts viagers. Une telle combinaison était contraire à l'esprit de la loi, et il était douteux qu'elle pût réussir, quand le Parlement d'Ecosse fut amené à la sanctionner à l'époque de réaction qui suivit la réunion des deux couronnes, et précéda la grande révolution.

Le statut qui fut ainsi promulgué en 1685, autorisa tout particulier, au moyen de la simple réalisation et de l'enregistrement de son titre, à rendre ses immeubles à jamais inaliénables, soit dans sa famille, soit pour toute catégorie d'héritiers qu'il lui plairait de choisir, et d'imposer à la transmission de ses biens des restrictions telles que nul des héritiers dans les mains desquels ils parviendraient, ne pût ni les vendre, ni les hypothéquer, ni contracter aucune dette ou engagement de nature à grever ces biens ou à en amener l'éviction, à en changer ou à en modifier l'ordre de succession, à quelque moment que ce fût. En vertu de cette législation, toute augmentation faite à un domaine déjà considérable fut bientôt rangée comme lui sous le joug de la substitution, et devint dès lors également inaliénable. C'est ainsi que l'Ecosse vit s'établir et s'étendre sur la presque totalité de son territoire, une succession à l'infini d'usufruitiers, n'ayant ni intérêt, ni possibilité de remplir les devoirs du plein propriétaires. La position devint intolérable pour ceux-mêmes qui l'occupaient. Ils avaient des raisons décisives de ne rien faire pour améliorer leurs domaines, et ils n'avaient la faculté de rien distraire des biens qui leur appartenaient nominalement, en faveur de leurs enfants puînés. Avec un tel système, il pouvait ne se trouver, sur toute l'étendue des domaines qui s'y trouvaient assujettis, aucune personne ayant les sentiments et les droits d'un propriétaire permanent. Un domaine n'avait plus que des pensionnaires en viager. On conçoit combien un état de choses aussi contre nature paralysait les affaires, et restreignait le champ de l'initiative individuelle.

Le pouvoir législatif se trouva donc dans la nécessité de s'en occuper. En 1770, il prit une mesure énergique, mais malheureusement à contresens. Il a sans doute mis le doigt sur la plaie, puisque l'exposé des motifs porte que « la culture de cette partie du royaume est paralysée » que l'intérêt public souffre et souffrira tous les jours davantage, tant » que subsistera la loi sur les substitutions, à moins que l'on n'y porte » remède. » Mais au lieu d'autoriser l'héritier en possession à se débarrasser de la substitution, faculté qu'on lui avait donnée en Angleterre depuis des siècles, on l'encouragea à exécuter certains travaux d'amélioration, en le rendant par là créancier des substitués, jusqu'à concurrence des trois quarts de ses frais, sans qu'ils pussent excéder six ans de revenu. De plus, en 1825, une autre loi autorisa l'héritier en possession (celui que le Code civil, art. 1051, appelle le grevé de restitution) : 1° à disposer sur le domaine substitué d'un douaire au profit de sa femme, jusqu'à concurrence du tiers du revenu net; 2° à prendre des engagements au profit de ses enfants, obligeant son successeur (celui que le Code civil nomme l'appelé), à payer à ceux-ci l'équivalent de trois ans au maximum du revenu net.

Les appelés peuvent être ainsi grevés de charges équivalant à un tiers du revenu au profit de la veuve d'un prédécesseur, et à neuf années de revenu net au profit tant de ses fils puînés que de tiers quelconques. Ces dispositions nouvelles de la loi ont sans doute donné beaucoup de latitude aux possesseurs actuels; elles les ont mis à même de réaliser une foule d'améliorations urgentes; mais elles ont mis la corde au cou des futurs possesseurs.

Un jeune homme qui entre dans le monde, appelé à une substitution non encore ouverte, a un droit inaliénable, sur lequel les usuriers peu vent spéculer avec certitude en lui avançant des fonds. Ils n'ont qu'à contracter en son nom une assurance sur la vie pour leur garantie ; et puis ils laissent accumuler intérêts et commissions jusqu'à son entrée en jouissance. Des combinaisons pareilles constituent une dette fort lourde, un capital énorme né d'avances relativement minimes. Et quand s'ouvre le droit de l'appelé, et qu'il entre en possession du domaine substitué, avec une dette personnelle si énormément grossie venant alourdir encore l'énorme fardeau dont la loi a autorisé son prédécesseur à le grever, il est facile de comprendre qu'il est pour le reste de ses jours la proie des usuriers. Sa position dans ce cas est digne de pitié, selon la prédiction du lord Président Stair, au moment de la mise en vigueur du système ; alors encore, il n'y a plus pour le domaine d'espoir d'amélioration ; fermiers et laboureurs ont la triste certitude de n'être jamais bien logés, et de ne se trouver jamais à leur aise.

En 1848, un acte du parlement déclara que « la loi de substitution en » Ecosse avait engendré de sérieux inconvénients tant pour les appelés » que pour le public en général, » et il permit, pour les substitutions instituées depuis le 1er août de cette même année, à tout héritier arrivé à l'âge de vingt-cinq ans, et né postérieurement à la date de la substitution, d'en affranchir la propriété dont il serait en possession. On mettait ainsi obstacle pour l'avenir à l'extension ultérieure du système. Mais quant à la foule des substitutions alors existantes, cette loi contenait à la vérité des dispositions destinées à en réduire le nombre en certains cas, mais sous de telles restrictions, que l'affranchissement des biens substitués ne pouvait en général se réaliser qu'au bout d'un délai excessivement long. Aussi n'y a-t-il eu qu'un très-petit nombre de domaines qui aient pu jouir du bénéfice de cette loi. C'est donc là un remède trop lent à agir, vu surtout le développement pris par le mal. On a encore essayé d'autres palliatifs, tout aussi peu efficaces. En résultat, à moins qu'une législation ultérieure n'affranchisse la propriété du joug de la substitution obligatoire, l'Ecosse est destinée à souffrir longtemps de la faute qu'elle a commise en 1685, en faisant dévier sa législation des saines doctrines auxquelles l'Angleterre est toujours restée attachée. Ajoutons cependant que le Parlement est actuellement saisi d'un projet de loi intitulé : réforme de la loi des substitutions en Ecosse, ayant pour but d'amender la législation existante pour le cas où les propriétaires grevés de substitution décèderaient avant l'achèvement des améliorations par eux entreprises pour être exécutées à leurs frais.

La plupart des domaines grevés de substitution sont, en Ecosse, endettés à perpétuité. C'est là l'une de plus singulières conséquences d'un système conçu dans le seul but de mettre le propriétaire grevé de substitution, dans l'impossibilité de contracter des dettes.

On pourrait faire cesser instantanément le mal, en permettant au possesseur grevé de substitution de vendre tout ou partie de la propriété substituée pour liquider ses dettes, en désintéressant sur le prix, l'appelé du premier degré, qui recevrait la valeur de son droit éventuel. Un contrôle judicieux préviendrait les ventes frauduleuses.

Un autre déplorable état de choses résulte encore des incapacités nées de la substitution obligatoire; c'est qu'un tiers des habitants de l'Ecosse vivent dans des maisons à une seul chambre. Quoique cette incommodité se fasse sentir chaque jour à tant de gens, elle est bien lente à disparaître, parce qu'on sait qu'en général on n'y peut rien.

Système des baux, ses avantages. — Parallèment aux substitutions, et pour en diminuer jusqu'à un certain point les inconvénients, l'habitude s'est établie d'accorder de longs baux aux cultivateurs. D'après la constante jurisprudence des tribunaux, la prohibition d'aliéner ne prive pas le possesseur grevé de substitution de consentir, au taux courant des fermages, des baux de dix-neuf et même de vingt et un ans.

Les possesseurs d'immeubles grevés de substitution, aussi bien que les pleins propriétaires, ne furent pas longs à découvrir que les fermiers offraient des fermages plus élevés quand ils avaient devant eux une période de jouissance assurée, que quand ils étaient sous le coup d'un congé à la fin de chaque année. Quand il a un bail, le fermier cultive avec confiance et avec méthode, et il ne s'expose pas trop en disposant de ses capitaux pour ses terres, pourvu que ce ne soit pas à un moment trop rapproché de l'expiration du bail; il peut alors raisonnablement espérer de recueillir le fruit de ses avances. Dès lors, partie à cause de l'augmentation obtenue par ce moyen sur le revenu, partie peut-être aussi parce que la faculté de faire des baux était le seul des droits de propriété que la charge de substitution laissât au possesseur, il devint de mode de faire des baux de dix-neuf ans; tel est à présent l'usage des cultivateurs. Il assure au fermier sur la terre un droit, souvent, en fait, plus durable que la jouissance du possesseur à vie qui l'a constitué. Telle est l'origine du développement de la culture en Ecosse, et de sa supériorité à cet égard sur la plus grande partie de l'Angleterre. La conséquence en est, en général, pour l'ouvrier une augmentation de salaires, pour le propriétaire une augmentation de revenu; pour le fermier enfin, une situation plus stable et moins dépendante.

La jouissance à l'année se trouve ainsi être laissée en partage exclusivement aux ménagers et aux occupants de très-petites fermes. On peut les renvoyer au bout de chaque année, en leur donnant congé quarante jours auparavant. Les terres, dont la conservation leur en est si peu assurée, sont généralement dans l'état le plus déplorable. Mais il n'existe pas à proprement parler en Ecosse de catégorie d'occupants, comme il y en a tant en Angleterre, qui soient soumis absolument au bon plaisir du propriétaire, et qui, malgré cette instabilité apparente, n'en continuent pas moins de se transmettre la jouissance des mêmes terres de génération en génération.

Sur toutes les fermes de première classe, il est admis sans contestation que c'est au propriétaire à pourvoir l'exploitation de bâtiments suffisants, et à supporter les principaux frais des drainages et des améliorations permanentes. La latitude donnée aux propriétaires grevés de substitution d'emprunter sur le domaine substitué pour y faire des améliorations, leur donne toute facilité de remplir ce devoir. Du reste, les améliorations de ce genre sont en général l'objet de conventions formelles arrêtées, dès le commencement de chaque bail, entre propriétaire et fermier. C'est presque toujours le fermier qui est chargé de l'entretien des bâtiments et des fossés pour le temps de sa jouissance.

Système des baux (suite). — *ses inconvénients.* L'énorme quantité d'engrais étrangers et artificiels actuellement consommés en Ecosse a modifié la méthode et les conditions de la culture. Pour une récolte de racines, on dépense souvent en une seule année huit ou dix livres par are (de 500 à 625 francs par hectare, en chaux et en engrais). Mais cette dépense exerce une influence signalée pendant quatre ou cinq ans sur la puissance productive de l'exploitation, et les résultats en sont encore appréciables après un long espace de temps. Si bien que quand un fermier approche de la fin de son bail, il se trouve dans l'alternative suivante: si, d'une part il, diminue ses engrais, il diminue en même temps la fécondité de sa terre, à son préjudice propre et au préjudice de son propriétaire. Si d'un autre côté, il continue ses dépenses sur le même pied, il excite par là les tiers à marcher sur ses brisées, à enchérir sur lui pour un renouvellement, enfin à donner un prix que ne peut raisonnablement offrir celui aux frais duquel a été obtenue l'augmentation de fertilité qui attire les concurents. Alors le propriétaire reprend la ferme, ou la donne à un nouveau fermier, à la fin du bail, avec tous les engrais existants, le tout sans être tenu, et en se dispensant presque toujours, puisque la loi ne l'oblige pas, d'en diminuer le fermier sortant de la valeur de ses engrais non consommés. Ainsi, pour un fermier sur le point de quitter, avancer un capital dans lequel il ne rentrera pas pendant la période de jouissance qui lui reste, c'est assurer un profit à des compétiteurs, c'est les exciter à élever le fermage au-dessus de la valeur naturelle de la terre. Le fermier est donc bien souvent obligé, par mesure de légitime défense, d'interrompre ses fumures pendant sa dernière période d'assolement, ou de faire usage, avant de sortir, d'engrais stimulants à effet rapide, qui sont épuisés immédiatement, et qui épuisent en même temps la terre. Le résultat de cette combinaison est que la dernière rotation d'un bail qui finit et la première rotation d'un bail qui commence, sont trop souvent signalées toutes deux par un affaiblissement de production préjudiciable tant au propriétaire qu'à ses deux fermiers, l'un à son départ, l'autre à son entrée. La loi sur les tenures agricoles promulguée en 1875 est spéciale à l'Angleterre, et ne s'applique pas à l'Ecosse.

Le mal signalé ici n'est donc atténué par rien. La loi devrait reconnaître au cultivateur un droit de propriété sur ses engrais, et lui accorder à cet égard une équitable indemnité tant qu'ils subsistent dans le sol sans être épuisés. Jusqu'à ce qu'on en soit arrivé là, la plupart des exploitations seront dans une perpétuelle alternative de faible et de forte production, alternative aussi préjudiciable aux parties contractantes en particulier qu'au public en général.

Intransmissibilité légale des baux. — Une iniquité qui atteint tous les cultivateurs de l'Ecosse est l'impossibilité où ils sont, d'après la loi, de céder un bail de dix-neuf ans sans le consentement du propriétaire, même si le cédant s'oblige à rester solidaire avec le nouveau fermier; de plus, le fermier ne peut se substituer sa propre femme, ni un membre de sa famille auquel il le laisserait par testament. Le propriétaire est absolument dans son droit en refusant d'agréer tout remplaçant autre que le fils aîné ou l'aîné des héritiers du fermier. Cet aîné n'a ni le goût de la culture, ni les moyens, ni les capacités qu'elle exige, ou bien il peut être à l'étranger. Alors le bail prend fin de plein droit. La mort ou la faillite du fermier peut ainsi faire rentrer le propriétaire en possession longtemps avant l'expiration du bail, sans qu'il ait à donner à la famille ou aux créanciers aucune indemnité pour améliorations. La lésion qu'entraîne alors pour le cultivateur la perte de ses améliorations et des engrais non épuisés occasionne de violentes animosités, et décourage ceux qui seraient disposés à faire des entreprises du même genre.

Hypothèque du propriétaire. — En vertu de la loi hypothécaire, la récolte, le bétail et tout le matériel du fermier peuvent être saisis pour sûreté de son fermage, sans avertissement préalable, et même avant que le fermage soit échu. Quand le propriétaire juge à propos d'en agir ainsi, les biens du fermier sont séquestrés, et placés sous la garde d'un huissier; il est interdit au fermier de rien distraire de la ferme, de vendre quoi que ce soit, même pour payer le fermage. Le crédit du fermier ne survit pas à une telle procédure. Ses créanciers tombent sur lui tous à la fois, connaissant l'étendue du privilége du propriétaire, et craignant par suite de tout perdre; de telle sorte que la ruine du fermier est consommée, à moins qu'il ne possède des ressources considérables en dehors de sa culture.

Un sentiment d'équité naturelle empêche généralement les propriétaires de se prévaloir d'une loi aussi barbare et aussi injuste, à moins qu'il ne leur soit dû pour fermage une somme plus ou moins forte. Mais une fois qu'un terme est échu, quelque minime qu'en soit le chiffre, on ne manque pas de recourir à cette procédure exorbitante, en outre des voies ordinaires de poursuite. Les difficultés de la situation du fermier sont rendues inextricables par la saisie ainsi faite de ses récoltes et de son bétail pour les termes encore à échoir, ajoutés en ce cas à ceux déjà exigibles. La perturbation jetée ainsi dans les affaires du fermier, l'interdiction de toute vente, les frais de poursuite, l'arrièrent nécessairement encore davantage. Enfin, dès qu'une année de fermage est devenue exigible en totalité, le propriétaire a, en plus de tous les priviléges déjà énumérés, le droit d'exiger une caution, non seulement pour les arrérages dus, mais encore pour cinq années à échoir. Alors si le fermier ne trouve pas d'amis disposés à endosser une aussi grave responsabilité embrassant à la fois le présent et l'avenir, la loi autorise son expulsion immédiate, entraînant la pertes de tous les sacrifices qu'il a pu faire en améliorations et en engrais, quand même le montant en serait supérieur à celui de sa dette, et quand même le propriétaire pourrait après cela se couvrir entièrement par la vente forcée des récoltes et du bétail.

Tel est le caracrtère de la loi, dite d'hypothèque, qui régit en Ecosse les rapports entre propriétaire et fermier. Ils sont réglés en Angleterre par une autre loi, dite de détresse, qu'on appellerait en France de saisie brandon ou de saisie-gagerie, aux termes de laquelle les poursuites ne peuvent commencer qu'après l'échéance. Et cependant, en vertu d'un aveugle parti pris, l'Ecosse reste enchaînée à sa déplorable législation par les votes de la majorité anglaise du Parlement, malgré l'opposition et les efforts des représentants Ecossais. Dans toute la représentation de ce pays, on n'a pu trouver que trois membres pour voter, avec le gouvernement, le maintien de la législation actuelle, lors du dernier scrutin parlementaire à ce sujet. Les trente-huit autres députés écossais se sont prononcés pour son abolition.

L'hypothèque des propriétaires a un autre effet d'une injustice criante : elle sacrifie les autres créanciers du fermier, auxquels tout paiement est refusé jusqu'à ce que le propriétaire ait été entièrement désintéressé. Le propriétaire peut ainsi saisir la récolte pour son fermage, sans égard au vendeur des semences et au vendeur des engrais, sans lesquels cependant la récolte ne pourrait pas exister. Puis, après l'expulsion du fermier, la valeur des engrais non épuisés et aussi non payés, revient au propriétaire, sans qu'il ait aucune indemnité à payer ni au fermier, ni au marchand qui les a fournis.

La loi écossaise sur l'hypothèque et la loi anglaise sur la saisie ont un point qui leur est commun à toutes deux. L'une comme l'autre, elles mettent le propriétaire à même d'encourager, aux risques et périls des tiers, la concurrence pour les locations, en acceptant les offres de gens peu solvables qu'il ne voudrait jamais prendre pour fermiers sans la sécurité factice créée par la loi, et qui de leur côté, se montrent coulants sur le taux du loyer, afin de vivre un certain temps aux dépens de leurs créanciers. Les personnes sérieuses qui ne cherchent dans la culure que des bénéfices honnêtes et légitimes, sont ainsi placées, vis-à-vis de leurs concurrents moins scrupuleux, sur un pied d'infériorité. Les cultivateurs écossais ne se refusent pas à une loyale concurrence; loin de là, ils la considèrent comme indispensable aux affaires. Mais la concurrence loyale a des limites naturelles tracées par la justice; elle est incompatible avec le risque qu'entraîne, dans n'importe quelle espèce de contrats, l'immixtion de gens sans responsabilité. Par conséquent, les loi d'hypothèque et de saisie, en tant qu'elles détruisent ces limites naturelles, lèsent injustement ceux qui traitent loyalement les affaires, et leur enlèvent l'avantage de leur solvabilité et de leur bonne foi. Ces lois sont donc inconciliables avec la liberté des transactions, et contiennent le germe de la plupart des maux dont les cultivateurs ont à souffrir.

En Ecosse, le taux de location et les conditions du bail ont été jusqu'à présent déterminés, beaucoup plus souvent qu'en Angleterre, par les cahiers de charges dressés en vue d'enchères; aussi la loi qui encourage les compétitions factices fait-elle plus de mal et soulève-t-elle plus de plaintes dans l'un des deux pays que dans l'autre.

Une loi qui décide et qui ordonne, contrairement aux conventions et à la réalité, que les engrais et les travaux du fermier sont acquis gratuitement au propriétaire; une loi qui empêche le fermier de transmettre son bail à un tiers contre lequel il n'y a rien de raisonnable à objecter; une telle loi serait plus souvent modifiée et redressée dans les contrats, si la concurrence illégitime suscitée par l'hypothèque ne faisait pas pencher la balance contre le fermier au moment même où il trait

Biens communaux et de mainmorte. — Il y a très-peu de biens communaux en Ecosse. Les propriétés de mainmorte y sont également fort rares.

Capital agricole — L'importance du capital représenté par les valeurs agricoles appartenant à un cultivateur, dépend beaucoup de la nature et de la situation de sa culture, de l'espèce des animaux qu'il tient et de la manière dont il s'en sert, de sa situation de fortune, de son plus ou moins d'initiative, et d'une foule d'autres détails. Certains fermiers voisins des villes y vendent la totalité de leurs racines, n'ont pas de bestiaux, et achètent des engrais de ville ; d'autres plus éloignés font consommer sur place ou autrement leurs turneps par des moutons ou par des bêtes à cornes appartenant à des tiers auxquels ils vendent leur récolte à prix modéré, trouvant leur profit surtout à l'enrichissement du sol. Ces deux catégories de fermiers emploient évidemment un capital moindre par acre que ceux qui remplissent d'animaux à eux appartenant, leurs étables, leurs cours, leurs stalles d'engraissement ou de laiterie. Les personnes qui achètent à crédit leurs engrais, leurs nourritures et leurs semences, pour ne les payer qu'après avoir réalisé le prix de leurs récoltes (arangement onéreux au cultivateur, qui doit nécessairement une prime au marchand, à raison des risques de perte que fait courir à celui-ci le privilége du propriétaire), engagent aussi un capital moindre à l'acre que ceux qui achètent argent comptant. Il y a des localités où le fermier ne paie son fermage que quand il a eu le temps de faire sa première récolte, de la vendre et d'en toucher le prix. Dans d'autres endroits, il faut qu'il paie un an, quelquefois même un an et demi de fermages, avant d'avoir pu mettre en vente ses premiers grains. De cette divergence dans les faits, il résulte des différences extraordinaires dans l'évaluation du capital agricole des diverses parties du pays, bien que cette évaluation soit partout l'œuvre de gens également éclairés. Les uns le font descendre, pour les fermes à labour, à six livres l'acre (375 francs l'hectare), les autres le font monter jusqu'à quatorze et quinze livres l'acre (875 et 927 fr. 50 l'hectare) et même plus haut. Celui qui écrit ces lignes a recueilli les appréciations de treize agriculteurs expérimentés, habitant tous des localités différentes (leurs fermes sont échelonnées de Kaiden Mirk à John o'Groats) ; et, en contrôlant l'un par l'autre les divers aperçus par eux fournis, il a cherché à obtenir une moyenne générale approximative du capital engagé par le fermier par acre de sol compris dans son exploitation. Voici quelle est cette évaluation :

1° Pour les fermes à terres labourables.	9 à 10 liv. l'ac.	562.50 à 625. »	l'hect.
2° Pour les fermes à pâturages des basses terres.	6 à 7 liv. l'ac.	375. » à 437.50	l'hect.
3° Pour les fermes des montagnes. . .	10 à 30 shil. l'ac.	31.25 à 93.75.	l'hect.

Quant aux fermes mixtes, c'est-à-dire qui comprennent une partie de terres à labour et une partie de pâtures permanentes, la proportion dans laquelle ces deux natures de terrains s'y trouvent réunies est si peu régulière et si instable, qu'il a été reconnu impossible de déterminer d'une manière satisfaisante la moyenne à leur appliquer.

Dans ce capital, on croit qu'il y a 75 à 80 pour 100 en moyenne qui sont la propriété du fermier lui-même, et que le surplus de 20 à 25 pour 100 provient d'emprunts par lui contractés ou d'autres sources. Les sources auxquelles il peut puiser pour ses emprunts sont nombreuses. Les banques ordinaires et les compagnies d'assurances lui offrent de grandes facilités, et lui avancent des fonds sur sa simple signature accompagnée d'une police sur son existence ; dans une quantité de cas, quand par exemple le fermier meurt et que son fils lui succède, les fonds formant la part des autres membres de la famille sont laissés à l'exploitation, à la charge par le frère aîné devenu fermier d'en servir l'intérêt.

Les propriétaires d'immeubles grevés de substitution ont également tiré un grand avantage des facilités que leur a offertes à une certaine époque le gouvernement, et que leur offrent aujourd'hui les sociétés de crédit foncier, pour emprunter en vue de l'amélioration de leurs domaines, conformément à la loi des clôtures territoriales. Ces emprunts sont remboursables par annuités qui comprennent l'intérêt et le capital, lequel se trouve amorti au bout d'un certain nombre d'années, variant de 25 à 50 ; et l'annuité constitue une charge privilégiée de l'immeuble, quelles que soient les mutations survenant par suite de décès ou autrement.

VII.

MAIN-D'ŒUVRE ET OUVRIERS.

Les habitudes sociales et la manière de vivre des ouvriers de la campagne diffèrent essentiellement de celles des ouvriers qui habitent les villes. Petits commerçants, artisans, compagnons charpentiers et maçons ainsi que leurs aides, myriades d'ouvriers travaillant dans les fabriques, ils sont presque tous réunis en corporations ; travail et salaires sont presque identiques pour les membres de chaque classe. S'ils émigraient d'une ville à l'autre, il n'y aurait rien de changé pour eux que la résidence. Il n'y a pas de différence sensible entre l'artisan de Manchester et celui de Glasgow, de Newcastle ou d'Aberdeen.

Au contraire, les mœurs domestiques des paysans d'Ecosse, et la manière dont ils gagnent leur vie non-seulement sont absolument dissemblables de celles de leurs pareils en Angleterre, mais encore varient considérablement entre elles d'une partie à l'autre de l'Ecosse.

On peut diviser les ouvriers des campagnes d'Ecosse en cinq catégories distinctes, lesquelles cependant rentrent plus ou moins les unes dans les autres suivant les localités ; il faut ajouter que ces catégories sont inégales entre elles, sous le rapport de leur importance, et du nombre des individus qui en font partie. Ces classes seront examinées ici successivement l'une après l'autre. On peut les ranger dans l'ordre suivant :

1re *classe*. Ménagers et petits fermiers qui cultivent de leurs mains les terres qu'ils occupent, aidés principalement par les individus des deux sexes dont se compose leur famille.

2e *classe*. Système du baraquement, appelé *Bothy*, ou logement en commun.

3e *classe*. Céliabtaires qui sont nourris chez fermier, et couchem dans des dépendances de la ferme.

4e *classe*. Ouvriers des deux sexes qui habitent les villes et les gros villages, et qui vont en troupes, appelées *ganys*, travailler dans les différentes fermes du voisinage.

5e *classe*. Ouvriers qui, avec leurs femmes et leurs familles, habitent les logements appelés *Cottages* construits à leur intention sur les terres de la ferme où ils travaillent.

On va commencer par décrire les cinq classes, en signalant le caractère particulier de chacune d'elles.

1re *classe*. Les ménagers et les petits fermiers ont commencé par être les seuls à cultiver le sol. La plupart étaient les associés actifs du propriétaire foncier. Ce dernier fournissait la plus grande partie du mobilier, y compris les animaux, pendant que le fermier de son côté fournissait la main-d'œuvre, les bénéfices se partageant tous les ans entre les deux parties. Il y a longtemps que ce système a disparu ; mais il a laissé des traces dans la législation ; il est mentionné dans la loi dite l'*arc d'acier*, et dans celle d'hypothèque. Les cultures d'héritages et de petites fermes n'occupent plus aujourd'hui qu'une portion extrêmement réduite de la surface du pays ; elles ont été insensiblement remplacées par le système des grandes cultures, s'étendant de 200 à 1,000 acres (de 80 à 400 hectares) et exigeant pour marcher un capital considérable. On trouve cependant encore des cultures d'héritages dans une foule de localités du pays, particulièrement dans les hautes terres de l'Ouest, et dans les îles du Nord et de l'Ouest de l'Ecosse. Comme c'est surtout dans ces îles que fleurit ce système de culture, on peut les prendre pour exemple. Les deux groupes formés par ces îles, celui des Orcades et des Shetland au Nord, et celui des Hébrides à l'Ouest, se ressemblent à beaucoup d'égards, tandis qu'en même temps ils diffèrent d'une manière très-sensible sous le rapport de la situation économique, et au point de vue du bien-être dont jouissent leurs habitants respectifs. Les deux archipels se trouvent dans une position insulaire analogue, et, dans l'un comme dans l'autre, les habitants n'ont que des cabanes mal bâties, mal éclairées, incommodes, et, on a regret d'ajouter extrêmement malpropres. Les produits qu'ils retirent de la terre sont à peu près les mêmes ; ce sont des hommes tout semblables qui cultivent le sol, et qui remplissent à la fois l'office de laboureurs, de bergers et de pêcheurs. Aux Shetland et aux Hébrides, les insulaires sont également ou du moins paraissent également pauvres, en tant du moins qu'il s'agit de richesse monétaire ; mais les insulaires du Nord jouissent d'une foule d'avantages que ne possèdent pas ceux de l'Ouest. Quant aux Orcades, où l'on compte beaucoup de fermes grandes et bien tenues, elles peuvent se vanter d'une agriculture tellement perfectionnée que ce serait leur faire injure que de les comparer aux autres îles ; elles soutiendraient la comparaison avec les comtés du Nord de l'Ecosse. Mais, même aux Shetland où la terre est naturellement pauvre, où le climat est humide et rigoureux, les paysans sont chaudement couverts, et se nourrissent mieux, nous pouvons l'affirmer pour nous en être rendu compte par nos yeux mêmes, que n'importe quels villageois d'Europe. Par exemple, les procédés agronomiques du petit cultivateur shetlandais sont absolument rudimentaires ; ses récoltes sont en général faibles et de qualité inférieure ; cependant il produit, année moyenne, une bonne quantité de pommes de terre, puis des avoines dont il fait de la farine : la mer lui fournit le poisson en abondance. En outre de son clos ou héritage, un usage immémorial permet au shetlandais de nourrir une ou même deux vaches sur les terrains communaux, qu'on appelle dans le pays *Skatholds*. Les vaches fournissent à la famille du petit cultivateur une copieuse provision de lait, tandis que la laine de ses brebis, qui est d'une qualité exceptionnellement belle, est filée par les femmes pour son vêtement. Ainsi les payans des îles Shetland ont à leur disposition tout ce qu'il leur faut, en fait de farine d'avoine, de lait, de poisson, et surtout de pommes de terre.

Bien qu'aimant son île et son rocher, le shetlandais les quitte sans peine pour aller chercher fortune ailleurs. On trouve des hommes de ce pays montés sur des navires anglais dans toutes les mers du monde, et ils s'enrôlent toujours en nombre dans ces aventureux équipages qui vont tous les ans chercher la baleine aux extrémités du Nord. Leurs femmes sont remarquablement industrieuses ; c'est elles qui, pendant que les hommes sont partis à la pêche des baleines, s'occupent de la culture de leurs petits champs. Elles ramassent le varech pour fumer la terre, extraient dans le marais la tourbe qu'elles rapportent au logis dans des hottes accrochées à leur dos, et ne cessent pas, tout en cheminant, de faire marcher leurs aiguilles à tricoter. Beaucoup des jeunes femmes de ces îles partent tous les ans pour le Sud, où elles trouvent facilement à se placer comme domestiques. Le thé est le luxe favori des îles Shetland : les paysans du pays en ont pris le goût, et ils y dépensent souvent plus d'argent que leurs moyens ne le leur permettraient.

Passant de là aux îles Hébrides, on peut constater combien leur situation est désavantageuse ; telle désavantageuse pourtant qu'elle soit, elle ne l'est pas plus que celle des îles Shetland. Et cependant les insalaires des Hébrides ne peuvent se créer le bien être dont jouissent ceux de l'archipel du Nord. Les Hébrides sont le seul endroit de l'Écosse où le paysan souffre parfois de la faim, ou n'a qu'une alimentation insuffisante. Les denrées de consommation journalière y sont les mêmes qu'aux îles Shetland ; mais il y a des périodes de disette pendant lesquelles on s'y ressent de la rareté des matières alimentaires.

Le paysan des Hébrides n'a ordinairement pas le moyen d'acheter une vache. Aussi sa famille manque-t-elle souvent de lait, sans pouvoir y suppléer par quoi que ce soit ; ensuite, il n'élève pas de porcs. Ce dénuement provient, d'une part, de ce que les fermiers plus importants se méfient de l'honnêteté du paysan, et d'autre part, de ce qu'il ne saurait lui-même comment apprêter le lard pour s'en servir.

Les ménages un peu plus à leur aise et les bergers en service chez de gros fermiers possèdent tous des vaches ; la plupart élèvent aussi des cochons, et, par ce moyen, ont toujours de quoi manger. La farine d'avoine, sous forme de gâteaux ou sous forme de bouillie au lait, fait le fond de la nourriture de l'ouvrier aux Hébrides ; de plus, si c'est pendant les rigueurs de l'hiver, il a généralement du poisson en quantité ; mais, comme on l'a dit déjà, il se produit trop souvent des périodes de disette, pendant lesquelles on a beaucoup de peine à vivre. On fait alors une grande consommation de coquillages ; les femmes et les enfants vont les ramasser sur les bords de la mer, et c'est là une ressource précieuse à défaut d'autres denrées alimentaires. Quoique peut-être étranger au principal objet de cette notice, il ne peut être sans intérêt de rechercher les causes d'une telle différence dans la prospérité matérielle des deux races, celtique et norse, qui peuplent la première l'archipel de l'Ouest, la seconde les îles du Nord. Il est probable qu'on en peut donner l'explication en un seul mot, la langue. Les Norses, qui habitent les Shetland, ont depuis longtemps adopté l'Anglais, tandis que les indigènes des Hébrides, comme ceux du nord-ouest de l'Écosse, ont conservé au vieux Gaëlique une fidélité qui a été pour eux la source d'une foule de malheurs. Cet idiome forme une barrière presque insurmontable à leur participation, en commun avec leurs compatriotes, au progrès général de la nation à laquelle ils sont rattachés. Ils se trouvent par là distancés dans la carrière, et laissent, en quelque sorte, tous les autres prendre l'avance. Les jeunes femmes sont incapables de trouver une place comme domestiques dans les villes dont elles ignorent la langue, et les personnes des deux sexes qui ne parlent que le Gaëlique ne peuvent partir, à la recherche d'un ciel moins avare, pour ces régions lointaines où tous les gens qui savent l'anglais se trouvent comme chez eux.

Il y a deux manières aisées de remédier à cet inconvénient. Le premier consiste à favoriser, par tous les moyens possibles, l'introduction de la langue anglaise ; le second est de faciliter l'émigration pour les pays où la main-d'œuvre est rare et le salaire élevé. Les salaires des ouvriers dans les localités où domine la petite culture sont invariablement faibles, le travail y est mal exécuté, les récoltes maigres. Dans les Hébrides, le salaire des hommes et des femmes qui travaillent aux champs dépasse à peine le tiers de celui que gagnent les ouvriers dans les grands pays de culture. A l'égard de l'émigration, sir John Mac Neil, originaire lui-même des Hébrides, fait observer, dans le rapport si précis par lui adressé à la commission de surveillance, « que la population de ces « îles, de même que celle des hautes terres, a pris un accroissement » hors de proportion avec leurs ressources alimentaires, et que ce » défaut d'équilibre occasionnera dans un temps donné de redoutables » calamités, à moins qu'une partie des habitants ne se décide à s'é- » loigner, pour aller chercher ailleurs une subsistance plus abondante » et mieux assurée. »

D'un autre côté, à l'égard du Gaélique, le contrôleur général, dans le rapport annexé au dernier dénombrement décennal, s'exprime en ces termes : « La langue des Gaëls peut avoir sa valeur comme antiquité et » comme curiosité philologique; mais elle constitue pour les indigènes » un obstacle à la civilisation, en leur fermant les voies ouvertes à ceux » de leurs compatriotes qui parlent anglais. Il faut donc le bannir de » notre enseignement public. Nous ne faisons qu'un peuple, nous ne » devons avoir qu'une langue. »

2e *classe. — Système de casernement ou d'habitation en commun.* — Dans une grande partie de l'Écosse, le travail agricole se fait d'après ce système. Le comté de Perth, central et important, ceux d'Angus et de Kincardine, peuvent en être considérés comme le quartier général : de plus, on trouve les casernements plus ou moins répandus dans tout le nord de l'Écosse. Le casernement tient la place des logements ouvriers dans les pays de culture. C'est en réalité une caserne agricole, où tiennent autant d'hommes qu'il en faut pour les travaux de la ferme. Il est grossièrement meublé des objets les plus indispensables à l'existence quotidienne, et une vieille femme est généralement chargée de l'entretenir. Les ouvriers qui y couchent sont payés partie en argent et partie en nature ; la partie en nature se compose exclusivement de farine d'avoine et de lait auxquels on ajoute quelque fois un peu de pommes de terre. Comme pour tous les autres ouvriers agricoles, les salaires des ouvriers logés en commun ont fortement augmenté depuis quelques années. Voici le tableau comparatif des salaires payés dans le comté de Perth, il y a dix ans, et de ceux que les hommes casernés reçoivent aujourd'hui :

En 1868.	En 1878.
1. Logement commun et nourriture gratuits.	1. }
2, 17 livres et demi (6 kilog. 527 g.) de far. d'avoine par semaine.	3. } La même chose.
3. 16 jils (2 l. 27) de lait frais par jour.	2. }
4. Une petite quantité de pommes de terre.	4. Pas de pommes de terre.
5. Pas de charbon.	5 Fournit. gratuite de charbon.
6. Une certaine quantité de vivres supplémentaires pendant la moisson.	6. La même chose.
7. Salaires en argent 7 à 20 liv. (de 4 à 500 francs.)	7. de 24 à 30 livres (600 à 750 fr.) en argent.

Le salaire en nature pour le lait et la farine d'avoine, est uniforme partout où règne le système de casernement; mais pour les autres articles, il y a quelques différences secondaires. Quant au salaire, il a monté de dix livres (250 francs) environ, sans exception, depuis dix ans. Le lait fourni est toujours consommé; mais souvent l'ouvrier vend une livre et demie (560 grammes) de la farine d'avoïne qui lui est alloué. Le déjeuner et le souper des hommes consiste en *porridge* (1) et lait; leur dîner de midi se compose de *brose* (2) avec du gâteau d'avoine ou un peu de pain de froment. Les hommes sont sains, vigoureux, largement alimentés. Les maladies les plus communes parmi eux sont le rhumatisme et les affections de poitrine causés par les pluies auxquelles ils sont souvent exposés et par la mauvaise habitude de conserver leurs vêtements humides après avoir fini de travailler.

Il y a toujours plus d'ouvrières que d'ouvriers sur une exploitation de terres labourables en Écosse. Ces ouvrières sont rarement mariées; ce sont ou des filles de paysans du voisinage, ou des femmes venues d'Irlande, des hautes terres ou des Hébrides. Toutes ces dernières vivent, comme les hommes, en commun entre elles; et leurs salaires, qui ont augmenté plus encore que ceux des hommes, leur sont payés presque entièrement en argent. Il y a trente ans, les jeunes femmes ne recevaient que neuf deniers (90 centimes) par jour; les étrangères d'origine celtique étant très-mal logées et couchées, et recevant par dessus le marché un peu de lait. Les patrons ont maintenant toutes les peines du monde à recruter des ouvrières en nombre suffisant. Voici comment elles sont payées :

1° Logement commun avec mobilier et literie.

2° Fourniture gratuite de charbon.

3° Salaire en argent, un shilling quatre deniers (1 fr. 65 c.) par jour.

4° Pendant l'arrachage des pommes de terre, deux shillings (2 fr. 50 c.) par jour.

5° Pendant la moisson, deux shillings (2 fr. 50 c.) par jour, avec vivres de moisson.

6° Dans certains cas, elles reçoivent une quantité déterminée de pommes de terre.

Les logements en commun ou casernements pour femmes ne se trouvent pas seulement dans les cantons spéciaux appelés cantons à casernements; mais ils existent aussi et sont une nécessité, partout où il y a de grands travaux de culture; aujourd'hui même, il n'est pas de grande ferme qui puisse s'en passer. Quand les ouvrières peuvent se procurer du lait, comme c'est généralement le cas, le *porridge* ou gâteau d'avoine au lait forme un de leurs repas quotidiens. Quand il ne leur est pas possible d'avoir de lait, elles prennent du thé à la place; et cette boisson, à laquelle elles ajoutent du pain, fait trop souvent le fond de leur alimentation de tous les jours. Elles achètent aussi souvent des harengs, tantôt frais, plus ordinairement salés. Comme ensemble, elles sont saines et robustes, quoique les maladies de poitrine ne soient pas rares parmi elles.

(1) Le porvidge qui forme depuis un temps immémorial la base de l'alimentation du paysan écossais se compose de farine d'avoine bouillie dans l'eau avec du sel. On le mange en forme de pouding ou de gâteau, avec du lait. Le poète national de l'Écosse, Burns, chante le porridge salubre, aliment favori de l'Ecosse.

(2) Le brose consiste en farine d'avoine simplement bouillie dans l'eau. On le mange en forme de soupe, en y ajoutant du beurre quand on en a.

Quand l'une de ces étrangères vient à tomber malade, on la renvoie dans son pays d'origine où elle reste à la charge du bureau de bienfaisance, à moins qu'elle n'ait cinq ans de résidence non interrompue dans le pays où elle travaille. Leurs vêtements de semaine sont d'étoffe grossière, mais chaude; les dimanches et fêtes elles s'habillent d'une manière un peu trop voyante.

3e *Classe* comprenant les célibataires qui sont nourris chez le cultivateur et qui couchent dans les dépendances de la ferme. Les laboureurs ainsi nourris et logés ont un genre de vie à peu près semblable à celui des ouvriers casernés. C'est dans les comtés du sud-ouest et du nord-est, aux deux angles opposés de l'Écosse, que domine ce système, appelé de cuisine, ou de nourriture. A l'origine, il était excellent. Le maître et ses serviteurs, occupant tous à peu près la même position sociale, mangeaient ensemble, et ne faisaient, sous bien des rapports, qu'une seule famille. Depuis que les grande fermes se sont substituées aux petites, cet état de choses a disparu : le maître et la maîtresse vivent de leur côté, et les hommes passent leurs moments libres dans la cuisine, en compagnie des servantes. Les gages, dans ces pays de cuisine, c'est-à-dire où les hommes sont nourris, ont subi la même augmentation que dans les autres comtés.

Il y a quinze ou vingt ans, les gages en argent étaient de 18 à 22 livres (450 à 550 francs) par an. Ils ont augmenté aujourd'hui d'au moins dix livres (250 francs) et on peut les évaluer de 28 à 32 livres de (7 à 800 fr. par an. La nourriture de l'ouvrier reste la même qu'auparavant, et s'établit comme il suit : déjeuner à six heures du matin, gâteau de farine d'avoine et lait ; dîner à midi, pain et lait, bouillon avec viande et pommes de terre; souper de 6 h. 1/2 à 7 h.1/2, gâteau de farine d'avoine et lait.

Pendant la moisson, on donne en plus du pain et du fromage. Ces ouvriers nourris à la ferme sont en Écosse les seuls, parmi ceux qui travaillent à la terre, qui mangent de la viande régulièrement une fois par jour. D'un autre côté, ce sont sans doute aussi probablement les seuls à qui l'on ne donne pas de bière pendant la moisson.

4e *classe*. — Ouvriers et ouvrières habitant les villes et les grands villages et allant en troupes ou bandes travailler dans les fermes du voisinage. — Ce mode de travail est appelé système des bandes. Il doit son existence aux demandes de bras de plus en plus multipliées faites par les cultivateurs, coïncidant avec la diminution de main-d'œuvre agricole résultant du drainage opéré par l'émigration des campagnes dans les villes. Les personnes dont se composent les troupes ou bandes agricoles sont en majorité des femmes et des filles, bien qu'il y ait aussi des hommes et de jeunes garçons — hommes qui du reste ne sont jamais des individus bien solides, et ne sont pas plus payés que les femmes. Par toutes les régions du centre et du sud de l'Écosse on trouve de ces bandes, qui se composent pour la plupart d'émigrés irlandais. Elles sont administrées par des entrepreneurs qui font marché avec les cultivateurs à la journée ou à la tâche, mais le plus souvent à la tâche. Les bandes sont surtout recherchées aux époques du binage, de la récolte des pommes de terre, et de la moisson. Elles se nourrissent à leur compte, chacun déjeunant et soupant chez soi et apportant son dîner. Les fermiers les considèrent toujours comme un mal nécessaire. Les salaires des gens ainsi occupés sont dans tous les cas élevés, mais ils varient beaucoup suivant le besoin plus ou moins grand qu'on a d'ouvriers. Ils gagnent au minimum 1 shilling 8 deniers (2f. 05c.) par journée de neuf heures de travail effectif, et dans bien des occasions jusqu'à 3 shillings 6 deniers (4f.35c.). On vient de dire que les hommes vigoureux ne se mettent pas dans ces bandes. Les ouvriers de cette catégorie restant dans les villes et les villages pour travailler à la terre, font la besogne la plus dure et gagnent les plus forts salaires. Parmi eux, la plupart sont Irlandais. Ils travaillent quelquefois à la journée, et alors ils sont payés sur le pied de 3 shillings 4 deniers (4f. 15c.) à 3 shillings 6 deniers (4 f. 35 c.) par jour. En général cependant, ils travaillent à leurs pièces. Ils ne sont jamais charretiers, mais c'est eux qui taillent les pierres, construisent les routes, ouvrent les tranchées, et font les travaux les plus lourds. Ils gagnent beaucoup d'argent, et en dépensent la plus grande partie en mangeailles et en futilités ; on prétend que ce sont eux qui les dimanches achètent dans les boucheries les meilleurs morceaux.

5e *classe. Système de famille.* — Ouvriers qui avec leurs femmes et leurs enfants habitent des petites maisons construites à leur usage sur les terres des fermes où ils travaillent. Ce système du foyer et de la famille l'emporte à tous les points de vue sur tous les autres ; il est à désirer qu'il soit adopté par toute l'agriculture écossaise, où déjà il est plus répandu que tous les autres.

Les laboureurs dans leur ménage, ou *bras*, comme on les appelle encore ordinairement, se trouvent en plus ou moins grand nombre par toute l'Écosse ; c'est dans les comtés du sud et surtout dans les comtés du sud-est, que domine exclusivement le système en famille. La fameuse circonscription agricole qui comprend les comtés de Roxburgh, de Berwick et les trois Lothians, est entièrement cultivée par des ouvriers domiciliés sur les terres des fermes.

Les maisons d'ouvriers sont construites à côté l'une de l'autre, quelquefois toutes à la file, quelquefois deux par deux, ce qui revient meilleur marché que de les bâtir isolées. Elles s'élèvent à proximité des bâtiments d'exploitation, où sont toujours renfermées les écuries. Elles consistent presque toutes en simples rez-de-chaussée, comprenant une cuisine qui sert aussi de chambre à coucher, plus une chambre à coucher proprement dite où sont les lits, et enfin deux cabinets ou places, l'une servant d'étable quand le ménage possède une vache. Comme annexes, on y trouve un trou à charbon et un toit à porcs.

Il n'y a pas encore longtemps, la totalité ou la presque totalité des salaires du laboureur lui était payée en nature. Ce mode de rétribution, malgré ses avantages pour l'ouvrier, a graduellement disparu ; l'ouvrier est payé presque entièrement en argent, comme il paraît le préférer, quoique ce changement ne soit pas à son profit.

Il y perd surtout pour le cas où on lui permettait de nourrir une vache, habitude qui tend malheureusement à se perdre.

Le laboureur n'a que trop souvent sacrifié des avantages réels à un paiement en argent qui est loin d'en être l'équivalent, sans que cependant son maître bénéficie de la différence. Un agriculteur éminent, qui était en même temps observateur soigneux, a remarqué que les enfants des ménages où il y avait une vache se distinguaient des autres par leur air de bonne santé et la fraicheur de leur teint. Au demeurant, quelles que soient en Ecosse, sous le rapport du logement et des accessoires, les conditions d'existence des ouvriers agricoles, ils ont tous, depuis quelques années, obtenu, pour la rémunération de leur travail, la même augmentation, excepté dans les cantons de race Celtique déjà mentionnés.

Voici la comparaison des salaires de 1868 pour les ouvriers qui vivent suivant le système en famille :

Salaires des ouvriers agricoles dans le comté de Perth.

En 1868.	En 1878.
1. Jouissance gratuite d'une maison dépendant de la ferme.	1. la même chose.
2. Jouissance gratuite d'un petit jardin avec fourniture d'engrais.	2. la même chose.
3. Transport gratuit du charbon ou fourniture au même prix qu'il est pris au puits d'extraction.	3. la même chose.
4. Permission d'élever un cochon.	4. la même chose.
5. Foin pour une vache (paille pour l'hiver ou 5 livres (125 francs).	5. Même fourniture, ou argent au choix porté à 7 livres (175 francs) et trois tombereaux de turneps en hiver.
6. Huit cents yards (125 mètres) de pommes de terre plantées au semoir avec engrais. L'ouvrier fournit le plant.	6. 200 yards (183 mètres) en plus. en tout 1000 yards (914 mètres). Le reste comme d'autre part.
7. Huit cents livres (trois cents kilog.) de farine d'avoine.	7. La même chose.
8. Quatre boisseaux (Un hectolitre et demi) de fèves.	8. La même chose.
9. Douze boisseaux (quatre hectolitres 36) litres d'orge.	9. La même chose.
10. Nourriture de quatre semaines pendant la moisson	10. Nourriture de cinq semaines pendant la moisson.
11. Gages en argent quatorze liv. (350 fr.).	11. Gages en argent 17 livr. ou 475 fr

Comme on parle souvent ici de nourriture au temps de moisson, une explication à cet égard est nécessaire ; cette nourriture consiste en *porridge* ou gâteau d'avoine bouillie, et lait, à déjeuner et à souper, tandis que, pour son dîner, l'ouvrier reçoit une livre (373 grammes) de pain et une bouteille de petite bière, valant un denier et demi (15 centimes). C'est la seule occasion où la bière entre dans la nourriture du paysan d'Ecosse. Cette exception unique contraste avec la quantité énorme de bière ou de cidre qui fait partie intégrante du salaire de l'ouvrier agricole dans différentes régions de l'Angleterre.

Ainsi, d'après le tableau qui précède, outre plusieurs augmentations dans les paiements en nature, l'ouvrier reçoit aujourd'hui en argent, s'il n'a pas de vache, 26 livres (650 francs), au lieu de 19 livres (475 francs) qu'on lui payait en 1868. On remarquera que la valeur de ses gages varie dans une certaine proportion, suivant que le grain est cher ou bon marché; de même, si sa maison est de construction récente, elle est de beaucoup préférable à une vieille masure. Certains hommes reçoivent de plus un supplément de salaires quand ils sont chargés de travaux spéciaux, tels que la confection des meules pendant la moisson; mais tous les laboureurs ordinaires reçoivent identiquement la même paye dans tous les endroits où règne le système en famille, tandis que, dans les autres parties de l'Ecosse, il y a quelque différence de prix, suivant que l'homme est plus ou moins bon ouvrier.

Sous le système en famille, le laboureur a plus de bien être et vit plus chez lui que sous le régime en commun, ou sous *le régime dit à la cuisine*; les tables de mortalité du pays démontrent que son existence est plus régulière, et la proportion des naissances illégitimes moindre, les hommes étant alors plus tranquilles, plus sobres et plus rangés. L'alimentation des ouvriers vivant dans leur famille n'est peut-être pas plus substantielle, mais elle est plus variée que dans les endroits où ils vivent en commun. Leur potager leur fournit des légumes. Ils ont, dans les bonnes années, trop de pommes de terre pour leur consommation, et ils en vendent: leurs cochons, s'ils en tuent deux par an, suffisent à leur provision de viande. Avant tout et surtout, leurs vaches, s'ils n'ont pas été assez sots pour convertir en argent le droit qu'ils ont de les faire nourrir, fournissent le lait dont leurs enfants ont besoin. Ces vaches, il est utile de le dire, appartiennent en propre au laboureur, qui les fait assurer contre la mortalité des bestiaux pour les deux tiers de leur valeur par des compagnies locales entièrement administrées par des ouvriers comme lui.

Si l'on voulait comparer les salaires de l'ouvrier de campagne, de celui du moins qui travaille régulièrement dans les fermes, avec ceux de l'artisan et de l'ouvrier de fabrique, il faudrait n'en pas considérer la valeur nominale en chiffres comme l'unique élément. L'ouvrier de campagne ne perd pas de journées soit par mauvais temps, arrêt d'affaires, ou n'importe quel motif; en cas de maladie, il peut être six semaines sans travailler avant que ses gages ne cessent de courir. Par rapport au laboureur d'Angleterre, le laboureur d'Ecosse a l'avantage de résider en tous cas dans la ferme où il est occupé, tandis que l'Anglais a presque toujours un long trajet à parcourir, du village où il demeure à l'endroit où il travaille.

On vient d'indiquer les différentes conditions d'existence du laboureur Ecossais, et les différentes manières dont il est payé de ses salaires; quant à sa nourriture, les principaux articles en sont toujours les mêmes, la farine d'avoine et le lait. On peut considérer une telle alimentation comme grossière, au moins la farine d'avoine; mais une longue expérience a démontré qu'elle est à la fois hygiénique et nutritive, tandis que la science la met au premier rang des substances qui aident à la formation des muscles. La haute valeur diététique de la farine d'avoine met le paysan d'Écosse, au point de vue des qualités nutritives de l'alimentation, beaucoup au dessus de tout autre travailleur agricole.

En Écosse, les enfants au dessous de treize ans ne travaillent jamais aux champs, excepté peut-être en temps de moisson. Les conseils d'enseignement primaire se sont sagement abstenus d'user à cet égard de toute leur autorité, dans le cas où les enfants passaient convenablement l'examen avant l'âge de treize ans. L'éducation de l'ouvrier des campagnes est heureusement envisagée aujourd'hui avec d'autres yeux qu'auparavant. On supposait alors que pour l'ouvrage qu'il avait à faire, il était toujours assez intelligent et en savait toujours assez. L'expérience, depuis quelques années, s'est chargée de démontrer la fausseté d'une telle manière de voir. La généralisation des machines dans la culture, le progrès et l'usage des instruments qui économisent la main-d'œuvre, les applications multipliées de la science dans les champs et dans les étables, exigent aujourd'hui un travail de catégorie plus haute, de valeur intellectuelle plus élevée, auquel un salaire plus fort est assuré; mais, pour que l'ouvrier agricole de nos jours soit à la hauteur de sa nouvelle tâche, il est indispensable que son éducation atteigne au moins le niveau de celle de l'ouvrier qui travaille dans n'importe quelle partie de l'industrie manufacturière. L'expérience nous apprend que l'ouvrier qui n'a reçu aucune éducation, dont l'intelligence n'a pas été développée dès l'enfance, est rarement capable, quand il est devenu homme, de la somme de raisonnements et de réflexions nécessaire pour comprendre la marche et se rendre utile dans l'agencement d'une culture conduite d'après les données de la science moderne. Le défaut de cette faculté chez nos laboureurs est encore dans nos campagnes l'un des plus grands obstacles à l'avénement du progrès. Heureusement qu'il existe à présent dans chaque paroisse d'un bout à l'autre de l'Écosse, d'excellentes écoles où la classe laborieuse peut faire donner à peu de frais une bonne éducation à ses enfants.

Pour finir, il ne reste plus qu'à traiter la question de l'émigration des campagnes. Toujours, depuis que le premier dénombrement décennal a été fait en 1801, les tables de recensement ont indiqué une décroissance considérable, constante et non interrompue dans la population de toute localité exclusivement rurale ou agricole. Cette décroissance est commune aux deux sexes, mais elle est plus sensible chez les hommes que chez les femmes. Le dernier recensement a été opéré en 1871 ; il présentait exactement les mêmes caractères que les recensements antérieurs ; la population des villes et des bourgs avait beaucoup augmenté, celle des circonscriptions rurales avait diminué en proportion. Cette décroissance persistante n'est pas du tout le résultat de l'introduction des instruments perfectionnés, ni d'aucune autre innovation récente dans la pratique agricole. Bien loin de là, la culture intensive et scientifique de nos jours occupe plus d'ouvriers que la méthode imparfaite du temps passé ; et on peut se demander comment, en présence de la décroissance de la population rurale, on peut se procurer la quantité nécessaire de main-d'œuvre. A cette demande on peut répondre, en premier lieu, que la population des cantons agricoles est aujourd'hui plus exclusivement composée d'ouvriers agricoles qu'auparavant. Bien des gens qui ont quitté les campagnes ne travaillaient pas aux champs. Les commerçants, les artisans, les petits boutiquiers des villages se sont aperçus, à mesure que les moyens de transport se multipliaient, que le commerce se concentrait dans les villes ; ils ont pris le même chemin, et ils ont bien fait. En second lieu, on voit qu'un certain nombre d'émigrants des hautes terres d'Irlande, tous travaillant exclusivement à la terre, se sont fixés dans les circonscriptions agricoles.

Ensuite, au moyen du système des bandes, décrit plus haut, on a ramené de la ville dans la campagne les ouvriers qui travaillent au jour le jour. Enfin on a constaté qu'une augmentation de salaire stimule l'ouvrier et augmente sa production de travail.

L'activité de l'industrie manufacturière, les demandes de domestiques pour les villes, l'élévation momentanée des salaires tant aux États-Unis que dans les colonies anglaises, telles ont été les principales causes de l'émigration des campagnes. Ce mouvement peut cependant être enrayé, au moins pour un temps. Le ralentissement du commerce tant en Angleterre qu'en Amérique, ralentissement qui remonte si loin et qui n'est pas arrivé à son terme, a fait moins rechercher la main-d'œuvre dans les villes ; pendant qu'au contraire, sûr de se placer à la campagne où le salaire augmente toujours, l'ouvrier peut reprendre goût au travail des champs. Il n'y a rien d'impossible à ce que le prochain recensement, qui aura lieu en 1881, ne signale à la fin la cessation de la décroissance des populations rurales. S'il en est ainsi, ces populations ne tarderont pas à augmenter, et d'autant plus vite, que, comme l'indiquent nos tables de mortalité, les campagnardes d'Écosse font plus d'enfants que leurs compatriotes des villes, et même que les villageoises d'Angleterre.

VIII.

OUTILLAGE AGRICOLE.

Le progrès de l'agriculture au siècle où nous sommes est surtout caractérisé par la multiplicité des inventions et des perfectionnements relatifs aux instruments destinés à travailler la terre. L'ancien outillage des fermiers d'Écosse était en général aussi élémentaire que peu dispendieux ; il sort des mains des charrons et des maréchaux de la campagne ; mais les nouveaux engins plus compliqués, tels que les machines à battre et les moissonneuses, sortent généralement des grandes maisons spéciales.

Quoique l'Écosse revendique l'invention des plus importants instruments essentiels à l'agriculture de nos jours, on doit reconnaître que ses trouvailles ont été singulièrement améliorées et perfectionnées par les ingénieurs tant anglais qu'américains. Parmi ces instruments, on peut citer la machine à battre, inventée en 1787 par Andrew Meikle, charron dans le comté d'Haddington, et la moissonneuse, trouvée par le Révérend Patrick Bell du comté d'Angus. La vapeur également, sous la forme de la machine à condensation imaginée par James Watt, fut appliquée en Écosse au commencement de ce siècle comme moteur des machines à battre, et a depuis lors, en revêtant d'autres formes, modifié de fond en comble les opérations culturales.

Avant la réunion de l'Écosse à l'Angleterre, l'Écosse était déchirée par des guerres continuelles, causées par l'invasion étrangère, les discordes intestines, ou les persécutions religieuses; tous les progrès obtenus pendant de courts intervalles de repos disparaissaient bientôt dans la tourmente. Les instruments de culture étaient alors grossiers et rudimentaires, et il n'y avait pas de machines agricoles dignes de ce nom. Ce ne fut qu'après la fin des troubles de 1715, lorsqu'en revenant dans leur patrie les Écossais qui en étaient sortis purent constater l'infériorité de leur agriculture, que l'esprit de progrès commença lentement à se développer.

Il serait fastidieux d'énumérer dans cette notice tous les outils d'importance secondaire connus dans la pratique de l'agriculture écossaise. Nous concentrerons notre attention sur les principaux instruments et les machines actuelles, en les comparant à ceux du temps passé.

La charrue à présent en usage dans toute l'Écosse et dans le nord de l'Angleterre est la charrue sans avant-train ou braudilloire, dépourvue de roues, faite sur le modèle de la charrue de Rotheram, perfectionnée et introduite par Small en 1760. Elle a depuis été légèrement modifiée dans ses pièces travaillantes, selon les besoins des différentes espèces de sol. Quoique les charrues à roues soient préférées en Angleterre, et quoiqu'elles soient connues en Ecosse, on peut affirmer qu'elles ne sont pas bien vues dans cette dernière contrée, où l'on s'en sert fort peu.

La charrue à double soc. — Peu après que la charrue de Small fut entrée dans la pratique ordinaire, on essaya de construire une charrue à double soc en attachant à une traverse inclinée deux des pièces de l'invention de Small, en ajoutant une roue pour supporter le devant de la traverse. Cet instrument fut favorablement accueilli dans différents endroits, mais il resta à peu près stationnaire jusqu'en 1866, époque où M. Pirie de Kinmundy construisit une charrue à deux socs placés sur un cadre à trois roues. Cette charrue, avec toutes les imitations qui en ont été faites, et tous les perfectionnements qu'on y a ajoutés depuis, a eu beaucoup de succès. L'économie de traction obtenue par cette disposition est considérable : un homme et trois chevaux peuvent avec cette charrue, faire l'ouvrage de deux hommes et de quatre chevaux avec la charrue ordinaire. Il faut dire cependant qu'elle est plus compliquée dans ses pièces travaillantes, qui demandent à être bien ajustées et bien surveillées.

Charrue de défoncement. — L'outillage de nos fermes est redevable d'une importante addition à James Smith de Deanston; c'est la charrue de défoncement qu'il inventa en 1835. Se basant sur les principes d'après lesquels il avait établi son système de drainage souterrain, il vit combien il était important de fouiller le sol au-dessous de la surface aussi profondément que possible, pour ouvrir un plus libre passage à l'eau qui s'écoule dans les tuyaux, et pour aérer complétement de cette manière tout l'ensemble du terrain drainé. Dans ce dessein, il imagina une forme de charrue consistant en une puissante flèche d'une épaisseur assez forte pour pénétrer à deux ou trois pieds au-dessous du sillon ouvert d'abord par la charrue ordinaire. Un soc très-fort, à tête de ciseau, fixé à la flèche, entamait le sous-sol à la profondeur voulue, et était réglé par une roue fonctionnant dans le sillon; au lieu du versoir de la charrue ordinaire, une traverse courte et forte attachée à angle aigu à la flèche immédiatement derrière le soc, défonçait et broyait le sol, en le rejetant à sa place primitive à mesure que la charrue avançait. Le but était de pulvériser le sous-sol sans le ramener à la surface. Dans ces dernières années on a inventé de nouvelles charrues sous-sol de forme perfectionnée, réduisant d'une manière heureuse le poids, le frottement, et par suite le tirage et le prix de revient du travail.

Les charrues perfectionnées ou à double versoir et les houes à cheval sont devenues en usage quand se répandit le système des lignes parallèles pour les cultures de racines. Ces instruments furent d'abord construits en bois; les versoirs et les dents étaient seuls en fer. Aujourd'hui, ils sont entièrement construits en fer, et leur forme varie suivant les localités. Toutes les pièces coupantes de ces instruments sont en acier.

Charrue à vapeur, etc. — Quoiqu'on puisse espérer de grands résultats de l'application de la vapeur à la culture du sol, les Écossais ne paraissent pas en général avoir pour elle beaucoup d'entousiasme. Ils sont encore à chercher quelles économies on peut réaliser, en la subtituant au travail des chevaux. C'est encore la charrue à soc unique ou brandilloire, tirée à deux chevaux, qui creuse le sillon sur la grande masse des terres de l'Écosse, tandis que les rouleaux et les herses à deux chevaux complètent le travail après elle. On ne trouverait sûrement pas en Écosse plus de cinquante appareils de labourage à vapeur.

Les progrès de la culture à vapeur en Écosse formeraient cependant peut-être la partie la plus intéressante du sujet traité dans cette notice. Le succès qui a couronné l'application de la vapeur aux batteries et aux autres opérations intérieures de la ferme a donné immédiatement l'idée d'expériences sur la possibilité de l'adapter à la culture du sol. Le défunt marquis de Tweeddale a été le premier à appeler sur ces importantes recherches l'attention de la société d'agriculture d'Écosse, dès l'année 1834. Trois ans après, cette Société proposa un prix de 500 livres (12,500 francs) pour l'application de la vapeur aux opérations culturales. La valeur pratique de l'invention sous le rapport du labourage, du hersage et de la préparation du sol devait être appréciée, par rapport aux frais des mêmes travaux exécutés par les chevaux, et en ayant égard à la situation des terres à cultiver. Ce prix continua d'être offert jusqu'en 1843, époque à laquelle il fut retiré, personne ne s'étant présenté pour l'obtenir.

La première charrue à vapeur qu'on ait vue en Écosse fut celle qu'y apporta M. Heathcote, membre de la Chambre des députés, et qu'une commission de la Société d'agriculture d'Écosse avait vue fonctionner peu auparavant près de Bolton dans le comté de Lancastre. Elle fut essayée à Lochar Moss près de Dumfries en 1837, à l'exposition ouverte dans cette localité par la même Société. Cette machine marche assez bien sur les terrains tourbeux, mais fut reconnue impropre à l'usage ordinaire.

Le défunt marquis de Tweeddale, avec le concours de M. James Slight, ingénieur de la Société écossaise, commença alors une série d'expériences sur le labourage à vapeur à Yester; ces expériences s'annonçaient; bien la terre était parfaitement façonnée par la vapeur; mais, malgré leur importance et leur intérêt, elles ne se terminèrent pas, et furent définitivement abandonnées, le marquis ayant été nommé peu après gouverneur de Madras.

En 1851 et 1852, la Société d'agriculture d'Écosse offrit de nouveau un prix de 200 livres (5000 francs) pour l'application pratique de la vapeur à la culture de la terre. En 1852, M. James Usher d'Édimbourg, exposa une locomobile portée sur un grand cylindre ou rouleau tournant sur lequel elleparcourait la plaine avec un autre cylindre attaché derrière elle. A ce second cylindre, était fixée une série de charrues disposées en ligne spirale; quand elles entraient en contact avec le sol, il était retourné à mesure qu'avançait la locomobile. Quoique cet instrument ne répondit pas tout à fait au programme, M. Usher obtint une certaine somme d'argent; la même année, un prix fut décerné à M. Fisken, simple maître d'école à Gellyburn dans le comté de Perth, pour une combinaison par laquelle la force imprimée par une roue hydraulique était amenée par des courroies de transmission et des poulies à frottement, à une certaine distance, et là, mettait en mouvement les machines ou instruments qu'on y attachait.

En 1857, un prix de 200 livres (5000 francs) fut accordé par la Société d'agriculture d'Écosse à John Fowler de Leeds, à la suite du succès des épreuves subies par ses instruments de labourage à vapeur.

Puis, en quelques années, plusieurs installations de charrues à vapeur de diverses fabriques furent introduites en Écosse, où elles fonctionnèrent à la satisfaction de leurs propriétaires respectifs.

Un obstacle sérieux à la généralisation de l'application de la vapeur à la culture du sol, c'est le nombre des boulders ou amas de cailloux roulés, qu'on trouve dans une foule d'endroits. D'énormes blocs de cette nature existent dans un grand nombre de champs, enterrés dans le sous-sol à une faible profondeur, et recouverts d'une mince couche végétale superficielle. Il faudrait les enlever avant de songer à se servir de la vapeur; mais ce serait une dépense énorme; et la plupart des cultivateurs reculeraient devant une tâche si longue et si pénible.

Machine à battre. — Le désir d'accélérer l'opération qui consiste à séparer le grain de la paille, et à alléger le travail des hommes qui faisaient ce travail au fléau, a de bonne heure tourmenté les inventeurs ou amis du progrès, comme on les appelait alors. En 1740, un avocat appelé Menzies construisit dans ce dessein une machine mue par une roue hydraulique. Cette machine fonctionna pour la première fois à Roseburn, près d'Edimbourg, où elle fit beaucoup de sensation. On en parla alors comme d'un merveilleux appareil, faisant autant d'ouvrage que quarante hommes, et battant la paille plus proprement qu'on ne pourrait le faire à la main. Elle était combinée pour mettre en mouvement un certain nombre de fléaux sous lesquels on faisait passer les gerbes; mais la rupture fréquente des fléaux montra bientôt que l'invention ne remplissait pas le but. En 1758, M. Stirling exposa à Dunblane une autre machine, munie de cribles pour passer et de tarares pour vanner; mais elle ne fonctionna pas bien. En 1773, M. Ilderton et M. Oxley ne furent guère plus heureux dans le Northumberland. Une machine inventée par M. Ilderton et construite par sir Francis Kinloch, de Gilmerton, pour un de ses fermiers, ne fut pas plutôt mise en mouvement qu'elle se brisa en morceaux.

Ce fut dans cette malencontreuse conjoncture qu'un ouvrier écossais, Andrew Meikle, de Houston Mill, comté d'East Lothian, appelé pour examiner la machine désorganisée, entreprit d'en construire une autre de petite dimension à Knows Mill, en 1778; cette nouvelle batterie fonctionna à la satisfaction des cultivateurs qui la virent travailler, mais elle ne continua pas à bien marcher dans sa forme primitive. Elle servit cependant de transition pour arriver à un dernier mécanisme perfectionné, qui obtint plus de popularité que les précédents. On voit quel esprit de progrès, quelle largeur de vues animaient les cultivateurs de cette époque, en lisant, dans une lettre écrite par M. Thomson, fermier de Keith Mille, comté d'Haddington, en 1777, « que son tarare peut apprêter pour la » semence quarante boisseaux (14 hectolitres et demi) d'avoine par » heure, » qu'il vient d'inventer « un couteau perfectionné pour couper » la paille à mélanger avec le grain broyé et le trèfle vert destinés à » ses chevaux, » et qu'il termine la construction d'une machine à battre qui, en même temps, nettoie la paille et crible le grain, la même roue hydraulique mettant en mouvement le hache-paille, le broyeur de féveroles, et une paire de cylindres qui écrasent l'avoine, l'orge et le malt. Quoique la machine à battre dont il s'agit ici n'ait pas répondu à son attente, M. Andrew Meikle découvrit peu après la véritable méthode pour séparer le grain de la paille, et finit par construire un appareil qui, après quelques modifications, fut adopté dans tous les pays de céréales.

Meikle n'avait d'abord fait que suivre les idées des inventeurs venus avant lui, et sa première machine, élevée à Knows Mill en 1778, ne consistait qu'en un assemblage de fléaux assujettis à une forte traverse. Ce plan ayant échoué en pratique, il lui vint à l'esprit que le meilleur moyen de faire sortir le grain de l'épi était d'employer un tambour ou fort cylindre où reposeraient des batteurs en bois assujettis par des écrous en fer. L'invention de Meikle servit de modèle à tous les instruments du même genre qu'on a construits depuis; et c'est dès lors à lui que revient, de l'aveu de tout le monde, l'honneur et la gloire d'avoir trouvé la machine à battre de notre époque.

Plus tard, la nouvelle machine fut perfectionnée par l'addition de rouleaux d'alimentation, solides et cannelés, d'une mécanisme pour secouer la paille, de tarares pour vanner le grain, et autres améliora;ions.

C'est pour M. Stein, de Kilbeggie, comté de Fife, que Meikle construisit sa première machine de nouveau modèle en 1787. Il en fit d'autres ensuite dans le Northumberland et ailleurs. L'usage s'en répandit avec rapidité dans toute l'Ecosse; et, dans le comté de Berwick seul, on en construisit plus de trente avant 1810; elles avaient pour moteur soit le vent, soit l'eau, soit les chevaux. Dotées de la vapeur dès avant 1810, elles continuèrent à faire leur chemin tant en Ecosse que dans le nord de l'Angleterre. En 1810, la Société d'agriculture d'Ecosse décerna à Meikle, pour son invention, un prix de 31 livres 10 shillings (787 fr. 50).

La machine à battre de Meikle est considérée avec raison comme l'un des plus grands bienfaits que l'agriculture ait jamais reçus; elle lui a fait réaliser d'immenses économies de main-d'œuvre et de grains. Dans ce cours des vingt années qui ont suivi la date du brevet d'invention, près de 350 moulins à battre se sont élevés dans l'East Lothian seulement, occasionnant une dépense approximative de quarante mille livres (un million de francs). Peu de temps après, la machine à battre était adoptée dans toute l'Angleterre et sur le continent.

Beaucoup de modifications accessoires ont été apportées, depuis quelques années, à l'invention de Meikle. La révolution des tambours a été accélérée, et on a fini par enlever le grain plutôt par un frottement que par un battage. Les appareils fixes à vapeur sont devenus la seule force motrice employée dans presque toute la contrée, et on y a depuis rattaché les différentes machines dont M. Thomson faisait l'énumération dans sa lettre citée plus haut. Après avoir vu réussir les locomotives sur les chemins de fer, l'Angleterre adopta aussitôt, pour les batteries, des machines de basse pression, installées sur roues, de manière qu'on pût y atteler des chevaux pour les transporter d'un lieu à un autre. Ces instruments et d'autres pareils, mais à traction à la vapeur, servent aujourd'hui à battre le grain en plaine, quand le temps est beau, et suppléent aux moulins fixes; mais la machine fixe à haute pression est de beaucoup la plus usitée en Ecosse. Ces machines sont généralement d'une force de six à douze chevaux; en outre du battage, elles accomplissent, comme on l'a déjà dit, la plus grande partie du travail intérieur de la ferme. Dans les grandes exploitations écossaises, les machines sont généralement établies dans les bâtiments de culture; elles sont mues par la vapeur ou par l'eau; mais il y a beaucoup de cantons où l'on peut trouver à louer une batterie locomobile anglaise avec traction à vapeur; et ces sortes d'instruments ne chôment pas.

Moissonneuses et faucheuses. — La diminution de la durée des travaux de la moisson fut l'un des premiers points qui attirèrent l'attention des agronomes; et ce sont leurs recherches qui ont engendré tant de machines à moissonner et à faucher. La première idée d'une moissonneuse mécanique est celle que mentionne Arthur Young dans ses *Annàles de l'àgriculture*, publiées en 1785. Elle était exprimée, sous forme de communication, par M. Capel Lofft, de Bury, comté de Suffolk, dont l'attention avait été éveillée sur ce sujet par la récompense que proposait la Société des arts de Londres, en 1780, pour une machine répondant au dessein de moissonner les différentes espèces de céréales. Par une coïncidence assez singulière, M. Lofft imagina une machine semblable, pour la forme générale et la disposition des parties, à celle que les anciens auteurs latins, Pline, l'an 23 de notre ère, et Palladius, en 391, disent avoir été employée de leur temps par les cultivateurs romains, particulièrement dans les terres basses de la Gaule. Les années suivantes, d'autres machines furent également essayées, mais aucune ne fonctionna bien. En 1803, la Société d'agriculture d'Ecosse proposa un prix dans les termes suivants : « A la personne qui inventera la machine pour faire la moisson qui sera » reconnue la meilleure et la mieux à l'épreuve, si, après essai, la Société » reconnaît que cette machine économise la main-d'œuvre et la dépense, » la simplicité de construction étant considérée comme un point essen- » tiel, une médaille d'or ou une pièce d'orfévrerie valant 10 guinées » (264 fr. 70), ou cette somme en numéraire. »

En 1805, la société décerna le prix à M. Gladstone, meunier à Castle Douglas, qui exposa et fit fonctionner une machine répondant à ce programme. La machine de Gladstone était un grand progrès sur ses devancières; non-seulement elle sciait, mais elle assemblait et confectionnait de petites gerbes. La même machine fut reproduite avec quelques changements plusieurs années après, et présentée de nouveau à la société, mais sans grand succès. A la fin de l'année 1818, on se trouvait avoir distribué en plusieurs fois plus de 200 livres (5.000 francs) en prix pour machines et modèles nouveaux. Dans le nombre, se trouvaient deux instruments, construits tous deux sur le même principe, c'est-à-dire avec de grands châssis circulaires coupants et tournants, l'un présenté par Alexandre Kerr, d'Edimbourg, l'autre par James Smith de Deanston, en 1811. Le club des fermiers de Dalkeith fit sur les deux un rapport favorable, et tous deux furent récompensés par la société d'agriculture. On n'entendit plus parler de l'invention de Kerr; mais, de cette date à 1835, la machine de Smith fut essayée de temps en temps en plaine, et elle reçut plusieurs perfectionnements. Pendant cette dernière année (1835) à la session annuelle de la Société d'agriculture d'Ecosse dans la ville d'Ayr, la moissonneuse fut de nouveau présentée au concours. On la fit fonctionner sur une pièce de blé; l'opération fut décrite par l'ingénieur de la Société dans les termes suivants : « On commença le travail, » non par un bout, mais par le milieu de la pièce, à travers laquelle la » machine avait tracé sur son passage un chemin où l'on ne voyait plus » qu'un chaume coupé très-bas, les blés coupés étant tous rejetés du » même côté contre les blés restés debout. Jamais peut-être on n'a vu » une expérience mieux réussir, remporter un succès aussi éclatant. » L'impression générale était que le problème avait reçu, à la fin, une » solution définitive; et que la machine de Smith était un chef d'œuvre.» Cette appréciation triomphante ne se trouva cependant pas tout à fait exacte; car malgré le succès remporté dans le champ d'expériences, la machine continua, sans être remarquée du public, à fonctionner obscurément sur les terres de l'inventeur.

En 1828, un prix de 50 livres (1250 francs) fut décerné à M. Bell d'Auchterhouse, comté d'Angus, alors étudiant en théologie, mais devenu plus tard le Révérend Patrick Bell de Carmyllie, comté d'Angus, pour une nouvelle forme de moissonneuse; cette invention était destinée à remplir un rôle important dans l'histoire de ce genre de machines, et à contribuer à la généralisation de leur usage pour les différents travaux agricoles. La moissonneuse présentée par M. Bell fut employée avec succès par son frère, fermier à Inchmichael, tous les ans pour sa moisson, et s'introduisit de là peu à peu dans d'autres cantons des comtés d'Angus, de Perth et de Fife, où elle fut si bien accueillie, que tout le monde lui prédit dès lors une popularité égale à celle de la machine à battre, dont elle était le complément au point de vue mécanique.

Pendant que la moissonneuse de Smith se répandait ainsi, d'autres machines fondées sur le principe de rotation furent également construites, l'une, entre autres, par Scott, d'Ormiston. Aucune d'elles ne réussit.

Malgré l'immense avenir qui s'ouvrait devant ces inventions dès leur début, elles ne pénétraient qu'avec lenteur dan la pratique agricole; ou bien on ne s'en servait pas, ou elles restaient à fonctionner sans être remarquées dans une localité perdue. Ainsi la machine de Bell faisait laborieusement sa besogne de moisson en moisson, seule et sans que personne en désirât une pareille, attendant de prendre le rang qui lui appartenait parmi les forces auxiliaires de la culture; mais ce moment fut long à venir. Ce ne fut qu'à la grande Exposition internationale de 1851 que le vrai public apprit enfin qu'il existait en Ecosse un objet de ce genre. Deux exposants de la section des Etats-Unis, Mac Cormick et Hussey, firent voir chacun une moissonneuse; les deux instruments fonctionnèrent en public sur le champ d'épreuves, et leur travail fut jugé si excellent qu'on déclara que la perfection du genre était atteinte; on leur accorda les suprêmes distinctions, et la moissonneuse fut dès lors placée à la tête des forces mécaniques de l'agriculture.

L'évidence et l'importance des avantages présentés par ces instruments amènent l'observateur à se demander comment il a pu se faire que, connus et dans une certaine mesure employés en Ecosse depuis tant d'années, ils aient tant tardé à conquérir cette vogue que l'Exposition de 1851 a fini par leur procurer. Ce retard est sans doute dû à deux causes : l'une, consistant dans les défauts de construction et les vices des combinaisons mécaniques des premières machines; l'autre, consistant en ce que, après le perfectionnement du mécanisme, l'agriculture n'était pas encore assez avancée pour les occuper continuellement et pour que l'utilité en fût pleinement appréciée. De telles machines ne conviennent qu'à une culture perfectionnée. Evidemment, elles avaient paru trop tôt. En 1851, quand, grâce aux exposants américains, elles firent leur réapparition, le moment opportun était arrivé. L'agrandissement des espaces cultivés, le défrichement des haies, le drainage souterrain, le nivellement des inégalités du sol (1), avaient fait disparaître tout obstacle à leur fonctionne-

(1) Palladius fait observer qu'on ne peut se servir des machines dont il parle que dans les pays de grandes plaines et dans les endroits où le sol est de niveau.

ment régulier. Le libre échange était proclamé ; on avait abandonné la politique de protection et ses théories trompeuses ; le cultivateur enfin n'avait plus à compter que sur lui-même, s'il voulait faire concurrence, sur un marché désormais libre et ouvert, aux productions des pays plus que le sien favorisés de la nature. Dans la nouvelle situation qui lui était faite, il lui fallait faire appel à toute son intelligence, à toute son énergie ; les progrès immenses qui suivirent témoignèrent du succès de ses efforts. C'est depuis lors que s'est produite une énorme demande d'instruments perfectionnés de tout genre, et que l'application de la mécanique à la culture est devenue générale. La connexité des liens qui unissent la mécanique à l'agriculture est surtout sensible dans l'accueil fait partout à la moissonneuse.

Les faucheuses sont conçues presque sur le même plan que les moissonneuses. Elles sont à présent d'un usage général parmi les cultivateurs écossais, auprès de qui elles ont eu tant de succès qu'ils les regardent aujourd'hui comme indispensables. Au fait, il serait difficile de trouver à présent assez de bras pour le travail qu'elles exécutent.

Le système de drains parallèles ou souterrains pour les terres cultivables, d'abord préconisé et appliqué vers 1830 par James Smith de Deanston, et où l'on se servait originairement de pierres pour construire la conduite de décharge des eaux provenant du terrain drainé, donna bientôt naissance à l'invention de machines à fabriquer les tuiles et les tuyaux en terre cuite qui remplirent bien mieux cette destination.

La première machine à faire les drains en terre cuite, due au marquis de Tweeddale et à M. Ainslie, fit sa première apparition à l'exposition ouverte à Perth en 1836 par la Société d'agriculture d'Ecosse. Cette machine en fit imaginer d'autres, et donna une vive impulsion au drainage souterrain dans toute l'Ecosse. De grands perfectionnements ont été depuis lors apportés à ces machines qui sont aujourd'hui fort répandues.

On trouve dans les fermes d'Ecosse la plus grande partie des nombreuses machines et des instruments fabriqués, offerts à l'agriculture de nos jours par les ingénieurs expérimentés et les habiles ouvriers qui se sont consacrés à cette importante industrie. Presque tout ce matériel sort des différents établissements installés dans les villes du pays, ou dans les grands centres spéciaux de clientèle ; le surplus vient de ces grandes fabriques d'Angleterre dont la réputation est parvenue dans tous les pays où existe quelque idée de culture scientifique. Ce matériel n'a pas besoin d'être ici décrit en détail ; son système de construction, son application, ses avantages, sont aujourd'hui universellement connus et universellement appréciés.

Le bon marché des transports à l'époque actuelle permet aux ingénieurs agricoles et aux grandes fabriques d'instruments d'expédier leurs produits les plus compliqués aux différents centres de demande ; aussi peu à peu tout le commerce entrepositaire d'instruments et de machines a-t-il déserté les campagnes, où l'on ne trouve guère aujourd'hui à acheter que les outils les plus simples et les moins dispendieux. Il faut encore des efforts à la science mécanique pour faire face aux besoins résultant de la cherté croissante de la main-d'œuvre ; mais on doit reconnaître que le progrès accompli depuis cinquante ans dans l'outillage agricole a été surprenant. C'est là un fait incontestable, qu'une seule preuve suffit à démontrer : en 1827, l'exposition de la Société agricole d'Ecosse n'avait compris que 11 instruments; il y en a eu 2292 à la grande réunion de 1877.

La vulgarisation des machines et des instruments perfectionnés, et les avantages évidents qui résultent de leur emploi, ont exercé une influence matérielle sur toutes les classes de la grande famille agricole, fermiers, ouvriers, propriétaires. Il en est résulté pour le fermier une prédisposition à bien accueillir les avis et l'assistance de personnes étrangères à sa profession, un désir de se familiariser davantage avec cette partie des sciences physiques, une sorte d'ouverture d'esprit, de préparation à d'autres connaissances, d'une importance plus directe peut-être pour ses intérêts. L'ouvrier y a trouvé un allégement à ce qu'a de plus pénible le travail des champs où la fatigue et l'usure des muscles sont au maximum, pendant que le taux de la rémunération ou des gages est au minimum, où le côté physique est seul en activité, sans que les facultés plus relevées de l'esprit aient à intervenir. En mettant en jeu ces dernières pour le service et l'emploi des machines, l'outillage agricole perfectionné a rendu indispensable le progrès de son éducation et de son état social, et par suite, lui a donné droit à une meilleure rémunération. Le propriétaire leur doit la satisfaction de voir son domaine mieux cultivé, mieux tenu, et le plaisir plus positif d'une augmentation de revenu. Enfin, la société dans son ensemble, doit aux machines deux précieux bienfaits : l'augmentation de la production des substances alimentaires et la diminution de leur prix de revient.

IX

RACES SPÉCIALES DE CHEVAUX. — LE CHEVAL DE LA VALLÉE DE LA CLYDE.

Il est fâcheux qu'on ait si peu de renseignements authentiques sur l'origine de cette race à laquelle appartiennent nos meilleurs chevaux de trait. Les personnes qui ont voulu s'en instruire ont puisé tout ce qu'elles ont pu apprendre de raisonnable dans les anciennes traditions et dans les souvenirs des vieux éleveurs.

Tous les documents s'accordent cependant sur ce point, que le premier pas vers le perfectionnement fut l'introduction d'étalons étrangers pour un croisement avec les juments indigènes. Sans doute, on a fait beaucoup à cet égard, à certains intervalles, même dans ces derniers temps; mais les traditions sont unanimes à faire sortir le noyau de la race actuelle du produit de juments du pays saillies par des chevaux flamands, importés probablement au commencement du dix-huitième siècle. Un ancêtre du duc d'Hamilton actuel passe pour avoir été le principal auteur de l'importation de ces étalons.

Les petits prés bas et les terrains gazonnés de la vallée de la Clyde étaient, à cette époque primitive, des endroits que la nature semblait avoir créés tout exprès pour l'élève du cheval. Le sol et le climat se sont trouvés depuis si admirablement appropriés à ce dessein qu'il est facile de supposer que, même avant l'époque indiquée, les chevaux indigènes qu'on y élevait étaient mieux développés et de plus de valeur que dans les autres parties de l'Ecosse. L'agriculture de ce temps n'était pas avancée. Peu de terrains avaient été mis en valeur ; des marécages stériles, des collines froides et désolées, pour toute habitation quelques huttes éparses dont le propriétaire avec sa famille occupaient un bout et sa vache l'autre, ne constituaient pas un ensemble invitant soit au perfectionnement, soit même simplement à l'élève du cheval.

Quand l'agriculture prit son essor, et eut besoin d'un plus grand nombre de chevaux, les acheteurs se dirigèrent naturellement du côté où se trouvaient les sujets répondant le mieux à leurs besoins. Leur empressement fut un stimulant de plus pour les éleveurs des bords de la Clyde, à augmenter et à perfectionner leur marchandise pour satisfaire leur clientèle. C'était probablement tous les animaux de choix du pays qu'on menait dans le comté de Lanark pour les vendre, parce que c'était dans cette circonscription qu'ils étaient le plus demandés, et qu'ils se tiraient le mieux.

Le principal marché aux chevaux de cette époque était la foire de Lanark tenue tous les ans dans la ville de ce nom au commencement de février.

Tous les chevaux qu'on y achetait pour les revendre plus loin étaient naturellement vendus comme chevaux de la vallée de la Clyde, ou chevaux clydesdale ; et c'est de là sans doute que cette race célèbre tira son nom.

La première exposition d'étalons qui ait eu lieu en Ecosse, autant qu'on en ait souvenir aujourd'hui, se tint à Edimbourg en 1757. Les registres de cette ville portent qu'une autre du même genre eut lieu sur le marché aux herbes à Edimbourg en 1783 ; c'est à cette date que la production rationnelle des chevaux de clydesdale paraît avoir commencé.

Dans les premiers temps de l'application de ce système, la couleur était invariablement grise ou noire ; plus récemment, le bai et le brun sont devenus plus à la mode et plus communs. Les noirs sont plus rares et moins estimés ; les gris sont rarement conservés comme étalons ou pour l'élevage, malgré les bonnes qualités qu'ils peuvent posséder d'ailleurs. Les alezans sont certainement les moins bien regardés de tous. Une tête blanche ou des marques blanches n'entraînent point de défaveur ; mais quand il a trop de blanc sur les jambes, un cheval est généralement considéré comme d'un extérieur défectueux.

Les points de perfection pour le clydesdale de nos jours sont naturellement à peu près les mêmes que pour les autres chevaux de trait, à quelques particularités près. La tête est mieux proportionnée que chez le uffolk et chez le cheval anglais de brancard, sans cependant être petite, la hardiesse de la tête et la grandeur de l'oreille étant considérées comme des signes de bon développement et de vigueur. La face ne doit être ni pleine (ou à nez romain) ni creuse (ce qu'on appelle en assiette); mais le profil doit être droit depuis les oreilles jusqu'au nez; les yeux doivent être écartés l'un de l'autre; la bouche carrée et coupée nettement sous les mâchoires. Dans ce dernier détail de conformation, il y a une différence très-remarquable entre le clydesdale et le cheval de trait anglais ordinaire.

Le poil de la jambe est un caractère particulier, et on prend beaucoup de soins pour le perfectionner chez les sujets qu'on veut faire arriver aux honneurs. Il doit être abondant, long et soyeux, avec une légère ondulation ou frisure, mais pas précisément bouclé; un poil crépu, un poil raide et épais, avec une tendance à devenir feutré ou laineux, sont des défauts, surtout dans le second cas.

La faveur dont jouit cette race est due pour beaucoup à ses allures et à sa constitution générale. Au trot, son allure est rapide et en ligne droite, les genoux et les jarrets forment une bonne courbe, l'avance est empreinte de vigueur et d'élasticité, gagnant bien sur le terrain. Au pas, sa supériorité sur le brancardier ordinaire est saisissante, l'enjambée est longue et balancée, et toute la démarche témoigne l'activité et la force. Ces qualités rendent le clydesdale propre à parcourir rapidement de longs trajets avec une lourde charge; bien plus, la vigueur et la bonne volonté de ces animaux frappent tous ceux qui les voient traverser des rues populeuses en traînant d'énormes fardeaux, et qui ont pu remarquer que les charrettes à deux chevaux sont absolument inconnues en Ecosse.

Quoique pleins d'ardeur et de fond, ces chevaux sont en général d'un tempérament doux et docile. Ils sont par là doublement précieux pour les travaux agricoles, où un excès de vivacité et une disposition à l'emportement auraient des inconvénients graves. Par là aussi, l'opération du dressage devient très-simple, et les rend propres à toute espèce de travail avec la moindre dépense possible de force musculaire.

Comme ensemble de physionomie, les chevaux clydesdale doivent être bas sur leurs jambes, fermes et compacts, sans la grande taille et le corps pesant du brancardier de Londres; leurs jambes sont mieux en rapport avec le poids qu'ils traînent que celles des alezans du Suffolk. Leur taille varie de 16 à 17 mains (1 m. 62 cent. à 1 m. 72 cent.) en plein; les plus petits sujets sont pour la plupart réservés à la culture ou comme juments poulinières; les plus grands se placent, à l'âge de quatre ou cinq ans, dans les grandes villes, où ils sont employés au roulage des rues. Glasgow, comme centre de la circonscription d'origine de la race, se trouve naturellement l'endroit où elle se montre dans tout son éclat; aussi y remarque-t-on attelés aux camions et aux charrettes, la plus belle et la plus nombreuse collection de chevaux de trait qu'il y ait au monde.

L'une des plus remarquables propriétés du cheval de Clydesdale, est l'avantage exceptionnel qu'on peut en retirer pour les croisements avec les races inférieures; il transmet invariablement au produit ainsi obtenu le caractère et les qualités qui lui sont propres. Ce fait, universellement reconnu, fait rechercher les étalons pour l'exportation. Non-seulement on en expédie tous les ans une foule pour l'Angleterre et pour l'Europe continentale; mais les Etats-Unis, le Canada, l'Australie et la Nouvelle-Zélande en enlèvent encore davantage. Ces demandes multipliées ont eu pour résultat, depuis dix ou quinze ans, l'augmentation la plus exorbitante dans le prix des animaux de bonne qualité. Les colonies anglaises de l'hémisphère sud sont, en général, les contrées qui paient le plus cher pour les chevaux; et comme, outre les étalons, elles importent d'Angleterre une quantité de juments de choix, elles possèdent aujourd'hui des haras de pure race Clydesdale, peu inférieurs, si même ils le sont, à ceux de la métropole. Les colons sont partout aussi unanimes qu'affirmatifs au sujet de la supériorité de cette race sur toutes les autres, sous le rapport du travail comme sous le rapport du croisement.

Les principales localités productives de chevaux Clydesdale, sont, en premier lieu, naturellement la vallée de la Clyde, comprenant les comtés de Lanark, de Dumbarton et de Renfrew; et en second lieu, le sud-ouest de la circonscription de Galloway, comprenant les comtés de Wigtown, de Kirkcudbright et de Dumfries. Le comté d'Ayr n'atteignait pas à la même réputation pour cette élève; étant pour l'Ecosse le chef-lieu et le centre de la culture laitière, il consacrait ses soins aux fameuses vaches du pays, plutôt qu'à la production du cheval. Mais dans ces derniers temps, un grand progrès y a été fait à cet égard, et le comté d'Ayr produit actuellement beaucoup de chevaux de grande valeur. La péninsule de Kintyre, qui forme l'extrémité méridionale du comté d'Argyll, élève aussi d'excellents animaux. Il y a plus de cinquante ans que les cultivateurs de cette localité commencèrent à faire venir des étalons Clydesdale par lesquels ils firent saillir leurs juments des hautes terres; ils ont continué le même système sans interruption depuis lors; et grâce à leur persévérance, parmi les plus célèbres chevaux de course d'aujourd'hui, on en trouve beaucoup qui viennent soit directement, soit par leurs auteurs, de la presqu'île de Kintyre. Dans le comté d'Aberdeen également, on vient de faire beaucoup de sacrifices pour améliorer la race locale par l'introduction d'étalons du dehors; le résultat en est déjà sensible, et les expositions régionales indiquent un progrès marqué à cet égard. Le prix des chevaux hongres ordinaires pour camions et charrettes a monté si rapidement depuis quelques années, que l'élevage est devenu une profession des plus lucratives. Les étalons se louent à présent à l'année, et vont faire la monte dans toute l'Ecosse. Les localités ci-dessus indiquées n'en restent pas moins les centres principaux de la race pure.

Les principales expositions écossaises où l'on trouve des chevaux clydesdale en plus grand nombre et en plus belle qualité, sont les expositions annuelles de la Société d'agriculture d'Écosse, et les expositions d'étalons de la société d'agriculture de Glasgow. Celles de la première de ces Sociétés ont lieu pendant la dernière semaine de juillet, et se font successivement et à tour de rôle dans les principales villes d'Ecosse. A preuve des progrès faits depuis l'origine de ces expositions, on peut rappeler que la première fois où cette société donna des prix pour les chevaux (c'était à Glasgow en 1826), il ne s'en trouva que 49 pour concourir, la valeur des récompenses etant de 35 livres (875 francs); tandis qu'à la dernière exposition, ouverte à Edimbourg en 1877, il y a eu au moins pour 500 livres (12.500 francs) de prix, rien que pour les chevaux de trait, le nombre des concurrents étant de 237. En 1875, la dernière fois que la Société exposa à Glasgow, le nombre des clydesdales exposés fut de 273. Cette année, à l'exposition de la Société agricole de de Glasgow, ouverte au mois de février, figuraient 209 étalons clydesdale, de trois ans et au-dessus; les primes offertes pour leur saillie de la saison prochaine dépassaient 4.000 livres (100,000 francs).

Ces primes sont données par les Sociétés agricoles ou les grands propriétaires fonciers, pour encourager les propriétaires d'étalons à envoyer leurs animaux à la monte dans certaines localités, et sont indépendantes du prix payé par le fermier pour la saillie. Vingt-cinq des primes à cette exposition étaient de 100 livres (2500 francs) chacune; il y en avait trois qui dépassaient ce chiffre. Comme le prix de saillie, qui est en plus, s'élève en général de 3 à 5 livres (de 75 à 125 francs) par poulain en résultant, on voit facilement quel gros bénéfice peut rapporter la saison d'un étalon. C'est ce qui fait qu'on les paie si énormément cher.

Indépendamment des locations ainsi faites tous les ans à l'exposition de Glasgow, on y vend beaucoup de chevaux; il vient des acheteurs de toutes les parties du globe. Il en est de même aux expositions de la Société d'agriculture d'Ecosse. Ces dernières, ayant lieu à la fin de la saison, permettent aux amateurs de faire leur choix, sans payer aussi cher qu'au mois de février parce que la partie rémunératrice de l'année, en ce qui concerne les besoins du pays, est alors écoulée, et que les propriétaires sont bien aises d'éviter la dépense et le risque de garder les animaux neuf mois sans qu'ils rapportent rien. A cette dernière exposition également, on admet des chevaux de toute catégorie, juments et étalons faits, poulains et pouliches d'un, deux et trois ans; tandis qu'à celle de Glasgow en février, on n'expose que des étalons seuls.

X

RACES INDIGÈNES DE BÊTES A CORNES.

Race d'Ayr. — Cette race, si connue pour ses propriétés laitières, est originaire du sud-ouest de l'Ecosse; elle tire son nom du comté d'Ayr, qui dépend de cette région. Le climat y est doux et humide, et paraît convenir à cette sorte de bétail, puisqu'il a été reconnu qu'il perd ses qualités laitières dans une localité très-sèche.

On émit, à différentes époques, des opinions bien diverses sur l'origine et la primitive histoire du bétail du comté d'Ayr. Ce qui est certain, c'est qu'au début il provenait, ainsi que les autres races, des animaux qui erraient à l'état sauvage sur toute la surface de la Grande-Bretagne; il est démontré en effet que, suivant les circonstances de climat, de sol, et autres du même genre, toutes les espèces d'animaux subissent des modifications extraordinaires de forme et d'extérieur, qu'il s'agisse de bœufs, de moutons, de chevaux, ou d'autres bêtes quelconques.

Il paraît probable qu'à l'origine, quelques représentants de l'ancienne race bretonne pénétrèrent dans l'ouest de l'Ecosse et, qu'avec le temps, leur descendance acquit des qualités en rapport avec le climat et le sol. Plusieurs des particularités qu'ils présentaient dès lors témoignaient de leurs aptitudes laitières : de même que certains points, chez les courtes-cornes non perfectionnés, indiquent une tendance au développement précoce, de même aussi la forme et l'extérieur des animaux de l'ouest de l'Ecosse dénotent une indomptable sauvagerie.

C'est ainsi qu'il est à présumer que s'y prit la nature, pour fonder la race la plus renommée pour son lait que possède notre époque. Le fermier écossais a probablement bientôt découvert l'existence de cette importante qualité et a nécessairement essayé de la perfectionner autant que ses connaissances d'alors et ses ressources le lui permettaient; mais à défaut de renseignements authentiques sur ce point, il est impossible d'indiquer par quelle suite de degrés la vache d'Ayr est arrivée à la conformation qu'elle possédait déjà au milieu du siècle dernier. On peut présumer avec toute apparence de raison que, jusqu'à nos jours, rien n'avait été fait, soit sous le rapport de la sélection, soit sous le rapport du croisement avec des animaux plus parfaits; car Aiton, qui écrivait en 1825, en parle, d'après ses souvenirs, comme d'une vache chétive et mal conformée. Les vaches ne donnaient alors que six à huit quartes, 6 litres 80 centilitres à 9 litres de lait par jour et pesaient rarement plus de 20 stones (186 kilogrammes), quand elles étaient grasses, même au meilleur moment de la saison.

La plus ancienne mention de la race bovine d'Ayr est attribuée à Ortelius, qui écrivait en 1573, et qui rapporte que « dans le canton de » Carrick, il se trouve des bœufs de grande taille, dont la viande est » tendre, agréable au goût, et succulente. » Par comparaison avec les autres races indigènes, par exemple avec le bétail des hautes terres de l'ouest, les bestiaux d'Ayr pouvaient alors passer pour grands, comme c'est encore vrai aujourd'hui.

Deux siècles s'écoulèrent après l'apparition de l'ouvrage d'Ortelius, sans qu'on parlât des animaux du comté d'Ayr; on peut légitimement inférer de ce silence que cette race n'était pas tenue en un degré d'estime bien extraordinaire; et, par le fait, Culley, qui composa son traité du bétail vers la fin du dix-huitième siècle, ne mentionne pas la race d'Ayr, parmi celles qui étaient alors reconnues dans le pays; enfin, Fullarton, en décrivant le comté d'Ayr, parle de la race de bétail particulière à cette circonscription d'une manière si vague, qu'il est évident qu'on ne lui trouvait alors rien de remarquable.

A une date aussi récente que 1811, dans un rapport relatif au comté d'Ayr le gros bétail était porté comme presque entièrement composé d'animaux blancs. L'existence d'une certaine uniformité de couleur résulte de ce qu'il a fallu inventer des mots, dans le patois local, pour désigner certaines nuances de pelage.

Le perfectionnement de la race bovine du comté d'Ayr date de l'année 1750. Il résulte de témoignages authentiques que le comte de Marchmont y fit alors venir, de son domaine du comté de Berwick, un taureau et plusieurs vaches de la race de Teeswater, qu'il avait lui-même achetés, quelque temps auparavant, à l'évêque de Durham. Ces animaux étaient de pelage brun clair avec des taches blanches.

Quoique le perfectionnement de la race bovine du comté d'Ayr remonte à 1750, on ne peut pas dire que ce perfectionnement ait pris un caractère tant soit peu général jusque vers 1780, époque à laquelle le système entier fut considérablement modifié. On se mit alors à soigner davantage la production et l'élève du bétail, et une alimentation abondante succéda à un régime où le bétail mangeait juste de quoi ne pas mourir de faim. Le taux du fermage monta, et ce fut un stimulant pour l'industrie agricole. Comme la plupart des terres, à cause de leur nature glaiseuse, étaient sujettes à se défoncer sous l'action de pluies presque continuelles, les cultivateurs, plutôt que de se borner à faire du blé et d'autres céréales, concentrèrent leurs efforts sur la production du lait.

C'est ainsi que la race du comté d'Ayr fut perfectionnée pas à pas, jusqu'à ce qu'elle eût atteint le point où nous la voyons arrivée aujourd'hui. Il y a longtemps à présent que le perfectionnement a pénétré jusqu'aux dernières limites du comté d'Ayr proprement dit, et qu'il s'est étendu même dans une foule d'autres pays.

Les prix des jeunes animaux dépendent de l'âge et de la qualité, et les vaches laitières se vendent depuis 12 et 14 livres (300 et 350 francs), jusqu'à 18 et 20 livres (450 et 500 francs). Les bons taureaux se vendent parfois excessivement cher.

La vache moderne du comté d'Ayr se reconnaît à des caractères tranchés, sur lesquels l'erreur est impossible une fois qu'on les a bien observés. Les cornes sont petites, écartées à leur naissance, s'inclinant en avant, et se recourbant en dedans avec grâce. La tête est petite, le cou est long, s'amincissant vers la tête, mais prenant une ampleur progressive jusqu'à ce qu'il rejoigne les épaules. Les quartiers de devant sont en général minces et fins, le corps se développant graduellement vers les quartiers de derrière. Le pelage est brun, plus ou moins mélangé de rouge, en taches nettes et distinctes. La peau est douce, souple, et donne au toucher le sens d'une agréable élasticité. Les cuisses sont épaisses et larges, et les jambes courtes. Le pis est grand, sans être flasque; bien développé, sans être trop volumineux. En somme, l'ensemble de la tournure de la vache du comté d'Ayr indique des capacités laitières de premier ordre. La vraie race ne présente presque pas de traces de facture grossière; elle possède presque tous points que les connaisseurs appellent bons.

Les fermiers producteurs de lait dans le comté d'Ayr sont excessivement minutieux pour tout ce qui regarde l'extraction de leurs animaux et la manière de les obtenir. Afin de conserver autant que possible au sujet qu'ils veulent produire les qualités laitières de la race, ils font choix d'un taureau ayant l'apparence féminine quant au cou, à la tête et aux quartiers de devant, ayant aussi un espace suffisant entre les jarrets, et le flanc bien rempli. Ils préfèrent que le scrotum soit blanc; ils attachent même tant d'importance à ce détail que presque tous les éleveurs refusent tout animal chez lequel cette partie est d'une autre couleur. Quand on choisit un taureau dans un troupeau autre que celui où l'on veut le faire servir, on veille à ce qu'il descende d'ancêtres connus pour leurs qualités laitières, indépendamment des points qu'il peut posséder lui-même. L'acheteur doit s'assurer que la mère du taureau était vigoureuse et bonne productrice, car il sait que la parenté maternelle a sur la progéniture une influence sur laquelle il n'est pas possible de se méprendre et qui persiste pendant plusieurs générations. En un mot, le but du producteur de lait est d'obtenir une race recommandable au triple point de vue de l'harmonie des couleurs, de la beauté des formes, et des facultés laitières.

Quelle que soit l'influence qu'aient exercée l'introduction et le croisement d'animaux différents, ainsi que l'alimentation supérieure que reçoit le bétail de nos jours par comparaison à la maigre chère du siècle passé, il n'est pas douteux que la réputation enfin acquise dans les deux hémisphères par la race d'Ayr comme laitière est principalement due à la sélection pratiquée en vue de l'élevage. Parmi les sujets de sexe féminin, on conserve toujours la meilleure laitière, et on met au rebut celles qui donnent moins, le producteur de lait se fiant surtout à l'adage : on l'aime suivant ce qu'elle rapporte. Ces contours extérieurs, qui, comme l'expérience le démontre, caractérisent les meilleures vaches, sont recherchés dans les jeunes animaux comme dans ceux auxquels on les accouple. C'est ainsi que la race du comté d'Ayr a été par degrés constituée, jusqu'au moment où elle est devenue laitière par excellence, sa forme étant telle d'ailleurs qu'elle suppose et indique cette faculté spéciale. Son pis s'est développé comme dimension, s'est perfectionné comme modelé, et a acquis un degré étonnant de capacité; son pelage doux et laineux la protége contre les bourrasques violentes qui arrivent de l'Atlantique, tandis que son corps est léger en avant et lourd en arrière, car le nourrisseur sait que tous ces caractères sont les infaillibles garants de fortes capacités laitières. Le progrès a été continuel pendant près d'un siècle; chaque pas fait a servi d'acheminement à une nouvelle avance. La race d'Ayr réalise le type que recherchent tous les nourrisseurs non-seulement du comté d'Ayr, mais encore de tous les comtés avoisinants et de l'Écosse occidentale, ou, pour mieux dire, des monts Grampians au Golfe de Solway et aux monts Cheviots. Au surplus, la race petite, élégante et féconde du comté d'Ayr n'est pas confinée dans les limites de son pays d'origine. On la recherche pour en peupler les pâturages verdoyants de différentes parties de l'Angleterre, et pour embellir les innombrables fermes à lait de la Hollande. Elle a même franchi l'immensité de l'Atlantique, pour aller paître sur les deux rives du Saint-Laurent, et pour goûter le frais sous les ombrages des montagnes Rocheuses.

Le traitement des animaux de la race d'Ayr ne varie que légèrement dans les détails quand les circonstances l'exigent. Autrement, il est le même partout. En général, les vaches laitières vêlent dans le courant de mars ou au commencement d'avril.

Il y a comparativement peu de taureaux pur sang de la race d'Ayr qui soient destinés à l'engraissement, les veaux mâles étant ordinairement envoyés à la boucherie dans leur jeunesse. Quant aux veaux femelles, on leur fait boire du lait pendant une période variant de six à neuf semaines, puis on leur donne du lait écrémé ou des eaux blanches pendant un autre mois. Alors on les envoie pâturer sur un vieux pré jusqu'au mois d'août, puis on les ramène à l'étable, et on les nourrit de foin pour les mettre en état. Ils conservent ainsi la chair de veau et restent en bonne condition pendant l'hiver, pourvu qu'ils soient abondamment nourris. On les envoie de nouveau aux pâtures le second été, et on les ramène ensuite à l'étable pour y consommer le bon foin. Ils ont alors un an et demi. Au moment de les vendre, on leur donne, avec leur paille et leurs turneps, une ration de foin ou de nourriture mélangée appelée en anglais *mash*, en français mâche. Vers le mois de février, les vaches sur le point de vêler reçoivent un supplément de farine, pour compenser la déperdition d'aliments causée par la croissance du veau. On regarde cependant comme dangereux de nourrir la vache d'une manière trop substantielle dans les derniers temps de la gestation et quelque temps après le vêlage. Mais ensuite, on la met à un régime plus abondant, de manière à lui faire produire son maximum de lait.

Dans quelques localités, les vaches laitières se louent à la saison à des hommes appelés en anglais bowers, en français cheptéliers. Ces cheptéliers, ou paient une somme fixe en argent pour chaque vache, ou livrent à la fin de l'année un certain nombre de fromages dont le montant est débattu. Le cultivateur fournit le pâturage pendant l'été, et une quantité déterminée de nourriture pendant l'hiver, l'habitude étant de donner cinq ou six tonnes de rutabagas ou de turneps ordinaires par vache, avec deux quintaux et demi de farine de féveroles, de foin, et de paille. Le cheptelier, aidé de sa famille, fait tout ce qui est nécessaire aux animaux, les panse, leur donne à manger, etc., tout en vaquant à la fabrication du fromage. La redevance qu'on exige de lui dépend de la qualité des pâturages, de la valeur des produits de l'étable, etc. mais le taux habituel est de 11 à 14 livres (275 à 350 francs), quand elle est payable en argent, et de trois à quatre quintaux (150 à 200 kilogrammes) de fromage quand elle est payable en nature, le tout, pour chaque vache louée.

C'est un fait parfaitement établi que nulle race de vaches dans les Iles-Britanniques, ne produit autant de lait, de beurre et de fromage pour une quantité de nourriture donnée, que les vaches pur sang du comté d'Ayr. Quant à préciser absolument le rendement en lait d'une vache, il est difficile de le faire avec certitude, parce qu'il faut avoir égard à la taille, à la descendance, à l'âge de l'animal, à la qualité et à la quantité de la nourriture qu'il absorbe, au soin qu'on met à le traire, à la régularité avec laquelle l'étable est tenue, enfin à une foule de circonstances ayant toutes plus ou moins d'influence sur la quantité de lait donnée par une vache déterminée. Aiton, dons son ouvrage intitulé: *Coup d'œil*, avance que certaines vaches donnent, pendant un temps, de cinq à 6 gallons (de 22 à 27 litres) par jour. Longtemps après avoir consigné cette appréciation dans son livre, il fut amené à croire que son évaluation était au-dessous de la vérité, parce qu'il apprit que beaucoup de vaches fournissaient pendant 6 ou 8 semaines, de 6 à 7 gallons (de 27 à 32 litres) par jour; mais ce sont là, ajoute-t-il, des cas extraordinaires. Certaines vaches, quand elles se trouvent dans les conditions les plus favorables et qu'elles sont parfaitement nourries, fourniront quatre gallons (18 litres) par jour pendant trois mois, et produiront un total de 8 ou 900 gallons (3,600 à 4,100 litres par an. On a bien parlé d'une moyenne de 600 gallons (2,700 litres) par vache et par an, mais sur les pâturages moins riches on est bien loin de ce compte, et on ne dépasse pas 480 à 500 gallons (2,180 à 2,270 litres).

Quand on peut vendre le lait tous les jours à mesure, les profits sont superbes; mais les établissements où le débit est aussi prompt sont privilégiés entre tous, et le loyer en est calculé en conséquence.

Pour faciliter la comparaison des trois emplois qu'on peut faire du lait, on va proposer un exemple. Dans la supposition que le lait est converti en beurre et en fromage, la proportion admise comme normale est de 2 gallons 1/2 (11 litres 35 c. de lait à une livre (373 grammes) de beurre et un gallon (4 l. 54 c.) de lait à une livre (373 gr.) de fromage, quoique certains laitiers calculent à présent 30 gallons (136 litres) de lait pour 24 livres (9 kilogrammes) de fromage. Admettons qu'une vache laitière ordinaire, suffisamment bien nourrie, donne 600 gallons (2,700 litres) de lait par an, et nous obtenons le résultat suivant :

	livres sterling.		fr.	c.
1. 600 gallons (2.700 lit.) de lait à 1 fr. le gall. de 4 l. 54.	25	ou	625	»
2. 210 liv. (90 k.) de beurre à 1.65 la livre de 373 gr.	16	—	400	»
Valeur estimative du lait de beurre.	3.10	—	87	50
Total	19.10	—	487	50
3. 5 quint. $\frac{1}{4}$ (266 k.) de fromage à 87 f. 50 le quintal (de 50 k. 80 g) donnent en tout	18.7.6	—	459	35
Estimation du petit lait.	2	—	50	»
Total.	20.7.6	ou	509	35

Il résulte de ces calculs que, des trois systèmes, celui de la vente des produits de la laiterie sous forme de lait est la plus avantageuse; la fabrication du fromage vient ensuite, et la fabrication du beurre est la moins lucrative. Naturellement, le cours des différents articles peut faire varier les proportions qui viennent d'être établis; mais on paraît en général convaincu que la vente du lait est le mode le plus avantageux, quand on a un débouché suffisant.

Les chiffres qui suivent indiquent les résultats obtenus à un concours de laiterie tenu à Ayr les 26 et 27 avril 1861 :

NOM DU PROPRIÉTAIRE.	MAXIMUM OBTENU EN UNE FOIS.		MOYENNE DES QUATRE FOIS.		POIDS EN BEURRE	
	liv. av du pds onces	kil. gr.	liv. av. du pds onces	kil. gr.	liv du pds av. onces	kil. gr.
A. Wilson.	28 12	13 020	24 3 $\frac{3}{4}$	10 970	2 2	962
J. Hendrie	26 00	11 778	24 5	11 012	2 14 $\frac{2}{2}$	1 315
W. Reid.	25 7	11 521	20 8 $\frac{3}{4}$	9 305	2 9	1 158
W. Reid.	30 15	14 010	27 5 $\frac{1}{2}$	12 3[illegible]5	3 6 $\frac{2}{3}$	1 536
R. Wallace	28 14	13 076	28 8 $\frac{2}{2}$	12 922	1 9 $\frac{1}{2}$	719
R. Wallace	25 5	11 465	23 8 $\frac{2}{2}$	10 671	1 15	873

Dans le concours rappelé par ce tableau, le maximum fourni en une fois par une vache traite était un peu au-dessus de trois gallons (13 lit. 62 cent.), ce qui aurait donné 15 livres (5 kilog. 60 gr. de beurre par semaine. Mais comme c'était là un concours, et que les vaches étaient nourries en conséquence, on ne peut se fier à ces chiffres, en tant qu'indication des capacités laitières habituelles de la vache du comté d'Ayr.

Le lait fourni par cette race est d'une grande richesse de qualité. Il est caractérisé surtout par la grandeur des globules de beurre qu'il contient, et par la facilité avec laquelle il se convertit soit en beurre, soit en fromage. Cependant, on peut faire deux catégories des vaches d'Ayr : les productrices de beurre et les productrices de fromage. Ces dernières donnent une abondante sécrétion laiteuse où le globule est plus petit, et où les granules sont plus nombreux que dans le lait fourni par la catégorie des productrices de fromage. Il y a certaines vaches qui possèdent à la fois, à un point éminent, la faculté de produire du beurre et la faculté de produire du fromage.

Quoique la vache du comté d'Ayr soit élevée principalement comme laitière, elle prend graisse également très-vite quand elle est mise au sec; car c'est en vertu des mêmes fonctions d'économie animale que le pis se remplit, et que la graisse s'accumule dans les tissus. On conserve les vaches laitières plus ou moins longtemps, jusqu'à ce qu'on s'aperçoive d'une diminution dans le rendement du lait. Il en est qu'on conserve jusqu'à l'âge de sept ans, d'autres jusqu'à neuf ans; enfin, il y a des laitières exceptionnelles qu'on garde tant qu'elles peuvent se servir de leurs dents.

Race sans cornes d'Angus ou d'Aberdeen. — Pour remonter à l'origine de la race sans cornes d'Angus ou d'Aberdeen, il est nécessaire d'examiner d'abord de quelle sorte était le bétail qui dominait, antérieurement à l'ère de leur perfectionnement, dans les deux pays dont elles ont pris le nom. Si l'on en croit les plus anciens souvenirs des autorités vivantes les plus dignes de foi, les trois quarts des bestiaux du comté d'Aberdeen étaient noirs et sans cornes, et formaient la race indigène de ce comté. Il y a trois quarts de siècle, on achetait les bœufs de deux ans et demi trente livres (750 fr.) par tête au printemps, et on les revendait à Noël de quarante à cinquante livres (de 1,000 à 1,250 fr.). Ces simples chiffres suffisent à démontrer que, dès cette époque, le bétail d'Aberdeen n'était pas de mauvaise qualité, car dans ce temps-là des chiffres aussi élevés étaient rarement cités, même quand il s'agissait des meilleures bêtes bovines. Un éleveur de profession disait : « Les » bestiaux sans cornes du comté d'Aberdeen sont, de tous les animaux » qu'on a pu produire jusqu'ici, les meilleurs entre les meilleurs, et si » on les nourrissait comme on nourrit à présent les courtes-cornes, » tout ce que j'ai vu de mieux en fait de courtes-cornes ne les vaudrait » pas ; bien plus, mon opinion est que le comté n'aurait rien perdu si » les courtes-cornes n'avaient jamais passé la rivière Dee. » Ce langage peut être un peu entaché de partialité ; il n'en est pas moins vrai qu'un témoignage aussi sincère, sortant de la bouche d'un homme essentiellement pratique, est d'une haute valeur pour la détermination de la situation commerciale de la race à Aberdeen au commencement de ce siècle. Ces vues sont aussi en partie confirmées par un dénombrement de la race, qui se trouve dans l'histoire du comté, publiée en 1811 ; il y est établi qu'Aberdeen est un pays d'élevage qui produit des animaux noirs en plus grand nombre et de plus de valeur que peut-être aucun autre comté d'Ecosse. Nous tenons également d'une autorité irrécusable que la race sans cornes peuplait à peu près toute seule les terres basses, les types à cornes se confinant dans les circonscriptions élevées ou accidentées. A la foire d'Aikey, au commencement de ce siècle, on trouvait des milliers d'animaux sans cornes ; on n'y voyait pas un seul animal à cornes, et il en était de même à la plupart des grandes foires.

Le bétail du comté d'Aberdeen avait été alors, suivant les descriptions qui en ont été conservées, récemment perfectionné par le croisement des femelles les plus belles et les mieux conformées, avec les mâles de l'extraction la plus pure qu'on eût pû trouver. De plus, nous tenons de la même source que les éleveurs essayèrent d'améliorer, à force de soins, la taille des animaux indigènes. Tous ces détails ont une grande importance, et serviront à détruire une erreur trop généralement répandue, consistant à dire que la race perfectionnée d'Aberdeen avait autrefois des cornes. Oui, il a été un temps où il y avait une race à cornes dans le comté d'Aberdeen ; et nous sommes aussi parfaitement sûrs que le mélange inconsidéré de cette race avec la race sans cornes a donné naissance à toutes les combinaisons possibles de forme et de couleur chez les individus provenus du croisement. Ainsi donc, le bétail à cornes, possédant, à ce détail près, tous les caractères du bétail sans cornes, était très-répandu ; et c'est de là que vient indubitablement l'erreur des gens qui supposent que tout l'ancien bétail d'Aberdeen avait autrefois des cornes. Les vaches indigènes sans cornes étaient en général bonnes laitières, et l'industrie laitière, à la fin du siècle dernier, était fort importante.

L'histoire d'Angus, parue en 1813, contient quelques détails intéressants sur le bétail indigène de ce comté. La population bovine, nous dit l'auteur, se composait de plusieurs races, très-différentes l'une de l'autre en forme et en qualité. Il ajoute qu'on se préoccupait peu de la sélection tant des mâles que des femelles pour la reproduction, et qu'on ne s'est pas donné la peine d'en tirer une race se distinguant par des qualités particulières, soit en vue de la production du lait, soit pour l'engraissement. Les veaux sont rarement soignés. Quelques éleveurs, dans un but d'économie, les nourrissent de foin trempé, de lait écrémé et de jus de turneps bouillis, ce qui les rend faibles et les prédispose à la paralysie. Mais il faut entendre ces expressions dans un sens général, et admettre qu'elles comportent des exceptions. Même pendant les vingt-cinq dernières années du dix-huitième siècle, il y avait beaucoup de bêtes bovines noires dont l'élève était fort soignée, et il n'était pas rare de voir des bœufs dont les quatre quartiers pesaient plus de cent stones (36 kilogrammes).

La tribu sans cornes d'Aberdeen ou d'Angus se répandit rapidement dans toute l'étendue du territoire qui lui est propre. Ce territoire n'est plus restreint aujourd'hui aux deux comtés dont la race est originaire, mais elle est largement représentée dans ceux de Kincardine, de Banff, de Moray, auxquels on peut joindre sans doute celui de Nairn. Quelques troupeaux isolés se trouvent aussi éparpillés sur différents points de l'Ecosse, mais pas dans la proportion où l'on aimerait à les voir, car nous sommes certains qu'ils conviendraient mieux aux cantons de considérable altitude, que les bêtes bovines y habitant actuellement. Les six comtés formant la région nord-est de l'Ecosse et déjà énumérés, composent la circonscription où domine le bétail sans cornes. Une ligne tirée de Fort George sur le golfe de Moray, à Dundee sur le golfe de Tay, en constituent la délimitation géographique au sud-ouest ; au nord et à l'est, c'est l'Océan qui lui sert de frontière. La circonscription ainsi déterminée forme un large triangle isocèle ayant pour base la côte nord, pour sommet la ville de Dundee, la surface totale comprise dans le triangle étant de 2,857,968 acres ou 1,143,187 hectares. Là-dessus, sont régulièrement cultivés 1,2[illegible]6,5[illegible]8 acres ou 490,623 hectares, dont les deux cinquièmes donnent des céréales, surtout de l'avoine, avec une faible quantité d'orge et très-peu de froment ; un cinquième porte des racines, consistant principalement en turneps ; les deux cinquièmes restant étant occupés par des foins sous rotation. Le surplus non cultivé se compose de hautes chaînes de montagnes, de vastes bruyères, d'immenses marécages, et enfin de grandes surfaces plantées. Quelques pics des montagnes atteignent une altitude considérable. On voit dès lors quelles anomalies présente la contrée dont la race décrite ici est originaire, ou dans laquelle elle s'est développée à une époque récente ; on y passe de vallées ombragées et profondes à des landes stériles et désolées, et de terrains relativement bas à des monts escarpés et à des pics inaccessibles.

Les animaux sans cornes d'Angus et d'Aberdeen, quel que soit leur sexe, font plaisir à voir, à cause de la finesse et de la régularité de leurs formes, de la grâce de leurs mouvements, de leur air de santé; ils se laissent aussi caresser volontiers. Le bétail moderne a beaucoup gagné, quant aux dehors, sur ses ancêtres du commencement de ce siècle. On est redevable de ce progrès à la surveillance exercée par les éleveurs sur le choix des reproducteurs, et au soin avec lequel ils se sont attachés aux points appelés bons dans le métier, lesquels caractérisent aujourd'hui le vrai type de la race. Aussi en résultat n'existe-t-il sans doute pas de race qui rende autant de services que la race d'Angus et d'Aberdeen dans son pays d'origine, où elle est si parfaitement adaptée au climat, à la configuration du sol, et au système mixte de culture qui y est pratiqué. Appartenant en partie aux terrains élevés et en partie aux plaines, cette race est faite absolument pour vivre dans une contrée coupée de chaînes de montagnes et de campagnes fertiles. Assez rustique pour résister aux intempéries d'un ciel capricieux, la race sans cornes est merveilleusement douée par le séjour des pentes exposées au nord, à cause de sa disposition à profiter et à prendre graisse sur les pâtures sans avoir besoin de nourriture artificielle. Les principaux points ou caractères nécessaires à la perfection d'un taureau pur sang sans cornes Angus ou Aberdeen sont : une tête bien conformée et bien assise sur les épaules; des yeux animés et saillants, assez espacés l'un de l'autre; la gorge unie, le mufle bien dessiné, sans trop d'intervalle entre les narines et les yeux; le front haut et les oreilles pas trop grandes. Le cou doit être long, net, et un peu plein vers le haut; les épaules larges, mais rejoignant sans brusquerie le cou et l'échine; la poitrine vaste et développée; les jambes un peu courtes, à os bien découpés, supportant avec fermeté le poids du corps. La croupe doit être plate et étroite, les côtes bien sortantes, le corps massif et exactement placé derrière les épaules, mesurant une large circonférence; l'arcature des côtes marquée aux angles, qui doivent être bien de niveau et pas trop espacés, sans être trop grands pour les autres proportions; l'animal doit être uniformément en chair jusqu'à la queue. La vrille pleine et longue, suffisamment charnue, mais sans faire saillie en arrière. La queue d'épaisseur médiocre, et tombant droit.

La tête de la vache doit être d'une forme plus allongée et d'un aspect moins dur que celui du taureau; les oreilles d'assez grande dimension; le cou ferme, droit et bien attaché, sans faire un creux brusque à sa jonction avec les épaules, ni une protubérance à son extrémité; le haut des épaules doit être plus fin et plus mince que chez le mâle. En résumé, chez les deux sexes, il faut que la tête soit fine, le corps rond et bas, les jambes courtes, et les épaules en rapport avec le reste du corps.

Le cuir doit être doux et flexible au toucher, et couvert d'une quantité luxuriante de poils soyeux. L'animal pur sang a des mouvements aisés, vifs et cadencés. Il est de couleur ordinairement noire, quoiqu'il se rencontre quelquefois des individus d'extraction absolument pure, mouchetés, avec un peu de brun le long de l'épine dorsale et autour du mufle. D'autres, d'une descendance également incontestable, sont couverts de grandes taches blanches. Le noir est la couleur la plus recherchée des éleveurs, bien qu'il arrive fréquemment que d'excellentes laitières soient ou pommelées, ou noires le long de l'échine. Il faut conclure de tous ces faits que les qualités laitières correspondent à des couleurs déterminées. Quoi qu'il en soit, il faut conserver avec soin les familles que distinguent leurs qualités laitières, et s'attacher strictement au noir jais qui est à la mode.

Sauf de légères modifications de détail, l'alimentation et les soins donnés aux veaux et aux jeunes animaux sont les mêmes dans tous les troupeaux bien entretenus.

Les vaches doivent être tenues en hiver sur une pâture aussi peu élevée que possible. Les veaux viennent ordinairement au monde au printemps, et sont laissés à leurs mères jusqu'à la fin d'octobre, recevant, en plus du lait, d'une à deux livres de tourteau de graines oléagineuses. Après qu'ils ont été sevrés, on leur donne de la paille et des turneps hachés, avec une livre et demie à deux livres de tourteau par jour. Le traitement des femelles après le part présente quelques difficultés, parce que d'un côté il faut éviter qu'elles prennent graisse, et d'autre côté parce qu'elles doivent se développer progressivement. Les génisses sont rarement employées à la reproduction avant d'avoir atteint l'âge de deux ans ; leur croissance pourrait être arrêtée, si l'on s'en servait auparavant.

Durant le cours du perfectionnement poursuivi sans relâche pendant tant d'années, et surtout pendant les dix dernières, nous croyons pouvoir affirmer qu'en général ce n'est pas aux qualités laitières que se sont attachés les éleveurs d'animaux sans cornes. Ceux qui voulaient le perfectionnement ont recherché surtout la précocité du développement et le rendement en viande, d'autant plus que ce sont là les points où la race excelle, et par suite où elle est susceptible de réaliser la plus grande perfection. Cependant certains éleveurs, sans perdre de vue les qualités dominantes de la race, ont porté en même temps leur attention sur la production du lait, et c'est à eux qu'on doit des troupeaux qui donnent de grands bénéfices sous ce rapport.

La race d'Angus et d'Aberdeen, considérée dans son ensemble, doit être regardée comme bonne laitière, sans atteindre ni même approcher bien entendu la race d'Ayr, ni celle des îles normandes, mais en restant supérieure à beaucoup d'autres. La quantité de lait fournie par la vache d'Angus et d'Aberdeen est plus grande que celle obtenue de la vache de West Highland ; seulement la qualité fait défaut, quoique supérieure à celle que donnent les courtes cornes, dont le lait est souvent très-abondant, mais sans aucune consistance. Comme pour d'autres races, il s'y trouve des familles bonnes laitières, des familles mauvaises laitières, des familles enfin qui ne sont ni bonnes ni mauvaises laitières, suivant qu'on a ou qu'on n'a pas apporté de soin à entretenir et à développer cette précieuse faculté. Les éleveurs qui désirent se procurer des femelles de cette race pour la laiterie doivent bien se garder de ne pas se laisser entraîner à laisser prendre à leurs animaux trop d'embonpoint. A ceux qui recherchent le lait seulement, nous ne recommanderons pas la race sans cornes; ce n'est pas là ce qui leur convient. Mais, nous le répétons, si l'on fait une sélection judicieuse, on peut trouver une race qui d'abord soit bonne laitière et ensuite s'engraisse bien.

Pour indiquer la grande importance de l'élève du bétail dans la circonscription où les animaux sans cornes sont en forte proportion, nous pouvons fixer à 42,000 le nombre de ceux engraissés tous les ans dans les environs d'Aberden. Ils représentent une valeur totale annuelle dépassant un million de livres (25 millions de francs . On en expédie environ 34,500, soit sur pied, soit abattus, à Londres et à d'autres grandes villes. Il faut donc regarder le succès de l'engraissement comme la condition *sine quo non* de la réussite de l'éleveur, en ce qui concerne la race d'Angus et d'Aberdeen. Les jeunes bœufs précoces sont attachés de bonne heure, et engraissés en octobre avec des turneps, des tourteaux et de la paille. Les individus les plus grands et les meilleurs sont généralement réservés aux marchés de Noël d'Islington, de Liverpool, et d'Édimbourg, où ils se vendent très cher. On leur donne peu de tourteau, et leur ration n'en comprend que trois ou quatre livres par jour vers la fin. Leurs qualités d'engraissement sont tellement prononcées que les acheteurs les trouvent souvent trop mûrs à Noël. A mesure que part le bétail gras, les stalles qu'il laisse vides sont remplies par des animaux achetés dans le voisinage, qu'ont fini d'engraisser au printemps, ou même qu'on laisse toute l'année sur les pâtures. Le bétail consomme le meilleur de la paille, dont le rebut sert de litière. Les râteliers sont nettoyés soigneusement deux fois par jour, et le devant des stalles une fois. On donne des turneps trois fois par jour, d'abord à six heures du matin, puis à midi, et enfin à quatre heures, le contenu d'une brouette servant chaque fois pour deux bêtes. De temps à autre, on inspecte les bestiaux, et on donne en supplément à ceux qui restent en arrière trois ou quatre livres de tourteau, avec un peu de grain broyé, pour leur faire atteindre les plus avancés. Les litières sont remuées deux ou trois fois par jour, afin que les animaux soient plus à leur aise étant couchés.

La nourriture est la même, sauf des variations insignifiantes, chez tous les fermiers qui destinent leur bétail à la boucherie. Le seul fait que ces animaux n'ont besoin que d'une faible quantité de nourriture étrangère, en dit plus sur les qualités de la race que des volumes consacrés à la louer.

Dans le courant de ce rapport, on a cité des exemples de l'amélioration graduelle apportée au type sans cornes depuis plus d'un demi-siècle. Elle est particulièrement sensible depuis vingt ou vingt-cinq ans ; pendant cette période, plusieurs troupeaux ont été amenés à un haut degré de perfection, et d'autres sont en bonne voie pour arriver bientôt à un point extrêmement honorable.

En matière d'élevage, nous pensons que beaucoup de fermiers, qui se contentent encore des reproducteurs ordinaires, arriveraient à perfectionner très-efficacement leurs troupeaux, s'ils voulaient bien suivre les traces de ces grands initiateurs, qui ont ouvert la voie il y a longtemps, et qui la leur ont rendue simple et facile. En se procurant deux ou trois bonnes femelles, ils pourraient, avec une dépense relativement faible, poser la base d'un troupeau supérieur, qui, par le croisement avec de bons taureaux, à l'aide également de beaucoup de soins dans la direction, donnerait une progéniture combinée de façon à prendre graisse avec moins de nourriture, et à valoir davantage à la fin de l'engraissement.

En ce qui concerne l'élève des veaux, on peut remarquer que différents éleveurs ou leur donnent trop peu de lait, ou ne leur en donnent pas assez longtemps, ou même pèchent à la fois sous les deux rapports. C'est là une bien petite, et, disons-le, une bien fausse économie, car les veaux deviennent chétifs, leur croissance subit un arrêt, et dès lors, ils ne prennent plus jamais de taille. Conserver la chair du veau est un principe qui devrait être gravé deux fois dans le cœur de tout éleveur. Maintenant, faut-il laisser le veau têter sa mère, ou vaut-il mieux le nourrir à la main ? On n'est pas d'accord à ce sujet; quant à nous, cependant, nous penchons décidément pour l'allaitement maternel, le considérant comme plus naturel et meilleur. Cette large manière d'agir ne rendra jamais les veaux assez gras pour compromettre leur avenir et leur valeur ultérieure.

Plus tard, à l'âge adulte, il ne faut pas trop nourrir les femelles. On ne saurait trop se prémunir contre ce genre d'excès.

Race de Galloway. La province de Galloway, qui a donné son nom à une race de bétail produisant d'excellente viande, est à présent resserrée dans des limites bien plus étroites qu'autrefois. Dans l'antiquité, l'appellation de Galloway s'appliquait à la moitié occidentale de la portion de la Grande-Bretagne septentrionale qui se trouve au sud du golfe de Forth; ainsi elle embrassait les comtés de Dumfries, de Lanark, de Renfrew et d'Ayr, en outre des deux comtés qui continuent à porter ce nom. L'ancien Galloway peut s'entendre d'une manière générale comme comprenant le vaste territoire à l'ouest de la grande ligne du chemin de fer Calédonien allant de Carlisle à Glasgow. Mais il y a bien des siècles que ce terme a été restreint aux comtés de Kirckudbright et de Wigtown.

Jusqu'à la seconde moitié du siècle dernier, les bestiaux de la race de Galloway étaient les seuls qu'on pût trouver dans la circonscription entendue de la manière la plus large, celle qui comprenait les six comtés réunis sous un nom collectif. Même après que le nom ne s'est plus appliqué qu'à Kirkcudbright et à Wigtown, les animaux noirs de la plaine méridionale des trois divisions du comté d'Ayr avaient plus de réputation que ceux des deux comtés.

Quoique Galloway soit, depuis un temps immémorial, le pays du bétail de ce nom, ce bétail n'y existait nulle part en quantité considérable jusque vers la fin des vingt-cinq premières années du dix-huitième siècle. Avant l'union des deux royaumes, on entretenait relativement peu de bêtes bovines, même dans les cantons à terres labourables, les basses terres aussi bien que les parties montagneuses étant alors peuplées principalement de moutons.

Il ne faut pas chercher bien loin pour trouver l'explication de cette apparente anomalie. Les villes de l'Ecosse ne possédaient pas un grand nombre d'habitants, et par suite, ne demandaient qu'une quantité fort minime de viande de bœuf; d'un autre côté, par suite de la distance entre les principaux centres de population et la plus grande partie de la vaste circonscription productrice des animaux Galloway, cette race n'entrait même pas d'une manière sensible dans le cercle, pourtant si limité, des affaires d'alors. Les moutons étaient plus avantageux que les bêtes bovines, et ils avaient de la valeur surtout au point de vue de leur laine, qui était assez recherchée, et qui se vendait assez cher. Par suite de toutes ces circonstances, on élevait des moutons, tant sur les hautes terres que sur les portions mêmes des fermes à labour où l'on ne récoltait pas de céréales. Lors de l'union des deux royaumes, Norfolk et les autres comtés du sud-est de l'Angleterre commencèrent à demander des bêtes bovines maigres ; d'où résulta dès le commencement du dix-huitième siècle, une rapide extension de l'élève du gros bétail, qu'on trouva plus rémunératrice que tous les systèmes essayés jusque-là. Les propriétaires furent amenés à comprendre de quel avantage était pour eux l'existence de bonnes pâtures sur leurs domaines, dès qu'ils virent que c'était le gros bétail qui donnait à ceux qui les leur louaient, leurs plus importants bénéfices. Avec l'idée de réduire l'étendue des labours, d'augmenter proportionnellement en conséquence le superficie en foin, les propriétaires se mirent aussitôt à fermer leurs terrains avec ces murs de pierre d'une construction spéciale qu'on a depuis appelés clôtures de Galloway. En opérant ainsi, il leur arriva souvent de réunir plusieurs exploitations en une seule, et, par suite, d'expulser un grand nombre d'occupants ainsi que leurs familles, avec tant de précipitation, que beaucoup de ceux-ci, privés de la terre qui constituait leur seule ressource, se trouvèrent bientôt dans le plus complet dénùment. La continuation de ce système de clôture fut arrêtée pour un temps par le soulèvement d'un parti connu sous le nom de Niveleurs ; les excès auxquels ils se portèrent appartiennent à l'histoire. Mais cette révolte fut bientôt étouffée, et on recommença avec plus d'activité que jamais à enclore les terres et à les couvrir de gros bétail. Les moutons furent presque entièrement bannis des basses terres, les seuls qu'on y conservât étant des animaux de fantaisie gardés seulement en vue des couvertures et des vêtements que les dames de la campagne confectionnaient avec leur laine. L'exportation des bêtes bovines maigres du Galloway pour le Sud augmenta graduellement pendant le dernier siècle, jusqu'à sa fin ; et, dès les premières années du siècle actuel, de 20 à 30,000 têtes d'animaux Galloway, de trois à quatre ans, étaient expédiées tous les ans des pâtures de Dumfries et de Galloway pour l'Angleterre, et notamment pour les comtés de Norfolk et de Suffolk. L'adoption et le développement de la culture à base de turneps, et l'introduction, à la même époque, des instruments à vapeur, non-seulement anéantirent ce commerce en amenant les cultivateurs des régions productrices à engraisser eux-mêmes une grande partie de leur gros bétail, mais encore réintégrèrent les moutons dans les terrains cultivés, et réduisirent, par suite, le nombre des bêtes bovines qui y vivaient, au moins dans la proportion où augmentait le produit du sol.

Les bêtes bovines de race Galloway ont été entièrement supplantées par la race d'Ayr dans le pays propre de celle-ci, et, dans les comtés de Renfrew et de Lanark, la race d'Ayr a également chassé presque entièrement la race Galloway du comté de Wigtown ; enfin, dans l'intendance de Kirkcudbright et dans le comté de Dumfries, la race d'Ayr, si précieuse comme laitière et de formes si élégantes, s'est, dans bien des endroits, substituée aux Galloway, qui ne font que de la viande. Pas plus loin que 1810, les Galloway dominaient dans le canton de Carrick, comme en témoigne Aiton dans son *Coup d'œil*, page 413; et, à la même époque, les animaux d'Ayr ne se trouvaient pas en grand nombre dans le comté de Wigtown. Peu après, l'ancienne race d'Ayr fut rapidement remplacée dans ce comté par les vaches laitières ; mais ce ne fut qu'après 1840 que la nouvelle race d'Ayr commença à empiéter sérieusement sur celle de Galloway dans le comté de Dumfries et dans le Galloway même. Cependant, dans le cours des dix années qui suivirent, le système des laiteries se développa très-vite, et le nombre des représentants de la race indigène décrut en proportion. La crise qu'eut à subir le commerce des fromages a décidé un peu de réaction en sa faveur, et le nombre des troupeaux Galloway a plutôt augmenté que diminué pendant ces dernières années.

Le bétail de Galloway était la race indigène du Cumberland, autant qu'on peut en juger d'après les renseignements les plus anciens auxquels on puisse recourir. Cette origine est susceptible de deux explications. L'une consiste en ce que, dans les temps les plus reculés, cette partie extrême de l'Angleterre dépendait du même gouvernement que la partie de l'Ecosse qui lui est contiguë au Nord. Lorsque, plus tard, les deux circonscriptions de Cumberland et de Dumfries se trouvèrent appartenir chacune à un royaume différent, chaque côté de la frontière devint excessivement hostile à l'autre, et les razzias de bétail entrèrent si bien dans les habitudes des deux pays, qu'il en résulta une assimilation complète entre leurs animaux.

A son début, le perfectionnement de la race Galloway ne fut pas le résultat du croisement des vaches indigènes du pays avec des taureaux d'autres races, quoiqu'il soit nécessaire d'ajouter que plusieurs personnes avaient fait des expériences isolées en ce sens. Il n'existe aucune raison de douter que cette race a été amenée à son état de perfectionnement actuel par l'attention soutenue et incessante des habitants, d'abord à ne se servir pour la production, que des animaux les plus sains et les mieux conformés dans les deux sexes, puis à donner au bétail la nourriture et les soins les mieux entendus.

L'amélioration qui en est résultée pour les animaux, depuis cinquante ans, a été immense ; puisque cette période n'est pas assez longue pour que les souvenirs des hommes vivants à son origine se soient encore effacés, on pouvait écrire avec certitude et dans son détail l'histoire des perfectionnements qu'ils sont parvenus à réaliser. De 1825 à 1850, c'étaient les environs de Kirkcudbright et la partie orientale du comté de Wigtown qui possédaient les meilleurs et les plus beaux échantillons de la race. Un certain nombre d'habitants industrieux et entreprenants de ces localités rivalisaient d'efforts pour perfectionner la qualité de leurs peaux noires de prédilection, et ces efforts furent couronnés du plus éclatant succès.

Aucune période de l'histoire des animaux de la race Galloway, dans le Royaume-Uni, n'a vu leur qualité se perfectionner comme de 1850 à 1875 ou à nos jours. Il y a vingt-cinq ou trente ans, sur presque toute l'étendue du pays, la pureté de la race était en voie de s'altérer rapidement à la suite de croisements négligés et mal entendus avec d'autres variétés. Le développement si prompt de la production laitière à cette époque, dont il a déjà été fait mention ici, non-seulement a déplacé les Galloways dans de grandes proportions, mais a fourni une occasion bien tentante pour un mélange de races.

La société agricole de Galloway a établi en 1875 une exposition et une foire de génisses à Castle Douglas; l'exposition a été ouverte tous les ans, et a réussi assez bien. Elle a fourni aux personnes désireuses de fonder de nouveaux troupeaux ou de reconstituer les anciens, la facilité de se procurer des animaux pur sang de descendance authentique; les prix obtenus ainsi ont été convenablement avantageux pour les éleveurs.

C'est principalement sous le rapport de la viande que la race de Galloway a de la valeur; elle ne brille pas en général par ses qualités laitières. Elle fournit un lait riche en qualité, mais ordinairement faible en quantité, en égard surtout à la taille de l'animal, et à la quantité de nourriture par lui consommée. Cependant il y a des familles d'individus où la faculté laitière se prononce, on y trouve d'excellentes vaches de produit dont on tire quelquefois 10 à 13 livres de beurre par semaine quand le foin est haut et qu'elles sont mises à pâturer sur un vieux pré. C'est là cependant un rendement exceptionnel. Et les admirateurs les plus enthousiastes de cette race sont eux-mêmes forcés d'avouer que là où l'objet principal est la production laitière, soit en beurre, soit en fromage, les vaches d'Ayr doivent être préférées aux vaches Galloway.

Les éleveurs qui s'étaient proposé d'amener les Galloways à une maturité précoce ont réussi d'une manière qui supporte parfaitement la comparaison avec les résultats obtenus par d'autres races.

La vigueur de la constitution des animaux Galloway, la chaude couverture formée par leur noir pelage qui, chez les pur sang, est magnifique et les protége efficacement contre l'humidité et les froids quelquefois excessifs de leur pays d'origine, les rendent particulièrement propres à vivre sur les terrains hauts et sans abri.

Pour les croisements, les Galloways sont tenus à bon droit en haute estime. Un excellent croisement qui fait la prédilection des bouchers provient de la vache Galloway et du taureau à courtes cornes. Les couleurs des animaux de ce croisement sont nombreuses, mais la plus fréquente est le gris bleuâtre. Le mélange chez eux du sang des courtes cornes tend à leur donner une maturité précoce, et prévient ainsi le reproche souvent adressé aux Galloways pur sang, d'être longs à finir de s'engraisser. De plus, leur viande est d'une qualité aussi supérieure que celle de la race à laquelle appartiennent leurs reproductrices, et elle l'emporte de beaucoup sur la viande de leurs reproducteurs; car il y a beaucoup de véri-

dans la critique que nous avons souvent entendu faire des courtes cornes, qu'ils sont tout en dehors. Plusieurs personnes d'une grande autorité se servent du taureau Galloway pour le croiser avec la vache à courtes cornes, en prétendant que le croisement vaut mieux ainsi qu'en sens contraire. Les reproducteurs Galloway sont aussi assez employés pour le croisement avec les vaches d'Ayr. Cette union donne des animaux supérieurs qui prennent beaucoup de taille et de poids, et sont précoces pour l'engraissement. Ce croisement est pratiqué principalement par les cultivateurs qui combinent la production du lait avec celle de la viande et quelquefois aussi avec l'élève des bestiaux de cette sorte.

Race de West-Highland. — Cette vigoureuse race de bétail a en quelque sorte pour domaine tout l'ouest et tout le centre des hautes terres de l'Écosse, ainsi que les îles occidentales, quoiqu'on y puisse trouver à la rigueur de côté et d'autre, soit un troupeau de vaches laitières du comté d'Ayr, soit des croisés de courtes-cornes à l'engraissement.

Aux périodes antéhistoriques, les hautes terres d'Écosse furent envahies par de vastes troupes d'animaux qui ont fini par prendre un caractère approprié à une contrée de hautes montagnes et de sauvages bruyères. Dans le nord du pays, on leur a donné le nom de Nord-Highland, pendant que, depuis un temps immémorial, les animaux qui habitent la côte ouest et les îles voisines, sont appelés West-Highland. A cause du caractère montagneux de cette partie de l'Écosse, et de sa proximité de la mer, la hauteur de pluie y est considérable; mais cependant le climat, tout sujet qu'il est à de violentes bourrasques, n'est pas aussi rigoureux que sa latitude septentrionale pourrait le faire supposer, grâce à l'effet des courants du Gulf-strean, qui empêchent l'excès de froid comme l'excès de chaleur. Cette douceur comparative de la température, et l'extrême humidité du climat, agissant sur un sol d'une nature particulière, font pousser une végétation luxuriante de foins rudes et de grossières plantes herbacées, qui viennent émailler l'étendue des bruyères, et fournir de quoi vivre à une race robuste telle que celle de West-Highland. L'extension donnée depuis quelques années à l'élève du mouton a sans doute exigé le déplacement d'une grande partie de ces animaux; mais on en est encore à se demander si, avec leur poil hérissé et leurs allures sauvages, ils n'étaient pas mieux adaptés que n'importe quels autres au sol, au climat, et à la situation géographique de la région.

Malgré son affaiblissement comme nombre, la race n'a rien perdu de sa remarquable pureté, différente en cela de celle du Nord-Highland dont la forme a tellement changé, par suite d'un afflux continuel de sang courtes-cornes, qu'il serait difficile aujourd'hui de trouver un seul individu du type primitif. Un Nord-Highland pur sang, s'il s'en trouvait un, pourrait être considéré avec raison comme le dernier traînard d'une troupe disparue.

Il n'y a peut-être pas de bétail pour posséder des traits plus distinctifs et plus fortement marqués que les West-Highland. Voici les marques ou points caractéristiques de la race pure : membres trapus, mais musculeux; poitrail large et profond; côtes bien développées et finement arquées; les reinsiforment une ligne aussi droite que chez les courtes-cornes pur sang. Le cou et le fanon présentent quelque chose de grossier chez le bœuf, mais c'est le résultat du séjour des montagnes. Les cornes sont d'une bonne longueur, sans approcher de la forme grossière des longues cornes des terres basses; elles sont divergentes ; le bout en est blanc. Et tous les autres points chez les West-Highland sont ce que les éleveurs appellent bons.

Il existe, il est vrai, chez l'animal de cette race, de quoi exciter l'attention et même l'admiration des personnes qui aiment les animaux dont la domestication n'a point encore altéré les qualités naturelles. Leur couleur, toujours belle et imposante, mouchetée chez les uns, chez les aures brune, café au lait, rouge ou noire ; leurs côtes parfaitement arquées, leur rein droit et bien pris ; leur poitrine large et bien formée ; leurs cornes splendides ; leurs yeux vifs, mobiles et intrépides ; leurs grands muscles et leur pelage sombre, les revêtent d'un charme qu'on ne rencontre chez aucune autre race des Iles-Britanniques. Leurs mouvements aussi sont extrêmement gracieux ; soit qu'on les aperçoive gravissant les pentes des collines qui les ont vus naître, ou qu'on les regarde circuler dans les foires, ou enfin qu'on les contemple quand ils se prélassent dans le parc d'un château, ils conservent toujours une aisance de mouvement inconnue aux races repues et alourdies par la domestication. Les amateurs du pittoresque ont rarement un coup d'œil plus attrayant que celui d'un troupeau de Highlands de toutes couleurs dans un paysage d'Écosse. C'est là une scène bien digne des pinceaux d'un artiste. Les cultivateurs des hautes terres de l'ouest visent à multiplier autant que possible la couleur noire, parce qu'ils croient y voir le signe d'une vigoureuse constitution ; de là vient que le noir est la nuance dominante. En résumé, on peut dire, sans crainte d'être démenti, qu'il n'est pas de bêtes bovines aussi gracieuses sous le rapport de la forme et de la couleur, aussi majestueuses dans leur allure et dans leur poil, que leur bœuf, la vache ou la génisse de race Highland absolument pure.

Il a déjà été énoncé qu'il existe une différence entre les animaux Nord-Highland et les animaux West-Highland, quoique les deux variétés soient souvent confondues sous la dénomination de bétail noir. Le Nord Highland a presque entièrement perdu ses caractères distinctifs par des croisements répétés, tandis que le pure Highland, est aujourd'hui confiné principalement dans les comtés d'Argyll, d'Invernes, de Perth, de Ross, et de Dumbarton, quoique naturellement on en rencontre autre part encore des troupeaux isolés.

Les bestiaux qui naissent sur la terre ferme d'Écosse sont en général beaucoup supérieurs, sous le rapport de la charpente, de la forme et de l'ensemble des matériaux de leur organisme, à ceux originaires des îles ; mais ces derniers ont un pelage et des cornes avec lesquels ne peuvent rivaliser ceux qui possèdent les animaux des pâtures de l'intérieur. En réalité, un fait bien digne de remarque c'est que, plus un animal est avancé en domestication, plus il a de poids en chair, quoiqu'on soit forcé d'admettre que cette chair a perdu jusqu'à un certain point en qualité. On a le droit d'en demander la raison, mais la réponse est bien simple. La nature sème l'herbe avec d'autant plus de variété et de prodigalité sur un sol, que ce sol a moins subi l'influence humaine. Il est bien connu que le mouton le plus savoureux est celui des prés naturels qui n'ont jamais été cultivés ; et que les cerfs des montagnes d'Écosse ont un fumet de gibier qui manque à la venaison provenant des parcs à cerfs d'Angleterre. Le meilleur lait, le meilleur beurre, viennent également des vaches nourries à de vieilles pâtures ; de telle sorte que de tous ces faits se dégage un axiome péchant seulement par trop d'évidence ; à savoir que la domestication et l'alimentation à haute dose procurent le poids aux dépens de la qualité.

On convient généralement qu'il y a progrès marqué, depuis vingt ou trente ans, sur le bétail existant dans les villes, l'infusion d'un sang nouveau provenant d'animaux plus forts importés de la terre ferme ayant rendu de la force à la race plus faible des îles. A l'exception d'un petit nombre de troupeaux connus dans les comtés de Perth, d'Argyll et d'Inverness, l'opinion régnante est que le bétail de la terre ferme est lui-même en voie de déclin ; mais cette opinion est peut-être fondée, plutôt sur sa diminution en nombre, que sur un dépérissement réel chez les animaux eux-mêmes.

Il y a de quarante à soixante ans, on faisait peu d'attention à l'entretien du bétail. Taureaux et vaches vivaient confondus; les vaches vêlaient en toute saison, et par suite, il arrivait souvent de grandes pertes à l'hiver et au printemps. Ces pertes décimaient les troupeaux ; mais, comme il n'existait pas de grands débouchés pour les jeunes animaux, et que ceux-ci n'étaient pas de défaite, on ne s'en préoccupait pas outre mesure. Quelquefois, pendant d'affreuses tourmentes, on voyait arriver le fermier par deux pieds de neige, avec un peu de foin dur pour son troupeau mourant de faim ; mais la règle était de laisser les animaux se suffire tout seuls. Naturellement les animaux adultes supportaient mieux que les jeunes les rigueurs de l'hiver, à cause de l'épaisseur de leur pelage ; comme leur constitution était entièrement développée, ils étaient plus capables de résister aux privations résultant de la rareté des aliments. En été, il était et il est encore très-ordinaire de voir le troupeau gravir les pentes quand il fait beau, et paître l'herbe maigre qu'il rencontre ; mais en cas de mauvais temps, il descendait d'instinct dans les vallées et dans les terres basses. En hiver, la nécessité poussait les animaux dans les fonds et les ravins où ils traînaient une misérable existence aux dépens des herbes grossières qu'ils trouvaient sur les prés ou sur les pentes boisées si communes alors. Quelquefois le froid et la faim causaient une espèce de maladie, qui enlevait de temps en temps quelques têtes ; il n'était même pas rare de voir les animaux affamés succomber par vingtaines, quand les hivers étaient très-durs. Malgré tous ces inconvénients, comme le prix du bétail, eu égard à ce qu'il est aujourd'hui, était purement nominal, et que le fermage était facile à payer, on ne faisait pas attention à la perte de quelques animaux pendant l'hiver. Au retour du printemps, les survivants, qui avaient bravé la fureur des éléments, étaient aussi maigres que des loups, aussi affamés que des chevaux de fiacre ; leurs poils se tenaient tout droits comme les piquants d'un porc-épic en colère, la peau de leur ventre était presque collée à leur échine ; et il n'y avait d'augmenté chez eux que la longueur de leurs cornes. En bien, après tant de souffrances, en avril et mai, aussitôt que l'herbe commençait à pousser sur les terres basses, ils reprenaient à merveille. En trois mois à peu près, les animaux de première catégorie redevenaient gras et dodus ; et, quant à la viande nouvellement formée, elle était tendre, juteuse, d'un goût exquis dans toutes les parties comestibles ; c'était une viande hors ligne. Avec le temps, les fermiers ont commencé à comprendre qu'il était indispensable de donner un refuge au bétail contre les tourmentes d'hiver. Quand on voyait approcher une tempête, — il faut ici remarquer en passant qu'un cultivateur des hautes terres se connaît généralement très-bien aux pronostics du temps, — on faisait entrer le bétail dans un enclos abrité par une colline ou un bois ; il y trouvait une mince pitance de foin ou de paille sur laquelle il lui fallait subsister jusqu'à la fin de la tempête, moment où on lui rendait sa liberté.

Le système actuel d'entretien du bétail subit beaucoup de modifications, suivant les localités et l'importance des troupeaux ; et même, dans une même circonscription, sous des conditions identiques de climat et de situation, la manière de traiter le bétail pendant l'hiver n'est pas du tout uniforme. En Argyll et en Perth, les petits troupeaux sont souvent divisés en deux ; on met les vaches reproductrices dans un champ, et les jeunes animaux dans un autre. On donne à ces derniers de la paille avec un peu de foin de pré naturel, et quelques turneps, quand il y en a beaucoup. Les vaches affectées à la reproduction sont un peu mieux traitées ; elles reçoivent une plus forte ration de foin de meilleure qualité, et davantage de turneps. D'autres exploitants, surtout dans les fermes les plus importantes, aiment mieux laisser les veaux d'un et deux ans libres dans la plaine, où on leur jette quelques turneps sur un bout de jachère bien propre, et où ils trouvent la nuit dans un hangar ouvert, un râtelier garni de foin ou de paille. Ainsi affouragés, et avec l'herbe dure qu'ils picorent dans les bois, il est merveilleux de voir comme ils se maintiennent en bon état, fait qui suffit du reste à démontrer la vigueur de la race. A trois ans seulement les génisses font l'objet d'une sélection pour le recrutement des reproductrices ; il a été reconnu qu'avant cet âge elles n'étaient pas assez formées. C'est pendant certains mois d'hiver et de printemps, savoir janvier, février, mars et avril, que les vaches mettent bas. A ce sujet, on doit noter une nouvelle dissidence d'opinions entre les éleveurs. Les uns tiennent les veaux séparés de leurs mères jusqu'à l'ouverture de la période où ils sont envoyés à la pâture, et ne leur permettent d'être ensemble que trois fois par jour, un moment chaque fois ; les autres gardent au parc vaches et veaux ensemble. Ce dernier système, celui de la réunion, a ses avantages ; mais il a l'inconvénient de rendre la mère et le jeune tous deux si sauvages qu'ils ne veulent plus se laisser approcher une fois qu'ils sont en pleine liberté. Au commencement d'octobre a lieu le sevrage des veaux ; comme la température de ce mois est généralement basse, les vaches souffrent d'ulcères au pis, leur lait étant déjà presque à sec, à raison de ce que les pâturages se dégarnissent. On peut encore remarquer ici que beaucoup de fermiers de nos jours donnent des tourteaux aux veaux qu'ils veulent laisser grandir, aussi bien qu'aux animaux qu'ils destinent à la boucherie. Ce régime développe les os des premiers et les fait grandir vite ; il fait arriver les seconds à une maturité précoce, et les rend fins gras. Mais on ne peut pas le qualifier de rationnel si les veaux doivent être ensuite envoyés sur les bruyères, pour n'y vivre que de la maigre provende qu'ils y trouvent, et ne plus compter alors que sur la libéralité restreinte de la nature.

Quelques grands nourisseurs ne produisent pas eux-mêmes leurs bestiaux : ils aiment mieux les acheter quand ils ont atteint trois ou quatre ans, puis ils les transportent, pour les engraisser, sur de meilleures pâtures de différents côtés du pays.

On n'est pas du tout d'accord sur les propriétés laitières de la race West Highland. La plupart des fermiers avouent qu'en général cette race ne produit pas beaucoup sous ce rapport, tandis qu'il y a d'autres éleveurs qui, au contraire, l'exaltent comme la laitière par excellence. Naturellement, les conditions dans lesquelles ces qualités peuvent être mises à l'épreuve ont la plus grande influence sur le résultat. Malgré leur extrême sauvagerie, la rudesse de leur pelage et la longueur de leurs cornes, caractères absolument opposés à ceux que présentent les courtes cornes pur sang, les West Highlands ont tant d'autres points communs avec ceux-ci, les jambes courtes, le rein droit, le corps cylindrique, l'échine large, le poitrail large, les côtes parfaitement arquées, l'encolure puissante, qu'ils ne peuvent manquer de produire beaucoup de lait s'ils sont soignés convenablement en ce sens. Un éminent éleveur dit en propres termes que, pour l'élevage en vue de la production du lait, ce sont les animaux Highlands qui ont aujourd'hui la préférence sur toute autre race. Ils n'ont pu atteindre la supériorité à cet égard que par une judicieuse sélection s'attachant exclusivement aux reproducteurs qui rendaient le plus de lait, aussi bien que par une suite d'observations et d'expériences persévérantes. Les gens experts savent aujourd'hui très-bien reconnaître si une vache est bonne laitière au développement pris par certains côtés de sa conformation. Les animaux Highlands sont justement renommés comme portant leur graisse en dedans ; et il est hors de doute que les qualités laitières d'une race doivent se calculer d'après la quantité de graisse que cette même race s'assimile intérieurement.

Le croisement des génisses Highlands avec les taureaux courtes-cornes est un sujet qui a été souvent discuté, mais qui n'a jamais, probablement, été traité à fond ; cependant on ne peut disconvenir qu'un croisement soigné et méthodique doit produire et propager une race avantageuse, réunissant la maturité précoce, l'aptitude à faire de la graisse, et les facultés laitières du courtes-cornes, avec la vigueur, la chair fine, et l'extérieur imposant du West Highland. Quand ce croisement a été essayé, on s'est souvent inconsidérément servi d'animaux beaucoup trop jeunes, dont la descendance devait nécessairement être de taille réduite. Mais si l'on amenait de jolies vaches de trois ans à des taureaux de premier choix, il est évident qu'on obtiendrait une grande race d'animaux, propres eux-mêmes à la reproduction de l'espèce, à la production de la viande, ou à la production du lait, et d'une constitution calculée pour supporter les intempéries de n'importe quel climat. On voit parfois un éleveur anglais acheter une génisse Highland pur sang ; il la fait croiser par un bœuf courtes-cornes ; le produit de cette union est de nouveau croisé avec un courtes-cornes ; il obtient ainsi, non-seulement de merveilleuses laitières, mais des bêtes d'engraissement fort précoces que les bouchers se disputent partout quand elles sont grasses. On a essayé aussi de croiser les Highlands avec des animaux d'autre race que les courtes-cornes, et on est arrivé ainsi quelquefois à une certaine réussite ; mais on a généralement reconnu qu'il n'y a pas de croisement qui donne d'aussi bons résultats que celui du courtes cornes ; bien que ces deux races présentent une si étonnante conformité sur certains points et de si étonnantes différences sur d'autres, il semble que leur mélange inculque à leur descendance les qualités qui leur manquent à toutes deux.

Il y a eu depuis quelques années beaucoup de tentatives pour perfectionner la race West Highland. Ces essais ont particulièrement réussi aux îles Hébrides, où la force de la charpente osseuse a été combinée avec l'amélioration du poil et des cornes. Beaucoup de troupeaux de la terre ferme sont également en progrès marqué. Il reste cependant encore bien davantage à faire, tant pour perfectionner que simplement pour ne pas laisser s'éteindre une race aussi méritante. Il y a quelques années, l'élève du mouton empiétait si fort sur les circonscriptions productrices de bêtes bovines, qu'on redoutait la disparition complète des animaux à poils rudes et longs, des Highlands ; et si leur valeur vénale n'avait pas considérablement haussé, les alarmes conçues à leur sujet pouvaient bien se réaliser. Mais la rareté relative des animaux d'engraissement, et la concurrence excitée à cet égard entre la Grande-Bretagne et l'Irlande, par les exigences toujours croissantes de la consommation, ont donné aux cours un élan tellement rapide, que les éleveurs se sont sentis enflammés d'une ardeur nouvelle pour la production des bêtes bovines de boucherie.

Il est assez difficile de poser des règles fixes pour le perfectionnement de la race West Highland ; il ne faut pas oublier qu'elle est fille d'un pays désolé, sauvage et stérile, où toute autre race succomberait, s'il lui fallait endurer les privations auxquelles résistent les Highlands. Dès lors, un genre de traitement où ils auraient à manger à discrétion ne pourrait qu'altérer leurs qualités natives.

Quand arrivent les neiges d'hiver, on devrait donner avec largesse à ces animaux du foin et même de la paille, car c'est alors qu'ils ont besoin des ressources que leur refuse une terre avare. Il est incontestable qu'ils ont besoin de manger plus par un froid excessif que par un froid ordinaire, puisque la quantité de matière alimentaire nécessaire à la santé et au développement d'un être animé quelconque est ordinairement proportionnelle au froid qu il doit supporter. L'éleveur de bétail devrait donc se mettre bien au courant de toutes les questions relatives aux substances alimentaires, savoir calculer quelles sont celles qui répondent le mieux à ses vues, et, une fois qu'il les connaît, les donner à ses animaux au moment précis où ils en ont besoin.

Il faut éviter en tout temps le croisement en dedans, ou l'accouplement des animaux au degré de parenté le plus rapproché ; les éleveurs les plus expérimentés savent qu'il est préjudiciable au bétail, qu'il amène à sa suite le dépérissement de l'espèce, et que la descendance de proches parents devient naine et rachitique. Au contraire, l'infusion de sang provenant de troupeaux de bonne renommée a une influence tout opposée, et quand on sait en faire un usage judicieux, on en obtient des merveilles.

Quand l'éleveur est homme de progrès, il devient nécessairement conservateur ; l'intérêt qu'il prend à son bétail lui fait désirer d'en maintenir intégralement l'effectif. En outre, bien que l'élève du mouton ait usurpé depuis des années sur les bruyères propres à la race de West Higland, ces usurpations mêmes ont des bornes, qui, d'après le sentiment général, ne doivent plus être dépassées. On demande à l'envi des bestiaux pour l'engraissement, et dès lors les West Highlands seront toujours au premier rang. Leur viande est des meilleures ; la race entière jouit, sous le rapport des maladies, d'une immunité qui la fait rechercher des gastronomes et des consommateurs qui se rendent compte de l'influence d'une nourriture trop abondante sur les animaux à l'engrais. Pour ceux qui veulent améliorer et conserver cette race vigoureuse et pittoresque, il est bon de se rappeler certains signes extérieurs propres à guider l'éleveur dans le choix des animaux auxquels il demandera une descendance robuste, susceptible d'une maturité précoce. Au toucher, il faut que la peau soit épaisse et souple, obéissant à la moindre pression comme un fort cuir de chamois. C'est là le signe d'une vigoureuse constitution, d'une disposition à prendre beaucoup de chair en même temps qu'une quantité suffisante de graisse, enfin d'une santé à l'épreuve des intempéries d'un climat froid. Les oreilles doivent être assez minces, leur épaisseur étant un indice de grossièreté. Les cornes ne doivent pas non plus être trop grosses, sans perdre rien de leur longueur ni de leur force, leur épaisseur et leur lourdeur présupposant une mauvaise nature. L'œil doit être vif et brillant, les lignes du mufle bien coupées et à vive arête.

XI.

RACES SPÉCIALES DE MOUTONS.

Le Cheviot. — Les cheviots forment incontestablement la plus importante des races ovines particulières à l'Ecosse; on les croit généralement indigènes. Leur histoire primitive est intimement liée à la chaîne de montagnes qui sépare l'Ecosse de l'Angleterre, et qui leur a donné à la fois son hospitalité et son nom. Ces animaux sont généralement décrits comme étant alors petits, avec des os légers, une laine claire, la tête et les jambes de couleur foncée, et une constitution robuste; leur squelette décharné n'avait aucun rapport avec l'embonpoint des cheviots d'aujourd'hui; mais il était aproprié au climat et à l'austérité du régime auquel ils étaient soumis. Il y a près de cent ans, M. Robson de Belford, imitant l'exemple donné par Bakewell pour les Leicesters, prit à son tour l'initiative à l'égard des cheviots, et, en peu d'années, opéra une révolution dans leur histoire, en les croisant avec le sang anglais. On croit généralement que la race anglaise dont il se servit était celle des Leicesters de Bakewell, qu'il accoupla à des brebis Cheviot de choix, et que le produit de ce croisement fut envoyé dans les montagnes, pour en régénérer les immenses troupeaux. Dans une notice publiée il y a quelques années, nous avons combattu cette opinion, en nous fondant sur ce que la délicatesse du Leicester rendait invraisemblable qu'il ait pu engendrer un rejeton à l'épreuve d'un si rigoureux climat; mais ayant communiqué depuis avec un vieux bonhomme dont le père était berger chez M. Robson à l'époque dite, nous avons dû admettre que les animaux employés par celui-ci avaient bien été ceux de Bakewell; ils étaient alors dans une période de transition, et n'avaient pas atteint la perfection de type à laquelle ils sont parvenus ensuite. Cette conviction a encore été corroborée par le fait qu'environ vingt ans après, M. Robson, ayant voulu essayer de nouveau d'animaux du même troupeau, les trouva trop tendres pour le climat.

Le premier croisement donna une régularité de forme et une symétrie qui n'a pas encore été surpassée. Cette perfection fit que le troupeau de M. Robson devint la source où tous les éleveurs de moutons Cheviots vinrent prendre leurs béliers pendant une longue suite d'années. L'impulsion donnée à l'élève du Cheviot fut immense; cette race se répandit avec rapidité dans le reste de l'Ecosse et dans le Nord de l'Angleterre, se substituant aux moutons à tête noire, qui, comme les aborigènes de l'Inde et de l'Amérique, se retirèrent devant le flot montant de la civilisation. Au commencement du dix-neuvième siècle, les Cheviots furent introduits en grand nombre dans les comtés septentrionaux de l'Ecosse, surtout par les riches fermiers de la frontière anglaise. Une foule de petits cultivateurs se virent chasser de leurs fermes, qui furent converties en grands parcours à moutons. Il n'est pas douteux que ce mouvement, si impopulaire qu'il ait pu être alors, n'ait été le point de départ d'une augmentation dans la production, et que les fermiers capitalistes qui en étaient les auteurs n'aient fait d'excellentes affaires, s'ils ont agi ensuite avec soin et discernement.

Dans ces derniers temps, la condition des troupeaux Cheviots a été singulièrement améliorée par le drainage des terres, les abris, la nourriture abondante qu'on leur donne pendant les mauvais temps, et d'autres perfectionnements tout modernes. M. Aitchison, de Linhope, a mérité, tant par ses discours que par son exemple, d'être appelé l'auteur du système qui consiste à se réserver une grande quantité de foin, non plus seulement sur les plaines où l'épaisseur de la terre végétale assure une végétation exceptionnelle, mais en multipliant les clôtures de chaque ferme partout où le bétail peut trouver assez d'herbe pour ses besoins, le mettant ainsi en état de se suffire à lui-même. Les enclos ainsi formés servent de parcours aux brebis les plus faibles et aux agneaux, et leur donnent une herbe précoce, si nécessaire aux mères dans la saison de l'agnelage. Pour se servir des expressions énergiques de M. Aitchison, le foin est la planche de salut de l'éleveur.

Les soins à donner à un troupeau Cheviot sont, au demeurant, de la plus grande simplicité. Généralement parlant, il pâture en liberté sur les terrains de la ferme pendant toute la saison, chaque individu isolément ne prenant jamais beaucoup de place. Les brebis mettent bas pour la première fois à deux ans, et sont vendues à l'âge de cinq ou six ans, étant remplacées par les meilleures choisies parmi les agnelettes. On les achète invariablement pour la production d'agneaux par béliers Leicesters. Ces brebis de réforme, avec les jeunes moutons, les agnelettes et les laines, constituent en général tout le produit d'une ferme. Tous ces détails sont vrais pour les Cheviots dans les comtés du Sud de l'Ecosse ; mais dans le Nord, on ne vend pas les agneaux châtrés, mais on les garde pour les vendre comme moutons de trois ans.

On tond rarement les cheviots avant le mois de juillet ; le poids et la finesse de leur toison dépendent de la nature des pâtures, le tissu en étant plus beau et de plus de valeur quand le foin est sec et parfumé, que quand il est de mauvaise qualité. Leur laine est plus recherchée que toute autre, parce qu'elle est la seule dont on se serve dans les fabriques de tweeds, vêtement de dessus qui fait aujourd'hui partie de la toilette de tout le monde, depuis le prince jusqu'au paysan.

La viande du Cheviot peut être considérée comme un mets de luxe. Est-elle ou non préférable à celle du mouton à tête noire? c'est un point très-délicat à trancher. Toutes deux sont très-recherchées par la boucherie, où elles tiennent toujours la tête de la cote.

Il n'y a peut-être pas dans toute l'espèce ovine de plus bel animal que le bélier Cheviot. Portant les caractères généraux du Border Leicester, il est beaucoup plus élégant, porte la tête plus haut, a les yeux plus vifs et les mouvements plus gracieux. Il est au Leicester, comme tournure, ce qu'est un cavalier à un conseiller municipal.

Sans parler de la reproduction de leur propre variété, les Cheviots sont estimés pour le croisement avec les Border Leicesters ; ceux-ci transmettent une plus grande disposition à prendre graisse, et les Cheviots leur tempérament plus fortement trempé. En mélangeant les deux races en proportions différentes, on obtient des variétés appropriées aux terrains intermédiaires et aux températures moyennes. Ainsi, en admettant que les Leicesters soient le centre du perfectionnement agricole, on peut dire que les autres en sont les rayons. On trouve d'abord le trois-quarts de sang dans la région intermédiaire, puis le demi-sang à une altitude plus forte ; enfin on arrive au Cheviot absolu sur ses montagnes natales ; au-dessus et au delà, il n'y a plus que le mouton à tête noire, avec sa tête magnifique et la courbure pittoresque de ses cornes, au milieu des sombres masses granitiques et de la rouge bruyère des hauteurs.

En terminant, on peut affirmer, sans crainte d'être contredit, que nul animal n'a contribué autant que le mouton Cheviot, à la prospérité du cultivateur écossais.

Les moutons à tête noire. — De l'histoire primitive de cette race on ne sait presque rien. De temps immémorial, elle s'est trouvée installée dans les régions montagneuses de l'Ecosse ; on suppose qu'elle descend de la race aborigène du pays ; son perfectionnement actuel est le résultat d'une longue suite de sélections bien faites. Jusque vers la fin du dernier siècle, les animaux de cette race étaient les seuls qu'on entretînt sur les chaînes de montagnes qui se trouvent au nord de la Grande-Bretagne. Et quoique, dans la plupart des localités, ils aient été supplantés en grande partie par d'autres races, ils ont repris cependant, dans ces dernières années, le rang qui leur appartenait autrefois, les hivers rudes et désastreux qui se sont succédé depuis trente ans ayant amené une réaction en leur faveur, de telle sorte que, sur bien des points, ils ont été réintégrés dans leurs résidences antérieures.

Aucune race de moutons ne possède de caractères plus nettement accusés et plus distinctifs. La tournure des têtes noires est robuste ; leurs membres musculeux, leur poitrail large ; leur tronc est court et bien cylindrique ; la couleur de la tête et des pieds est mêlée de noir et de blanc, ou même entièrement noire. L'œil est plein de vivacité et de feu, et jette autour de lui des regards intrépides à la moindre alarme. Les deux sexes portent des cornes, qui, chez le mâle, sont fort grandes et contournées en spirale, mais qui sont, chez la femelle, petites, un peu aplaties, et s'écartant davantage de la tête. La laine est d'une longueur médiocre, hérissée et rude. Sauvages, impatients de repos, ayant des habitudes d'indépendance, avec une attitude de défiance et de dignité toute différente de celle des races vivant sur les basses terres, ils aiment à gravir les pentes les plus escarpées, contents pourvu qu'ils y trouvent un peu de gazon ou de bruyère ; la pâture la plus légère les satisfait, et on les trouve souvent sur la limite des neiges éternelles. Possédant une remarquable vigueur de constitution, ils endurent, jusqu'à un point extraordinaire, le froid et la faim ; ils hivernent audacieusement en plein air à une température où d'autres races succomberaient, et savent, à force de patience et d'industrie, creuser la neige épaisse pour trouver le peu d'herbe qui leur suffit. L'instinct maternel est très-développé chez eux ; ils affectionnent un parcours, une remise déterminée ; on a vu notamment des brebis, sur le point de mettre bas, faire un long trajet pour s'y rendre. Leur viande est tellement délicate, tellement parfumée, qu'on la préfère à toute autre.

Selon les statistiques officielles de l'agriculture pour 1877, l'Ecosse possède 6,968,000 animaux de l'espèce ovine. On n'a pas déterminé la proportion pour laquelle chaque race entre dans ce total ; mais comme le pays est également partagé entre les têtes noires et les Cheviots, on peut évaluer le nombre des têtes noires à environ trois millions. La superficie approximative des pâtures où cette race fait son parcours doit être de neuf millions d'acres, ou de trois millions six cent mille hectares.

Une qualité importante de cette race est de se plaire sur les landes où croît la bruyère ; elle semble par là faite exprès pour les immenses étendues accidentées et couvertes de bruyères que présente l'Ecosse ; elle s'y est acclimatée et y trouve à vivre, dans des conditions qui ne seraient pas à la portée d'autres races. Les comtés de Perth, d'Inverness et d'Argyll forment la portion du nord de l'Ecosse où domine la race à tête noire. La presque totalité de la surface de ces comtés est composée de landes et de montagnes ; il n'y a sûrement rien, dans les trois royaumes, qui rivalise pour l'étendue avec quelques parcours à moutons de cette région ; ceux de vingt à trente mille acres (de huit à douze mille hectares) sont communs, avec des troupeaux de cinq à dix mille têtes. Une grande partie des comtés d'Aberdeen et de Ross, ainsi qu'une certaine portion des Hébrides, sont aussi peuplées par cette race ; et le fait qu'elle trouve à vivre là où d'autres périraient, fera toujours pencher la balance en sa faveur, à moins que quelque grand changement ne se produise dans le climat des hautes terres de l'Ecosse. Dans le sud du pays, les localités les plus renommées pour leurs animaux à tête noire sont les comtés de Lanark, d'Ayr et de Mid Lothian. On peut appeler le comté de Lanark la pépinière des têtes noires ; il en sort tous les ans des agneaux par milliers, qui vont grandir sur les vastes pâtures du Nord, où la reproduction se ferait mal à cause de leur altitude et des tempêtes qui y règnent. Les chaînes de collines de Lammermoor et de Pentland, dans les Lothians, sont fameuses pour leurs troupeaux de têtes noires.

La plupart des fermes des hautes terres semblent avoir été créées par la nature pour servir de parcours aux moutons ; leur situation est telle, qu'une partie de leur superficie convient aux brebis portières, une autre aux agnelets, et le reste, par son altitude, ne peut servir qu'à l'éducation des antenais. Dans les comtés du Sud, le troupeau normal d'une ferme se compose, soit de brebis et de moutons mêlés, soit entièrement de brebis seules, et c'est dans cette région qu'on trouve la race à son plus haut point de perfectionnement, parce que c'est là qu'elle a été le plus soignée. Dans la région du centre, le mélange des brebis et des moutons forme la règle ; tandis qu'en avançant vers le Nord, on rencontre d'immenses étendues sans aucun élevage, les propriétaires recrutant leurs troupeaux exclusivement au moyen d'achats périodiques.

L'entretien des animaux à tête noire est en général simple et facile; il varie peu, ou même ne varie pas, du nord au sud de l'Ecosse. Le troupeaux vaguent en liberté, pendant la plus grande partie de l'année sur toute l'étendue des terres de la ferme. Les brebis mettent bas pour la première fois à l'âge de deux ans; les béliers leur sont amenés du 20 au 30 novembre, et les agneaux viennent au monde vers la fin d'avril. Pendant l'hiver, ces brebis font assez maigre chère et n'ont de nourriture supplémentaire qu'aux moments où le sol est couvert d'une neige tellement épaisse qu'il leur est impossible de la gratter et d'atteindre à la bruyère. Dans les endroits élevés et non abrités, les fermiers s'arrangent pour avoir une provision de foin en réserve en cas de tourmente prolongée; dans de tels moments, la distribution d'un peu de nourriture donnée à propos est considérée comme faisant partie d'un entretien bien entendu. On châtre les agnelets mâles quand ils ont de huit à dix semaines, et on en réserve seulement quelques-uns pour la reproduction. La tonte a lieu pendant les mois de juin et de juillet, en commençant par les mâles, qui sont à même de supporter cette opération plus tôt que les femelles. La coutume est qu'on s'assiste entre voisins pendant l'opération, de manière que, pour tout un troupeau, elle ne dure qu'un jour. Les toisons sont roulées et ficelées avec soin, prêtes à être vendues. La laine est clairsemée et hérissée: elle pèse en moyenne environ quatre livres (1 kil. 500 grammes). Les têtes noires donnent une laine inférieure à celle de n'importe quelle autre race écossaise; elle est employée surtout à la fabrication des descentes de lit, des tapis de foyer et autres articles communs. On sèvre les agneaux en août. Les agnelettes sont conservées pour la reproduction, autant du moins qu'il en faut pour maintenir l'effectif du troupeau, et remplir la place des vieilles mères qu'on réforme tous les ans. Les antenais sont assortis et marqués, de manière qu'on puisse en disposer selon la nature de l'exploitation. Quand on n'élève pas de moutons, on conduit les agneaux au marché, d'où ils passent entre les mains des engraisseurs des régions élevées, possesseurs de fermes disposées en vue de cette sorte d'animaux. Les agneaux, dans ces hauts cantons, sont généralement hivernés sur des terrains plus bas et voisins de la mer; les engraisseurs les plus actifs louent même des terres basses exprès dans ce but. Sur quelques fermes, cependant, il existe des bâtiments aménagés pour loger les jeunes moutons jusqu'à ce qu'ils aient atteint deux ou trois ans, âge auquel ils sont menés aux grandes foires ou vendus à l'enchère, pour être ensuite expédiés en fortes quantités sur l'Angleterre, où ils sont nourris de turneps, ou bien parqués sur les pelouses des châteaux. Les moutons prennent graisse très-vite quand on les met aux turneps, et pèsent de quinze à vingt livres (de 5 kil. 500 gr. à 7 kil. 500 gr.) le quartier quand on les tue vers quatre ans. Leur viande est de première catégorie; elle est très-recherchée, et vient toujours en tête de la cote. Les brebis vieilles, c'est-à-dire toutes celles qui ont plus de cinq ans, sont mises à la réforme en septembre et octobre ; elles partent ordinairement pour les fermes à labour, où on les garde une autre année pour en tirer un croisement ; après quoi on les engraisse et on les revend.

Il y a une opération que les animaux des montagnes subissent à l'automne : on l'appelle le barbouillage ou la trempette ; elle consiste à leur enduire la peau de certains ingrédients. Elle a pour but de détruire les parasites et de prévenir les maladies de peau, en améliorant la qualité de la laine, et en favorisant la santé générale et le bien-être de l'animal. Le revenu annuel d'une exploitation qui entretient un troupeau de brebis et de moutons mélangés ensemble, se compose des moutons âgés de deux ou de trois ans, des brebis de réforme, des laines, et des agneaux les moins bien venants, qu'on appelle les shotts, ou les cafuts.

Les principales foires où se vendent les têtes noires sont les fameux *Trysts de Falkirk* qui se tiennent aux mois de septembre et d'octobre, et où se vendent tous les ans cinquante mille moutons ou brebis de réforme. Il y a aussi à Inverness, au mois de juillet, une réunion d'engraisseurs, de fermiers du bas pays, de marchands de moutons, et de marchands de laine ; toutes les affaires s'y traitent sur la renommée du vendeur et la réputation de ses animaux, qui n'y paraissent jamais.

La plus grande partie des laines des comtés du Nord est ainsi vendue à des marchands venus des grands centres manufacturiers, ou bien on les consigne à des facteurs de grandes villes, qui les vendent à la criée. On tient de grandes foires à Lanark, au mois d'août, pour la vente des agneaux, et au mois de mai pour celle des agnelets. On a de plus institué, à une époque plus récente, pour les ventes de ce genre, ce qu'on appelle des marchés à enchères. A quelques-uns de ces marchés, des nombres énormes d'animaux changent de propriétaires chaque saison ; il y eut 45,000 agneaux et brebis à tête noire vendus en deux jours, au mois d'octobre dernier, par une seule maison. Les béliers de cette race se vendent généralement aux enchères ; leur plus fort marché se tient à Édimbourg, au mois de septembre.

On a essayé de différents croisements avec les têtes noires ; quelques-uns ont assez bien réussi, non qu'ils aient perfectionné la race originaire, mais ils ont augmenté les bénéfices des éleveurs de jeunes animaux. Le croisement de brebis à tête noire avec des béliers Leicester ou Southdown a eu ce double résultat. Les agneaux en provenant sont excellents atteignent rapidement un plus grand poids que les pur sang, et ne donnent pas une viande sensiblement inférieure. L'extension donnée à la culture des turneps, et la construction de chemins de fer dans toutes les directions, en facilitant l'engraissement et l'expédition rapide du bétail aux grands centres de consommation, font en ce moment gagner beaucoup de terrain à ce système de croisement dans les fermes des basses terres. Quand les cours sont bas sur les animaux maigres de simple élevage, on peut toujours obtenir un prix plus avantageux en engraissant les agneaux pour la boucherie. Beaucoup des agneaux croisés sont engraissés jusqu'à ce qu'ils aient vingt mois, et qu'ils pèsent environ vingt livres (7 kil. 1/2) par quartier, et leur viande est alors fort recherchée des consommateurs.

Aucune des autres races ovines n'a mis aussi longtemps à se perfectionner, et quand l'ère de perfectionnement a commencé pour elle, elle était déjà descendue assez bas sur la pente de la dégénérescence. Ce qui peut sans doute aider à comprendre cet affaiblissement, c'est que, depuis bien longtemps les têtes noires vivaient au hasard, comme elles pouvaient, tout en ayant à souffrir en même temps d'une multiplication excessive. Aussitôt cependant qu'il eût été démontré aux éleveurs que cette race occupait une vaste étendue de pays pour laquelle les autres races n'étaient pas faites, ils commencèrent à entrer dans la voie de perfectionnement qu'ils ont depuis suivie avec succès. Leur méthode consistait à choisir convenablement les reproducteurs, puis à élever les produits dans des conditions favorables au développement complet de leurs formes. Mais comme les troupeaux à têtes noires occupaient de vastes espaces de pays dépourvus de clôtures, il a fallu souvent abandonner la reproduction méthodique, et donner indistinctement les béliers aux brebis; la conséquence de cette promiscuité était le ralentissement du perfectionnement, qui prenait alors beaucoup plus de temps pour s'accuser que si les troupeaux avaient été placés dans des conditions plus avantageuses.

Bien que chaque éleveur ait ses prédilections particulières, on convient généralement que les points suivants sont ceux qui sont appelés bons, à savoir : un mufle large, avec un nez fortement aquilin, un front large et plein entre les yeux; la couleur de la face doit être, ou entièrement noire, ou de deux couleurs, noire et blanche, vivement tranchées sans tourner au gris; la face et les jambes nettes, et sans tache brune, ni épi dans les poils; les cornes dures, ne portant aucune marque rouge sang, un peu portées à s'écarter l'une de l'autre, mais ne montant jamais droit sur l'apophyse frontale appelée cheville, conformation qui entraîne la perte des brebis lors de la parturition; les épaules larges avec un vaste poitrail; le rein horizontal et droit, ne tombant pas en arrière; il faut que l'animal se tienne bien droit sur ses jambes de derrière, qui ne doivent pas se rapprocher l'une de l'autre. La toison doit descendre jusqu'à quelques pouces du sol et ne pas contenir de poils morts. Les animaux qui réunissent tous ces caractères sont d'un type admirable et d'une excellente qualité.

Différents éleveurs se sont distingués et se sont fait avantageusement remarquer dans leurs pays respectifs, à cause des soins qu'ils ont apportés au perfectionnement de la race à tête noire; ils ont été largement payés de leurs peines par la supériorité de leur bétail, et par les prix élevés qu'ont obtenus leurs béliers, lorsqu'ils ont été mis aux enchères.

Le Border Leicester. — Les moutons dits border leicesters ont été introduits pour la première fois, dans les comtés limitrophes de l'Ecosse et de l'Angleterre, il y a aujourd'hui plus de cent ans. Ils consistaient en rejetons de la fameuse race de Robert Bakewell de Dishley, dans le comté de Leicester, qui, par un système basé sur des données physiologiques, croisait les vieux Leicesters, — lesquels passent pour avoir été de grands animaux grossiers très-fournis de chair et très-portés à prendre graisse — avec d'autres races à longue laine de plus petite taille et de proportions plus régulières, et arriva ainsi, à force de temps à obtenir une race nouvelle et perfectionnée, de laquelle le public s'engoua dans le temps jusqu'à la frénésie.

Un fait assez curieux, c'est que la race primitive des Leicesters du comté d'York, comme on les appelle ordinairement, et les Leicesters écossais ou Border Leicesters, ainsi nommés parce qu'ils ont été importés d'abord dans les comtés frontières, quoique ayant une origine commune, sont devenus extrêmement dissemblables. Cette divergence peut venir du sol et du climat, d'une sélection faite avec soin, ou d'une combinaison de ces diverses influences; mais, quelle qu'en soit la cause, les Border Leicesters sont plus grands et ont plus de galbe que leurs congénères du comté d'York; ils ont en outre les pieds et la laine plus nets et plus blancs. Les animaux de type pur sont conformés de la manière suivante : tête de bonne dimension, avec profil légèrement aquilin terminé en pointe par le mufle, mais avec une mâchoire forte et des narines ouvertes; yeux pleins et brillants, indiquant à la fois la docilité et le courage; oreilles moyennes et bien placées; cou épais à la base, avec une jugulaire prononcée, et une courbe gracieuse à son attache avec la tête qui doit être elle-même haute et droite; poitrail large, profond en saillie, descendant du cou en ligne perpendiculaire; épaules larges et ouvertes, mais ne présentant pas de points grossiers; de l'endroit où le cou se joint aux épaules jusqu'au derrière, le corps de l'animal doit former une ligne droite et horizontale; le train de derrière doit être pleinement développé; dans les gigots de devant comme de derrière, la chair doit descendre jusqu'aux genoux et aux jarrets; les côtes doivent descendre de la colonne vertébrale en formant une ligne parfaitement arquée, et se montrer plutôt écartées que profondes, indiquant ainsi une tendance à maintenir le corps haut, et avec une panse droite, indicative d'un faible déchet; les jambes droites, suffisamment garnies d'os, nettes et fines, sans aucun épi dans la laine, de la même blancheur que la tête et les oreilles. Les animaux doivent être bien vêtus par tout le corps, sans en excepter le ventre, d'une laine de tissu ordinaire, avec ce qu'on appelle le *pirl* ouvert du côté du bout. Quand on manie l'animal, tous les os doivent être couverts; et particulièrement le long du dos et aux quartiers, qui doivent être allongés, il doit y avoir un revêtement uniforme de chair, non pulpeuse, mais ferme et formée de muscles; la laine, principalement sur les côtes, doit bien remplir la main. Quand il possède une telle conformation, l'animal a ces mouvements gracieux, cette allure élastique, qui, aussi bien chez le mouton Leicester que chez l'homme, constituent la poésie de la démarche, et à défaut desquels aucun animal, si élevé qu'il soit sur l'échelle des races, ne sera jamais remarqué ni aux foires, ni aux ventes à la criée, ni aux concours.

Le trait distinctif des Border Leicesters est leur aptitude à produire, par comparaison avec les autres races, la plus grande quantité de viande pour la plus petite consommation de nourriture dans le temps le plus court. Ils ont besoin de bons terrains, de bons abris, moyennant quoi ils ne sont pas plus exigeants que les autres races, quant à l'alimentation et à l'entretien en général. En un mot, pour qu'ils profitent, il leur suffit de sentir une bonne terre. Comme producteurs de laine, ils ne le cèdent à aucune race à longue laine, sauf les Lincolns. Dans les troupeaux bien entretenus, huit livres (trois kilogrammes) par toison en gros, ne sont pas considérées comme une moyenne excessive, tandis que, pour les béliers qui reçoivent un important supplément de nourriture, ce poids est souvent plus que doublé. Leur viande n'est pas cotée très-haut en boucherie, parce qu'elle a le grain dur, avec une graisse tenant du suif, de sorte qu'elle ne trouve guère à se vendre qu'aux consommateurs de la classe la moins aisée.

La valeur intrinsèque du Border Leicester ne doit pas cependant s'apprécier uniquement d'après la viande qu'il fournit; il faut considérer aussi son utilité pour les croisements avec les autres races. En toute occasion, le mélange du sang Leicester produit une augmentation de poids et amène un développement plus rapide. A l'égard du poids, c'est peut-être le premier croisement qui réussit le mieux; mais, quant à la précocité, elle reste invariablement la même avec des croisements répétés. On aime aujourd'hui à s'enrichir vite; ainsi ce sont des moutons d'un an, ou d'un peu plus d'un an, qui fournissent le gros de la viande consommée par les masses, tandis que les Cheviots ou les têtes noires de quatre ou cinq ans, si communs il y a cinquante ans, sont actuellement difficiles à trouver, si ce n'est sur les pelouses des châteaux et des résidences aristocratiques, où on les entretient, abstraction faite du profit, pour la consommation exclusive des classes opulentes.

La meilleure preuve de la popularité dont jouit le Border Leicester, c'est la multiplicité des marchés à la criée qui se sont fondés de tous les côtés en Écosse, pour la vente des béliers de cette race; ces marchés attirent des clients de tout le Royaume-Uni et même souvent de l'étranger. Les plus importants sont Edimbourg et Kelso; cette dernière ville, étant considérée comme le principal centre de production, prend encore le pas sur la capitale de l'Écosse. Là, chaque année, au mois de septembre, on trouve réunis plus de deux mille béliers; quatre ou cinq commissaires priseurs vendent en même temps; les animaux sont adjugés un par un, à raison d'un par minute. Il s'y trouve toujours un certain nombre de sujets en réputation; c'est toujours lord Polwarth qui en envoie le plus grand nombre; c'est lui aussi dont les animaux se vendent le plus cher en moyenne.

Formé au commencement de ce siècle, entretenu avec un soin extrême et une grande justesse de vues, son troupeau passe pour conserver le sang de Bakewell dans une pureté plus grande qu'ailleurs. En réalité, le type Polwarth tient, parmi les Border Leicesters, le même rang que le type de Bate parmi les courtes-cornes. On le regarde comme un antidote contre tout élément impur qui peut se glisser dans un troupeau; il tient une large place dans la généalogie de tous les animaux qui ont ou remporté des distinctions dans les concours, ou atteint un haut prix aux enchères. Le grand secret de leur supériorité paraît être l'accumulation d'un sang unique et très-pur, qui fait qu'on les distingue partout où l'on s'en sert.

XII.

RÉGIME FORESTIER DE L'ÉCOSSE.

On ne trouve aucun document authentique ou digne de foi relatif soit à l'étendue, soit à la nature des bois et forêts en Ecosse avant le commencement du XVIIIe siècle. Mais quoique la disette des renseignements rende à cet égard la précision difficile, il est possible de se faire, cependant, une idée nette de la triste situation de l'arboriculture à cette époque, en considérant les conditions sociales, politiques et intellectuelles où se trouvait alors le pays.

On ne peut douter qu'à une période reculée le sol de l'Ecosse, aussi bien dans les basses terres que sur les terres hautes, ne fût recouvert d'épaisses forêts ; c'est là un fait que suffirait à démontrer, s'il en était besoin, cette multitude d'anciennes souches, de puissantes racines, et de troncs d'arbres, mis à découvert tous les ans, tant par les extractions de tourbes, que par les défrichements de landes et de marais dans une foule d'endroits où aujourd'hui on ne voit plus un seul arbre. Comme le rapporte la tradition de plusieurs localités du Nord et de l'Ouest, les hommes du Nord et les autres envahisseurs des temps anciens ont-ils brûlé ces bois et ces forêts, pour priver les aborigènes de leur combustible et de leurs retraites ? ont-ils été dévastés, durant les guerres civiles et les luttes intestines, à la suite des pillages et des exterminations habituelles aux temps féodaux, par les maraudeurs de tous les partis ? ou, enfin, ont-ils été bouleversés et balayés par les coups de vent et les tempêtes de ce climat inhospitalier ? C'est ce qu'il est aujourd'hui impossible de décider. Mais il demeure évident qu'eu égard à la pauvreté générale et à l'insouciance qui en est toujours la suite, l'état des forêts et des plantations existant à l'époque ci-dessus mentionnée, devait être déplorable, et ne pouvait servir en rien à la richesse matérielle, à la prospérité ni au progrès agricole du pays.

L'Ecosse n'avait pas encore pris, dans la voie du progrès matériel, cet essor merveilleux qui, du milieu à la fin du dernier siècle, a signalé son histoire économique. Ce système d'exploitation, à la fois scientifique et pratique, dont ce pays est si justement orgueilleux, n'avait pas encore fait son apparition ; et la quantité de terre cultivée comme on cultivait alors, comparée à l'étendue de la surface en friche, n'y atteignait pas, vers 1750, la proportion où l'Angleterre était déjà arrivée cent ans auparavant, même en ayant égard aux insurmontables difficultés que la constitution géologique du sol de l'Ecosse oppose aux défrichements.

Antérieurement toutefois, et après l'union des deux Royaumes en 1707, plusieurs grands seigneurs et propriétaires fonciers, animés d'une pensée patriotique, et redoutant pour l'avenir du pays qu'ils habitaient le petit nombre et l'état misérable des bois qui s'y trouvaient, firent de grands efforts pour éveiller l'attention publique sur l'urgence de clore et de planter une grande quantité de terrains vagues. Ils furent les premiers à donner l'exemple, et ils décidèrent par là un grand nombre de petits propriétaires à planter des bois de rapport, dont l'étendue, progressivement augmentée, était déjà considérable à la fin du XVIIe siècle. Sans préjudice à ces entreprises individuelles, il se forma en 1723, à Edimbourg, une Société, dite des *Amis du progrès pour l'avancement de la science agricole en Ecosse*, et, pendant vingt ans, cette association, par la publication de ses mémoires, par les expériences auxquelles elle se livra, par les instructions pratiques qu'elle répandit, réussit à réformer un grand nombre des abus qui ruinaient les forêts et l'agriculture de l'Ecosse. Cependant, cette Société semble n'avoir eu d'abord pour objet que des intérêts restreints et locaux; et c'est seulement en 1754 qu'elle prit l'initiative de mesures véritablement nationales relativement aux forêts, tant pour perfectionner l'industrie à cet égard que pour augmenter les produits naturels. Dans le courant de l'été de la même année (1754) fut instituée la *Société choisie d'Edimbourg*, qui se proposait perfectionnement du pays en général. En 1755, la Société d'Edimbourg pour l'encouragement des sciences, des arts, de l'industrie manufacturière et de l'agriculture s'organisa sous les auspices de la Société choisie; grâce à ses encouragements, l'arboriculture reçut un élan immense. Le hommes à la tête de la nouvelle Société professaient un principe, aujourd'hui passé en proverbe, d'après lequel l'agriculture ne peut avancer que si l'arboriculture lui montre le chemin; et ils proposèrent des récompenses considérables pour les personnes qui signaleraient leur initiative et leur habileté par de grandes opérations forestières. Ils offrirent également des prix pour les produits industriels manufacturés provenan des bois. Cette association cessa d'exister en 1765, après une carrière éminemment utile au pays.

La Société agricole d'Ecosse, fondée en 1784, et le bureau d'agriculture fondé en 1793, contribuèrent puissamment à développer encore l'activité qui s'était emparée de l'esprit public, et imprimèrent au progrès intérieur une impulsion rapide et saisissante. On ne se contenta plus d'enquêtes purement locales sur la situation et les affaires du pays; on se procura les renseignements envoyés de l'étranger au ministère de l'agriculture en réponse aux questions par lui adressées sur l'état de l'économie rurale et ses progrès au dehors; ces documents rendirent de grands services, par la publication que le bureau d'agriculture d'Ecosse en fit dans ses mémoires, en faisant connaître les inventions nouvelles et leurs applications agricoles. Initiés ainsi à la théorie des différents systèmes d'aménagement et de culture forestière, les Ecossais surent les rendre féconds et en tirer les meilleurs résultats pratiques. Ce fut là, pour l'Ecosse, une ère de résurrection agricole et forestière.

Pendant le même temps, les encouragements offerts tous les ans par la Société agricole d'Ecosse, et qu'elle continue encore aujourd'hui, ont été d'un secours inestimable; grâce à leur aide, on a couvert d'immenses plantations et d'arbres de prix les flancs escarpés pierreux, et dépouillés des montagnes de l'Ecosse, où aucune autre végétation n'aurait pu vivre; ces boisements, indépendamment de leur valeur intrinsèque, ont singulièrement contribué à l'amélioration du climat en protégeant les vallées, en abritant les grands plateaux voisins contre la violence des ouragans, en réglant la hauteur de pluie, et, de plus, bénéfice plus précieux peut-être que tout autre, en ajoutant un charme de plus à la sublimité et à la grandeur sans rivale des paysages de cette

> Terre de landes sombres et de broussailles stériles.
> Terre de montagnes et de torrents.

Vers cette époque aussi, le duc d'Atholl planta 15,000 acres (6,000 hectares) en mélèzes et en pins, (les mélèzes étant l'essence dominante) dans ses belles propriétés des environs de Dunkeld; ces arbres, aujourd'hui d'une étonnante vigueur, couvrent d'une verdure sombre et hospitalière les montagnes du Nord du Tay, tandis que le revenu qu'ils rapportent dépasse tout ce que le propriétaire pourrait avoir tiré des mêmes terrains par n'importe quelle culture ou n'importe quel autre traitement.

Pendant le siècle actuel, sous l'impulsion de l'élan donné à la sylviculture par les encouragements de la Société agricole d'Ecosse, consistant en prix pour les entrepreneurs de grandes plantations, en nouvelles espèces de bois de charpente introduites et répandues dans le pays, en perfectionnements et sélections du pin indigène, le pays tout entier est entré, sous le rapport de la valeur et de l'administration de ses forêts, dans une voie d'amélioration continue, où il marche encore aujourd'hui; peut-être convient-il cependant d'ajouter en même temps que malheureusement, depuis quelques années, les chemins de fer, les mines, les manufactures, par leurs demandes toujours croissantes de bois indigènes, les lignes télégraphiques elles-mêmes, par les quantités de mélèzes qu'il leur a fallu, ont fait exécuter des coupes énormes et dévastatrices, et ont amené la diminution de la superficie en haute futaie, qui n'est plus aujourd'hui ce qu'elle était il y a vingt-cinq ou trente ans. Cette augmentation dans la consommation du bois a causé aussi naturellement une augmentation dans le prix des bois indigènes, dont la majoration, à son tour, a décidé les propriétaires de bois à pratiquer des coupes plus fortes et plus rapprochées.

Le tableau qui va suivre indique la superficie totale de chaque comté de l'Ecosse, et en même temps la superficie boisée que chaque comté possédait d'abord en 18[illegible]2, et ensuite en 1872, d'après les relevés statistiques réunis en 18[illegible]4 et d'après les tableaux du ministère du commerce publiés en 1877. On y verra les augmentations et les diminutions de la surface boisée à ces deux dates. Il est fâcheux, pour ceux qui voudraient étudier de plus près les éléments de comparaison, que les statistiques plus récentes établies par le ministère du commerce ne contiennent plus de données sur la quantité actuelle par chaque comté en forêt naturelle ou spontanée et en forêt plantée ou artificielle, comme le porte la première colonne; à cette lacune près, la comparaison des totaux est aussi utile qu'intéressante, même dans la forme restreinte où elle est présentée; elle démontre qu'en résultat, pendant que le pays augmentait sa richesse forestière par de nouvelles plantations, il en perdait une partie d'un autre côté par les coupes qui se succédaient, principalement dans les régions nord

COMTÉS.	SUPERFICIE TOTALE du COMTÉ.		SUPERI[illegible] PLANTÉE	
	en acres.	en hectares.	en acres.	en hectare[illegible]
Aberdeen.	1.260.625	504.250 »	60.000	24.000
Argyll.	2.083.126	833.250 40	4.800	1.920
Ayr.	735.262	294.104 80	31.200	12.480
Banff.	439.219	175.687 60	14.400	5.760
Berwick.	297.161	118.864 40	6.000	2.640
Bute	143.997	53.298 80	....	....
Caithness.	455.708	182.283 20	300	120
Clackmannan.	31.876	12.750 40	2.400	960
Dumbarton.	172.677	67.070 80	4.800	1.920
Dumfries	705.946	282.378 40	33.600	13.440
Edimbourg.	234.926	93.970 40	16.790	6.716
Elgin ou Moray.	340.000	136.000 »	16.800	6.720
Fife.	382.427	152.970 80	21.600	8.640
Forfar.	569.340	227.936 »	40.349	16.139
Haddington.	179.142	71.656 80	5.400	2.160
Inverness.	2.723.501	1.089.400 40	12 000	4.800
Kincardine	248.284	99.313 60	20.400	8.160
Kinross.	49.812	19.924 80	2 331	956
Kirkcudbright.	910.343	244.137 20	5.280	2.112
Lanark.	568.868	227.547 20	5.316	2.126
Linlithgow.	81.114	32.445 60	6.000	2.400
Nairn.	137.500	5.500 »	(1)	(1)
Les Iles Orcades	390.147	156.058 80	....	....
Les Iles Shetland.	208.579	83.431 60	....	....
Peebles.	227.869	91.147 60	2 400	960
Perth.	1.664.690	665.876 »	61.164	24.465
Renfrew	162.428	64.894 20	4.800	1.920
Ross et Cromarty.	2.016.375	806.550 »	6.000	2.400
Roxburgh.	428.474	91.397 60	5.618	2.247
Selkirk	166.524	66.609 60	2.400	960
Stirling.	298.579	110.431 60	12.000	4.800
Suthreland	1.207.188	482 875 20	1.406	563
Wigtown.	327.906	131.162 40	(2)	(2)
Superficie totale.	19.496.132	7.798.452 80	406.226	162.490
Hébrides occidentales.	....	....	6.000	2.400
	Total en bois.	....	412.226	164.890

et nord-est de l'Ecosse. Dans ce tableau nous voyons que, de 1812 à 1872, c'est-à-dire pendant une période de soixante ans, la superficie totale des terrains boisés de l'Ecosse a diminué de 179,205 acres ou 71,682 hectares. Comme on vient de le dire, ce sont les comtés du nord-est qui donnent lieu à la diminution; ainsi, par exemple, on trouve dans ceux de Ross et Cromarty réunis un déficit de 58,948 acres ou 23,579 hectares 20 ares; dans le comté d'Aberdeen, un déficit de 55,461 acres ou 22,184 hectares 40 ares, pendant que le comté de Perth, central et l'une des

(2) Portés en bloc pour 1812.

N 1812.		BOISÉE		EN 1872.	
NATURELLE.		TOTAL DES BOISEMENTS.		TOTAL DES BOISEMENTS.	
en acres.	en hectares.	en acres.	en hectares.	en acres.	en hectares.
88.800	35.520 »	148 800	29 520 »	93.339	27.335 60
36.000	14.400 »	40 800	16 320 »	45.641	18 256 40
7.200	2.380 »	38.400	15 360 »	22.145	8 858 »
7.200	2.880 »	21.600	8.640 »	26.190	10.476 »
600	240 »	7.200	2.880 »	12 919	5.167 60
. . . .	. . . .	. . . .	. . . .	3.004	1.201 60
720	288 »	1.020	408 »	440	176 »
1.080	432 »	3.480	1.392 »	2 044	817 60
8.400	3.360 »	13.200	5.280 »	8 388	3.355 20
3.600	1.440 »	37.200	14.880 »	27.472	10.988 80
3 610	1 444 »	20.400	8 160 »	10.320	4.128 »
(1) 34.800	13.920 »	51.600	20.540 »	45.368	18.147 20
. . . .	3 689 »	21 600	8 640 »	22 013	8 801 20
6.724	2.689 60	47.073	18.8 9 20	31.857	12.742 80
480	192 »	5.880	2 352 »	9 439	3 775 60
54.703	21.881 2	66.708	26 683 20	118 818	47 527 20
731	262 40	21.131	8.452 40	23.153	9.261 20
. . . .	. . . .	21 131	956 40	3.551	1 420 40
4.560	1.824 »	2.391	3.936 »	17 3 6	6 938 40
2.580	1.032 »	(1) 2 840	3 158 40	2 .862	8.344 80
240	96 »	6.240	2.496 »	4.719	1 887 60
(1)	(2)	(2)	(2)	14 349	5.739 60
. . . .	. . . .	. . . .	. . . .	. . . .	. . . .
. . . .	. . . .	. . . .	. . . .	. . . .	. . . .
600	240 »	3 000	1 200 »	9 041	3.616 40
142.716	57.086 40	203 880	815 52 »	83 525	33 410 »
600	240 »	5.400	2 160 »	5.461	2.184 40
86.400	35 560 »	92.400	36.960 »	33.452	13 380 80
729	291 60	6 348	2.539 20	13 387	5.354 80
. . . .	. . . .	2 400	960 »	2 973	1.189 20
4 800	1.920 »	16 800	6.720 »	11 156	4.462 40
3.600	1 440 »	5 008	2.003 »	7.294	2.917 60
(2)	(1)	(1)	(1)	4.832	1 932 80
501.469	200 587 60	907 695	363.078 »	734 490	293.796 »
. . . .	. . . .	6 600	2.400 »	. . . .	. . . .
501.469	200.587 60	913 695	365.478 »	734.490	293.796 »

importantes circonscriptions forestières, perd en soixante ans jusqu'à 120,355 acres ou 48, 42 hectares. On peut voir sans doute, dans ce rapprochement, un pas immense quant à la plus value culturale du sol et à la mise en valeur des terrains incultes; mais, en même temps, cette différence accuse un changement, peut-être définitif, dans les conditions de production antérieurement admises pour le pays en général et pour ce dernier comté en particulier, changement qui ne peut être sans influence sur d'autres comtés moins favorablement disposés à la transition; là,

(1) Portés en bloc pour 1812.

cette transition, si elle s'opérait avec la même rapidité, pourrait avoir de sérieux inconvénients, et, devenant désastreuse pour le climat et pour la culture, compromettre à la fois la prospérité et le progrès. La diminution de la superficie boisée des autres circonscriptions mentionnées provient sans doute de coupes excessives dans les forêts indigènes d'Inverness, Moray et Aberdeen. Il est facile de s'apercevoir que les forêts de Rothiemurchus, de Duthill et d'Abernethy, de même que celles de Deeside, ne sont plus aujourd'hui que l'ombre de ce qu'elles étaient; et, quoiqu'on ait replanté une partie des terrains dont toute la superficie avait été enlevée, il y a encore énormément à faire pour rétablir de ces côtés l'équilibre entre les terrains boisés et les terrains nus. Une mesure de repiquage général y serait d'autant plus urgente, que le pin d'Ecosse vient admirablement dans ces localités et y donne d'excellent bois de charpente.

En continuant d'analyser le même tableau, on trouve que le comté ayant le plus gagné en superficie boisée, depuis soixante ans, est celui d'Inverness, où il existe aujourd'hui 52,1·0 acres (20,844 hectares) en bois de plus qu'en 18·2. Dans le comté de Lanark, où domine l'industrie minière, et où il faut continuellement des planches pour étançonner les puits et les galeries, l'augmentation, pendant cette période, a été de 12,966 acres ou 5,186 hectares 40 ares; et, dans la circonscription généralement connue sous le nom de Galloway, comprenant les comtés de Wigtown et de Kircudbright, on a noté une augmentation de 12,338 acres ou 4,935 hectares 20 ares actuellement en bois. Le résultat général du tableau est que sur les 28 comtés ns ad spriles 33 composant l'Ecosse et pour lesquels seuls les relevés sont complets, il y en a douze qui accusent une diminution de leur superficie boisée en 1872 par comparaison avec 1812, tandis que seize autres indiquent une augmentation de leur superficie plantée, la différence totale en moins de la superficie boisée de l'Ecosse en 1872, vérifiée sur les chiffres publiés par le ministère du commaux états de situation de 1812 rassemblés et publiés dans les rapports merce en 1877, étant de 172,205 acres ou 68,882 hectares, par rapport statistiques du ministère de l'agriculture. Il faut en outre se reporter à ce tableau pour le détail du nombre de points intéressants, indiquant approximativement, pour différents comtés de l'Ecosse, le progrès en superficie de la conversion des terres vagues en terres de culture, tel qu'il résulte de la décroissance des forêts; pendant que, d'un autre côté, les comtés qui connaisent par expérience l'inconvénient du défaut d'abri, et dont le sol possède les capacités forestières, se trouvait avoir augmenté porportionnellement l'étendue de leurs superficies boisées.

L'âge des plantations existantes varie de celles qui ont plus de cent ans à celles qui ont été faites cette saison; et, quoique le pin d'Ecosse soit la principale des essences qu'on ait plantées, surtout dans les comtés du Nord, dans les endroits élevés, et dans les situations exposées à tou les vents, on a introduit dans la plupart des bois une petite quantité de mélèzes. Dans un ou deux cas, il est vrai, les mélèzes se trouvent en majorité; mais la règle est de donner la préférence aux variétés indigènes du pin d'Ecosse, parce qu'il est arrivé, dans une certaine localité, d'essayer à deux reprises sur des hauteurs des semis des graines étrangères du pin d'Ecosse, et qu'elles ont manqué les deux fois, fait qui s'est présenté assez souvent dans d'autres endroits du pays, toujours à l'occasion du mélèze et du pin d'Ecosse. Ces mauvais succès étaient dus à ce que, depuis bien des années, on importait en Ecosse de grandes quantités de graines étrangères provenant de contrées chaudes ou tempérées de l'Europe continentale ; ces graines produisaient des plantes d'une constitution trop délicate pour supporter les variations de température de l'Ecosse ; elles ne pouvaient pas y vivre. On prend cependant en général aujourd'hui beaucoup plus de soin, en Ecosse, pour parer à cet inconvénient ; on y a été contraint par le nombre des pertes éprouvées au début dans les nouvelles plantations ; ces pertes ont été si sérieuses et paraissaient au premier abord si inexplicables, que plusieurs sylviculteurs expérimentés inclinaient à les attribuer à un changement dans le caractère et la manière d'être des essences communes et utiles, et à croire que ces arbres étaient devenus moins rustiques, moins propres au climat de l'Ecosse, d'autant plus que le bois fourni par les rares survivants de ces plantations sur semis étranger était trouvé d'une qualité inférieure à celle des vieux arbres venus tout seuls, et à celle des arbres provenant de semences récoltées sur le lieu même.

L'objet de cette notice est de donner une idée générale et en grand de l'importance et de l'état des forêts naturelles et des terrains plantés de l'Ecosse ; ce n'est donc pas ici le lieu de rapporter le détail des propriétés particulières, et de dire comment elles sont administrées. Il serait injuste de citer quelques noms seulement, quand il y a tant de propriétaires grands et petits, nobles et roturiers, qui méritent d'être honorablement mentionnés, pour les soins qu'ils ont apportés et les encouragements qu'ils ont donnés à l'arboriculture, sans parler des autres améliorations introduites sur leurs domaines.

Les plantations qu'ils ont faites ont, le plus souvent, trouvé en elles-mêmes une récompense effective et matérielle, abstraction faite et en outre des avantages physiques qu'elles ont procurés aux grands propriétaires.

Sans essayer de traiter la question du revenu donné par les propriétés forestières, on peut citer ici quelques chiffres empruntés à des relevés qui ont été communiqués à l'auteur de cette notice.

En 1843, sur le domaine appelé Moy, près de Forres, dans le comté de Moray, 288 acres (119 hectares 20 ares) de buttes de sable furent plantés d'environ deux tiers de pins d'Ecosse indigène, et un tiers de mélèzes, à raison de neuf shillings l'acre (28 francs l'hectare). Cette plantation est aujourd'hui âgée de trente-cinq ans ; il est impossible de déterminer la valeur des sujets qu'il a fallu enlever pour éclaircir ; mais il y en a eu beaucoup, et c'étaient malheureusement les meilleurs arbres. En 1[illegible]6[illegible], le bois a été évalué 22 livres l'acre (1,[illegible]25 francs l'hectare) ; et le résultat d'une nouvelle expertise faite par un praticien autorisé établit qu'il vaut aujourd'hui trente-une livres par acre (1037 fr. 50 l'hectare) tel qu'il est ou, pour le tout 8.940 livres ou 223,500 francs. La valeur du terrain pour n'importe quelle destination autre que le bois aurait été nulle ou à peu près. Sur le côté oriental de cette plantation, on avait planté, quelques années avant celle dont nous parlons, soixante-dix acres ou vingt-huit hectares, simplement pour abriter et garantir la résidence du propriétaire contre la marche des sables. Cette plantation a été éclaircie avec beaucoup de soin à époques fixes; on a laissé sur pied la meilleure futaie, qui est considérée comme valant aujourd'hui quarante-cinq livres l'acre (1,800 francs l'hectare) ou au total, 2,150 livres (7[illegible],750 francs). Sur un terrain marécageux du voisinage, dans le domaine de Dalvey, à environ quatre milles de la petite ville de Forres, il existe une plantation de pins d'Ecosse indigènes, à présent âgée de 45 ans, et qui a été soigneusement éclaircie ; il est impossible de déterminer la valeur des baliveaux enlevés ; mais les arbres restants, tels qu'ils sont, sont estimés cinquante livres à l'acre (3,125 francs l'hectare), donnant ainsi un très-joli revenu pour un terrain qui, au grand jamais, n'aurait rapporté une livre, 25 francs par an, de quelque manière qu'on eût cherché à l'utiliser.

Quinze acres (six hectares) de pins d'Ecosse, à Monzievaire, dans le comté de Perth, ont été vendus, en 1874, 1,8[illegible]0 livres sterling (45,500 fr.), ce qui fait plus de [illegible]24 livres par acre (7,562 francs 50 c. par hectare.) Ce lot consistait presque entièrement en pins d'Ecosse âgés d'environ quatre-vingts ans.

Dans le comté de Perth, lors de la vente du domaine de Lynedoch, il y a quelques années, les bois, qui comprenaient environ seize cents acres (610 hectares) furent évalués cinquante-deux mille livres (treize cent mille francs) ou au taux de trente livres par acre (1875 francs l'hectare).

Il est bien vrai qu'en Ecosse, où une multitude des mines de charbon rendent l'existence et l'entretien des bois moins indispensables que dans les contrées du continent moins favorisées à cet égard, il n'existe ni surveillance du gouvernement, ni école forestière, comme on en voit dans presque tous les pays d'Europe, et même dans l'Inde et dans les colonies anglaises. Le besoin d'une école de ce genre se fait depuis longtemps sentir en Ecosse, parce qu'on en tire beaucoup de jeunes gens pour les placer dans l'Inde à la Direction des forêts; et il est à désirer que les pressantes réclamations faites à ce sujet amènent le gouvernement anglais à suivre l'exemple que lui donnent la France et l'Allemagne. Espérons qu'à la fin, s'inspirant des vrais principes de l'économie politique, il inaugurera bientôt à son tour une école forestière enseignant l'arboriculture au point de vue technique, scientifique et pratique, dans un pays qui, comme l'Ecosse, présente tant d'avantages et d'éléments de succès pour un établissement de ce genre.

Les sylviculteurs de l'Ecosse ont depuis longtemps reconnu eux-mêmes le défaut d'expériences et d'enseignement spéciaux dans les diverses branches de sciences naturelles de leur spécialité; et ils ont, de leur propre initiative, fondé à leurs frais la Société écossaise d'arboriculture, dans le but de faire avancer les connaissances relatives à leur art. Cette Société, placée sous le haut patronage de la Reine, forme aujourd'hui une grande et influente association de huit cents membres, dont la plupart sont propriétaires ou régisseurs de forêts; elle se réunit tous les ans à Edimbourg au mois de novembre, pour discuter les questions intéressant les forêts, pour prendre connaissance des innovations, et auss pour proposer des médailles d'or et d'argent, ainsi que des prix pour les meilleurs traités composés sur des sujets spéciaux qu'elle indique tous les ans. Les mémoires de la Société sont publiés annuellement; et les huit volumes déjà parus, en même temps que les ouvrages couronnés par la société d'agriculture d'Ecosse sur les bois et forêts, forment peut-être l'ensemble de renseignements le plus complet qu'on puisse consulter sur le régime forestier actuel de l'Ecosse et sur les différents modes d'aménagement des plantations, dans leurs détails les plus circonstanciés, pour toutes les régions, sous toutes les conditions possibles de localité, de terrain, d'altitude ou d'exploitation, en tenant compte de toutes les particularités concernant les habitudes ou les exigences des différentes espèces d'arbres connues dans le pays.

XIII.

APPLICATIONS DE LA SCIENCE A L'AGRICULTURE EN ÉCOSSE.

L'auteur du premier livre écrit en anglais sur la chimie agricole est Lord Dundonald, noble écossais qui, en 1795 publia un ouvrage intitulé « Traité démontrant l'intime connexité de l'agriculture avec la chimie ». Peu de temps après, De Saussure et d'autres savants firent paraître le résultat de leurs recherches, qui éveillèrent en Ecosse une très-vive curiosité. Un assez grand nombre de cultivateurs éclairés se livrèrent à des expériences de toute sorte sur l'effet des engrais artificiels, et parvinrent à jeter quelque lumière sur la pratique agricole. Vers l'année 1820, ils entreprirent une série d'essais en vue de déterminer l'action fertilisante du sel de cuisine, et la valeur respective des os, du salpêtre, de la poussière de navette, de la suie, etc., pour augmenter la produ tion des récoltes et améliorer la condition du sol. A peu près vingt ans plus tard, en 1840, la première cargaison de guano, venant du Pérou et du Chili, fut apportée en Ecosse, et devint l'objet de nombreux essais en pleine terre, qui en démontrèrent la haute valeur comme engrais.

En outre, différentes personnes expérimentèrent isolément sur leurs propres terres différentes formes d'engrais artificiel; les résultats par eux obtenus furent si remarquables et si intéressants, qu'en 1843, huit cultivateurs, dont les exploitations étaient situées dans des régions éloignées les unes des autres, se réuninert pour en éprouver l'exactitude par une suite d'essais comparés en appliquant aux récoltes les plus importantes les mêmes engrais artificiels. Les récoltes sur lesquelles portaient les essais étaient pour chaque associé, l'orge, l'avoine, le foin, les féveroles, les vesces, les turneps et les pommes de terre; les engrais employés étaient tous ceux alors usités, le guano, les os en poudre, les os dissous, la cendre d'os, le nitrate de potasse, le nitrate de soude, le muriate de potasse, le sulfate d'ammoniaque, le sulfate de soude, le sel de cuisine et la suie. Un relevé circonstancié de cette première grande série d'expériences faites en Ecosse est consigné dans les mémoires de la Société agricole d'Ecosse. Elles eurent pour résultat de donner aux cultivateurs la certitude de la valeur des engrais azotés et des engrais phosphatiques.

A la même époque, la publication du traité de Liebig sur la chimie appliquée à l'agriculture et à la physiologie communiqua un puissant élan aux études d'agriculture scientifique ; et les cultivateurs d'Ecosse, comme ceux des autres pays, comprirent l'importance des principes scientifiques qui servent de base à l'art de l'agriculture.

En 1842, quelques fermiers du Mid-Lothian se formèrent en société sous le nom d'Association écossaise de chimie agricole; l'objet de la Société était le perfectionnement de l'agriculture à l'aide de la chimie, de la physiologie végétale et de la géologie. Cette idée obtint de suite un éclatant succès, montrant bien quelle faveur s'attachait à la science agricole; mille personnes s'inscrivirent immédiatement pour faire partie de la nouvelle Société, et dans ce nombre se trouvaient les plus grands propriétaires et les principaux cultivateurs du pays. Le professeur Johnston, de Durham, fut nommé chimiste de la société ; il se fonda aussitôt à Edimbourg sous sa direction, un laboratoire de chimie où lui et ses auxiliaires firent un grand nombre d'analyses d'engrais, de terrains, de nourritures et de produits agricoles. Leurs investigations s'étendirent aussi au domaine de la physiologie végétale et d'autres sciences analogues. Des rapports sur leurs travaux ont été publiés tous les ans dans le *Journal d'agriculture* et dans les ouvrages couronnés par la Société d'agriculture d'Ecosse.

Au nombre des obligations imposées au chimiste de la société, se trouvait celle de faire des conférences dans plusieurs grandes villes et dans diverses circonscriptions agricoles de l'Écosse. Il fut invité de tous les côtés du pays à venir éclairer les cultivateurs sur différents points qui leur présentaient un intérêt particulier. Le premier effet de ces conférences fut de faire pénétrer chez les cultivateurs écossais la conviction de la nécessité d'une instruction scientifique, et il s'établit un grand nombre de sociétés locales pour l'examen des questions intéressant la culture. Un grand nombre de fermiers entreprirent aussi sur leurs propres terres et sous la direction du chimiste, des expériences qui procurèrent une grande somme de renseignements pratiques.

Ce fut là peut-être la première société qui ait jamais été fondée en vue du perfectionnement de l'agriculture scientifique; ce fut en tout cas la première qui ait été établie en Écosse.

Les travaux de cette association furent tellement remarquables, qu'après s'être continués pendant cinq années, la suite en fut reprise par la Société d'agriculture d'Écosse, qui les continue encore aujourd'hui dans sa section de chimie.

En 1849, le docteur Thomas Anderson, depuis professeur de chimie à l'université de Glasgow, fut nommé chimiste de la Société d'agriculture d'Écosse, fonction qu'il conserva jusqu'en 1874. Les travaux auxquels il se livra pendant cette période de vingt-cinq ans figurent in extenso dans les mémoires de la Société d'agriculture d'Écosse, et peuvent être rangés sous les trois catégories suivantes :

1° Analyse d'engrais et de nourritures de toute espèce ;

2° Recherches originales sur des sujets présentant pour la culture, soit un intérêt scientifique, soit une utilité pratique ;

3° Suite d'expériences faites en plein champ pour déterminer les espèces d'engrais les mieux assorties à la production des différentes plantes cultivées.

Les travaux classés dans la première catégorie tiennent une place importante dans l'œuvre du chimiste ; grâce, en effet, à l'emploi de plus en plus considérable tous les ans des engrais artificiels et des nourritures artificielles dans l'agriculture écossaise, et au défaut d'habitude des cultivateurs à ce sujet, des commerçants sans scrupules, se glissant sur les marchés, écoulaient avec un bénéfice énorme des marchandises sans valeur. La pratique continuelle des analyses chimiques pour la vente et l'achat des engrais et des nourritures donna au cultivateur une protection tellement efficace, que les procès pour fraude ou altération de denrées sont aujourd'hui devenus rares, eu égard à leur nombre dans le début.

Les recherches originales du Dr Anderson présentaient pour la plupart un caractère essentiellement pratique ; elles portaient notamment sur :

La valeur fertilisante de différentes substances qu'on laisse perdre ;

La valeur nutritive de récoltes obtenues dans différentes conditions d'engrais et de culture;

La composition chimique des récoltes et des produits agricoles en général;

La modification chimique que la végétation fait subir aux plantes; par exemple, ses recherches célèbres sur le turneps à ses différentes phases de croissance;

Les analyses de terrains, etc.

Ces travaux de cabinet s'accomplissaient parallèlement à une série fort intéressante d'expériences en plaine, poursuivies pendant trois années consécutives par dix membres du club agricole d'Est Lothian sur leurs terres, situées dans différents endroits du bas pays, et différant absolument entre elles comme climat et comme exposition. Le but de ces expériences, toutes très-minutieusement surveillées, était de déterminer l'action du climat sur l'efficacité des engrais de différente nature. Pour y arriver, tous les expérimentateurs se servaient identiquement des mêmes engrais, et en employaient la même proportion. Ils les appliquaient à des récoltes de même espèce, provenant de la même semence. Les résultats de ces opérations étaient soigneusement notés à intervalles fixes, à mesure qu'elles s'accomplissaient.

Les expériences en plein champ ainsi organisées par le Dr Anderson ne se faisaient pas sous sa surveillance immédiate ; mais, entamées par d'intelligents cultivateurs sur leurs propres terres, elles étaient conduites avec tout le soin, toute la précision que pouvait comporter une telle manière d'opérer. Elles furent commencées en 1866, et s'étendirent sur un assolement de quatre ans; elles avaient pour objet de déterminer la mesure dans laquelle les engrais artificiels les plus usités étaient consommés par la récolte en vue de laquelle on les appliquait, et la proportion qui en restait pour les récoltes subséquentes. Ces expériences se trouvent relatées, avec tous leurs détails, dans les mémoires de la Société.

Malheureusement une série de mauvais temps empêcha la réussite de ces expériences, et la question qu'elles devaient résoudre demeura sans solution. Si elles avaient pu continuer pendant une autre période quadriennale, il est probable qu'elles auraient abouti. Mais une maladie obligea le Dr Anderson à se retirer, et les expériences ne furent pas reprises.

On ne vit plus dès lors en Écosse de travaux ayant un caractère public, en fait d'expériences scientifiques agricoles, jusqu'à l'année 1875, époque où se constitua la société agricole d'Aberdeen. Cette société institua des expériences suivies en plein air pour déterminer l'effet des engrais phosphatés et azotés sur la végétation du turneps. On les continue encore aujourd'hui sous la direction du Dr Thomas Jamieson, chimiste de cette Société. Il y cinq stations, comprenant chacune dix-huit parcelles de terrain, chaque parcelle contenant la cent-vingtième partie d'un acre (un tiers d'are ou trente-trois mètres carrés). Toutes sont cultivées à la bêche, et on a déjà publié le compte rendu des résultats pour la première année.

La Société d'agriculture d'Écosse, pour se conformer au désir unanimement exprimé par les fermiers du pays, s'est décidée à reprendre ses expériences agricoles, et s'est fait concéder par bail la jouissance de deux stations, l'une à Longniddry, dans le domaine habité par le Comte de Wemyss et March, l'autre à Pumpherston, sur l'exploitation de M. Pierre Mac Lagan, membre du Parlement. A chacune de ces stations, il y a dix acres (quatre hectares) de terrain en culture; et on va commencer la série des expériences, dans le but principalement de déterminer la valeur agricole des formes d'engrais les plus usitées, et de décider quelle est la forme la plus avantageuse et la plus économique sous laquelle on doit les appliquer à la terre. Chaque station est divisée en quarante parcelles disposées pour ne pas gêner les différents modes de culture, et assolées à quatre ans avec la rotation de turneps, orge, foin et avoine. Les expériences sont dirigées par le chimiste de la Société, et sont relatées dans les mémoires qu'elle publie.

L'usage des engrais artificiels est aujourd'hui si répandu, le capital qu'on y consacre est si considérable, que tous les cultivateurs reconnaissent qu'il est d'une importance de premier ordre de savoir en faire un emploi intelligent et économique. De tous les côtés du pays, il se trouve des personnes qui expérimentent isolément les engrais pour leur propre compte; elles communiquent toujours les résultats de leurs recherches, qu'on discute aux sessions des différentes Sociétés agricoles, et qu'on publie ensuite dans les journaux d'agriculture. Ces communications et ces découvertes répandent de plus en plus tous les jours l'emploi des engrais artificiels; et probablement le meilleur moyen de se rendre compte des progrès de l'esprit scientifique dans la pratique agricole est-il de consulter les relevés statistiques indiquant la consommation d'engrais artificiels, en remontant à quarante années et au delà.

C'est en 1844 qu'eut lieu la première grande importation de guano en Ecosse; plus de 6,000 tonnes de ce fertilisant entrèrent dans la consommation, le prix étant de 6 à 7 livres (de 150 à 175 francs) la tonne. En 1845, l'importation de guano monta à 18,000 tonnes, consistant principalement en guano d'Ichaboe, sur quoi la consommation absorba environ 1,500 tonnes. En 1846, la consommation fut à peu près la même; mais, en 1847, les demandes s'élevèrent à un total de 25 à 30,000 tonnes, dont cependant une partie peut avoir pris le chemin de l'Angleterre.

Ainsi tous les ans augmentait la consommation du guano; en 1852, elle atteignait près de 40,000 tonnes. Outre le guano, d'autres engrais artificiels tels que les os, les superphosphates, etc., étaient également recherchés, mais le montant total de leur vente ne dépassait pas 10,000 tonnes par an. En 1862, la consommation annuelle de guano arrivait à 50,000 tonnes, celle des os à 15,000 tonnes, et celle des autres engrais de 5,000 à 10,000 tonnes, y compris environ quinze cents tonnes de nitrate de soude, qui commençait alors à gagner de la réputation comme engrais.

Peu d'années après, en 1869, la consommation de guano du Pérou commença à décliner, à cause de sa qualité qui devenait de plus en plus mauvaise; en 1872, elle n'était plus que de 20,000 tonnes. Mais la consommation des autres engrais augmenta en proportion; le guano phosphatique à 5,000 tonnes; les os à 30,000 tonnes; le sulfate d'ammoniaque et les sels de potasse à environ 8,000 tonnes, et le nitrate de soude à environ 7,000 tonnes.

Le tableau suivant, dont les chiffres ont été puisés à des sources autorisées, indique la consommation présumée des engrais artificiels dans la dernière année de chaque période décennale écoulée depuis 1842, et fera toucher au doigt les appréciations qui précèdent.

NATURE DES ENGRAIS.	1842	1852	1862	1872	1877
Guanos ammoniacaux	1.000	35.000	50 000	25 000	32 000
Os bruts et Os calcinés. . . .	? 2 000	10.000	15 000	30 000	7 000
Superphosphates.	. . . . .	. . . . .	5 000	10 000	11.000
Guano phosphatique, phosphates minérau	. . . .	? 1 000	! 2 000	5 000	7.000
Nitrate de soude.	. . . .	! 1.000	1 500	7 000	20 000
Sulfate d'ammoniaque. . . .	. . . . .	. . . . .	1.000	3.000	3 000
Engrais potassiques.	. . . . .	. . . . .	1.000	5.000	10 000
Total approximatif. . . .	3 000	47 000	75.500	85 000	120.000

On voit par le tableau qui précède que l'emploi des engrais artificiels en Ecosse a toujours suivi une progression rapide et régulière; l'explication de ce progrès se trouve dans l'augmentation des rendements obtenus, à leur aide, sur le maximum auquel il était possible d'arriver quand le fumier de ferme était à peu près le seul fertilisant en usage.

Depuis trente-cinq ans le prix des diverses récoltes, bien qu'ayant subi d'une année à l'autre de médiocres oscillations suivant que la moisson était bonne ou mauvaise ou l'étranger plus ou moins bien approvisionné, n'a presque pas augmenté, et pour certaines est resté même absolument stationnaire. Pendant cette période, cependant, les salaires, les fermages, les denrées, l'entretien des fermes, tout a renchéri sensiblement.

Si la culture, malgré le prix stationnaire de ses produits, et l'augmentation de ses frais, reste une carrière lucrative, ce résultat est dû au système moderne d'exploitation, caractérisé par l'usage en grand des engrais artificiels, au moyen desquels le fermier peut augmenter le produit de sa ferme. Cette augmentation de produit ne résulte pas nécessairement de la possibilité d'obtenir, par l'application d'engrais artificiels, une récolte à l'acre plus forte qu'auparavant, mais plutôt de l'augmentation du rendement moyen. En distribuant avec soin et en temps opportun les engrais artificiels, on a plus de chances d'arriver à une récolte moyenne, et on peut obtenir des récoltes rémunératrices de terrains dont, sans leur aide, il aurait été impossible de tirer parti. De plus, avec l'emploi de ces engrais, la culture épuisante devient possible.

Ce serait cependant une erreur que d'attribuer le développement de la production uniquement aux engrais artificiels; le drainage plus complet du sol et le perfectionnement des instruments agricoles y ont auss une grande part.

Un autre côté important où la science est venue prêter son appui à l'agriculture, c'est l'utilisation des matières qu'on laissait perdre, et qui contribuent aujourd'hui à fertiliser la terre. Les cultivateurs font aujourd'hui attention à tout ce qui peut contenir des éléments d'alimentation pour les plantes et ne négligent aucune de ces matières de rebut qui sortent des manufactures et d'autres sources quelconques.

Il y a encore, cependant, une source d'énormes déperditions dans l'inutilisation des eaux d'égout des grandes villes. La plus grande partie de ces eaux s'écoule dans la mer. On a essayé, on essaie encore aujourd'hui, sur une grande échelle, d'utiliser ces matières si riches en principes fécondants, soit par un système d'irrigation quand l'irrigation est possible, soit en précipitant les éléments constituants de l'eau d'égout, et en les faisant sécher pour servir d'engrais; mais pour mener à bien une entreprise d'après l'une ou l'autre de ces méthodes, il reste encore trop à apprendre, et les procédés employés jusqu'ici laissent énormément à désirer. Peut-être le résultat le plus heureux qu'on ait encore obtenu en fait d'irrigation par l'eau d'égout, en tant du moins que résultat pécuniaire, est-il celui auquel on est arrivé, pour les prés Craigentinny, près d'Edimbourg, où une grande partie des liquides a été utilisée pour convertir près de 350 acres (140 hectares) de terre sableuse sans valeur en prés extrêmement fertiles, donnant un fermage moyen de 25 à 30 livres de l'acre (1,562 fr. 50 à 1,875 fr. l'hectare).

Pendant la période où la consommation des engrais artificiels allait toujours en augmentant, la fabrication et l'usage des nourritures artificielles suivaient la même pression. L'usage du tourteau de graine de lin a commencé en Écosse vers 1820, mais il n'est devenu général que peu d'années après. La consommation en 1840 ne pouvait guère dépasser 5,000 tonnes par an. En 1850, elle s'élevait à environ 15,000 tonnes. En 1862, plus de 35,000 tonnes de tourteaux de diverses espèces se consommaient dans le pays; en 1872, la consommation dépassait 50,000 tonnes. En 1877, elle a atteint près de 70,000 tonnes. Antérieurement à 1840, le tourteau de graine de lin était à peu près le seul en usage. En 1850, il rentrait dans la consommation pour quatre cinquièmes, le dernier cinquième consistait en tourteau de colza. Alors, le tourteau de graine de coton est devenu à la mode, et il constitue aujourd'hui à lui seul presque la moitié de la quantité de tourteaux consommée en Écosse.

La rapidité surprenante avec laquelle les nourritures artificielles sont devenues d'un usage assez général pour bouleverser l'élevage du bétail est en grande partie la conséquence des notions récemment acquises par les cultivateurs éclairés sur les principes chimiques et physiologiques de la nutrition. Tous connaissent la valeur alimentaire relative des différents produits agricoles; et tous sont accoutumés à les choisir avec discernement et précision, en ne perdant pas de vue que le seul but à atteindre est l'alimentation des animaux.

Non-seulement la valeur nutritive, mais aussi la valeur comme engrais des différentes formes de fourrage sont aujourd'hui bien comprises; les données réunies servent de base à un système d'exploitation dans ce que l'entretien du bétail est conçu de façon à conserver avec la nature des récoltes et le maintien de la fertilité du sol.

Dans le système de culture intensive aujourd'hui généralement adopté, le capital employé à l'acquisition d'engrais artificiels et de nourritures fabriquées est tellement important, qu'il égale souvent le revenu lui-même de la ferme.

La fabrication des engrais et des nourritures a donné naissance à de très-importantes branches d'industrie. Il existe aujourd'hui en Écosse environ cinquante-cinq manufactures d'engrais; et c'est par centaines que se comptent les marchands tant d'engrais que de nourritures fabriquées de toute sorte.

L'état de haute perfection atteint par l'agriculture écossaise est dû, non pas tant aux connaissances scientifiques des cultivateurs écossais, qu'à la vivacité de leur intelligence, en général très-remarquable.

Cependant les cultivateurs écossais, dans leur ensemble, ont encore grand besoin des enseignements de la science; leurs ressources sont à cet égard peu nombreuses et insuffisantes. Quoi qu'il en soit, on fait tous les jours, dans le programme de l'éducation des jeunes fermiers, une plus large part à la chimie et à la physique, à la botanique et à la zoologie; et on reconnaît mieux de jour en jour que, pour qu'un cultivateur réussisse et fasse des progrès dans sa profession, il lui faut une grande somme de connaissances et d'instruction.

XIV.

SOCIÉTÉS NATIONALES D'AGRICULTURE ET AUTRES SOCIÉTÉS AGRICOLES D'ÉCOSSE.

I. *Société des amis des progrés*, 1723-45.

Antérieurement à la formation de la Société d'agriculture d'Écosse en 1874, il existait à Édimbourg deux associations pour le perfectionnement de l'agriculture.

La première s'appelait l'honorable société des amis du progrès dans la connaissance de l'agriculture en Écosse. Elle était, à ce qu'on croit, la plus ancienne du Royaume-Uni, ayant été fondée en 1723. Elle comptait plus de trois cents membres, parmi lesquels on comptait les Écossais les plus éminents de cette époque. Elle ne donnait pas de récompenses; la principale occupation de la Société consistait dans les conseils donnés à ses membres sur les meilleurs moyens d'améliorer leurs terres. Un volume, contenant un choix des mémoires de cette Société, réunis par Robert Maxwell d'Arkland, a été publié en 1743. Elle dura jusqu'aux troubles de 1745, qui mirent fin à son existence.

II. *Société d'Édimbourg*, 1755-65.

La seconde association était appelée Société d'Édimbourg, pour l'encouragement des arts, des sciences, des manufactures et de l'agriculture en Écosse. Elle fut instituée en 1745, sous les auspices d'une autre institution qui portait le nom modeste de Société d'élite. Les listes des récompenses proposées par la Société d'Édimbourg occupent plusieurs colonnes des journaux et des revues publiées dans cette ville de 1755 à 17 4. Les récompenses étaient offertes, pour le perfectionnement des races chevaline et bovine, aussi bien que pour la plantation d'arbres de haute futaie, et pour une foule de sujets ayant rapport aux arts, aux sciences, aux manufactures et à l'agriculture. La dissolution de cette Société eut lieu vers la fin de 1765.

III. *Société agricoles de hautes terres.*

Origine. — La Société des hautes terres, à présent Société nationale d'agriculture d'Écosse tire son origine d'une réunion de quelques personnes de distinction ayant des intérêts dans les hautes terres, qui eut lieu à Édimbourg en 1783. On forma une petite commission pour examiner l'affaire, et ensuite, à une autre réunion, au commencement de l'année 1784, la Société fut constituée, les dignitaires élus, et un sous comité fut nommé pour rédiger le règlement de police intérieur de la société, ainsi que pour établir les bases de ses opérations et de son administration.

Nom. Objet. Autorisation royale. — Quand la Société fut instituée de la manière qu'on vient de rapporter, elle portait le nom de Société des hautes terres d'Édimbourg. La détermination régulière de l'objet que se proposait la Société fut arrêtée et sanctionnée en assemblée générale dans le cours de l'année 1785. Cet objet consistait en : 1° un eenquête sur l'état des hautes terres et des îles d'Écosse et sur les conditions d'existence de leurs habitants; 2° une enquête sur les moyens d'amélioration par la fondation de villes et de villages, par l'établissement de voies de communication, telles que routes et ponts, dans les différentes parties des hautes terres d'Écosse, par le perfectionnement de l'agriculture et l'extension donnée aux pêcheries ; par l'introduction d'industries utiles et de manufactures ; et par une action commune des propriétaires pour appeler l'attention du gouvernement sur l'avantage de ces projets, afin de les encourager et de les subventionner; 3° la conservation de la langue, de la poésie et de la musique des hautes terres.

En 1787, la Société fut reconnue comme corporation par charte royale de Sa Majesté le roi George III, avec le nom et le titre de Société des hautes terres d'Ecosse à Edimbourg. Dans cette charte sont mentionnés tous les objets ci-dessus énumérés, à l'exception de ceux compris sous le numéro 8.

En 1834, une seconde charte royale fut octroyée à la Société par Sa Majesté le roi Guillaume IV, à titre d'encouragement, pour ses efforts en vue du perfectionnement de l'agriculture et des autres branches d'industrie rurale, ainsi que des arts qui s'y rattachent, sur tout le territoire de l'Ecosse, aussi bien que des objets originaires de son institution pouvant en outre profiter de l'initiative de la Société. Par cette charte, le nom et le titre de la société furent modifiés; elle reçut celui de Société d'agriculture des hautes terres d'Écosse, qu'elle porte encore aujourd'hui, tout en continuant à être désignée communément sous son ancienne dénomination de Société des hautes terres (Highland society).

En 1856, une troisième charte royale fut octroyée par Sa Majesté la reine Victoria, à l'effet d'encourager l'éducation spéciale des cultivateurs, et d'accorder des brevets aux étudiants en agriculture.

Membres de la Société. — Le nombre des membres de la Société s'élevait, au début, à un peu plus de cent. Au moment où fut obtenue la première charte, en 1787, il était monté à 150. Depuis lors, les demandes d'admission présentées à chacune des assemblées générales n'ont cessé d'augmenter progressivement. En 1797, le nombre des membres était de 400; en 1807, de 925; en 1817, de 1,150; en 1827 de 1,658; en 1837 de 1990; en 1847, de 2800; en 1857, de 3,186; en 1867, de 3,924; et, en 1877, de 4,595. Le nombre actuel dépasse 4,650, et comprend presque tous les gentilshommes, les membres du parlement et les propriétaires fonciers de l'Écosse, aussi bien que les principaux fermiers, et un grand nombre de membres des professions légales et médicales, de négociants, et d'autres personnes. Depuis sa fondation, la Société a élu plus de onze mille membres.

D'après la charte de 1834, la Société se divise en deux classes : membres ordinaires et membres honoraires ou correspondants. Le nombre des membres honoraires ou correspondants résidant dans le Royaume-Uni ne doit pas dépasser vingt; mais la Société a la faculté de choisir, comme associés honoraires des personnes résidant à l'étranger, non sujettes de Sa Majesté, qui auraient été les bienfaiteurs de la Société, ou se seraient distinguées dans l'art ou dans la science, pourvu que le nombre de ces associés étrangers n'excédât pas vingt.

Par un règlement arrêté en 1873, en conformité de la charte supplémentaire de 1856, les candidats au diplôme de la Société agricole, qui ont subi leur examen avec succès, sont de plein droit éligibles comme membres à vie de la Société, sans avoir de cotisation à supporter.

Les candidats au titre de simples membres doivent être présentés par un membre titulaire; on les nomme aux sessions générales semestrielles qui ont lieu en janvier et en juin. Il n'est pas indispensable que le proposant assiste à l'assemblée, lors du vote pour la nomination du récipiendaire. La souscription ordinaire est d'une livre trois shillings six deniers (29 fr. 35 cent.) par an, qui peut être rachetée par une somme une fois payée, variant, suivant le nombre des cotisations annuelles déjà acquittées, de 12 livres 12 shillings à 7 livres 1 shilling (de 315 francs à 176 fr. 25 cent.). Les propriétaires qui jouissent par eux-mêmes de la totalité de leurs propriétés, et dont le revenu annuel imposé n'excède pas 500 livres (12,500 francs), tous les fermiers, les dignitaires des sociétés agricoles locales, les facteurs agricoles résidents, les régisseurs de domaines, les fabricants d'instruments agricoles, et les médecins vétérinaires, tous, pourvu qu'ils ne soient pas propriétaires d'immeubles rapportant plus de 500 livres (12,500 francs) par an, ne sont assujettis qu'à une cotisation annuelle de dix shillings (12 fr. 50 cent.), susceptible d'être rachetée par un versement une fois fait variant, d'après le nombre des paiements annuels déjà faits, de 5 livres 5 shillings à trois livres (de 131 fr. 25 cent. à 75 francs). Conformément à la charte, tout élu qui ratifie son élection, en payant sa première année de souscription, perd la faculté de se retirer avant d'avoir acquitté, au moyen de cotisations annuelles ou autrement, une somme équivalente à ce qu'il aurait dû payer pour être membre à vie. Les membres reçoivent les mémoires de la Société, quand ils en font la demande. Ils peuvent obtenir les prix dans les concours régionaux, et la médaille attribuée aux concours de charrues; ils ont l'entrée gratuite aux expositions de la Société, et s'ils s'exposent eux-mêmes, ils bénéficient d'une réduction sur le tarif.

Finances. — En ce qui concerne les finances de la Société, il est juste de rappeler que le gouvernement, en reconnaissance de l'importance et de l'efficacité des services par elle rendus au public, lui a donné à plusieurs reprises des marques de sa libéralité. Il faut aussi ajouter que la Société n'a jamais reçu du gouvernement un subside annuel et direct. En 1789, un acte du Parlement accorda à la Société trois mille livres

(75,000 francs), à prendre sur les immeubles en déshérence de l'Angleterre septentrionale. En 1806, un autre acte lui accorda huit cents livres (20,000 francs) par an, pendant dix ans sur les mêmes ressources. En 1836, une allocation de trois cents livres (7,500 francs par an, fut encore votée pour dix ans. Enfin, en 1814, le Parlement donna cinq mille livres (125,000 francs). Ces subventions furent d'un grand secoure à la Société, qu'elles mirent à même de continuer son entreprise avec plus de zèle et de succès. La capital placé de la Société s'élève aujourd'hui à près de soixante dix mille livres (1,750,000 francs), dont le revenu annuel, joint aux cotisations annuelles et aux souscriptions des membres à vie, dépasse 4,500 livres (112,500 francs), et ce, non compris les recettes des expositions générales.

Affaires de la Société. — La direction générale des affaires de la Société est confiée à un président, quatre vice-présidents, trente directeurs ordinaires et dix directeurs extraordinaires, un trésorier, un secrétaire titulaire, un secrétaire honoraire, et d'autres membres investis de fonctions diverses. Les directeurs ordinaires sont répartis en commissions pour l'expédition des affaires, pour lesquelles ils s'adjoignent les membres ordinaires les plus au courant du sujet à discuter. Chaque commission rédige un rapport qui est soumis à la réunion des directeurs avant d'aller plus loin. Les directeurs se réunissent le premier mercredi de chaque mois de novembre à juin. Les procès-verbaux de leurs réunions sont soumis à l'assemblée générale qui se tient une fois en janvier, et la seconde fois en juin ou juillet. Le principal objet de la Société est le perfectionnement de l'agriculture en Ecosse; dans cette intention, elle accorde tous les ans des prix de toute espèce, qui éveillent un grand intérêt et une vive concurrence dans toutes les parties de l'Ecosse. En 1877, par exemple, la Société a donné des prix dans 304 circonscriptions, et il s'est présenté dans les différentes classes, 8,33! compétiteurs. Voici l'indication des principaux points sur lesquels la Société dirige ses encouragements et son initiative : elle donne des prix pour les renseignements, sous forme de traités et de rapports, relatifs aux perfectionnements, et pour les découvertes et les expériences relatives à l'agriculture ; pour la mise en valeur de terrains par le labourage ; pour la culture des racines ; pour l'amélioration des pâtures ; pour les plantations nouvelles, et pour l'introduction de nouvelles essences forestières ; pour le perfectionnement des différentes races d'animaux et des produits qu'on en tire, notamment en ce qui concerne le traitement de la laine. Il y a aussi des récompenses pour l'invention et le perfectionnement d'instruments et de machines servant à l'agriculture; enfin on accorde des encouragements destinés à éveiller l'intérêt des journaliers sur toutes matières pouvant améliorer la situation. Les pays qui vont suivre contiendront des détails plus circonstanciés sur les différentes catégories d'opérations auxquelles se livre la Société.

La Société s'est toujours empressée de prêter son appui à toutes les mesures d'intérêt public qu'elle supposait avantageuses au pays. On peut ici en signaler quelques-uns.

Banalité de la mouture. — Antérieurement à 1796, l'Ecosse entière se plaignait d'être assujettie à la banalité de la mouture; c'était là en effet un obstacle au progrès, par la restriction imposée à la jouissance de certains immeubles. Il fallait faire moudre le grain en provenant à certains moulins privilégiés, qui retenaient pour cette opération une certaine quantité du grain; le quantum de cette redevance, qui portait le nom de mouture, augmentant en même temps que la production du grain, une telle servitude était regardée comme une taxe sur le travail et un obstacle au perfectionnement agricole. C'est en 1796 que, pour la première fois, l'attention de la Société se porta de ce côté; une commission fut désignée. Après de longues discussions, toutes du reste en faveur de la mesure projetée, un projet de loi, préparé par la commission, fut présenté au Parlement, qui l'adopta dans le cours de la session de 1796; le droit de mouture fut aboli, et converti en une indemnité annuelle en argent, fixée par un jury pris dans la localité de la situation de l'immeuble assujetti; moyennant paiement de cette indemnité au bénéficiaire de l'ancienne servitude, les biens qui y étaient sujets en demeurent affranchis.

Canal Crinan et canal Calédonien. — En se reportant aux premiers volumes des mémoires de la Société, on trouve que c'est celle qui a donné l'idée première d'une communication entre le lac Gilp, et le lac Crinan. Elle fut exécutée en 1787. La Société remit aussi à M. Telford, ingénieur du gouvernement, un rapport sur la communication à ouvrir entre les deux mers de la côte est à la côte ouest, par un canal qui fut appelé Calédonien. Les renseignements réunis et fournis à M. Telford lui ont été fort utiles, ainsi qu'il l'a reconnu de la manière la plus explicite.

Ponts et chaussées. — A la demande de M. Telford, la Société rédigea, en 1803, un rapport sur les avantages que présenterait l'établissement de communications au moyen de routes et de ponts dans les hautes terres; à la suite des enquêtes et des renseignements qui lui furent communiqués, le Gouvernement vota de fortes allocations de fonds destinés à mettre les propriétaires de domaines dans les hautes terres à même de construire des routes dans des localités où, sans ce secours, il n'y aurait jamais eu moyen d'en établir.

Émigration. — Les entreprises d'utilité publique qui viennent d'être indiquées rendirent d'autant plus de services à l'époque où elles furent exécutées, qu'elles donnèrent du travail à un grand nombre de personnes des localités voisines des canaux et des routes dont il s'agit, où autrement aurait eu lieu une émigration considérable. La question de l'émigration avait été soumise, par l'assemblée générale des sociétaires en 1801, aux directeurs qui eux-mêmes l'avaient renvoyée à une commission. Le sujet fut discuté à fond dans plusieurs séances, où furent arrêtés les termes d'un rapport contenant les détails les plus explicites sur les principales causes de l'émigration; sur les souffrances qu'avaient à subirl es émigrrnts pendant leur voyage; sur les fraudes et les impostures par lesquelles les personnes intéressées, poussaient le peuple à émigrer, et sur le soin que les mêmes personnes prenaient empêcher toute nouvelle sincère et authentique de la situation faite aux émigrants, pendant leur traversée et à leur arrivée en Amérique, de parvenir à leurs amis et à leurs connaissances restés au pays. Ce rapport mentionnait en outre la dimension et le tonnage des navires, la grandeur des cabines ou dortoirs, les vivres fournis, les visites et les soins médicaux. Il concluait en réclamant une législation spéciale. Sur la communication de ce rapport au gouvernement, une loi intervint pour la réglementation des navires transportant des passagers aux plantations et aux établissements agricoles de l'étranger.

Les pêcheries, qui constituent une partie essentielle des ressources et de la production des hautesterres, ont été de bonne heure l'une des principales préoccupations de la Société, qui les a d'abord encouragées, puis qui a fourni au gouvernement tous les renseignements que le nombre de ses membres résidant au milieu de ces régions la mettait à même de se procurer. Sur les avis donnés par la société, fut établi un bureau de la pêche au hareng, auquel sont confiées depuis longtemps les obligations que la Société avaient assumées à ce sujet.

Plan cadastral. — Il y a bien longtemps que la société a pris l'initiative de réclamations auprès du gouvernement pour l'achèvement du cadastre de l'Ecosse, mesure importante au point de vue des intérêts agricoles du pays et dont l'exécution a commencé en 1809; à la suite de démarches pressantes, la Société est parvenue à accélérer la marche de cette entreprise. Il ne reste plus aujourd'hui, pour compléter le travail, qu'à rapporter à l'échelle de 1 à 2,500 le plan des comtés d'Edimbourg, Haddington, Fife, Wigtown et Kircudbright.

Drainage. — Le besoin d'une loi facilitant le drainage en Ecosse particulièrement en ce qui regarde les décharges, fut démontré dans une lettre rendue publique du révérend William Darling de Cleish, comté de Kinross, datée du 30 janvier 1812 et reproduite dans les mémoires de la société en 1816. L'introduction et la mise en pratique du système de drainage à fond, dues à James Smith de Deanston, eurent des conséquences si manifestement avantageuses que le gouvernement reconnut qu'il était d'une bonne politique de s'associer au mouvement, en avançant des fonds aux personnes désireuses de profiter des bienfaits de cette innovation; une loi fut passée à cet effet. En 1846, l'acte sur le drainage fut soumis à l'examen de la Société; les directeurs firent paraître un rapport appelant sur ce sujet l'attention des propriétaires et des fermiers. La faveur avec laquelle leurs conseils furent accueillis du public se traduisit par un nombre énorme de demandes d'emprunts venant de l'Ecosse. Les commissaires institués par la loi sur le drainage se mirent en rapports réglés avec les directeurs, qui conseillèrent plusieurs mesures destinées à donner plus d'efficacité à la loi; la plupart de ces modifications ont été consacrées par des lois additiannelles.

Recherches minéralogiques et géologiques. — En 1851, la Société proposa des prix pour le meilleur traité sur les pierres d'œuvre de l'Ecosse, y compris notamment le granit, le marbre et les autres pierres calcaires, ainsi que le grès et l'ardoise, en détaillant les tailles et les frais de main-d'œuvre, la valeur des matériaux bruts et la quantité au poids et à la mesure. Ensuite, elle offrit de récompenser libéralement l'étude géologique des différents comtés et cantons de l'Ecosse, et les renseignemdnts sur les principaux gisements houillers du pays. Plusieurs notices importantes, traitant de ces différents sujets, furent publiées dans les mémoires de la Société. Les efforts de la Société pour le progrès des études minéralogiques et généalogiques en Ecosse provoquèrent d'intéressants travaux et obtinrent l'approbation générale. La section géologique de l'Association britannique pour le progrès scientifique voulut bien adopter, en 1834 une résolution pour remercier la société écossaise de la libéralité et du zèle avec lesquels elle poursuivait l'étude géologique de l'Ecosse. La grande collection géologique formée par la Société fut ensuite transportée au musée fondé à Edimbourg par le gouvernement.

Musée géologique et industriel. — Dans le courant de l'année 1852, la Société adressa un Mémoire au gouvernement de Sa Majesté pour lui demander la création, en Ecosse, d'un institut géologique et chimique destiné à faire connaître les ressources minérales de ce pays. On y représentait que des musées de généalogie pratique avaient été fondés à Londres et à Dublin, et qu'il était à la fois équitable et utile d'étendre à l'Ecosse le bénéfice d'une mesure analogue, surtout si l'on prenait en considération l'immense importance de ses richesses minérales. La société insista donc sur la nécessité d'un établissement de ce genre, pour pouvoir conserver et centraliser les renseignements recueillis sur les minerais, les gisements houillers, les pierres, les marbres et les granits pouvant servir au bâtiment, au pavage et à l'ornement, les localités géologiques, les constitutions des différents terrains, les qualités des argiles et leurs usages divers, les qualités des différents calcaires, et, généralement, de toutes les autres substances minérales. A l'appui du mémoire de la Société parurent d'autres publications émanant de divers corps savants ; leurs vues furent adoptées par le gouvernement, qui fonda sur leurs plans, à Edimbourg, un musée industriel, qui porte aujourd'hui le nom de Musée des sciences et des arts.

Statistique agricole. — De 1853 1857 inclusivement à la Société mena à bonne fin la plus importante peut-être et la plus onéreuse des entreprises qu'elle eût jamais abordées, savoir, l'enquête sur la statistique agricole de l'Ecosse. La société peut, à bon droit, s'applaudir d'être parvenue à accomplir une tâche qui avait éprouvé, pendant tant d'années, la persévérance de divers gouvernements, et d'avoir démontré qu'il était possible d'arriver à l'exactitude dans les statistiques agricoles. Elle peut s'attribuer justement le mérite non-seulement d'avoir conçu et organisé le mécanisme nécessaire à ce dessein, mais surtout de l'avoir fait fonctionner heureusement, une première fois, en 1853, dans les trois comtés d'Haddington, de Roubergh et de Sutherland, puis, ensuite, pendant les quatre années suivantes, dans tout le reste de l'Ecosse. Chaque comté fut divisé en un certain nombre de circonscriptions, dans chacune desquelles il y avait un correspondant spécial, et une commission à laquelle chaque paroisse de la circonscription envoyait un représentant. Le nombre total de ce personnel atteignait un millier, tous cultivateurs, indépendamment d'une quantité de commis exercés. Les calculs étaient tellement exacts que, quand le chef du cadastre, voulant voir si les plans officiels pouvaient servir à la statistique, fit vérifier la superficie des récoltes en grains et en racines de l'Est Lothian, il ne se trouva qu'un écart de 316 acres (126 hectares quarante ares) entre les deux comptes, portant sur un total de 29,599 acres ou 11,839 hectares 60 ares. C'était le terrain régulièrement alloué pour les routes et les clôtures qui faisait la différence. L'enquête, du moins en ce qui concernait la Société, se termina en 1857, les exigences du gouvernement étant devenues incompatibles avec le caractère volontaire et presque gratuit de la coopération et de l'assistance prêtées par les receveurs et les membres des commissions; cette incompatibilité les fit renoncer à leur service. L'enquête fut reprise en 1866 par le ministère du commerce; et depuis lors elle a été exécutée tous les ans sur une échelle plus vaste et plus détaillée; et elle s'étend à toute l'Ecosse.

Enquetes diverses. — On peut encore citer d'autres mesures et quelques points intéressants pour l'industrie dans différentes branches, sur lesquelles la Société a porté son attention. Ce sont, entre autres, les droits sur les houilles et sur le sel; les règlements sur les distilleries et les droits sur le malt; les bâtiments de sauvetage pour les secours en cas de naufrage; le perfectionnement des bacs à passer l'eau dans la haute Ecosse; l'uniformité des poids et mesures; la publication de traités récompensés sur la construction des chemins de fer; les mesures prises à la suite de la mauvaise récolte de céréales de 1816; l'enquête sur les causes des mauvaises récoltes de pommes de terre en Ecosse pendant les années 1833, 1836, 1845 et 1846; la culture, en Ecosse, de la paille à tresser, et l'encouragement des meilleurs procédés pour le tressage de la paille ainsi obtenue; la préparation, pour le tressage, de la plus grande quantité possible de paille de seigle, ainsi que le tressage de la paille et les fabrications auxquelles elle peut servir; la manière la plus avantageuse d'utiliser et de perfectionner la tourbe, la fabrication de la soude naturelle brute; les autres sortes d'industrie exploitées dans les hautes terres; les effets des conventions pour le louage des personnes, et l'avantage d'un autre mode d'engagement pour les domestiques de ferme; la meilleure méthode pour constituer des caisses d'épargne et des sociétés coopératives.

Telles sont les mesures d'intérêt public et autres semblables par lesquels s'est signalée la Société d'agriculture; son influence a su, quand il le fallait, faire agir l'autorité législative, et assurer le concours du gouvernement aux intérêts généraux du pays. Les résultats de toutes les enquêtes relatives à ces questions sont consignés dans les mémoires de la Société.

L'importance et la nature des sujets proposés pour les prix à décerner cette année se comprendront mieux, par l'indication sommaire de chacune des catégories de récompenses, telles que les porte le programme imprimé, telles d'ailleurs qu'elles résultent du plan général d'après lequel la Société dispose de ses fonds et de son patronage:

Récompenses pour traités et rapports.

Section 1. *Science et pratique de l'agriculture.* — Il y a vingt-sept sujets proposés aux recherches des concurrents, et compris dans cette catégorie dans le programme de 1878. Ils touchent à presque toutes les matières censées avoir rapport à la culture du sol, à la production et à l'entretien des animaux. Les prix offerts montent à 60 livres (1,500 fr.).

Section 2. *Amélioration des immeubles*. La mise en valeur des friches de l'Ecosse a toujours été pour la Société un sujet de prédilection. Par suite des récompenses offertes, et de l'esprit d'initiative des propriétaires et des fermiers, de grands espaces jusque-là inutiles ont été défrichés, et des prix ont été décernés à ce sujet dans presque tous les comtés. En ce qui concerne les mémoires de la Société, on y trouve une centaine de rapports sur le même sujet de 1799 à 1877. D'abord les prix étaient réservés à certains comtés spécifiés, mais depuis longtemps le concours est ouvert à tous les propriétaires et à tous les fermiers de toutes les parties de l'Ecosse. Cette catégorie comprend sept prix offerts pour l'année courante, montant ensemble à 60 livres (1,500 francs).

Section 3. *Outillage*. — La société a encouragé sans distinction toutes les inventions et tous les perfectionnements utiles d'instruments de culture, et elle a consacré une grosse somme à des récompenses. La première subdivision de cette section, pour 1878, se rapporte à l'invention ou au perfectionnement de tels instruments ou machines que la Société jugera utiles au public. La seconde subdivision est consacrée au meilleur appareil ou truc pour nourrir et abreuver les animaux qui voyagent. Les prix de cette division s'élèvent, pour la présente année, à 70 livres ou 1,750 francs.

Section 4. *Régime forestier*. — Pour engager les propriétaires des côtes septentrionale et occidentale de l'Ecosse à faire des expériences méthodiques de plantation, la Société avait offert, en 1811, des prix d'honneur aux grandes entreprises de cette nature. Ces prix ont été plus tard continués, et sont encore offerts à tout propriétaire écossais Depuis 1815, environ cinquante rapports sur ce sujet ont été publiés dans les mémoires de la Société. Pour l'année courante, il y a seize sujets à traiter dans cette catégorie. Ils comprennent des prix d'honneur pour les propriétaires ayant planté sur une grande échelle, et des prix ordinaires pour les rapports faits sur des expériences de plantation, sur les variétés d'arbres les plus propres à servir d'abri, sur les arbres vieux et remarquables, sur les bois, forêts et le régime forestier dans certains comtés, et sur les insectes pernicieux aux arbres forestiers. Les prix offerts sous cette division, pour l'année courante, montent à 125 livres ou 3,125 francs.

Expositions générales. 1822-1877.

La Société, en 1812, eut à examiner s'il fallait tenir à Edimbourg des expositions annuelles. Mais on ne donna pas alors suite à cette proposition. En 1821, le même sujet revint en discussion, et la première exposition générale eut lieu à Edimbourg en 1822. Le tableau suivant indique le lieu et la date de toutes les expositions générales de la

Société, avec le nombre des animaux et des instruments exposés et les prix offerts lors de chacune d'elles :

	LOCALITÉ.	DATES.	BÊTES A CORNES.	CHEVAUX.	MOUTONS.	PORCS.	VOLAILLES.	TOTAL.	PRODUITS DE LA LAITERIE.	INSTRUMENTS.	RÉCOMPENSES PROPOSÉES (en France.)
1	Edimbourg...	1822	59	»	8	»	»	67	»	»	1.950
2	Edimbourg...	1823	44	»	77	12	»	133	»	»	2.750
3	Edimbourg...	1824	62	»	89	5	»	156	»	»	2.625
4	Edimbourg...	1825	42	»	43	7	»	92	»	»	2.750
5	Glasgow	1826	226	89	148	24	»	447	»	»	4.550
6	Edimbourg...	1827	44	»	138	6	»	188	»	11	5.600
7	Glasgow.	1828	302	42	112	69	»	525	»	30	6.925
8	Perth.........	1829	192	52	199	13	»	456	»	13	8.925
9	Dumfries	1830	180	60	247	19	»	506	»	18	8.825
10	Inverness.....	1831	198	90	129	11	»	428	»	4	7.950
11	Kelso..	1832	88	18	248	16	»	365	»	11	1.320
12	Stirling.......	1833	288	74	160	54	»	576	»	22	13.825
13	Aberdeen	1834	188	77	192	58	»	515	28	9	15.675
14	Ayr	1835	309	70	324	46	»	749	43	29	14.400
15	Perth	1836	265	46	416	18	»	745	6	17	11.975
16	Dumfries	1837	181	77	512	14	»	784	31	36	16.250
17	Glasgow......	1838	461	121	274	47	»	903	39	62	18.275
18	Inverness	1839	302	93	445	43	»	883	»	24	18.600
19	Aberdeen.....	1840	269	80	126	69	»	544	46	30	18.525
20	Berwick.......	1841	175	96	658	33	»	962	»	60	26.250
21	Edimbourg...	1842	295	179	487	53	»	1.014	38	200	30.000
22	Dundee	1843	317	73	324	30	34	778	31	101	24.750
23	Glasgow......	1844	558	210	568	64	50	1.450	277	357	40.000
24	Dumfries.....	1845	297	75	537	62	101	1.072	88	143	22.500
25	Inverness...	1846	428	112	357	33	76	1.006	23	59	26.250
26	Aberdeen.....	1847	361	105	230	24	102	822	42	49	23.000
27	Edimbourg...	1848	351	142	760	58	128	1.439	165	310	28.825
28	Glasgow......	1850	484	164	639	85	172	1.544	316	577	33.975
29	Perth..........	1852	313	135	662	50	186	1.346	123	339	22.500
30	Berwick.......	1854	179	141	771	86	264	1.441	»	357	37.500
31	Inverness.....	1856	248	131	469	43	156	1.047	»	231	25.000
32	Glasgow	1857	415	240	669	112	429	1.865	234	610	37.500
33	Aberdeen.....	1858	450	189	590	79	366	1.674	»	802	37.500
34	Edimbourg...	1859	332	188	583	80	327	1.510	54	980	37.500
35	Dumfries	1860	298	166	558	54	216	1.292	195	911	37.500
36	Perth.........	1861	335	155	616	77	360	1.543	91	850	37.500
37	Kelso	1863	245	127	532	49	261	1.214	»	1.101	32.500
38	Stirling.......	1864	397	181	614	76	252	1.520	»	973	33.750
39	Inverness. ...	1865	361	132	812	43	294	1.642	»	707	32.500
40	Glasgow	1867	286	212	505	80	450	1.533	143	1.344	40.000
41	Aberdeen.....	1868	373	139	632	57	480	1.681	»	1.158	40.000
42	Edimbourg...	1869	310	212	704	42	717	1.985	»	1.900	40.000
43	Dumfries.....	1870	374	171	730	76	402	1.753	130	1.873	40.000
44	Perth..........	1871	376	177	624	71	301	1.549	88	1.948	40.000
45	Kelso	1872	274	214	565	56	291	1.400	»	1.777	47.200
46	Stirling	1873	406	297	582	96	534	1.915	»	1.400	46.500
47	Inverness.....	1874	391	175	422	48	451	1.487	»	1.161	50.750
48	Glasgow......	1875	411	405	568	58	665	2.107	152	2.120	66.625
49	Aberdeen.....	1876	424	227	448	84	520	1.703	»	1.812	61.000
50	Edimbourg...	1877	339	342	541	38	302	1.562	»	2.292	67.850

On voit par ce tableau qu'il n'y a pas eu d'exposition en 1849, 1851, 1853, 1855, 1862, ni en 1866. Par suite du ralentissement des affaires et d'autres causes, on décida, en 1849, de n'en faire que tous les trois ans, ou plus souvent si le public agricole le demandait et voulait y concourir; mais ce système triennal n'a jamais été en vigueur. Pendant quelques années, les assemblées générales n'avaient lieu que tous les deux ans; mais, depuis 1855, elles ont été annuelles. En 1862, la Société écossaise se joignit à la Société royale d'agriculture d'Angleterre pour faire une exposition générale à Battersea. En 1866, le typhus des bêtes à cornes sévissait dans toute la Grande-Bretagne et empêcha les expositions de toute sorte. Quand le système de déplacement fut adopté, on tint le assemblées générales dans des localités où la Société n'est plus revenue Les expositions se font aujourd'hui dans des proportions qui dépassent les ressources pécuniaires d'un simple comté; d'un autre côté, les chemins de fer permettent d'expédier le bétail au loin plus aisément et à moindres frais qu'auparavant.

Les circonscriptions sont actuellement déterminées comme il suit :

1° Edimbourg, pour les comtés d'Edimbourg, Haddington et Linlithgow;

2° Glasgow, pour les comtés de Lanark, Ayr, Renfrew, Argyll et Bute;

3° Perth, pour l'est du comté de Perth, les comtés de Fife et de Kinross, et l'ouest du comté de Forfar;

4° Stirling, pour les comtés de Stirling, Dumbarton et Clackmannan, et l'ouest du comté de Perth;

5° Aberdeen pour les comtés d'Aberdeen, Banff et Kincardine, et l'est du comté de Forfar;

6° Inverness pour les comtés d'Inverness, Elgin, Nairn, Ross et Cromarty, Caithness, Sutherland, les îles Orcades et les îles Shetland;

7° Dumfries, pour les comtés de Dumfries, Kirkcudbright et Wigtown;

8° Kelso, pour les comtés de Berwick, Roxburgh, Selkirk et Peebles.

Les huit villes qui viennent d'être nommées peuvent être considérées comme les principales de l'Ecosse; aussi la Société, en tant que corporation nationale, a-t-elle le devoir, pour répondre à la légitime attente du public, de visiter toutes ces cités l'une après l'autre, et de fournir à la population des campagnes l'occasion d'examiner, à portée et presque sans sortir de chez elle, des races d'animaux inconnues dans la localité, ainsi qu'une collection complète des meilleurs instruments agricoles Les dépenses d'une exposition sont couvertes par les droits d'entrée payés par les visiteurs, par le prix de location des places payé par les expesants, et par une souscription locale. Si, après cela, il se trouve un déficit, il est supporté par la Société, qui, au cas cas contraire, s'approprie le bénéfice quand il y en a. Cette méthode d'ouvrir une souscription dans la circonscription régionale, déjà mise en pratique depuis longtemps, fonctionne de la manière suivante : les inspecteurs des finances, dans les comtés formant la région de l'exposition, ouvrent une souscription volontaire fixée à un taux uniforme du revenu imposé, et enjoignent aux percepteurs locaux de la même région de dresser un rôle spécial de centimes supplémentaires exigibles avec les taxes ordinaires du comté. Le marc le franc a été jusqu'ici de vingt à trente shillings par mille livres (de 25 à 32 fr. 50 pour 25,000 fr.) de rente; les propriétaires ne se sont jamais montrés récalcitrants pour acquitter, une fois tous les huit ou neuf ans, une contribution si modique destinée à un concours sur les lieux mêmes. Au début, l'exposition était finie le jour même; mais aujourd'hui, elle prend la plus grande partie de la semaine.

Il a été un temps où le programme des récompenses attribuées au bétail n'avait rien de fixe, et se modifiait suivant la circonscription où l'exposition avait lieu. Mais ensuite l'uniformité est devenue la règle, et les prix sont actuellement restreints aux cinq races bovines reconnues comme pures, les courtes-cornes, la race sans cornes d'Angus ou d'Aberdeen, la race de Galloway, la race d'Ayr, et la race de Highland; on est moins sévère pour l'espèce ovine qui est classée en quatre catégories : la première, les cheviots; la deuxième, les têtes noires; la troisième, les border leicesters, et la quatrième, les races diverses. Les prix réglementaires et de fondation sont généralement réservés aux reproducteurs de ces diverses races, quoique des prix particuliers soient accordés par exception aux animaux élevés pour la consommation.

Exposition de Noël, en 1853 et 1354. — Pour se conformer à un désir généralement exprimé, la Société, à son assemblée générale de janvier 1853, avait décidé l'institution de concours d'hiver pour les animaux gras, la volaille, les produits de l'industrie laitière, les racines et les semences, devant avoir lieu tous les ans alternativement à Edimbourg et à Glasgow. Au bout de peu de temps, cependant, on vit par expérience que ces expositions ne piquaient pas ou piquaient fort peu la curiosité du public, et n'étaient que peu suivies par les cultivateurs eux-mêmes, tout en imposant à la Société des sacrifices fort onéreux. On les interrompit donc en 1855. Les expositions d'hiver sont à présent l'œuvre d'une Société appelée le club de Noël d'Edimbourg, à laquelle la Société agricole vote tous les ans une subvention de 50 livres (1,250 fr.).

Concours régionaux. — L'assistance libérale accordée à la Société par le gouvernement, et les ressources provenant du nombre toujours croissant de ses membres, lui ont permis d'élargir la sphère d'action en instituant plusieurs catégories de récompenses destinées à être mises au concours dans un certain nombre de localités déterminées. Il y a quatre-vingt-dix ans que cette organisation a été établie; et il n'existe peut-être aucun endroit du pays où il n'en ait été décerné. Au commencement, les concours étaient placés sous la surveillance des membres de la Société résidant ou ayant des intérêts dans la circonscription où ils avaient lieu.

L'intimité et l'amitié existant depuis si longtemps entre la corporation centrale et ses rejetons locaux (dont le nombre est de près de 350, y compris les sociétés de labourage), la surveillance qu'il en licite à la société mère d'exercer, et l'assistance pécuniaire qu'elle peut même prêter, forment le trait caractéristique de l'administration de la Société d'agriculture d'Écosse, et la distinguent avec avantage, s'il est permis de le dire, des sociétés royales d'agriculture d'Angleterre et d'Irlande. C'est au moyen de ces compétitions locales que commence à naître l'esprit et le goût du perfectionnement; elles ont pour effet de maintenir en relations suivies la société et les associations locales, en assurant à l'une l'influence et aux autres une direction homogène; elles entretiennent enfin cette émulation qui est l'âme des expositions générales. Les prix et les médailles amènent le perfectionnement de l'élève des animaux de toute sorte, bœufs, chevaux et moutons; on améliore la qualité des grains, on traite les racines avec plus de succès, on laboure mieux, enfin, presque toutes les branches de l'agriculture sont en progrès; on supplie à l'insuffisance des ressources des petites associations; enfin, les efforts de tous sont dirigés avec ensemble sur les points importants; les règlements et les usages de la société leur donnent une discipline qui en augmente l'efficacité. C'est ainsi que se propage peu à peu dans tout le pays un mouvement d'autant plus salutaire qu'il est uniforme dans son objet et dans son action.

Gros bétail. Le sujet si important du perfectionnement du gros bétail préoccupe la société depuis 1789. Les prix locaux se composent aujourd'hui de quatre récompenses en argent d'une valeur totale de vingt livres ou 500 francs, d'une grande coupe en argent, et de trois autres coupes d'argent plus petites: le tout est décerné, dans chacune des six régions productrices, tous les trois ans alternativement, pour les taureaux et génisses, à la condition que chaque région continue, pendant les deux années intermédiaires, à participer aux concours, en offrant, pour les animaux de même espèce une somme au moins égale à la moitié de celle donnée par la société.

Chevaux. — Pour encourager l'élève des chevaux de culture, la Société a fondé divers prix en 1816. Suivant les dispositions actuellement en vigueur, des prix pour étalons, montant à 25 livres (625 francs) sont accordés à chaque circonscription productrice (il y en a sept) tous les deux ans; puis, viennent d'autres prix, montant à sept livres (175 francs) donnés également tous les deux ans pour juments consacrées à la reproduction; enfin, toujours pour la même période, on donne encore d'autres prix, d'une valeur de 19 livres (475 francs) aux jeunes chevaux entiers et aux poulains. Depuis six ans que fonctionne ce système de roulement, chaque région a reçu, en récompenses, 102 livres (2,550 francs) outre un certain nombre de médailles d'argent.

Moutons et laines. — Aussitôt qu'elle eut été constituée, la Société dirigea son attention vers le perfectionnement des moutons et de la laine, et la fondation de manufactures de draps. Lorsque feu sir Jonh Sinclair eut, avec l'approbation de la Société, établi à son tour la société de draperie anglaise, la société écossaise cessa pendant un certain temps de s'occuper de ces matières. Mais quand arriva la dissolution de la société de draperie, on sollicita la Société écossaise de reprendre la direction du perfectionnement de l'élève des moutons et du traitement des laines. La Société se rendit à ces instances et institua en, 1819, des prix pour les moutons. Ces prix sont décernés pour les béliers et les brebis portières, aux mêmes périodes et aux mêmes conditions que pour le gros bétail; ils consistent en dix-huit livres sterling ou 450 francs en argent, outre cinq médailles d'argent pour chacune des cinq circonscriptions productrices. En 1806, il y avait eu des prix proposés et décernés pour des rapports sur le commerce de laines; en 1818, on offrit une somme de cent guinées (2,647 francs) au marchand de laines qui s'établirait le premier en écosse. En 1841, 1842 et 1843, on accorda des récompenses considérables. d'après un système arrêté d'avance, pour le perfectionnement de la qualité des laines à des concours généraux ouverts à toute l'Ecosse.

Porcs. — Cette classe d'animaux a été ajoutée, en 1827, à la liste des primées, et elle continue à être l'objet de l attention de la Société. Les prix, au nombre de sept, s accordent au meilleur verrat et à la meilleure truie. Ils sont distribués tous les trois ans dans chaque région.

Produits de l'industrie laitière. — Depuis 1797, il a été accordé toutes sortes de prix pour le perfectionnement de la qualité des fromages. Les questions relatives au beurre ont de même, et surtout en ce qui concerne les beurres salés et de conserve, excité la sollicitude toute spéciale de la Société. Pour l'année courante, les prix sont au nombre de huit, et sont décernés tous les trois ans dans chaque région. La Société accorde aussi une allocation spéciale de vingt livres (500 francs) à l'association du comté d'Ayr, pour qu'elle concoure à l'exposition des produits de l'industrie laitière à Kilmarnock.

Semences. — En 1832, et pendant les années suivantes, la Société obtint les meilleurs résultats en proposant des prix pour les réserves, les plus considérables de foins naturels et autres. En 1842, dans le bu d'aider les associations locales et particulières à perfectionner les différentes qualités de grain le mieux adaptées aux localités, on accorda des récompenses aux producteurs des meilleures graines de semence tant pour le froment que pour les autres plantées cultivées dans les régions où se faisaient les concours. Ces concours furent pendant longtemps très-suivis et très-animés dans la plupart des comtés d'Ecosse,

Le compte rendu en a été public dans les Mémoires de la Société, avec l'indication du produit à l'acre, l'altitude, l'exposition et la nature du terrain ensemencé, sans omettre les dates de semaille et de moisson, et le poids du grain au boisseau.

Labourage. — La Société a, de très-bonne heure, donné un très-grand nombre de récompenses en argent, pour le perfectionnement du labourage dans certaines périodes déterminées, et pour des concours spéciaux de telle nature, à tel endroit et à tel moment que les membres de la Société résidant sur les lieux le trouvaient le plus convenable. Ces récompenses répandirent parmi les fermiers et parmi leurs domestiques de charrue un sentiment d'émulation qui les porta à exceller dans cette spécialité culturale; il se forma des compagnies locales dont quelques-unes consacrèrent à des prix des sommes tellement importantes que la Société restreignit ses libéralités à l'offre d'une médaille d'argent destinée au plus fin laboureur de chaque concours. La Société a, pendant bien des années, conservé inscrits sur ses registres les noms de plus de deux cents compagnies de labourage où tous les comtés de l'Écosse se trouvaient représentés. La possession d'une médaille décernée par la Société est une distinction extrêmement enviée par les laboureurs d'autant plus que, sauf les prix pour habitations ouvrières, la médaille de labourage est la seule à laquelle ils puissent aspirer. Le nombre des charrues qui viennent prendre part à un concours de cette nature est quelquefois de plus d'une centaine; on y voit engagés à la fois, pour une seule partie, plus de cent laboureurs et deux cents chevaux. On ne perd pas de vue pour cela la question du mérite comparatif des différentes espèces de charrues; on l'étudie au moyen d'expériences suivies par les cultivateurs du pays, et qui sont de temps en temps publiées dans les mémoires de la Société. On y a également publié des rapports sua les prix décernés pour des expériences 1° sur le labour du sous-sol et le labour ouvrant; 2° sur le drainage complet et le labour du sous-sol; 3° sur le labour profond; 4° sur le labour de la jachère; 5° sur le tirage et le travail des différentes charrues.

Objets divers. — La Société accorde aussi des encouragements aux associations locales qui ne figurent pas sur la liste des concours régionaux, et leur donne des médailles d'argent pour les spécialités suivantes : Volailles — racines et semences — arrangement à la ferme — traitement des récoltes de racines et de foins; tonte des moutons; perfectionnement dans la tenue de la laiterie; clôtures; élagage des haies; drainages; longs et fidèles services. Certaines allocations spéciales sont aussi faites à différentes localités dépendant des îles Orcades et des îles Shetland.

Habitations et jardins. — Depuis 1824, la Société s'est dévouée pour améliorer le sort des classes laborieuses des campagnes, et elle a offert des encouragements aux occupants d'habitations rurales qui tiendraient leurs maisons et leurs jardins en bon état d'entretien et de propreté. Des prix ont également été offerts de temps en temps pour : 1° encourager l'élève et l'entretien des abeilles; 2° amener des ouvriers qui manient la bêche à s'en servir avec adresse; 3° améliorer le mode de culture des petites parcelles de terrain par l'introduction des racines; 4° rechercher le mode de chauffage le plus avantageux et le plus économique pour les maisons d'ouvriers. D'après la méthode actuellement suivie, les prix pour les maisons d'ouuriers tenues avec le plus de soin et de propreté s'élèvent à trois livres (75 francs) en espèces, plus quatre médailles d'argent pour chaque paroisse; cette allocation se continue pendant cinq ans. On accorde aussi des médailles d'argent aux compagnies locales, ou aux associations d'individus qui fondent à leurs frais des prix pour les habitations et les jardins d'ouvriers. Tous ces prix continuent à amener de grandes améliorations dans les habitudes et le bien-être des classes ouvrières, dans les campagnes où on a l'habitude de les décerner. On offre aussi des médailles d'or aux propriétaires qui bâtissent pour les ouvriers des maisons neuves, ou qui font des réparations à celles qui existent.

Section de l'enseignement.

Enseignement agricol. — Avant la fondation d'une chaire d'agriculture à l'université d'Édimbourg en 1790, des conférences sur l'agriculture furent ouvertes pendant une ou deux sessions par M. Robert Maxwell d'Arkland, qui mit en ordre et publia le choix des mémoires de la société des amis du progrès en 1743. Il est aussi l'auteur d'un ouvrage intitulé l'*Agriculteur pratique*, qui parut en 1757. Après lui, des conférences sur l'agriculture furent encore faites par le révérend docteur John Walker, professeur d'histoire naturelle à l'université d'Édimbourg. Ses leçons furent encouragées et favorisées par la Société d'agriculture d'Écosse, qui, dans son assemblée générale du 12 janvier 1790, recommande à ses membres de suivre le cours du docteur Walker. La même année fu fondée la chaire d'agriculture de l'Université d'Édimbourg, avec une dotation de cinquante livres (1,250 fr.) due à la libéralité de feu sir William Pulteney. Depuis lors, un cours d'agriculture n'a pas cessé d'être professé régulièrement et conformément aux principes scientifiques. Le titulaire a été le feu docteur André Coventry; le second, le feu professeur David Low; le troisième est le professeur John Wilson, qui occupe la chaire aujourd'hui. En 1868, cette chaire fut dotée, à titre supplémentaire, d'une rente annuelle de trois cents livres (7,500 fr.) dont une moitié est fournie par le gouvernement, et l'autre par la Société d'agricultur d'Écosse.

La Société ne possède pas en propre d'établissement d'éducation; elle e contente de faciliter l'acquisition de connaissances pratiques en culture par l'intermédiaire de cultivateurs éclairés qui reçoivent des élèves; c'est là un avantage dont ont profité un grand nombre de jeunes gens, non-seulement Écossais, mais aussi Anglais et même étrangers. En ce qui regarde les moyens d'apprendre les sciences qui se rapportent à l'agriculture, telle que la botanique, la chimie, l'histoire naturetle, l'art vétérinaire, les étudiants ont toute facilité de s'en instruire aux universités écossaises et aux écoles vétérinaires; quant à la science agricole, tant en elle-même que dans ses rapports avec les autres sciences et à la manière dont les autres sciences lui sont appliquées, le tout est l'objet de cours professés à la division d'agriculture de l'université d'Édimbourg, où existent aussi des chaires de chimie, de botanique, de géologie, d'histoire naturelle, de physique et de mécanique.

Afin d'encourager les étudiants en agriculture à profiter des moyens qui viennent d'être indiqués pour se familiariser sur le terrain avec la pratique de l'agriculture, et pour acquérir la connaissance des diverses sciences qui s'y rattachent, la Société a obtenu une charte royale instituant un conseil d'éducation, et autorisant ce Conseil à accorder aux étudiants en agriculture des diplômes attestant leur capacité dans les arts et sciences se rattachant à l'agriculture. Aux termes de la charte constitutive, le Conseil a arrêté un programme d'études, accompagné d'instructions destinées à guider les étudiants, puis il a nommé un bureau d'examen, chargé d'interroger les candidats au diplôme sur la théorie et la pratique de l'agriculture, la botanique, la chimie, l'histoire naturelle, l'art vétérinaire, l'arpentage et la tenue des livres. Depuis 1858, trente-quatre candidats ont obtenu le diplôme; quatorze autres le certificat de première classe, cinq, enfin, le certificat de seconde classe. Chaque élève auquel a été accordé le diplôme peut être élu membre à vie de la Société, sans cotisation. La Société encourage encore les jeunes gens à suivre la carrière agricole, en accordant dix bourses de vingt livres (500 francs chacune; chacun des titulaires de ces bourses doit suivre les cours préparatoires aux certificats ou au diplôme de la Société; elle accorde de plus cinq bourses de dix livres ou 250 francs, dont les titulaires s'instruisent pendant une année de plus, en doublant leurs classes. Ces bourses ou pensions ont toutes un an de durée. Tous candidats, sans limite d'âge, sont admissibles aux examens.

Art vétérinaire. — A cause de l'affinité étroite qui rattache l'art et la médecine vétérinaire à l'agriculture et aux animaux dont elle se sert, la Société d'agriculture d'Ecosse institua en 1823, à Edimbourg, des conférences sur l'art vétérinaire. Ce fut en Ecosse la première fondation faite en vue du progrès de la médecine vétérinaire. A défaut de tout collége de médecins vétérinaires régulièrement constitué, la Société, ayant d'ailleurs tout pouvoir pour nommer des examinateurs et accorder des diplômes de science vétérinaire, inaugura, en 1824, un système d'examens spéciaux en cette matière, et donna des certificats aux élèves qui se conformèrent au programme arrêté par la Société. Ces examens furent ouverts en 1872 à tout étudiant sortant d'une école vétérinaire autorisée par la reine. Le nombre des personnes qui ont obtenu le certificat de vétérinaire accordé par la Société s'élève jusqu'ici à 1,725. Les examens se passent devant les membres les plus distingués de la faculté de médecine d'Edimbourg et par les vétérinaires praticiens les plus éminents; les noms de tels examinateurs garantissent plus que suffisamment la valeur des épreuves, et l'aptitude des sujets qui reçoivent d'eux le certificat d'aptitude. L'examen porte sur la botanique, la chimie et l'anatomie; la pratique et la clinique; la physiologie et l'histologie; la matière médicale; les maladies des chevaux, des bêtes bovines, des moutons, des porcs et des chiens. L'Ecosse possède aujourd'hui trois écoles vétérinaires, deux à Édimbourg et une à Glascow.

Régime forestier.— En 1870, la Société décida l'établissement d'un bureau séparé pour l'examen des élèves forestiers, auxquels seraient accordés des certificats de première et de seconde classe. Les candidats doivent être parfaitement familiarisés avec tous les détails du service forestier, et posséder une connaissance générale des sciences suivantes, en tant qu'elles s'appliquent aux forêts : principes élémentaires de botanique; nature et propriétés des terrains; drainage et influence du climat; arpentage et surveillance des terres et des bois; mécanique et architecture, en ce qui concerne les clôtures, le drainage, les haies et les routes; instruments employés aux travaux forestiers; tenue des livres et comptabilité. Toute personne peut se présenter aux examens, sans limite d'âge; mais, depuis 1870, il n'y a eu que cinq candidats réunissant les conditions exigées qui aient reçu un certificat de première classe.

ection de chimie

Avant l'établissement d'une section de chimie dépendant de la Société, il existait à Édimbourg une Société appelée *association de chimie agricole.* Elle fut fondée en 1843 par quelques cultivateurs du Mid Lothian, la première initiative étant due à feu M. John Finnie, de Swanston ; elle fut approuvée et aidée par la Société d'agriculture d'Écosse. En juillet 1843, le défunt professeur Johnston, de l'université de Durham, fut nommé chimiste de l'association. Elle se réunissait dans les salles du musée de la société. En échange d'une allocation annuelle de 50 livres (1,250 francs) la Société agricole d'Écosse acquit le droit de nommer un certain nombre des directeurs de l'association de chimie agricole, et d'en publier dans ses mémoires les principaux comptes rendus.

L'association avait été constituée pour cinq ans ; elle prit fin dès lors en 1848. Vers cette époque, les directeurs de la Société agricole d'Ecosse eurent à examiner s'il lui était plus avantageux de continuer à subventionner et de patroner une association en dehors d'elle-même, ou de créer dans son propre sein une section de chimie. Après mûre délibération, il fut reconnu qu'une société unique était la meilleure des combinaisons dans l'intérêt du progrès agricole. Cette idée fut soumise successivement en avril et juillet 1848, à deux assemblées générales, qui décidèrent en dernier ressort la formation d'une section de chimie. La spécialité de cette section, telle qu'elle est organisée aujourd'hui, consiste à arrêter le projet des expériences qui doivent être accomplies aux stations agricoles de la société à Longniddry, dans l'est Lothian, et à Pumpherston, dans l'ouest Lothian.

Réunions mensuelles.

Dans l'intention de donner à tous ceux de ses membres qui en auraient le temps le moyen de suivre les travaux de la Société, et de faire telles communications qu'ils aviseraient, la Société avait pris, en 1841, le parti de tenir tous les mois, à son musée, une réunion où serait dépouillée la correspondance ; lecture serait donnée des documents intéressant l'agriculture et les autres objets de la Société, et où l'on discuterait les questions de même nature. La première de ces réunions eut lieu le mercredi 1er décembre 1841, à huit heures du soir. Pour la convenance des cultivateurs venant aux marchés, et grâce à l'installation des voies ferrées à Edimbourg, à partir de 1843, les réunions s'ouvrirent à trois heures de l'après-midi. Les délibérations, comprenant des rapports sur tous les sujets relatifs à la culture du sol, furent publiées par les journaux, de sorte que les lumières qui en résultaient, au lieu d'être le partage exclusif des membres résidant à Edimbourg et aux environs, se répandirent dans toute l'étendue du pays. Les principales sociétés locales suivirent cet exemple, et encore actuellement chacune d'elles discute ainsi les questions agricoles dans sa circonscription. L'intérêt qu'avaient au début excité les discussions de la Société finit peu à peu par perdre de sa vivacité, de sorte que, au lieu d'y assister en personne, beaucoup de membres se contentaient d'en lire le procès-verbal dans les journaux. Enfin, elles cessèrent définitivement en 1871.

Musée.

Vers la fin du siècle dernier, la Société entreprit l'établissement d'un musée qui comprenait une collection de moulages et différents autres objets. On décide ensuite d'y faire figurer une collection de toutes les machines agricoles perfectionnées, y compris une série des instruments usuels les plus répandus dans les fermes, aussi bien que les instruments et machines primés par la Société. Cette collection devint si importante et de tant de valeur qu'en 1838 on dut songer à construire un édifice de proportions beaucoup plus vastes, sur une échelle en harmonie avec l'importance du sujet et la réputation de la Société. On fit choix d'abord d'un emplacement sur lequel, de 1838 à 1840, on dépensa plus de trois mille livres ou 75,000 francs en bâtiments qui furent ouverts au public en 1847. Ils contenaient alors un assortiment choisi des meilleurs instruments agricoles, en modèle réduit; mais on ne fut pas longtemps à reconnaître que cette collection exigeait des additions constantes, pour être au courant des nouvelles inventions et des perfectionnements, et cela, dans des proportions auxquelles les ressources financières de la Société ne permettaient pas d'atteindre. Aussi, en 1857, quand un incendie endommagea le bâtiment du musée, et détruisit en grande partie les objets qui y avaient été rassemblés, la collection de modèles était-elle passée à peu près à l'état de vieillerie; on se décida à employer l'indemnité reçue des compagnies d'assurances à l'acquisition de modèles plus nouveaux, sans s'attacher à reconstruire les anciens. Avant qu'on fût allé bien loin dans cette voie, et qu'on eût renouvelé la collection, on eut l'idée de fonder un musée des sciences et des arts, depuis mise à exécution par le gouvernement. La Société d'agriculture d'Écosse se mit à la tête des corps publics qui réclamèrent ce musée; elle offrit au gouvernement de lui céder sa collection de modèles agricoles et d'échantillons géologiques, à la condition que le musée serait établi à Édimbourg. Après quelques négociations, elle réussit, et, par suite, les objets qu'elle possédait furent, en 1855, transférés au musée des sciences et des arts. Pour en tenir la place, les directeurs de la Société firent rassembler une collection complète des produits végétaux de toute sorte qui se trouvent en Écosse, chaque plante étant représentée par des sujets desséchés, des modèles en cire, ou des dessins. La Société ensuite se dessaisit également de cette collection au profit du Gouvernement.

Traités couronnés et Mémoires.

La première série des traités couronnés par la Société, et des Mémoires ou procès-verbaux, commence en 1799. Cette série a été publiée par fractions, à de longs intervalles; six volumes ont paru de 1799 à 1824. La seconde série, commencée en 1828, a été publiée par trimestres, et a formé huit volumes. La troisième série a commencé en 1843 et a paru aussi trimestriellement; elle a été continuée jusqu'en 1865, à la fin de son onzième volume. La quatrième série a été commencée en 1866. Pour les six premières années, il y a eu deux numéros par an formant un volume. En 1872, le mode de publication fut changé; depuis lors, on ne publie plus qu'un volume tous les ans. Depuis 1866, les mémoires ou transactions de la Société sont expédiés gratuitement à chaque membre sur sa demande.

Conclusion.

La Société d'agriculture d'Ecosse vient d'entrer dans sa quatre-vingt-quinzième année d'existence. Depuis qu'elle a été fondée, la marche du progrès a été plus rapide en Ecosse que dans aucun autre pays placé dans les mêmes conditions. Les avantages résultant de l'organisation qui vient d'être décrite, et l'excellence de l'œuvre accomplie par la Société, ont été universellement reconnus, tant dans l'Ecosse même que dans les contrées les plus éloignées. Il en est résulté des sociétés semblables, établies sur des bases nationales, fondées, en Angleterre en 1838, et, en Irlande, en 1841; puis, dans des proportions plus restreintes, dans les différentes colonies et dépendances de la Grande-Bretagne. Avec tous ces grands corps, formés sur son modèle et à son exemple, la Société d'agriculture d'Ecosse entretient les rapports les plus cordiaux de correspondance et de coopération.

XV

STATISTIQUE AGRICOLE DE L'ÉCOSSE.

Arrêtée au 4 juin 1877, tirée des documents officiels et divisée en deux.

Premier tableau, indiquant la superficie totale de chacun des comtés, et la superficie occupée par chaque nature de produits, la jachère nue dans chacun d'eux.

Second tableau, nombre d'animaux de chacune des espèces chevaline, ovine, dans chacun des comt[illegible] s

TABLEAN I. — Superficie totale de chacun des comtés et la superficie occupée par chaque nature de produits, la jachère nue dans chacun d'eux.

	COMTÉS	NOMBRE des occupants en 1875	SUPERFICIE du Comté		SUPERFICIE TOTALE en récoltes, jachère nue et gazon.	
			en acres.	en hectares.	en acres.	en hectares.
1	Aberdeen.	11.620	1.260.625	504.250 »	598.893	239.557 20
2	Argyll..	3.734	2.083.126	825.250 40	116.782	46 714 80
3	Ayr	3 642	735.262	294.104 80	313.217	125.286 80
4	Banff.	4.225	439.219	175.687 60	166.445	66.578 »
5	Berwick..	992	297.461	118.864 40	193.730	77.492 »
6	Buto.	488	143.997	57.598 80	24.968	9.987 20
7	Caithness.	2.603	455.708	182.283 20	105.144	42.057 60
8	Clackmannan. . .	344	31.876	12.750 40	15.881	6 352 40
9	Dumbarton. . . .	793	172.677	69.070 80	46.220	18.488 »
10	Dumfries.	2.622	705.946	282.378 40	223.371	8 .348 40
11	Edimbourg. . . .	1.454	234.926	93.970 40	134.138	53.655 20
12	Elgin.	2 072	340 000	136.000 »	104.104	41.641 60
13	Fife..	2.428	328.427	131.370 80	244.865	97 946 »
14	Forfar.	2.832	569.840	227.936 »	252.088	100.835 20
15	Haddington. . . .	607	179.142	791.56 80	113 940	45.576 »
16	Inverness.	6.189	2.723.501	1.989.400 40	122.623	49.049 20
17	Kinkardine	1.915	248.284	99.313 60	120.050	48.020 »
18	Kinross.	316	49.812	19.924 80	31.353	12.541 20
19	Kirckcudbright . .	1.612	610.343	244 137 20	173 500	69 400 »
20	Lanark.	3.486	568.868	227 547 20	243.696	97 478 40
21	Linlithgow	581	81.114	32.445 60	58.629	23.451 60
22	Nairn..	413	137.500	55.000 »	26.017	10.406 80
23	Orcades (les îles)..	3.148	598.726	239.490 40	98.111	39.244 40
24	Schetland (les îles).	3.839			53.796	21.518 40
25	Peebles.	332	227.869	91.147 60	41.774	16.709 60
26	Perth.	5.399	1.664 690	665 876 »	338 907	135.562 80
27	Renfrew..	1.489	162.428	64.971 20	93.466	37 386 40
28	Ross et Cromarty..	6.536	2.016.375	806.550 »	126.700	50.680 »
29	Roxburgh.	1.206	428.494	171.397 60	177.363	70.945 20
30	Selkirk.	245	166.524	66.609 60	22.336	8.934 40
31	Stirling	1.590	298.579	119.431 60	111 584	44.633 60
32	Sutherland	2.601	1.207.188	482.875 20	28.711	11.484 40
33	Wigtown.	1.317	327.906	131.162 40	145.819	58.327 60
	Totaux. . . .	82..637	19.496.132	7.798.452 80	4.568.221	1.867.288 40

TABLEBU I. — (Suite).

	COMTÉS	RÉCOLTES EN GRAINS, AUTREMENT DITES RÉCOLTES BLANCHES													
		Froment		Orge ou escourgeon		Avoines		Seigle		Féveroles		Pois		Total	
		acres	hectares	acres	hectares	acres	hectares	acres	hectares	acres	hectares	acres	hectres	acres	hectares
1	Aberdeen	272	108 80	18.280	7.312 »	193.859	76.548 60	958	383 20	356	142 40	215	86 »	213.940	85.576 »
2	Argyll	5	2 »	2 342	936 80	20 765	8.306 »	453	181 20	384	153 60	27	10 80	23 076	9.590 40
3	Ayr	3.804	1.521 60	2.648	1.059 20	51.128	20.451 20	360	144 »	1.786	714 50	27	10 80	59.753	23.904 20
4	Banff	333	133 20	7 815	3.126 »	53.267	21.306 80	448	179 20	277	110 80	69	27 60	62.206	24.883 40
5	Berwick	3.543	1.417 20	23.943	9.577 20	34 630	13.852 »	187	73 80	1.884	753 60	361	146 40	64.553	25.821 20
6	Buto	134	43 60	514	205 60	4.989	1.995 60	38	15 20	133	53 20	11	4 40	5.819	2 327 60
7	Caithness	20	8 »	1.373	549 20	34.489	13.935 60	31	12 40	8	3 20	39	15 60	36.010	14.404 »
8	Clackmannan	707	282 80	981	392 40	3 272	1.308 80	»	» »	830	332 »	1	» 40	5.791	2.316 40
9	Dumbarton	1.287	514 80	370	148 »	8.125	3.250 »	7	2 80	384	153 60	4	1 60	10.177	4.070 80
10	Dumfries	378	151 20	951	380 40	48.705	19.382 »	62	24 80	161	64 40	4	1 60	50.251	20.104 40
11	Edimbourrg	4.966	1.986 40	11.811	4.724.40	22.221	8.888 40	35	14 »	339	135 60	45	18 »	39.417	15.766 80
12	Elgin	3.586	1.434 40	12.898	1.159 20	21.772	8 708 80	1.243	497 20	62	24 80	46	18 40	39.607	15.842 80
13	Fife	12.384	4.953 60	32 267	12.906 »	39.818	15.927 20	1 284	513 60	2 147	858 80	114	45 60	88.012	35 204 80
14	Forfar	9.933	3.973 20	33 275	13.310 »	50.762	20 304 80	824	329 60	1.463	585 20	36	14 40	96 293	38.517 20
15	Haddington	8.252	3.300 80	17.837	7.134 80	16.391	6.556 40	66	26 40	1.382	552 80	99	39 60	44.027	17.610 80
16	Inverness	515	206 »	7.308	2 928 20	30.947	12.378 80	1 878	431 20	35	13 68	111	44 40	39.993	15.997 20
17	Kincardine	546	218 40	13.072	5.228 80	30·601	12.242 80	182	72 80	773	309 20	69	27 60	45.249	18.099 60
18	Kinross	200	80 »	1.648	659 20	5 767	2.304 40	3	1 20	12	3 60	»	» »	7.624	3.049 60
19	Kirkcudbright	214	85 60	469	187 60	31 718	12 687 20	45	18 »	212	84 80	3	1 20	32 661	13.064 40
20	Lanark	3.729	1.491 60	492	196 80	46.079	18.431 60	45	18 »	2.154	861 60	50	20 »	52.549	21.019 60
21	Linlithgow	1.431	572 40	5 104	2 041 60	10.739	4 295 60	2	» 80	964	385 60	»	» »	18 242	7.297 20
22	Nairn	91	36 40	2.701	1.080 40	6.045	2.418 »	465	186 »	1	» 40	19	7 60	9.322	3.728 80
23	Orcades (les îles)	»	»	5 211	2 084 40	30.740	12.296 »	»	» »	4	1 60	30	12 »	35.985	14.394 »
24	Shetland (les iles)	»	»	2.499	999 60	8 381	3 252 40	»	» »	»	» »	»	» »	10 880	4.352 »
25	Peebles	»	»	1.696	778 40	9 577	3.830 80	8	3 20	15	6 »	35	14 »	11.331	4.532 40
26	Perth	10.135	4.054 »	24.556	9.822 40	67.351	26.940 40	423	169 20	3.724	1.489 60	174	69 60	106.363	42.545 20
27	Renfrew	2.634	1.053 60	135	78 »	14.217	5.686 80	9	3 60	686	274 40	7	2 80	17.740	7.099 20
28	Ross et Cromarty	4 766	1.906 40	10.584	4.233 60	30 890	12 356 »	1.401	560 40	76	30 40	157	62 80	47.874	19.149 60
29	Roxburgh	1.509	603 60	16.472	6.588 80	33.111	13.244 40	129	51 60	463	185 20	76	30 40	51 760	20.704 »
30	Selkirk	53	21 20	676	270 40	4.449	1.779 60	»	» »	»	» »	2	» 80	5.180	2.072 »
31	Stirling	2.863	1.145 20	4.955	1.982 40	19.244	7 697 60	27	10 80	3.603	1.441 20	44	17 60	30.737	12.294 80
32	Sutherland	60	24 »	2.190	876 »	8.012	3.204 80	115	46 »	1	» 40	53	21 20	10.431	4.172 40
33	Wigtown	2.832	1.132 80	2.713	1.085 20	32.821	13.128 40	109	43 60	429	171 60	»	» »	38.904	15.591 60
	Totaux	81.485	32 474 »	269.845	107.938 »	1.024.882	409.952 80	10.087	4.034 80	24.747	90.68 80	1.933	773 20	1.412.679	556.071 60

TABLEAU I. — (*Suite*).

	COMTÉS	RACINES ET VERDURES, AUTREMENT DITES RÉCOLTES VERTES													
		Pommes de terre		Turneps		Betteraves		Carottes		Choux, choux à vaches et navettes		Vesces, etc.		TOTAL	
		acres	hectares	acres	hectares	acres	hectares	acres	hectares	acres	hectares	acres	hectares	acres	hectares
1	Aberdeen.	7.644	3.057 60	94.992	37.999 80	7	2 80	88	35.20	81	32 40	2.620	1.048 »	105.432	42.472 80
2	Argyll	6.566	2.626 40	5.854	2.341 60	104	41 60	19	7 60	5	34 »	231	92 40	12.859	5.143 60
3	Ayr.	7.775	3.110 »	8.938	3.575 20	871	348 40	313	125 20	130	52 »	183	73 20	18.210	7.-84 »
4	Banff.	2.586	1.034 40	25.915	10.366 »	17	6 80	2	» 80	6	2 40	854	341 60	29.380	11.752 »
5	Berwick	2 618	1.047 20	31.036	12.414 40	68	27 20	8	3 20	393	157 20	898	359 20	35.021	14.008 40
6	Bute	1.315	526 »	1 666	666 40	11	4 40	»	» »	1	» 40	16	6 40	3.009	1.203 60
7	Caithness.	1.990	796 »	14.119	5.647 60	10	4 »	2	» 80	81	32 40	497	198 80	16.699	6.679 60
8	Clackmannan. . . .	412	164 80	1.024	409 60	30	12 »	2	» 80	14	5 60	62	24 80	1.544	617 60
9	Dumbarton.	2.720	1.088 »	1.753	701 20	6	27 20	32	12 80	58	23 20	109	43 60	4.740	1.896 »
10	Dumfries.	4.739	1.095 60	21.036	8.414 40	72	28 80	38	15 20	402	160 80	85	34 »	26.372	10.548 80
11	Edimbourg.	7.063	2.825 20	12.987	5.194 80	14	5 60	18	7 20	677	270 80	878	351 20	21.637	8.654 80
12	Elgin.	3.657	1.462 80	16 448	5.579 20	10	4 »	1	» 40	6	2 40	469	187 60	20.591	8.236 40
13	Fife.	17.488	6.995 20	29.093	11.637 20	26	10 40	27	10 80	97	38 80	1.011	404 40	47.742	19.096 80
14	Forfar	15.365	6 146 »	34.648	13.859 20	10	4 »	30	12 »	53	21 20	1.018	407 20	51.124	20 449 60
15	Haddington	9.847	3.938 80	15.306	6 122 40	47	18 80	221	88 40	188	75 20	640	256 »	26.249	10.499 60
16	Inverness. . . , . .	8.091	3.236 40	11.386	4.554 40	4	1 60	1	» 60	7	2 80	166	66 40	19 655	7.862 »
17	Kincardine.	2.729	1.091 60	18.989	7.595 60	1	» 40	19	7 60	11	4 40	410	164 »	22.159	8.863 60
18	Kinross.	829	331 60	3.071	1.228 40	»	» »	»	» »	11	4 40	66	26 40	3 977	1.590 80
19	Kirkcudbrigth . .	2.328	934 20	15.213	6.085 20	72	28 80	26	10 40	437	174 80	170	68 »	18.246	7 298 40
20	Lanark. . . . : . .	7.996	3.498 40	10 003	4.001 20	69	27 60	90	36 »	431	172 40	895	358 »	19.484	7.793 60
21	Linlithgow.	2.580	1.032 »	4.442	1.776 80	17	6 80	2	» 80	10	4 »	332	132 80	7.383	2.953.20
22	Nairn.	785	314 »	4.085	1 634 »	1	» 40	» »	» »	1	» 40	50	20 »	4.922	1.968 80
23	Orcades (les îles). .	2.955	1.182 »	12.941	5.176 40	1	» 40	» »	» »	41	16 40	290	116 »	16,228	6.491 20
24	Shetland (les îles).	2.720	1.088 »	583	233 20	»	» »	» »	» »	205	82 »	»	» »	3.508	1.403 20
25	Peebles.	635	254 »	5.380	2.152 »	»	» »	» »	» »	564	225 60	159	63 60	6.738	2.695 20
26	Perth. . . . . ; . .	17.648	7.059 20	32.090	12.836 »	56	22 40	28	11 20	178	71 20	987	394 80	50.987	20.394 80
27	Renfrew	4.995	1 998 »	2.424	969 60	106	42 40	22	8 80	148	59 20	213	85 20	7.908	3.463 20
28	Ross et Cromarty .	9.195	3.678 »	17.294	6.917 60	24	9 60	2	» 80	59	23 60	785	314 »	27.359	10 943 60
29	Roxburgh.	1.846	738 40	26.531	10.612 40	36	14 40	4	1 60	398	159 20	522	204 40	29.337	11.734 80
30	Selkirk.	187	74 80	2.942	1.176 80	»	» »	3	1 20	253	101 20	62	24 80	3.447	1.378 80
31	Stirling.	4.265	1.706 »	4.898	1.959 20	7	2 80	10	4 »	98	39 20	546	218 40	9.824	3.929 60
32	Sutherland.	1.943	777 20	3.202	1.280 80	2	» 80	1	» 40	9	3 60	45	18 »	5.202	2.080 80
33	Wigtown.	2.053	821 20	16.468	6.587 20	292	116 80	123	49 20	54	21 60	174	69 68	19.164	7.665 60
	TOTAUX	165.565	66.226 »	506.757	202.702 80	2.053	821 20	1.132	452 80	5.187	2.074 80	15.443	8.477 20	696.137	278.454 80

TABLEAA I. — (*Suite*).

	COMTÉS	TRÈFLES, SAINFOINS ET FOINS D'ASSOLEMENT					
		Pour faner		Non destinés à être fanés		Total.	
		acres	hectares	acres	hectares	acres	hectares
1	Aberdeen	38.775	15.510 »	209.610	83.844 »	248.385	99.354 »
2	Argyll	9.949	3.979 60	9.387	3.754 80	19.336	7.734 40
3	Ayr	27.902	11.160 80	74.796	29.918 40	102.698	41.079 20
4	Banff	11.326	4.530 40	53.601	21.440 40	64.927	25.970 80
5	Berwick	8.084	3.233 60	51.296	20.518 40	59.380	23.752 »
6	Bute	2.664	1.065 60	4.189	1.675 60	6.853	2.741 20
7	Caithness	8.255	3.302 »	19.132	7.652 80	27.387	10.954 80
8	Clackmannan	1.260	504 »	1.681	672 40	2.941	1.176 40
9	Dumbarton	5.623	2.249 20	7.652	3.060 80	13.275	5.310 »
10	Dumfries	14.682	5.872 80	52.123	20.849 20	66.805	26.722 »
11	Edimbourg	11.275	4.510 »	19.841	7.936 40	31.116	12.446 40
12	Elgin	7.457	2.982 80	31.056	12.422 40	38.513	15.405 20
13	Fife	26.364	10.545 60	31.711	12.684 40	58.075	23.230 »
14	Forfar	18.193	7.277 20	61.826	24.730 40	80.019	32.007 60
15	Haddington	10.141	4.056 40	15.916	6.366 40	26.057	10.422 80
16	Inverness	10.893	4.357 20	16.565	6.626 »	27.458	10.983 20
17	Kincardine	11.606	4.642 40	34.918	13.967 20	46.524	18.609 60
18	Kinross	1.942	776 80	9.219	3.687 60	11.161	4.464 40
19	Kircudbright	8.508	3.403 20	39.523	15.809 20	48.031	19.212 40
20	Lanark	25.539	10.215 60	43.401	17.360 40	68.840	27.576 »
21	Linlithgow	6.648	2.659 20	7.983	3.193 20	14.631	5.852 40
22	Nairn	2.185	874 »	7.804	3.121 60	9.989	3.995 60
23	Orcades (les îles)	7.155	2.862 »	19.133	7.653 20	26.288	10.515 20
24	Shetland (les îles)	455	182 »	243	97 20	638	279 20
25	Peebles	2.686	1.074 40	10.884	4.353 60	13.570	5.428 »
26	Perth	29.674	11.869 60	63.777	25.510 80	93.451	37.380 40
27	Renfrew	11.154	4.461 60	7.776	3.110 40	18.930	7.572 »
28	Ross et Cromarty	12.034	4.812 60	19.601	7.840 40	31.635	12.654 »
29	Roxburgh	7.901	3.160 40	49.909	19.966 60	57.810	23.124 »
30	Selkirk	636	254 40	6.738	2.695 20	7.374	2.949 60
31	Stirling	11.046	4.418 40	13.166	5.266 40	24.212	9.684 80
32	Sutherland	2.866	1.146 40	3.997	1.598 80	6.863	2.745 20
33	Wigtown	4.650	1.860 »	46.050	18.420 »	50.700	20.280 »
	TOTAUX	359.528	142.811 20	1.044.504	417.801 60	1.404.032	561.612 80

TABLEAU I. — (*Suite*).

	COMTÉS.	PATURES PERMANENTES OU PRÉS NON ROMPUS DANS L'ASSOLEMENT non compris les bruyères et les terres de montagne						LIN		Jachère nue ou terre arable non ensemencée	
		Pour faner		Non destinés à être fanés		TOTAL					
		acres	hectares	acres	hectares	acres	hectares	acres	hectares	acres	hectares
1	Aberdeen.	4.761	604 40	28.641	11.456 40	30.402	12.160 80	2	» 80	732	292 80
2	Argyll.	11.593	4.637 20	47.660	19.064 »	59 253	23.691 20	»	» »	1.358	543 20
3	Ayr	12 391	4.956 40	119.919	47.967 60	132.210	52.884 »	24	9 60	222	88 80
4	Banff.	686	274 40	9.070	3 628 »	9.756	3 902 40	»	» »	173	69 20
5	Berwick	1.721	588 40	32.950	13.180 »	34.671	13.868 40	»	» »	105	42 »
6	Bute.	738	295 20	8.255	3 302 »	8 993	3.597 20	»	» »	294	117 60
7	Caithness.	1.939	775 60	22.644	9.057 60	24.583	9.833 20	»	» »	465	186 »
8	Clackmannan. . .	479	191 60	4 815	1.926 »	5.294	2.117 60	»	» »	311	124 40
9	Dumbarton. . . .	1.581	632 40	16.389	6.555 60	17.970	7.188 »	5	2 »	53	21 20
10	Dumfries.	14.235	5.694 »	65.483	26.193 20	79.718	31.887 20	»	» »	215	86 »
11	Edimbourg. . . .	1.492	596 80	40.198	16.079 20	41.690	16 676 »	»	» »	278	111 20
12	Elgin	242	96 80	5.051	2.020 40	5.293	2.117 20	»	» »	100	40 »
13	Fife	3.510	1.404 »	46 089	18.435 60	49.599	19.839 60	»	» »	1.437	574 80
14	Forfar	1.479	591 60	22.956	9.182 40	24.435	9.774 »	»	» »	217	86 80
15	Haddington. . . .	945	378 »	15.818	6.327 20	16.763	6.705 20	»	» »	844	337 60
16	Inverness.	3.655	1.462 »	31.156	12.462 40	34.811	13.924 40	4	1 60	702	280 80
17	Kincardine	222	88 80	5.805	2.322 »	6.027	2.410 80	»	» »	91	36 40
18	Kinross.	600	240 »	7.982	3.192 80	8.582	3.432 80	»	» »	9	3 60
19	Kirkcudbright. . .	12.306	4.922 40	62.112	24.844 80	74.418	29.767 20	»	» »	144	58 60
20	Lanark.	11.771	4.708 40	90.103	36.041 20	101.874	40.739 60	48	19 20	801	320 40
21	Linlithgow. . . .	960	384 »	17.091	6.836 40	18.051	7.220 40	16	6 60	305	122 »
22	Nairn.	55	22 »	1.714	685 60	1.769	707 60	»	» »	15	6 »
23	Orcades (les îles).	2.449	979 60	16.026	6.410 40	18.475	7.390 »	»	» »	1.135	454 »
24	Shetland (les îles).	1.411	564 40	35.696	14.278 40	37.107	15 842 80	»	» »	1.603	641 20
25	Peebles.	1.281	512 40	8.827	3.580 80	10.108	4.043 20	»	» »	27	10 80
26	Perth.	11.323	4.529 20	74.835	29.854 »	86.158	34.473 20	»	» »	1.948	779 20
27	Renfrew	4.818	1.939 20	43.644	17.457 60	48.492	19.396 80	1	» 40	387	154 80
28	Ross et Cromarty.	2.428	971 20	16 748	6.699 20	19.176	7.670 40	»	» »	656	262 40
29	Roxburg	3.175	1.270 »	34.922	13.968 80	38.097	15.238 80	»	» »	359	143 60
30	Selkirk.	814	325 60	5.472	2.188 80	6.286	2.514 40	»	» »	49	19 60
31	Stirling	3.272	1.308 80	41.886	16.754 40	45.158	18 063 20	143	57 20	1.510	604 »
32	Sutherland. . . .	826	330 40	5.300	2.120 »	6.126	2.450 40	»	» »	89	35 60
33	Wigtown.	3.904	1.561 20	32.707	13.082 80	36.611	14 644 40	»	» »	440	186 »
	TOTAUX. . . .	120.092	48.036 80	1.017.964	407.185 60	1.138.056	455 222 40	243	97 20	17.074	6.829 60

TABLEAU 19. — Nombre d'animaux des espèces chevaline, bovine, ovine et porcine dans chaque comté de l'Ecosse.

	COMTÉS.	CHEVAUX Y COMPRIS LES PONEYS, Servant uniquement à l'agriculture.	CHEVAUX, Servant uniquement à la reproduction.	CHEVAUX, TOTAL.	ESPÈCE BOVINE. VACHES GENISSES en lait ou pleines.	ESPÈCE BOVINE. AUTRES. de 2 ans et au-dessus.	ESPÈCE BOVINE. AUTRES. de moins de 2 ans.	ESPÈCE BOVINE. TOTAL.	ESPÈCE OVINE. ANIMAUX d'un an et au-dessus.	ESPÈCE OVINE. ANIMAUX de moins d'un an.	ESPÈCE OVINE. TOTAL	PORCS.
1	Aberdeen	19.079	6.181	25.260	43 454	41.098	74.728	159.280	109.870	40.817	150.687	7.664
2	Argyll	4.019	3.173	7.192	23.282	16.788	21.215	61.285	721.478	384 284	1.105.762	5.446
3	Ayr	6.028	2.561	8.589	44.659	14.870	30.075	89.604	222.662	134.644	357.306	15.779
4	Banff	5.890	1.907	7.797	13.441	7.523	22.738	43.702	34.686	17.219	51 905	3.496
5	Berwick	4.033	1.262	5.295	3.436	3.843	6.450	13.429	157.157	114.976	272.133	4.637
6	Bute	790	321	1.111	3.284	1.683	2.750	7.717	28.214	14.534	42.748	683
7	Caithness	3.726	1.435	5.161	7.398	3.316	10.364	21.078	63.053	27.060	90.113	1.626
8	Clackmannan	535	143	678	1 273	1.162	1.240	3.675	6 820	3.276	10.096	1.704
9	Dumbarton	1.218	531	1.749	6.583	2.490	4.028	13.101	47.001	21.235	68.326	942
10	Dumfries	5.347	1.923	7.270	16.855	14.742	22.940	54.537	321.264	181.822	503.086	15.088
11	Edimbourg	3.401	660	4.061	10.187	4.010	4.132	18 329	101.411	62.767	164.178	2.765
12	Elgin	3.867	1.052	4.919	7.292	3.844	12.553	23 689	36.427	18.105	54.532	2.949
13	Fife	7.821	2.334	10 155	8 553	14.156	14.596	37.305	47.290	26.375	73.665	6.593
14	Forfar	8.486	1.890	10.076	11.535	16.274	17.470	44.976	88.856	37.644	126.500	5.804
15	Haddingtow	3.295	540	3.835	1.889	3.704	2.389	7.982	65.836	41.063	106.899	3.046
16	Inverness	6.783	2.108	8.891	20.927	9.423	22.402	52.752	534.107	189.744	723.851	4.035
17	Kincardine	3.774	967	4.741	6.830	6.631	12.538	25.999	22.088	9.058	31.146	2.326
18	Kinross	704	252	956	1.015	1.607	2.577	5.509	14.883	9.132	24.015	615
19	Kirkcudbright	3.647	1.699	5.346	12.468	14.192	15.158	41.818	248.652	124.532	373.184	7.848
20	Lanark	5.609	2.045	7.654	34.243	11.180	19.839	65.262	140.664	76.044	216.708	8.679
21	Linlithgon	1.589	495	2.084	3.731	3.152	3.361	10.244	15.697	5.988	21.685	2.066
22	Nairn	958	289	1.247	1.893	1.182	3.438	6.513	13.139	3.832	16.971	632
23	Orcades (les îles)	4.563	1.171	5.734	9.058	4.296	12.086	25.440	16.537	12.041	28.578	3.765
24	Shetland (les îles)	987	4.544	5.531	8.279	6.272	6.494	20.745	54 018	28.765	82.783	4.525
25	Peebles	919	202	1.121	2.046	1.313	2.672	6.001	120.376	77.136	197.512	934
26	Perth	10.487	3.307	13.794	19.809	23.057	33.427	76.293	469.701	187.496	657.197	9.631
27	Renfrew	2.251	950	3.201	14.576	3.615	6.112	24.303	22 025	11.143	33.168	1.923
28	Ross et Cromarty	5.561	1.613	7.174	16.708	9.792	13.788	40.288	356.855	100.814	357 669	6.427
29	Roxburgh	3.781	805	4.586	4.539	5.310	6.076	15.925	287.319	217.121	504.440	4 211
30	Selkirk	471	70	541	929	578	921	2.428	94.529	66.599	161.128	427
31	Stirling	3.234	1.531	4.765	9.736	9.219	10.073	29.028	69.855	37.007	108.862	2.205
32	Sutherland	2.053	459	2.512	5.795	2.451	4.402	12.648	170.907	48 600	219 507	1.414
33	Wigtown	4.048	1.662	5.710	19.378	8.475	13.336	41.189	85.570	46.864	132.434	10.705
	Totaux	438.654	50 082	488.736	395.051	271.555	435.468	1.102.074	4.688.947	2.279.827	6.968.774	153.257

TABLE

RÉPONSE

PE LA SOCIÉÉ ROYALE DE DUBLIN
ET DE LA SOCIÉTÉ ROYALE DES AGRICULTEURS D'IRLANDE

A LA

CIRCULAIRE

Du vice-président de la Société des Agriculteurs de France

RÉPONSE

DE LA SOCIÉTÉ ROYALE DE DUBLIN
ET DE LA SOCIÉTÉ ROYALE DES AGRICULTEURS D'IRLANDE

A LA

CIRCULAIRE

Du Vice-Président de la Société des Agriculteurs de France

INTRODUCTION.

Les matériaux du travail qu'on va lire, et qui contient l'esquisse de la situation de l'agriculture en Irlande, ont été rassemblés par les ordres de la Société royale de Dublin et de la Société royale des agriculteurs d'Irlande, pour répondre à une demande formulée au commencement de la présente année par le vice-président de la Société des agriculteurs de France. Un questionnaire détaillé accompagnait cette demande, où était, de plus, exprimé le désir de recevoir avant le premier mars la réponse aux interrogations qu'il contenait.

Bien que le délai fût un peu court, les conseils des deux Sociétés irlandaises firent tout leur possible pour se rendre aux vœux de la Société des agriculteurs de France, et elles se sont efforcées, dans les pages qui vont suivre, de retracer en peu de mots les traits les plus caractéristiques de l'agriculture de l'Irlande. On s'est astreint à suivre pas à pas le programme tracé, dans tout ce qui s'est trouvé applicable à cette contrée. On a compris que la Société des agriculteurs de France ne demandait pas un traité fait à tête reposée et à loisir, embrassant tous les détails du sujet; elle ne laissait pas d'ailleurs aux Sociétés irlandaises un temps suffisant pour un tel ouvrage. Elle voulait simplement obtenir une série de faits qu'elle pût soumettre aux méditations du congrès agricole qui doit se réunir à Paris pendant l'Exposition universelle de cette année. Dès lors on a réduit autant que possible cette esquisse à la constatation de faits indiscutables, puisés à des sources authentiques et produits d'ailleurs sans commentaires autres que les explications indispensables à la clarté.

Les conseils des Sociétés irlandaises ont trouvé d'excellents renseignements au bureau général de statistique, aux bureaux des travaux publics, et dans les différents ministères du Royaume-Uni; ils se sont aussi beaucoup aidés des tables sommaires de l'almanach de Thom, recueil inestimable de documents statistiques officiels qui paraît tous les ans à Dublin.

Les tableaux qui figurent dans cette esquisse ont été composés et revus avec un grand soin.

PREMIÈRE PARTIE.

SOURCES DE PRODUCTION AGRICOLE.

I. — *Sol.*

La surface de l'Irlande est loin d'être uniforme sous le rapport de la constitution et de la fertilité. Les plus mauvais terrains sont situés en général le long de la côte; les plus féconds se trouvent dans l'intérieur. Le nord et l'ouest de l'île sont moins productifs que l'est et le sud; le centre renferme les meilleures terres. Le Val-d'Or, ainsi nommé à cause de sa merveilleuse fécondité, n'a pas d'égal, sous ce rapport, dans toute l'étendues des Iles Britanniques.

La distribution du sol, eu égard à sa qualité, correspond à la configuration physique du pays, ou, pour mieux dire, en est le résultat. Les principales chaînes de montagnes courent le long du bord de la mer, tandis que l'intérieur est rempli en grande partie par une vaste plaine, consistant surtout en pierre calcaire carbonifère. Par ce mot plaine il ne faut pas entendre une surface absolument plate; mais un espace uni avec des ondulations, où l'on rencontre assez souvent des collines dont quelques-unes atteignent une certaine hauteur.

Le trait distinctif de l'Irlande n'est pas là. Il se trouve dans ces vastes dépôts ou amas de tourbe, appelés, dans la langue du pays, *bogs*. On distingue les *bogs* en deux classes : ceux de montagne et ceux de plaine, ou, comme on dit quelquefois, en noirs et en rouges. Ils s'étendent sur plus de 2.750.000 acres ou onze cent mille hectares, c'est-à-dire près d'un septième de la superficie totale de l'Irlande. Ils se répartissent ainsi: 1.250.000 acres ou cinq cent mille hectares en tourbières de montagnes, et plus de 1.500.000 acres ou six cent mille hectares en tourbières de plaine. Leur profondeur varie de quelques pieds à 40 ou 50, la moyenne étant de 20 à 25. On peut, avec une dépense modérée, rendre cultivables les tourbières peu profondes ou dont l'extraction est terminée, et on y fait alors assez bien ses frais; aussi un bon nombre d'entre elles ont-elles été mises en valeur, surtout par les fermiers ayant des champs contigus.

On rencontre presque toutes les tourbières de plaine sur le plateau calcaire du centre; la principale, la tourbière d'Allen, traverse le milieu de l'Irlande, du cap Wicklow à l'embouchure du Shannon.

Les tourbières des deux catégories fournissent en abondance d'excellent chauffage, à défaut duquel une grande partie de l'Irlande se trouverait absolument dépourvue de combustible.

Outre les tourbières proprement dites, il existe une immense étendue de surfaces marécageuses couvertes de quelques pouces de tourbe. Cette terre, même sans que l'homme en modifie les conditions naturelles, n'est pas dénuée de toute valeur agricole : elle fournit pendant l'été un grossier fourrage à des troupeaux de vaches et de moutons habitués à vivre à la dure; puis elle est susceptible d'être sensiblement améliorée à peu de frais en vue de l'engraissement. Ainsi donc, quand elle ne se trouve pas trop haut placée eu égard au niveau de la mer, elle peut être mise en pleine valeur et donner un revenu satisfaisant; enfin elle est moins portée que les marais profonds à revenir à l'état sauvage. C'est de cette classe de tourbières à faible épaisseur que proviennent la plus grande partie des terres arables de montagne à présent en culture.

Quant aux autres sortes de terres vaines et vagues, il n'en existe guère en Irlande. Le peu qui s'y trouve consiste en montagnes nues et en rochers impraticables à la culture. On n'y trouve ni déserts, ni marais étendus. Le grand terrain communal appelé Curragh de Kildare, quoique non cultivé, est de qualité supérieure, et d'une valeur exceptionnelle comme pâture.

Le tableau suivant indique la répartition de la terre en Irlande au point de vue agricole.

TABLEAU I. — Répartition de la terre en Irlande au point de vue agricole.

NATURE DU SOL.	SUPERFICIE	
	En acres.	En hectares.
Pâturage	10.495.637	4.240.237
Labour	5.217.705	2.107.953
Plantations	324.990	131.296
Tourbières, montagnes, terres vagues	4.153.854	1.678.157
Eau	627.761	253.615
Total	20.819.947	8.411.258

On voit, suivant ce tableau, que, par une proportion presque rigoureuse, la moitié de la surface de l'Irlande est en prairie, un quart en culture arable, et le dernier quart en tourbières, espaces incultes, plantations et eau; les tourbières et les espaces incultes étant de beaucoup les plus étendus. Ainsi, de la portion de cette contrée, dont l'agriculture est en possession, deux tiers sont en prairie, et un tiers seulement en terres labourables; en d'autres termes, pour chaque acre de terre labourée en Irlande, il y en a deux de prairie.

Une foule de causes se réunissent pour faire de l'Irlande une prairie plutôt qu'un champ à labour, et, de ces causes, les plus impérieuses appartiennent à l'ordre économique; les influences physiques ne viennent qu'en second lieu. Ce sont celles-ci cependant qu'on va examiner en ce moment; et, à ce point de vue, on peut l'affirmer sans crainte, c'est à son climat, autant qu'à son sol, que l'Irlande doit les facilités exceptionnelles qu'elle offre à l'élève, à l'entretien et à l'engraissement du bétail.

Le climat de l'Irlande est à la fois uniforme et tempéré; la moyenne de la température annuelle va de 8° 89 centigrades dans le nord de l'île à 11° 11 dans le sud. La moyenne des extrêmes varie de 5° en hiver à 13° 93 en été, le tout au-dessus de zéro. Il n'y a donc ainsi ni grandes chaleurs ni grands froids dans les années ordinaires; et toutes les races de bétail y croissent et y grandissent dans les conditions les plus favorables.

D'un autre côté, le climat est humide, même pluvieux; la hauteur moyenne de la pluie, en 1876, a été 1m.098. Le tableau suivant, emprunté à l'ouvrage de Symon sur la pluie dans les Iles-Britanniques, donne les éléments de ce chiffre.

TABLEAU II. — Hauteur de la pluie en Irlande en 1876.

PROVINCES.	HAUTEUR de la pluie en 1876.	NOMBRE de jours pendant lesquels il est tombé au moins 2 millim. 1/2 de pluie.	NOMBRE des stations.
Munster	1 m.1617	202	30
Leicester	1 0200	191	42
Connaught	1 1562	197	22
Ulster	1 0993	193	63
Moyenne pour toute l'Irlande.	1 0980	195	157

L'abondance de ces pluies a deux conséquences : elle entrave la maturation et la conservation des céréales, et elle favorise le développement des racines et des gazons. L'homme, dès lors, se trouve détourné du labour et encouragé à élever des bestiaux.

Une longue sécheresse est un fait bien rare en Irlande; on pourrait à peine citer des cas où l'agriculture en ait souffert. Les neiges abondantes, les fortes gelées, n'y ont pas lieu d'ordinaire, et durent peu quand elles se produisent. Ce sont des accidents tellement exceptionnels qu'ils prennent toujours au dépourvu les petits cultivateurs. Ceux-ci, ne s'y attendant pas, et ne s'étant pas mis sur leurs gardes, ont plus à souffrir et perdent plus à la suite d'un grand froid ou d'une forte neige que ceux des pays où ces éventualités rentrent dans l'ordre habituel. Là du moins on les prévoit, et on prend ses précautions en conséquence.

La plus haute montagne de l'Irlande n'a que 3,414 pieds ou 1,040 mètres au-dessus du niveau de la mer. Elle se trouve dès lors, eu égard à sa latitude, au-dessous du niveau des neiges éternelles, qui sont inconnues dans le pays.

La grande source de ces effets climatériques est le gulf-stream, qui arrive droit à la côte occidentale de l'Irlande. Il apporte avec lui la chaleur et l'humidité, si propices à la végétation. C'est de lui que vient la perpétuelle verdure des prairies irlandaises, d'où le nom d'Ile d'émeraude, sous lequel on la désigne souvent.

Arrivant à la distribution de la propriété foncière, on trouve des parcelles de toute dimension, de quarante ares à quarante mille hectares. Le tableau suivant, emprunté à un document parlementaire récent, indique le nombre des propriétaires et les classe en groupes distincts, avec le total et la moyenne de la superficie de leurs domaines.

TABLEAU III. — Nombre des propriétaires fonciers, classés en catégories, avec le total et la moyenne de la superficie dont chaque catégorie est propriétaire.

SUPERFICIE.	NOMBRE DES PROPRIÉTAIRES	ÉTENDUE DES PROPRIÉTÉS EN HECTARES.	MOYENNE EN HECTARES.
			hectares, ares
De moins de 40 ares	36 144	3.626	10
De 40 ares à 1 hectare	6 892	11.587	1 05
De 1 hect. à 20 hect . . .	7.746	78.210	6 31
De 20 — 40 — . .	3.479	100.059	12 97
De 40 — 200 — . .	7 989	782 214	61 19
De 200 — 400 — . .	2.716	766.211	176 31
De 400 — 800 — . .	1.803	1.005 897	348 69
De 800 — 2.000 — . .	1.198	1.470.107	766 96
De 2.000 — 4.000 — . .	452	1.261.851	1.769 81
De 4.000 — 8.000 — . .	185	991.397	3.349 31
De 8.000 — 20.000 — . .	90	1.023.540	7.107 91
De 20.000 — 40.000 — . .	14	409 471	18.279 95
De 40.000 et au-dessus	3	158.832	34.089 91
Totaux. . .	68 711	8.063.002	»

Les biens qui font l'objet de la statistique de ce tableau sont possédés, soit en pleine propriété, soit par baux d'au moins quatre-vingt-dix-neuf ans. Une grande partie d'entre eux ont pour titre des baux à vie indé finiment renouvelables, avec un droit de mutation plus ou moins considérable à chaque renouvellement. Dans beaucoup de cas, alors, celui qui a le domaine direct ou seigneur principal, ne reçoit qu'une redevance très-faible et disproportionnée à la valeur locative réelle. C'est là le résultat d'anciens baux consentis, à une époque où la constitution du pays n'était pas encore assise, par des propriétaires heureux de toucher n revenu quelconque, même nominal, pour des terres dont il leur était impossible de tirer parti autrement.

Beaucoup des plus petites propriétés mentionnées dans ce tableau, presque toutes peut-être, c'est-à-dire celles de vingt à deux cents hectares, ont été acquises par les détenteurs actuels à la salle des saisies immobilières, ou Cour des immeubles hypothéqués. Cette Cour a été instituée en 1849, pendant la grande famine d'Irlande,dans le but de faciliter, comme son nom l'indique, la vente des biens grevés d'hypothèques, qui ne pouvaient auparavant être aliénés que par l'intermédiaire lent et ruineux de la Cour de la chancellerie. Pendant les dix premières années de son exercice, les ventes que réalisa la nouvelle Cour montèrent à plus de 25 millions de livres ou de 625 millions de francs; et, parmi les opérations ainsi réalisées, beaucoup se firent à un taux inférieur à la valeur réelle des immeubles. En 1858 on étendit la compétence de la Cour aux biens non hypothéqués. Et comme la vente devant cette juridiction constituait un titre légalement inattaquable, il y eut beaucoup de propriétaires qui y recoururent pour l'aliénation de leurs biens. Aujourd'hui, on y vend les domaines en lots assez petits pour être facilement accessibles aux capitaux modiques; et, de cette façon, bien des gens sont arrivés à la propriété foncière, qui, autrement, n'auraient jamais pu y penser. Ce sont des Irlandais qui ont acheté la grande majorité des biens ainsi vendus;et, dans la plupart des cas, ce sont les fermiers mêmes qui se sont rendus acquéreurs des immeubles qu'ils occupaient. Pendant une période de huit années, de 1869 à 1876, inclusivement, le prix total des ventes réalisées a dépassé dix millions de livres ou deux cent cinquante millions de francs. Le revenu net des mêmes biens représentait en moyenne le denier vingt, ou exactement la proportion de 1 à 19.80.

Si l'on examine le tableau qui précède pour des applications agricoles, il faut faire abstraction de tous les propriétaires de moins de quarante acres, et sans doute aussi de beaucoup de ceux qui possèdent de quarante acres à quatre hectares. Le nombre des propriétaires d'immeubles purement agricoles ne dépasse probablement pas trente mille.

Le tableau suivant donne le nombre des propriétés distinctes existant en Irlande en 1875.

Deux ou plusieurs des propriétés mentionnées dans ce tableau peuvent appartenir au même individu, mais c'est une exception sans influence sensible sur le résultat.

Nous n'avons pas la statistique des propriétés de moins d'un acre ou 40 ares depuis 1841 ; mais comme des parcelles aussi minimes ne sont guère susceptibles d'être classées comme propriétés agricoles, cette lacune est ici de peu d'importance. Nous trouvons cependant qu'en 1841 il n'existait pas moins de 310.436 immeubles d'un à cinq acres, ou de 40 acres à deux

TABLEAU IV. — Nombre et classification des propriétés en 1875.

SUPERFICIE.	NOMBRE DES PROPRIÉTÉS
N'excédant pas 40 ares.	51.459
40 ares et moins de 2 hectares	69.098
De 2 hectares à 6 hectares.	166.950
De 6 — 12 —	137.669
De 12 — 20 —	73.045
De 20 — 40 —	55.618
De 40 — 80 —	21.909
De 80 — 200 —	8.197
De 200 hectares et au-dessus	1.529
	585.474

hectares, et 252.799 propriétés de cinq à quinze acres, ou de deux à six hectares, ce qui fait 563,235 propriétés de quarante acres à six hectares chacune. Les nombres correspondants en 1875 étaient :

69,098 propriétés de 40 acres à deux hectares ;

et 166.959 propriétés de deux à six hectares, ce qui donne un total de 236,057 propriétés de 40 acres à six hectares, ou un peu plus des deux cinquièmes du nombre correspondant en 1841. D'un autre côté, pendant qu'en 1841 il n'y avait que 48,625 propriétés de plus de douze hectares, les propriétés de même importance étaient au nombre de 160,298 en 1875, ce qui donne une augmentation de 330 pour cent. En d'autres termes, pour chaque centaine de petites fermes, ou de quarante acres à six hectares, existant en 1841, il ne s'en trouvait plus que 42 en 1875; mais pour chaque centaine de grandes fermes, ou de plus de 12 hectares, en 1841, il s'en est trouvé 330 en 1875 — changement remarquable et important, opéré en moins d'une génération.

Le système de culture pratiqué en Irlande est la sole mélangée de labour et de prairie. La quantité de terre en prairie est double de celle en labour ; cependant le nombre des fermes consacrées exclusivement aux prairies est relativement minime. On peut l'évaluer par approximation, de cinq à dix pour cent du nombre total. Mais ces fermes, quoique en minorité, sont pour la plupart d'une grande importance superficielle, et comprennent une partie des meilleures terres du pays.

Les voies publiques sont faites et entretenues au moyen de taxes locales. Ces taxes, jusqu'à ces derniers temps, étaient supportées par les occupants ; mais, en vertu d'un acte récent de la législature, ceux-ci peuvent, après avoir renouvelé leurs baux, et à défaut de convention contraire, en imputer une certaine partie sur leurs fermages et en déduire le montant au propriétaire, conformément à ce qui a déjà lieu en matière de taxe des pauvres.

Les grandes lignes de drainage sont à présent exécutées par des syndicats locaux, au moyen d'avances faites par le gouvernement; on a déjà par ce moyen mis en valeur cent vingt mille hectares. Pour les drainages à fond et les autres améliorations, le gouvernement prête également à un taux modéré ; mais la quantité des terrains ainsi drainés et améliorés n'est pas forte, eu égard à la masse de ceux où de pareils travaux seraient indispensables. La superficie totale drainée au moyen d'emprunts faits au gouvernement, pendant les trente années depuis lesquelles le système actuel a été mis en vigueur, ne s'élève pas à 260,000 acres ou 104.000 hectares. Des emprunts ont également été contractés en vue de l'érection d'habitations d'ouvriers ruraux ; le total prêté à cette fin atteint à peu près cinq millions de francs, répartis en 349 opérations différentes.

Tous les prêts que fait le gouvernement sont négociés en Irlande par le Bureau des travaux publics, administration dont le siége est à Dublin. Ce sont les emprunteurs eux-mêmes qui, sous la surveillance de l'administration, font emploi des capitaux prêtés ; car le Bureau n'entreprend pas de travaux lui-même directement. Le remboursement de ces prêts est réglé par acte du Parlement ; il s'opère par paiements semestriels, au moyen desquels le capital se trouve éteint au bout de vingt-deux ou trente-cinq ans. L'annuité est, dans le premier cas, de six et demi pour cent ; dans le second, de cinq. Les remboursements ont lieu avec une parfaite régularité : le nombre des retardataires et le montant de l'arriéré sont insignifiants, eu égard à l'importance du capital dû et à la quantité des débiteurs.

Les lois territoriales de 1870 et de 1872 ont donné au Bureau des travaux publics la faculté de faire des prêts aux fermiers pour les mettre à même d'acquérir les immeubles qu'ils cultivent ; 8,950,000 francs ont été avancés de cette manière jusqu'à la date du 31 mars 1877, et ont fait l'objet de 575 emprunts distincts. Le Bureau ne peut pas avancer plus des deux tiers des fonds nécessaires aux acquisitions, qui se sont élevées, pour les cas où les prêts ont eu lieu, à quinze millions de francs. La quantité de terrain acheté de cette façon par les tenanciers s'est élevée précisément à 14.400 hectares, évalués, en vue des taxes, à un revenu matriciel de 543.600 francs, et payant un fermage annuel de 611,525 francs. Cette branche des opérations du Bureau est encore au début de ses développements ; on ne peut prévoir l'accroissement qu'elle est susceptible de prendre, ni dire si l'on verra se réaliser les espérances de ceux qui, en organisant ce système, ont voulu rendre la propriété foncière accessible à la masse des fermiers irlandais.

Les autres catégories de prêts consentis au profit de l'agriculture par le Bureau des travaux publics ont pour objet la construction de fermes, ou l'établissement de plantations destinées à servir d'abris. Sous le premier chef, les avances se sont élevées à treize millions de francs d en 1,043 prêts ; du second, il a été contracté trente emprunts.

II. — *Capital agricole.*

Le capital agricole de l'Irlande peut être rangé sous quatre titres :

1° Les bâtiments de ferme et le matériel agricole de toute espèce.

2° Le bétail vivant sur le fonds.

3° La valeur des récoltes.

4° Les économies accumulées des classes agricoles.

Il n'existe point de statistiques officielles qui permettent d'évaluer, même approximativement, la valeur représentée par le premier des titres ci-dessus ; mais nous resterons certainement au-dessous de la vérité en l'évaluant à une livre sterling, ou vingt-cinq francs par acre ou quarante ares de terre cultivée, soit en labour, soit en prairie, c'est-à-dire à un chiffre rond de quinze millions de livres ou de 375 millions de francs. C'est là du reste une estimation faite en gros, par à peu près, et qui est sûrement trop basse.

L'estimation du bétail sur pied en 1876 a dépassé, comme on va le voir, 77 millions de livres ou 1,925 millions de francs. L'évaluation des récoltes de la même année atteignait environ 36,500,000 livres ou 912,500,000 francs.

Quant aux économies accumulées des classes agricoles, il est malaisé d'en fixer le montant. On voit, par les dernières statistiques, que le montant brut des dépôts et des comptes particuliers dans les banques d'Irlande est, en nombre rond, de trente-trois millions de livres ou de huit cent vingt-cinq millions de francs, et que les dépôts dans les Caisses d'épargne dépassent trois millions de livres ou soixante-quinze millions de francs. Cependant les cultivateurs, même les moins importants, ne vont guère à la Caisse d'épargne, et nous devons ici faire abstraction de cette catégorie de dépôts. Reste donc à savoir quelle proportion des 825 millions placés dans les banques proprement dites appartient aux classes agricoles, et quelle autre aux commerçants et aux simples particuliers. Mais, à ce sujet, il y a dissentiment, sans qu'on voie le moyen d'arriver à une solution raisonnée. Cependant, comme le taux de l'intérêt que paient ces établissements n'est jamais élevé, il n'est pas probable qu'une partie un peu importante de ces capitaux appartienne aux classes commerçantes. On sera donc vraisemblablement dans la vérité en attribuant les deux tiers du total, ou vingt-deux millions de livres, c'est-à-dire 550 millions de francs, aux cultivateurs proprement dits. Cette appréciation est sans doute trop faible, mais il importe avant tout de se garder de l'exagération.

L'augmentation des dépôts faits aux banques est l'une des preuves les plus frappantes de l'accroissement de la prospérité de l'Irlande depuis 1851, époque à laquelle la totalité des dépôts arrivait seulement à 8,260,000 livres ou deux cent six millions et demi. Ils ont donc quadruplé en vingt-cinq ans.

Le tableau qui suit résume les évaluations qui précèdent :

TABLEAU V. — Évaluation du capital agricole de l'Irlande.

NATURE ET CATÉGORIE DU CAPITAL.	ÉVALUATION	
	En liv. sterl.	En francs.
Capital immobilisé en constructions et instruments.	15.000.000	375.000.000
Bétail sur pied	77 000.000	1.925.000.000
Récoltes sur pied	36.500.000	912.500.000
Économies accumulées.	22 000.000	550.000.000
Totaux. . .	150.500.000	3.762.500.000

Dans l'évaluation ci-dessus, on n'a pas eu égard à l'argent qui circule parmi les fermiers, en outre et en sus du montant représenté par les dépôts faits aux banques; il est évident pourtant qu'il existe nécessairement une somme considérable en dehors du bétail et des récoltes. Cette valeur compense et au delà celle des chevaux employés à des services étrangers à la culture; il est impossible de les distinguer de ceux dont l'agriculture se sert.

Ainsi, en définitive, le capital agricole irlandais peut être porté, en nombre rond, à plus de cent cinquante millions sterling, soit en francs trois milliards 750 millions, ce qui donne près de 250 francs par acre ou par quarante ares de terre cultivée. Ce capital serait suffisant, s'il était bien employé, pour porter au maximum les forces productives du sol.

On peut vérifier l'exactitude de nos évaluations en les rapprochant d'un travail composé, à un point de vue tout différent, par le docteur Nellson Hancock, et où il détermine le capital totalisé de l'Irlande d'après les chiffres soumis annuellement à la direction des mutations par décès. Ses calculs donnent un capital de 259 millions sterling ou, en francs, six milliards 475 millions. Si l'on déduit de ce total les sommes qu'on sait être affectées à d'autres destinations, et qui s'élèvent à cent cinq millions de livres ou, en francs, 2,625 millions, il reste pour le compte de l'agriculture 154 millions de livres ou, en francs, 3 milliards 850 millions. Bien plus, si les calculs du docteur Hancock sont exacts, comme il y a tout lieu de le croire, notre évaluation du capital agricole, qui est des trois cinquièmes du capital national entier, ne peut être considérée comme exagérée, surtout pour un pays aussi exclusivement agricole que l'Irlande.

Dans l'évaluation ci-dessus du capital agricole de l'Irlande, nous aurions dû peut-être ajouter l'industrie des cultivateurs ouvriers.

Cette valeur pourrait sembler, au premier abord, ne pas devoir être comptée comme capital; mais si l'on veut bien se rappeler que les petits cultivateurs exécutent de leurs propres mains, sur leurs fonds, la main-d'œuvre pour laquelle autrement ils auraient des ouvriers à alarier, il devient évident que toute évaluation du capital agricole disponible de l'Irlande serait incomplète, si l'on n'y comprenait un élément de cette importance.

Il est excessivement difficile de calculer ce que vaut cette main-d'œuvre personnelle des cultivateurs et de leurs familles; mais il est possible d'en déterminer le minimum.

Posant en principe qu'il y a autant de cultivateurs ouvriers qu'il y a de fermes de quatre à vingt hectares, sans faire mention de ceux qui occupent moins de quatre hectares, lesquels sont considérés comme simples journaliers, ni de ceux qui, cultivant plus de vingt hectares, peuvent être considérés comme simples patrons, nous trouvons, en nombre rond, 375,000 cultivateurs qui travaillent dans leur propre ferme. Il n'y a pas à craindre de se tromper si l'on suppose que chacun d'eux a, en moyenne, un garçon adulte, ou deux et même plus de deux jeunes fils dont la main-d'œuvre réunie peut être considérée comme l'équivalent de celle d'un homme fait. Néanmoins, comme ces derniers peuvent ne pas être occupés exclusivement dans les fermes de leurs parents, nous déduirons moitié pour ce qu'ils peuvent faire ailleurs de temps en temps. Nous arrivons ainsi au chiffre de 560,000, en nombre rond, ou à l'équivalent de ce chiffre, pour le total des ouvriers non salariés du pays; et, estimant les salaires de chacun à 10 francs par semaine, ou, toujours en chiffres ronds, à 500 francs par an, ce qui n'est pas cher, nous obtenons 11,200,000 livres, ou deux cent quatre-vingts millions pour le montant annuel du capital que représente le travail des cultivateurs et de leurs familles sur le fonds qu'ils possèdent. Du moins ce résultat est inférieur à ce que ces mêmes cultivateurs auraient à payer s'ils appelaient des tiers pour exécuter les travaux qu'ils font annuellement eux-mêmes.

III. — *Main d'œuvre.*

La population de l'Irlande est descendue de plus de huit millions d'âmes qu'elle comptait en 1841 à environ cinq millions un tiers en 1876. La proportion exacte de cette décroissance est 34.9, ou, si l'on veut donner à cette énonciation une tournure plus familière, pour chaque centaine d'habitants existant dans le pays en 1841, il n'y en avait plus que 65 en 1876. Plus de moitié de cette décroissance, 57 pour cent, a eu lieu dans la période décennale écoulée de 1841 à 1851; et un peu moins de moitié, ou 43 pour cent, depuis 1851. La grande diminution survenue pendant les dix premières années a été due à la mortalité et à l'émigration survenues à la suite de la famine causée par la mauvaise récolte des pommes de terre en 1845—1846 et pendant les années suivantes; la décroissance atténuée, constatée depuis 1851, a pour cause principale l'émigration, résultat en grande partie du même fléau. Le nombre réel des personnes qui ont quitté l'Irlande pour se rendre principalement en Amérique depuis 1851 approche de deux millions et demi, où les deux sexes entrent chacun pour moitié à peu près. Le tableau suivant donne les chiffres exacts pris aux sources officielles :

TABLEAU VI — Nombre d'émigrés sortis d'Irlande de 1851 *à la fin de* 1876.

Nombre total d'émigrants de 1851 à 1876 inclusivement :		
Hommes.	1.2[illegible]8.969	53.4 pour cent.
Femmes	1.126.009	46.6 —
Totaux. . .	2.414.978	100.0 —

Depuis quelques années, le nombre des émigrants a constamment diminué; on peut même dire que l'émigration, considérée comme mouvement de population, n'existe plus aujourd'hui, grâce principalement à la stagnation des affaires en Amérique. Au contraire, une grande partie des gens qui ont émigré les derniers sont rentrés en Irlande depuis deux ou trois ans; est-ce avec le dessein de ne plus quitter leurs foyers? C'est ce qu'il est encore impossible d'affirmer.

Naturellement, ce grand exode, presque uniquement composé d'individus des classes laborieuses, a eu pour effet l'augmentation des salaires non-seulement au profit des ouvriers agricoles, mais en général pour toutes les professions manuelles.

Antérieurement à 1851, on trouvait des ouvriers, dans presque toute l'Irlande, à raison de quatre-vingts centimes par jour en été et soixante centimes en hiver. Le salaire n'était pas beaucoup plus élevé pendant la moisson; la seule différence, pendant cette période, consistait en ce que les hommes étaient nourris en plus. Aujourd'hui le taux moyen des salaires pour les gens de la ferme peut être évalué à 1 fr. 65 c. par jour l'été, et 1 fr. 45 c. par jour l'hiver ; ils montent fréquemment pendant la moisson, à 4 fr. [illegible]5 c. par jour, plus la nourriture, et cette nourriture est tout autre que celle dont se contentaient anciennement les journaliers.

Un grand nombre d'ouvriers agricoles se louent à l'année, ou au semestre, et sont logés et nourris par leur maître. Les gages annuels des travailleurs de cette catégorie ont augmenté dans la même proportion que les salaires des journaliers.

Tous les ouvriers sont maintenant mieux logés, mieux vêtus et mieux nourris qu'autrefois.

Il n'existe pas de sociétés de secours mutuels pour les ouvriers agricoles d'Irlande ; mais tous les indigents ont le droit de se faire admettre au dépôt appelé *Union des maisons de travail*, quand ils ne sont plus capables de se suffire. On leur paie aux frais du public les médecins et les médicaments pour eux et leurs familles ; c'est là un privilége auquel participent également les petits fermiers.

En règle générale, il n'y a pas en Irlande de travail à la tâche. Les salaires se paient en argent; mais quand l'ouvrier est nourri, le salaire diminue en proportion.

Les femmes et les enfants prennent part aux travaux agricoles les moins pénibles ; et, grâce à la difficulté d'avoir des bras, on leur confie souvent aujourd'hui l'ouvrage qui était jusqu'à présent réservé exclusivement aux hommes faits.

L'usage des machines s'est répandu chez les cultivateurs irlandais depuis une vingtaine d'années. Auparavant, la charrue ordinaire, la herse, le rouleau etaient les seuls instruments dont on fit usage, concurremment avec la bêche, bien entendu. Quelques gros fermiers avaient seuls des tarares, et il en était bien peu qui possédassent des machines à battre fixes. La vapeur, sous n'importe quelle forme, n'était pas entrée dans la pratique agricole ; les faucheuses et les moissonneuses étaient inconnues. Aujourd'hui on trouve dans toutes les parties du pays des instruments perfectionnés de toute sorte ; les faucheuses et les moissonneuses sont très-répandues; les batteries à vapeur et les locomobiles se rencontrent dans une foule de localités. Il n'est même pas rare de trouver des machines de cette dernière sorte à louer surtout dans les endroits où la main-d'œuvre fait particulièrement défaut.

Grâce sans doute à l'insuffisance de la main-d'œuvre sur le marché, l'introduction des instruments agricoles n'a pas rencontré de résistance générale ou systématique. La diffusion des applications de la mécanique à l'outillage de la ferme trouve sa démonstration dans le nombre toujours croissant des instruments aux expositions périodiques de la Société royale de Dublin et de la Société royale d'agriculture depuis 1865. Cette année-là les exposants étaient 135 ; en 1876 et 1877, ils se trouvaient 265 ou près du double; progression étonnante pour une période si courte !

On ne peut omettre un trait exceptionnel, qui est particulier à l'Irlande. Tous les étés, un grand nombre de journaliers de la campagne partent des localités les plus pauvres du Connaught pour se rendre en Angleterre. Beaucoup d'entre eux sont fermiers de petites parcelles de terrain, ou sont fils de cultivateurs. Ils voyagent en troupes nombreuses, quelquefois fortes de plusieurs centaines d'individus. Les compagnies de chemins de fer, de navigation, trouvent intérêt à affecter à leur transport des trains et des bâtiments spéciaux à prix réduit. Arrivé en Angleterre, chacun va de son côté, toujours le même, et revient en général tous les ans chez le même maître. Pendant leur absence, leurs femmes et leurs enfants ont soin du logis et de la petite culture qui en dépend; puis, à la fin de la saison, ils reviennent passer l'hiver en famille. Ces hommes réalisent des bénéfices élevés que, fidèles aux sentiments d'affection domestique, si développés dans les cœurs irlandais, ils envoient chez eux de temps en temps, pendant leur séjour à l'étranger. C'est ainsi que la pauvre Irlande doit à son énergie et à son abnégation un peu de cette prospérité que le ciel a départie si libéralement à des pays plus heureux, et dont il a été si avare pour elle.

DEUXIÈME PARTIE.

ORGANISATION AGRICOLE.

L'Irlande ne possède pas de ministère de l'agriculture, comme il en existe dans d'autres pays ; l'agriculteur irlandais n'a aucun rapport officiel avec le gouvernement. On n'y voit ni vacheries, ni troupeaux de béliers, ni haras appartenant à l'État, ou entretenus par le budget en vue d'améliorer les races. Tout est laissé à l'initiative privée, comme en matière de commerce ou d'industrie.

Les grands travaux publics ne sont pas non plus exécutés par l'État. Ils sont entrepris par de grandes sociétés anonymes autorisées à cet effort par une loi. Le gouvernement ne fait pas de concessions aux capitalistes, par la simple raison qu'il n'a rien à concéder. Par exemple, une compagnie qui veut entreprendre un chemin de fer a d'abord à acheter des propriétaires et des occupants à bail le sol où elle devra l'établir, en désintéressant chacun d'eux jusqu'au dernier sou, et en ajoutant encore quelque chose pour le droit d'expropriation, lequel est l'un des privilèges spéciaux conférés par la loi autorisant la compagnie, et le seul avantage qu'une telle société ait de plus qu'un acquéreur ordinaire. Sur toutes ces dépenses, l'État ne prélève rien, à moins que la compagnie ne prenne possession d'un terrain dépendant du domaine de l'État, auquel cas la compagnie paie à l'État ce qu'elle paierait au premier particulier venu.

On voit par là que les demandes de renseignements qui font l'objet de la deuxième partie du questionnaire de la Société des agriculteurs de France ne sont pas susceptibles de réponse en ce qui concerne l'Irlande. Les questions ne peuvent pas s'y poser. Il y a cependant deux points qui peuvent être traités.

Le premier est l'instruction publique. Il y est pourvu principalement au moyen d'écoles nationales dont le pays est à présent bien doté. Les écoles sont placées sous la surveillance d'une commission nommée par le gouvernement, et à laquelle est confiée la répartition des allocations accordées par l'État à l'instruction primaire. Ces écoles donnent une bonne instruction élémentaire ; dans les écoles de village, l'agriculture est l'objet d'un enseignement spécial aux classes supérieures, où l'on met entre les mains des élèves un traité d'agriculture composé à leur usage par le Bureau de la commission. Outre la théorie ainsi enseignée, plusieurs écoles nationales possèdent en annexe de petites fermes modèles, où les enfants s'habituent à la pratique de l'agriculture, et où l'on applique les méthodes les plus perfectionnées pour servir d'exemple aux cultivateurs des environs.

Outre ces écoles élémentaires d'agriculture, la commission chargée de l'éducation entretient des fermes-écoles dans différentes parties du pays. Il y a un établissement central organisé sur une grande échelle à Glasnevin, près Dublin, où un certain nombre de jeunes gens s'initient aux progrès les plus nouveaux et les plus avancés de l'art agricole, dans l'intention d'embrasser la carrière de régisseurs ou de chefs de culture; on s'y livre à beaucoup d'expériences et d'applications pratiques.

Le second point concerne les Académies et sociétés savantes.

Il y a deux sociétés royales qui s'occupent de répandre et de faire avancer la connaissance de l'agriculture en Irlande. L'une d'elles, la Société royale d'agriculture de Dublin, fondée en 1731 pour la propagation en Irlande de l'économie rurale et des arts et sciences appliqués, a été autorisée par ordonnance de 1750; elle est la plus ancienne des institutions de cette nature dans le Royaume-Uni.

Quatre expositions relatives à l'agriculture sont ouvertes tous les ans sous les auspices de cette société dans les vastes locaux qu'elle possède à Dublin ; ce sont :

1o L'exposition de bétail au printemps;

2 L'exposition chevaline;

3o L'exposition des moutons;

4o L'exposition d'hiver pour les animaux gras et les produits de la ferme.

L'exposition chevaline et l'exposition des moutons se tiennent en automne. Sont admis à toutes les expositions les instruments, les engrais et toutes sortes d'articles d'utilité domestique.

Il n'est pas hors de propos d'ajouter ici que la Société royale de Dublin organisait à Dublin, tous les trois ans, une exposition industrielle de tous les produits manufacturés d'Irlande, bien longtemps avant qu'on songeât à la grande exposition qui a eu lieu à Londres en 1851.

La seconde de ces sociétés est la Société royale d'agriculture d'Irlande. Elle a été fondée en 1841. Ses quatre objets sont:

1o D'organiser, au moins une fois par an dans l'une des quatre provinces de l'Irlande, une exposition de bestiaux, d'instruments et de produits agricoles.

2o D'encourager la formation de sociétés agricoles locales en rapport avec elle.

3o De favoriser l'amélioration des logements et des conditions d'existence de la population agricole.

4o De mettre ses membres à même d'obtenir, à prix réduits, des analyses de terrains, d'engrais, etc.

Il existe à présent vingt-quatre sociétés locales reliées à la Société royale d'agriculture d'Irlande.

La Société royale de Dublin et la Société royale d'agriculture d'Irlande ont déjà rendu d'immenses services aux cultivateurs irlandais. Probablement, elles leur en rendront dans l'avenir de plus importants encore, s'étant rattachées plus étroitement l'une à l'autre dans ces derniers temps, et ayant obtenu par là une grande augmentation des capitaux dont elles disposaient.

Il existe en Irlande une autre société d'agriculture qu'on appelle l'Association agricole du nord-est de l'Irlande. Sa fondation date de 1854. Elle a son siége à Belfast, et ses opérations se renferment dans la circonscription d'où elle prend son nom.

TROISIÈME PARTIE.

PRODUITS ET DÉBOUCHÉS.

Comme la moitié de l'Irlande est en prairie, l'élevage, l'entretien es l'engraissement du bétail peuvent être regardés comme le trait le plu- mportant de l'agriculture du pays. Le tableau suivant indique l'extent sion reçue par cette branche de l'industrie agricole.

TABLEAU VII. — Nombre et valeur des bestiaux de toute espèce en 1876.

ESPÈCES.	NOMBRE.	VALEUR	
		En liv. sterl.	En francs.
Bovine	4.1[illegible]3.093	52.880.277	1.322.006.925
Ovine	4.007.518	8.5 0.101	214.752.525
Porcine	1.424.113	4.050.062	101.251.550
Chevaline	526.160	11.575.520	239.388.000
Totaux	10.071.314	77.095.960	1.927 399.000

Les prix adoptés pour l'évaluation du bétail sont, par tête :

De l'espèce bovine de 125 fr. à 150 fr.

De l'espèce ovine de 37 fr. 50 c. à 62 fr. 50 c.

De l'espèce porcine de 62 fr. 50 c. à 125 fr.

De l'espèce chevaline de 550 fr. en moyenne.

La plus grande partie de cet effectif est affectée à l'usage et à la consommation domestique ; mais on en exporte une quantité importante, tous les ans, à destination de la Grande-Bretagne, notamment des localitésindustrielles. Le nombre et l'évaluation de ces exportations sont indiqués dans le tableau suivant :

TABLEAU VIII. — Nombre et valeur des têtes de bétail exportées d'Irlande pendant l'année 1876.

NATURE DU BÉTAIL.	NOMBRE D'ANIMAUX.	VALEUR	
		En liv. sterl.	En francs.
Bêtes à cornes.	666.328	11.993.904	299.847.600
Espèce ovine.	686 808	1.717.020	42 925.500
Espèce porcine.	513.316	2.566.580	64.164 500
Totaux. .	1.866.452	16.277.504	406.937.600

Comme ce sont les meilleurs animaux qu'on choisit pour les exporter en Angleterre, la valeur du bétail qui se trouve spécifiée ci-dessus est fixée d'après le maximum des évaluations données plus haut.

Dans certaines parties de l'Irlande, spécialement dans la province de Munster, on fabrique une grande quantité de beurre qui se vend à un prix élevé en Angleterre, où l'on recherche surtout celui qui vient de Cork.

Les maquignons tant anglais qu'étrangers achètent aussi tous les ans en Irlande un nombre considérable de chevaux.

Pendant l'année qui a suivi immédiatement celle à laquelle se réfère le tableau IX ci-après, — c'est-à-dire du 1er octobre 1876 au 1er octobre 1877, — il n'a pas été importé en Irlande moins de neuf millions de quintaux de froment et d'environ quatre cent mille quintaux de farine de blé; il a également été importé pendant la même période environ 8.650,000 quintaux de maïs, signe évident que la production de froment de l'Irlande, pour ne parler que de cette céréale, est absolument insuffisante eu égard aux besoins du pays. Quant à l'importation d'une aussi forte quantité de maïs, il faut la rapporter à des spéculations commerciales.

La diminution de la quantité de terre semée en blé en Irlande dans les vingt dernières années est un symptôme à noter. En 1857, la superficie ensemencée en blé était en nombre rond de 560.000 acres ou 224.000 hectares; en 1876 elle était tombée à moins de 120.000 acres ou 48.000 hectares. Pendant la même période, l'étendue des terrains en avoine est tombée de près de deux millions d'acres ou huit cent mille hectares à moins de quinze cent mille acres ou six cent mille hectares.

Cette décroissance de la culture du blé et de l'avoine en Irlande est la conséquence nécessaire de l'abolition de la protection sur les grains dans le Royaume-Uni, aussi bien que de l'augmentation des prix du bétail, ainsi que des facilités données aux cultivateurs par le

TABLEAU IX. — Étendue, produit à l'hectare et à l'acre, et valeur des principales récoltes d'Irlande en 1876.

NATURE DES RÉCOLTES.	ÉTENDUE		PRODUIT MOYEN		PRIX de l'unité.	PRODUIT BRUT.			REVENU ANNUEL EN FRANCS.	
	En hectares.	En acres.	A l'hectare.	A l'acre.		TOTAL. — En poids.	TOTAL. En l.v. sterl.	TOTAL. En francs.	A l'acre	A l'hect.
			Quint.	Quint.	fr. c.	Quintaux.			fr. c.	fr. c.
Blé	47.880	119.700	42 5	17 0	12 50	2.023.492	1 0[illegible].746	25 293 650	211 25	527 12
Avoine	594.866	1.487.166	35 7	14 3	10 »	21 415.495	8.566.078	214 151 950	143 75	359 37
Orge	88.325	220.814	44 0	17 6	10 »	3.879.5[illegible]8	1.551 811	38 [illegible]95 275	175 »	437 50
Seigle	3.675	9.187	[illegible]8 0	15 2	8 75	13[illegible].960	48.986	1.221.650	132 50	[illegible]31 25
Fèves et pois	4.768	11.921	40 02	16 1	15 90	192 523	120.327	3 008 175	251 25	628 »
Lin	53.175	132.938	10 0	4 0	80 »	542.810	1.736.993	43.424 825	326 25	8[illegible]5 62
			tonnes	tonnes.		tonnes				
Pommes de terre	352.287	880.716	11 7	4 7	75 »	4.154.784	12.4[illegible]4.[illegible]82	311.609 550	[illegible]53 75	884 37
Rutabagas	137.855	344.637	33 0	13 2	15 »	4.540.818	2.724.490	68 112 250	197 50	493 75
Betteraves	19.416	48.544	36 0	14 4	18 7[illegible]	6[illegible]7.313	522.[illegible]86	13 074 650	278 75	696 87
Foin	744.452	1.861.[illegible]28	4 7	1 9	56 25	3 458.239	7.781.936	194 525.900	102 50	256 25
Totaux	2 046.69[illegible]	5.116 748	»	»	»	»	36.5[illegible]8.835	913 220 875	»	»

développement du réseau ferré, pour envoyer leurs bestiaux aux plus grands marchés d'Angleterre.

La seule fabrication irlandaise qui puisse mériter le nom d'industrie nationale est celle de la toile ; elle a pris beaucoup d'extension dans le nord de l'île, principalement aux environs de Belfast.

Les toiles d'Irlande sont fort recherchées sur tous les marchés du monde ; elles seront sans doute convenablement représentées à l'Exposition internationale de Paris.

En 1876, il y avait 20.152 métiers dans les quelques moulins à dévider le lin et dans les manufactures qui existent en Irlande ; on y comptait 920.677 broches. La consommation moyenne annuelle de fibre est évaluée à 45.400 tonnes ; mais, comme l'évaluation du produit de la récolte de lin en 1876 ne montait qu'à 27.140 tonnes, et la quantité importée la même année à 5778 tonnes, en tout 32.918 tonnes, il faut conclure ou que l'estimation de la consommation annuelle de fibre est exagérée, ou que la consommation de 1876 a été exceptionnellement inférieure à la moyenne.

La manufacture de la toile emploie environ 60.000 personnes dans les fabriques ; mais il est impossible d'évaluer le nombre des gens qui retirent des salaires ou des bénéfices de la culture ou de la préparation du lin. On a calculé que la valeur de la récolte du lin en 1876 s'élevait à 1.737.000 livres ou 43.425.000 francs. Le tout, sauf une fraction sans importance, provenait de l'Ulster. Cette province avait produit 129.000 acres ou 51.600 hectares de lin, c'est-à-dire 97 pour 100 du total, contre 4000 acres ou 1,600 hectares provenant du reste de l'Irlande.

Toutes les graines avec lesquelles ces lins ont été semés sont étrangères, et ont été importées en Irlande, sans exception aucune.

La fabrication des laines paraît se développer en Irlande depuis quelques années, mais elle n'y a pas encore pris de proportions qui permettent de lui attribuer une grande part dans le mouvement économique général. Les articles fabriqués restent pour la plupart dans le pays même, et consistent surtout en ratines et en peluches.

QUATRIÈME ET DERNIÈRE PARTIE.

CONCLUSION.

Quand on jette un regard en arrière sur l'histoire de l'agriculture en Irlande, on ne peut manquer d'être surpris de la révolution extraordinaire que ce pays a subie. L'attention se porte avant tout sur deux faits d'une importance capitale : l'achat des propriétés par les exploitants, et la substitution progressive de la prairie au labour. Ils dominent les changements qui se sont produits en foule, et apparaissent comme les signes du temps; on a vu par la première partie de cette esquisse quelle était leur importance, leur extension. Il faut maintenant en indiquer sommairement les causes.

Ces causes sont : en premier lieu le libre échange, ou plus spécialement la suppression de la protection sur les céréales ; en second lieu, le développement du réseau des chemins de fer dans toute l'étendue des îles Britanniques. A ces puissantes considérations, certains économistes ajoutent, en troisième ligne, la grande famine de 1846 et des années suivantes. Mais c'est là, à notre avis, une erreur. La famine n'a pas été une cause; elle n'a été qu'un simple incident de la révolution; elle a accéléré le mouvement imprimé par les moteurs principaux dont l'action, sans elle, aurait été plus lente. Le résultat aurait été inévitablement identique, même s'il n'y avait jamais eu de famine. Ce fléau ne peut donc être compté comme cause proprement dite. On s'en rend encore mieux compte en se demandant ce qui serait arrivé si la protection sur les grains n'avait pas été supprimée et si l'accès des marchés d'Angleterre ne nous avait pas été ouvert par les voies ferrées, auxquelles nous associons le service régulier des bateaux à vapeur sur la mer d'Irlande. La famine aurait pu se produire, puis disparaître en nous laissant une population amoindrie, comme elle l'a fait en réalité, et ses conséquences n'auraient pas été plus loin et se seraient arrêtées là. Si de nouvelles forces n'étaient pas entrées en jeu, si de nouveaux débouchés ne s'étaient pas ouverts, nous aurions simplement repris notre tâche au point où nous l'avions interrompue ; nous aurions continué à marcher dans les vieilles ornières — avec plus de précaution peut-être, et en faisant nos efforts pour éviter le retour d'un malheur semblable, — mais en conservant toujours les anciens errements, et en arrivant sans cesse et quand même aux mêmes résultats.

Il n'en a pas été autrement de l'émigration ; elle n'a fait que simplifier et accélérer une transition d'ailleurs inévitable. Tel a été également le rôle de la Cour des propriétés hypothéquées, et des ventes d'immeubles qu'elle a opérées. On peut voir dans tous ces faits des auxiliaires de la révolution économique en l'Irlande ; mais ce n'est pas là qu'on en trouvera la véritable cause.

S'il y avait plus de bénéfice à cultiver le blé en Irlande qu'à l'y introduire par l'importation ; si l'on ne pouvait vendre le bétail que sur place et dans les marchés de l'île, à un prix qui rendît l'élevage et l'engraissement moins lucratifs que la culture des céréales, alors un tel renversement dans le prix des objets de consommation aurait entraîné le renversement de la proportion entre le labour et la prairie, et cela malgré la vente des immeubles, malgré les famines, malgré l'émigration et les multitudes qu'elle emportait. Rien n'y eût fait : l'action des lois économiques est d'une certitude aussi absolue que l'action des lois naturelles. Du moment où les qualités supérieures de blé et de farine de France et d'Amérique ont pu parvenir en Irlande et s'y vendre à meilleur marché que l'article inférieur de même nature produit sur place, dès lors la dernière heure de la culture irlandaise avait sonné, et rien ne pouvait la sauver de l'arrêt fatal. Par une nécessité exactement semblable, du moment où le prolongement des voies ferrées mit à la portée des cultivateurs de l'ouest et du sud de l'Irlande les débouchés plus avantageux de l'Angleterre, et leur en rendit l'accès plus facile que ne l'était auparavant pour eux celui des marchés et de la clientèle restreinte de leurs villes de province ; du moment où le bétail leur donna plus de bénéfice que la culture, il devint aussitôt certain qu'ils abandonneraient la culture pour la prairie, en vertu d'une impulsion aussi irrésistible que celle qui détermine le niveau de l'eau. Le résultat que ni famine, ni émigration, ni action législative n'auraient pu amener, la loi sans réplique de l'offre et de la demande l'a obtenu sans difficulté et presque à l'insu de tout le monde. Et les faits auxquels on attribue communément cette grande révolution économique ne sont plus, malgré leur importance, que des circonstances accessoires et secondaires, auxquelles elle doit de s'être opérée si vite, qu'on l'a trouvée finie avant de s'être aperçu qu'elle arrivait.

LA PRODUCTION AGRICOLE

DANS L'INDE MÉRIDIONALE

LA

PRODUCTION AGRICOLE

DANS L'INDE MÉRIDIONALE

Les publications relatives à l'agriculture dans l'Inde anglaise qui ont été adressées au secrétariat de la Société des agriculteurs de France à l'occasion du congrès agricole international, comprennent trois mémoires distincts, dus tous les trois à la plume de M. W. Robertson, directeur en chef des fermes du gouvernement dans la province de Madras. Ces mémoires sont intéressants à plus d'un titre ; d'abord, ils décrivent un pays et font connaître un ensemble de procédés de culture entièrement différents de ce que nous connaissons en France, mais qui sont cependant ceux de notre principal établissement de l'Hindoustan, puisque le territoire de Pondichéry est enclavé dans la province de Madras. Ensuite, ils montrent comment le gouvernement anglais, possesseur de la plus grande partie du sol prend à cœur d'encourager les progrès agricoles parmi les populations indigènes qui cultivent à loyer; enfin, ce qui donne à ces travaux une portée toute spéciale, c'est la préoccupation que l'on sent exister constamment chez l'auteur de découvrir les causes des famines qui désolent périodiquement le pays, et les moyens d'en atténuer les conséquences et d'en prévenir le retour.

Ce n'est pas un tableau complet de l'agriculture dans l'Inde anglaise qu'il faut s'attendre à trouver dans ce résumé, puisque le travail don il donne l'abrégé n'a trait qu'à l'une des présidences qui composent l'emt pier des Anglais dans l'Inde, et que les observations et les jugements.

qui y sont relatés ne s'appliquent même directement qu'à deux districts de la présidence de Madras, districts tellement différents par les conditions d'altitude, de situation, de climat et d'aptitudes culturales, que nous devrons diviser en deux chapitres entièrement distincts les développements qui s'appliquent à l'un et à l'autre. D'une part, en effet, nous trouvons des observations et des études sur l'agriculture de la plaine, c'est-à-dire de la région basse et très chaude de la péninsule indienne; d'autre part, au contraire, la description d'un massif de montagnes ou hautes collines, dont l'altitude suffit à lui procurer un climat tempéré. Les Neilgherries constituent, en effet, une de ces stations privilégiées où les Européens peuvent retrouver la santé et la force, quand leur constitution n'a pas été trop profondément éprouvée par l'influence du climat tropical de l'Inde.

La présidence de Madras représente à peu près la cinquième partie des possessions anglaises dans l'Inde, soit qu'on la considère au point de vue de l'étendue, de la population ou du revenu en argent ; sa population est de 26.500.000 habitants, et son revenu s'élève à 4.350,000 livres, ou environ 108.000,000 de francs. Jamais ce pays ne sera pour l'Angleterre une colonie dans l'acception propre du mot ; c'est-à-dire que jamais il ne sera occupé par une population d'origine anglaise ; le climat s'y oppose absolument, car, non-seulement il éprouve les constitutions les plus vigoureuses des hommes du Nord, mais il est presque sûrement mortel pour les enfants de race blanche pure. Actuellement, les Européens ne forment probablement pas un centième de la population totale, et dans les districts ruraux de l'intérieur, on n'en trouve certainement pas un contre mille indigènes. Les Hindous forment l'immense majorité ; après eux, mais en infime minorité, viennent les Musulmans, les chrétiens indigènes et, enfin, les Européens. L'ensemble de la population, de race mahratte, occupe le pays de temps immémorial; les invasions et les conquêtes qui ont tant de fois bouleversé le nord de l'Inde, ne se sont fait ressentir dans l'extrémité de la péninsule que par des contrecoups lointains et affaiblis. Les classes rurales, qui forment à peu près les deux tiers de la population totale, sont en général peu éclairées, mais tranquilles et laborieuses. Les terribles convulsions qui ont agité les provinces du Nord lors de la révolte de 1857, ne se sont pas propagées dans les présidences de Bombay ni de Madras, et jamais, depuis la soumission des derniers souverains indigènes, la domination des Anglais n'a été sérieusement inquiétée dans le sud de leurs possessions indiennes. Ce serait être injuste, du reste, que d'hésiter à reconnaître que la substitution de leur gouvernement à la domination absolue des princes indigènes a été pour le pays le plus grand des bienfaits. Grâce à l'ordre qu'ils ont fait régner partout, à leur bonne administration financière et à l'impulsion qu'ils ont donnée aux travaux publics : routes, chemins de fer, etc.., les ressources du pays se sont considérablement accrues et la population a presque doublé dans l'espace des vingt dernières années. Cet accroissement rapide de la population, qui dans un pays tout à fait civilisé serait l'indice d'une prospérité extraordinaire, n'est pas sans présenter dans l'Inde son mauvais côté ; il s'en faut de beaucoup, en effet, que la production agricole ait suivi la même marche ascendante que la population et si le chiffre brut des récoltes est certainement aujourdhui plus élevé qu'il n'était il y a vingt ans, il n'en est pas moins certain que le rendement moyen des terres a diminué dans une proportion inquiétante.

C'est précisément sur les causes de l'épuisement des terres et de la diminution des récoltes ainsi que sur les moyens de remédier à cet état de choses que portent les études de M. Robertson, et c'est dans ses visites aux diverses portions du pays, aux terres sèches comme aux terres irriguées, aux pentes des collines comme aux plaines d'alluvion, aux bords des rivières et dans les villages agricoles du pays que nous allons le suivre pour étudier avec lui la condition du cultivateur et l'état des terres, du bétail, les différents modes de culture et, enfin, les progrès et les réformes qu'il est désirable de voir adopter.

I

AGRICULTURE DE LA PLAINE ET SPÉCIALEMENT DU DISTRICT DE COIMBATORE.

A l'exception de quelques terres appartenant à des propriétaires ou fonctionnaires indigènes et à quelques planteurs européens, la presque totalité du sol est la propriété du gouvernement; une portion en est occupée par les forêts domaniales et par les terres incultes, la plus grande étendue se compose de terres labourables affermées aux cultivateurs indigènes ou *ryots*.

Les neuf dixièmes des exploitations sont inférieures en étendue à 40 hectares; plus de la moitié ont moins de 20 hectares; le loyer pour l'ensemble du pays est en moyenne de 15 annas par acre anglais, soit de 5 fr. 90 par hectare. Cette moyenne ne s'écarte pas considérablement du prix de location des terres non irrigables qui forment malheureusement plus des neuf dixièmes de celles du pays, mais il est extrêmement inférieur à celui des terres arrosées pour lesquelles on paye plus de 45 fr. l'hectare de loyer annuel. Cette différence s'explique facilement, si l'on étudie un peu le climat du midi de l'Inde; bien que la quantité d'eau qui y tombe annuellement soit presque double de celle que l'on constate en France, la répartition des pluies entre les différents mois de l'année est beaucoup moins égale que sous notre climat et le pays reste exposé à peu près tous les ans à des sécheresses de quatre ou cinq mois, pendant lesquelles la vie végétale est presque entièrement suspendue; les pluies d'automne ne font jamais complétement défaut, mais celles de l'été et du commencement de l'hiver sont très-irrégulières, et bien souvent une partie des cultures, celles qu'on peut appeler les cultures d'été, sont absolument compromises par suite du manque d'eau, là où l'on ne peut suppléer par des moyens artificiels à l'insuffisance des pluies.

Le cultivateur indigène ou ryot.— La population, comme nous l'avons dit déjà, se compose principalement des paysans, fermiers du gouvernement et cultivant pour leur propre compte, classe honnête, sobre, assez laborieuse, mais très-ignorante et routinière. Le mode de culture généralement suivi n'a pas varié depuis des siècles, et l'on peut dire que tout était encore à faire il y a quinze ans, au point de vue du progrès agricole.

Malgré la modicité de la rente exigée par le gouvernement pour les terres louées, bien des familles ont grand peine à se suffire et les terribles famines qui désolent le pays presque périodiquement, font bien voir combien, dans une mauvaise année, la production locale est insuffisante à nourrir la population. Depuis vingt-cinq ans, comme nous l'avons déjà vu, le nombre des habitants a à peu près doublé ; l'augmentation des terres en culture a suivi à peu près la même progression. mais comme les meilleures terres avaient été prises les premières, il est bien évident que les défrichements récents ont porté sur des sols de qualité inférieure, de sorte que le rendement moyen de l'hectare en produit brut ou en argent s'est abaissé dans ces derniers temps.

L'accroissement de la population provient moins d'une grande augmentation dans le nombre des naissances que de l'amélioration des conditions sanitaires, d'où il résulte qu'une plus forte proportion d'enfants atteint l'âge d'homme aujourd'hui qu'il y a vingt ans.

Quoique la plupart des paysans cultivent pour leur propre compte on trouve cependant un certain nombre d'indigènes qui ne possèdent même pas le modeste capital nécessaire à une exploitation rurale et qui s'engagent chez les cultivateurs plus aisés, soit à l'année, soit pour a durée d'une culture. Leur sort est en général très-précaire, leur salaire est juste suffisant pour les nourrir et subvenir à leurs besoins quand ils sont en bonne santé ; celui qui les emploie leur fait en les engageant une avance en nature, généralement sous forme de grain, et ils sont sous sa dépendance jusqu'à ce qu'ils se soient acquittés ; comme, en général, ils ne peuvent le faire qu'en s'engageant envers un autre maître et en recevant une avance de celui-ci, il en résulte que leur condition est par le fait une sorte de servage.

Culture des terres irriguées. — Chacun sait quelle est l'importance des irrigations pour l'agriculture, principalement dans les pays chauds ; le travail de M. Robertson en donne un exemple bien frappant. Dans la région dont il est question dans son rapport, l'étendue des terres irriguées ne s'élève qu'à 4 pour 100 de la surface cultivée et cependant elles produisent le quart du revenu total du district. Le loyer de ces terres, comme nous l'avons vu plus haut, est à peu près huit fois plus considérable que celui des terres non arrosables. Une portion seulement des terres irriguées l'est au moyen de dérivations des rivières ou de réservoirs alimentés par les pluies ; partout ailleurs, il faut élever l'eau au moyens d'attelages et les irrigations ne peuvent pas, par suite, être aussi abondantes. Les terres irriguées au moyen de canaux sont presque exclusivement consacrées à la culture du riz ; on peut dire que l'eau y est l'objet d'un véritable gaspillage, car pendant les cinq mois que dure la culture, on n'emploie pas moins d'un pouce d'eau par jour (deux centimètres et demi) ce qui représente, pour une seule récolte, une dépense de 3m 75 de hauteur d'eau ; il est parfaitement certain que cette masse d'eau n'est pas nécessaire pour la végétation du riz, un tiers ou, au plus, moitié suffirait amplement, mais il faudrait donner aux champs une fumure légère, et le cultivateur trouve beaucoup plus simple d'employer une énorme quantité d'eau, qui, grâce au limon qu'elle contient, suffit à donner à ses terres l'engrais dont elles ont besoin. Si une petite proportion de l'eau répandue sur les champs de riz était détournée vers les autres terres, il serait facile d'y obtenir d'importantes récoltes de fourrages qui permettraient d'entretenir plus de bétail ou qui fourniraient directement des fumures vertes. Il y a lieu de remarquer aussi que la quantité d'eau employée sur un hectare de riz suffirait à arroser cinq hectares de blé ou de maïs céréales qui, à surface égale, produisent tout autant de substances alimentaires que le riz.

Dans la plus grande partie des terres irriguées, il ne suffit pas au cultivateur d'ouvrir une prise d'eau pour arroser ses champs, il lui faut tirer l'eau de puits dont la profondeur varie de quatre à douze mètres. Rien n'est plus simple que l'appareil généralement employé pour élever l'eau ; il consiste en un seau de cuir suspendu à l'extrémité d'une corde qui passe sur une poulie placée au-dessus du puits ; deux bœufs sont attelés à l'autre bout de la corde, et, en avançant et reculant, ils font monter et descendre le seau ; on a soin d'ordinaire de disposer auprès du puits un talus assez élevé, de sorte que les animaux descendent en s'éloignant du puits lorsqu'ils élèvent le seau plein et montent au contraire pour venir sans charge reprendre leur place.

Les animaux ne travaillent habituellement que de 7 à 10 heures du matin et de 3 à 6 heures du soir, la chaleur étant trop intense au milieu du jour. Dans ces 6 heures de travail on tire à peu près assez d'eau pour arroser la huitième partie d'un hectare à raison de deux centimètres et demi d'eau répandue sur toute la surface. On estime qu'un puits suffit à irriguer 1 hectare et 20 ares. L'établissement des puits est assez coûteux, aussi serait-il désirable de voir toujours procéder à des sondages préalables avant d'entreprendre les fouilles ; les indigènes n'ont malheureusement pas souvent le moyen de faire faire ces sondages, aussi le plus souvent creusent-ils leurs puits à l'aventure. Ils ont, pour en choisir l'emplacement, un moyen singulier : ils conduisent un mouton dans le champ où la fouille doit se faire, là ils lui versent un peu d'eau sur la tête, puis ils laissent l'animal en liberté et marquent, pour y commencer leur travail, l'endroit où il a secoué sa tête pour se débarrasser de l'eau qui l'a mouillée. Malgré l'emploi de ce procédé divinatoire, les déceptions sont assez fréquentes, soit que l'eau ne se rencontre qu'à une trop grande profondeur, soit qu'il faille traverser pour l'atteindre des bancs de roche dure. Depuis quelques années, on commence à adopter un appareil élévatoire perfectionné qui permet d'obtenir avec un seul bœuf deux fois autant de travail qu'on en fait actuellement avec deux; cet appareil permettrait par conséquent d'arroser un quart d'hectare par jour avec moins de frais qu'aujourd'hui un huitième; s'il était généralement adopté, le travail épargné de ce côté pourrait être employé en labours, en culture de fourrages et en autres travaux productifs. On a calculé qu'il pourrait être réalisé de ce chef seulement une économie égale au montant total de la rente payée par les ryots.

La culture du riz demande trop d'eau pour réussir dans des terres qui ne sont arrosées que dix ou douze fois dans le cours de la saison, aussi les terrains arrosés artificiellement sont-ils cultivés tout autrement que les terres irrigables à discrétion ; la plus grande partie est consacrée aux céréales alimentaires: sorgho commun, sorgho à épi, coracan (*Sorghum vulgare*, *Penicillaria spicata*, *Eleusine Coracana*) et aux graminées et légumineuses fourragères. On y cultive aussi le tabac la canne à sucre, le blé et les piments sur d'assez grandes étendues; la culture des bananes, du safran, des patates, des plantes aromatiques se fait aussi dans les terres arrosées, mais sur une petite échelle et surtout pour la consommation locale. Les terres arrosées par ce procédé sont de beaucoup les mieux cultivées du pays. Le cultivateur qui ne se procure l'eau que par un travail pénible et coûteux en apprécie toute la valeur et l'emploie avec une habileté et une intelligence remarquables. Le peu d'engrais dont il fait usage est consacré à ses terres arrosées, auxquelles il donne le nom de jardins. La fumure consiste en général en un parcage par les moutons; les bêtes à cornes ne produisent presque pas d'engrais à cause de l'habitude d'employer la bouse sèche comme combustible, habitude qui est générale, au moins dans cette partie de l'Inde, et que l'on peut considérer comme un des plus grands fléaux de l'agriculture du pays. Nous verrons plus loin quels moyens pourraient être employés pour faire cesser cet usage et faire restituer à l'agriculture un engrais qui lui serait si nécessaire.

La culture du tabac, confinée au genre d'exploitation dont nous nous occupons ici, y réussit admirablement bien; mais ce qui laisse à désirer, c'est la préparation des feuilles après la récolte. Les hangars ou séchoirs spéciaux si utiles pour les manipulations délicates que demandent les feuilles encore fraîches, font ici complétement défaut; les procédés de préparation sont des plus primitifs et le résultat répond aux moyens employés. On reproche généralement aux tabacs de la province de Madras de ne pas bien brûler, ce qui tient à la faible proportion de salpêtre qu'ils contiennent. Rien ne serait plus facile que de remédier à ce défaut, en employant comme engrais ce sel qui est fort abondant et à bon marché dans le pays. La production de la canne à sucre a aussi une assez grande importance dans les terres arrosées : la culture en est assez coûteuse, car il faut donner de l'eau tous les trois jours ; il est vrai, d'autre part, que le produit est considérable et procure de beaux bénéfices au cultivateur. On a remarqué néanmoins que le rendement n'atteint plus aujourd'hui les mêmes chiffres qu'il y a quelques années. C'est encore ici la conséquence de l'agriculture imprévoyante des ryots, qui prennent à la terre tout ce qu'ils peuvent, sans se préoccuper de lui rien restituer.

Culture des terres non irriguées. — Ces terres forment, comme nous l'avons dit, plus des neuf dixièmes, de la surface cultivable; non-seulement la culture n'y est pas en progrès mais le rendement va en s'affaiblissant d'année en année. Rien n'est plus facile à expliquer dans l'état actuel des choses; chaque année, de nouveaux terrains sont mis en culture, et comme ils sont généralement inférieurs, comme qualité, aux parties plus anciennement occupées, ils contribuent à abaisser la moyenne des produits, et en même temps ils privent les terres en culture des ressources que leur procurait précédemment le pacage des animaux sur ces mêmes terres vagues, et la récolte qu'on y pouvait faire de litière ou de matières végétales propres à servir d'engrais. La durée et l'intensité des sécheresses rendent certainement difficile la culture des terres qui ne sont pas arrosables ; il faut reconnaître cependant que l'incurie des cultivateurs qui ne fument jamais ces terres et les labourent d'une façon très-insuffisante, diminue beaucoup le produit qu'on en peut attendre.— Dans l'Inde, comme partout, les terres profondément travaillées résistent à la sécheresse beaucoup mieux que les autres,de nombreuses observations en font foi, et,d'autre part, l'apport dans les terres de matières organiques serait le meilleur moyen d'augmenter leur aptitude pour emmagasiner et retenir l'humidité. Des expériences faites à ce sujet à la ferme de Sydapet, ont démontré que l'addition de 5 pour 100 en poids de matières organiques, augmentait de 25 pour 100 les propriétés hygrométriques de la terre. On voit par là quelle heureuse influence exercerait dans la plus grande étendue du pays l'emploi des fumiers de ferme ou celui des engrais verts dont l'usage bien connu dans l'Inde et toujours suivi de bons résultats n'est malheureusement pas assez fréquent. Et ce n'est pas là seulement une question de progrès ou de prospérité plus ou moins grande pour la culture du pays, c'est dans toute la force du terme une question de vie ou de mort pour une grande partie de la population ; il ne faut pas perdre de vue, en effet, que près de la moitié des habitants doivent compter pour leur subsistance sur les produits des terres sèches, et que si ces produits manquent plus ou moins complètement, il s'ensuit comme conséquence nécessaire une famine désastreuse. Cet état de choses va tous les ans s'aggravant, parce que la population augmente et que les terres irriguées ne s'étendant pas et leur production ne s'accroissant pas, ce sont les terres sèches qui doivent apporter d'année en année un contingent plus considérable à l'alimentation publique. Ces terres mal travaillées, ne recevant à peu près jamais d'engrais, sont cependant pour la plus grande partie ensemencées en céréales alimentaires. Les espèces qui y sont cultivées sont les mêmes que dans les terres arrosées au moyen de puits, seulement les rendements sont beaucoup moins considérables. Le *millet à épi* (Penicillaria spicata), *couscou* des Arabes, occupe la première place dans ces cultures ; il se sème en juin et juillet et se récolte en novembre et décembre, le grain fait le fond de la nourriture de la population, la paille est donnée au bétail. Le *sorgho à épi blanc* ou *doura* Holcus cernuus) vient ensuite par ordre d'importance; il se sème et se récolte aux mêmes époques que le millet à épi; le grain en est également alimentaire et la paille constitue pendant neuf mois la principale nourriture des bœufs de travail. Le *coracan* est aussi cultivé en très-grandes quantités ; on le sème en juillet et août et on le récolte depuis le milieu de novembre jusqu'à la fin de janvier ; une grande partie du grain se consomme sur place et il s'en exporte aussi beaucoup dans les plantations de café du haut pays pour la nourriture des coolies ; la paille constitue un bon fourrage.

Le coton occupe dans les terres sèches du district de Coimbatore environ 80,000 hectares ; depuis quinze ans, cette culture a fait peu de progrès elle paraît peu populaire dans le pays, et le fait est que, par suite de la mauvaise préparation de la terre, du manque d'engrais et des frais qu'occasionne la récolte, les indigènes retirent peu de profit de leurs champs de coton. Le temps est souvent variable en janvier, février et mars, et alors le produit s'en ressent, car les capsules ne s'ouvrent bien et ne donnent un coton abondant et de belle qualité que si le temps est chaud et sec au moment de la cueillette. Des observations très suivies faites à ce point de vue ont démontré que le climat de la province de Madras, tout en étant plus chaud que celui de la Louisiane, convient moins bien à la culture du coton.

Comme graminées fourragères on cultive plusieurs espèces de plantes appartenant au genres dolique, lablab et haricot;la plus répandue de toutes est le *Dolichos uniflorus* appelé dans le pays *horse-gram* ; c'est un bon fourrage vert; le grain se donne aux chevaux à la manière de l'avoine ou des féveroles et la plante fournit un excellent engrais à enfouir. On cultive encore pour grain, diverses sortes de panis ou de millets; ces mêmes plantes coupées en vert donnent un très-bon fourrage, il en est de même du sorgho et du millet à épi dont la culture pour grain à été décrite plus haut. Enfin,une certaine étendue de terrain est consacrée aux plantes à graines oléagineuses ; le sésame en occupe à peu près les deux tiers et le reste est ensemencé en ricin.

Un trait caractéristique de la végétation du pays, c'est l'absence presque complète de mauvaises herbes mais aussi d'herbages naturels ; il arrive constament que des terres sont abandonnées après avoir donné une ou deux récoltes et restent sans culture pendant plusieurs années. A peine s'y développe-t-il quelques plantes sauvages et quelques touffes de graminées dures et sèches ; aussi, la majeure partie des terrains désignés comme herbages dans les statistiques locales pourrait-elle à plus juste titre être considérée comme friches absolument improductives.

Il y aurait certainement beaucoup à faire pour remédier à cette absence de graminées fourragères spontanées ; la plupart des essais faits jusqu'ici n'ont pas donné de résultats bien satisfaisants, à l'exception de ceux qui ont été tentés avec le buffalo-grass de l'Amérique du Nord ; encore l'expérience n'a-t-elle pas été assez prolongée pour donner des résultats bien concluants.

Chevaux et bétail. — On conçoit facilement qu'avec un système de culture aussi peu avancé et surtout une production de fourrages aussi limitée, le pays ne puisse pas entretenir une population animale bien nombreuse ni bien développée. La production chevaline a certainement décliné pendant les dernières années ; autrefois, on trouvait dans le district quelques bêtes propres au service de la cavalerie, aujourd'hui les chevaux sont tous de petite taille et absolument impropres à la remonte. Dans l'état actuel des choses, il n'est guère possible de songer à améliorer la race, et le plus sage serait de se borner momentanément à l'élevage des mules.

Les bêtes à cornes ne valent pas beaucoup mieux que les chevaux ; elles sont nombreuses parce qu'elles sont seules employées pour les transports et pour les travaux des champs, mais l'insuffisance de leur nourriture se révèle par la petitesse de leur taille et le mauvais état d'entretien où on les voit généralement. Ce sont pourtant de bonnes bêtes de travail, courageuses et rustiques, et, soumises à un meilleur régime, elles pourraient rendre d'excellents services comme animaux de trait et même comme race laitière. Nous avons dit déjà que l'habitude où l on est d'employer leur fumier comme combustible détournait des terres plus d'une moitié de l'engrais provenant des bêtes à cornes.

On rencontre dans le pays deux races de moutons, les uns sont à longues jambes, à laine rude, longue et rougeâtre, la chair en est assez bonne ; on voit rarement de grands troupeaux de cette race, mais chaque cultivateur a quelques animaux et les fait parquer sur ses terres. L'autre race est petite, elle a la laine blanche et très-courte, on ne l'estime pas comme race de boucherie et l'on en fait cas seulement à cause de l'engrais qu'elle produit ; les éleveurs qui en possèdent des troupeaux nombreux les mènent paître pendant le jour sur des terrains vagues ou dépouillés de leur récolte et, la nuit, les parquent, moyennant une rétribution souvent assez considérable, sur les champs que les cultivateurs veulent fumer. Divers essais d'amélioration de ces races ovines ont été tentés par le gouvernement, mais jusqu'ici ils ont échoué par suite de la négligence ou de la mauvaise volonté des indigènes ; le croisement des brebis du pays avec des béliers mérinos devrait cependant donner de bons résultats, car il a parfaitement réussi dans un district voisin.

Par tout ce qui précède on voit que le grand défaut de l'agriculture du pays, c'est l'insuffisance des fumures. Il y aurait à ce défaut plusieurs remèdes qui sont développés ou légèrement indiqués dans les pages qui précèdent, par exemple, la production de fourrages au moyen de labours et de défoncements mieux faits et d'une meilleure répartition des eaux, l'utilisation plus complète de la végétation spontanée des terres incultes, la restitution à la terre des débris organiques de toute nature, enfin, l'emploi comme engrais de tout le fumier des bêtes à cornes. Ce dernier point est un de ceux auxquels l'auteur attache avec juste raison le plus d'importance, et il s'étend assez longuement sur les mesures qui pourraient être prises pour pourvoir aux besoins domestiques par une production plus abondante de bois de chauffage ; il voudrait qu'on généralisât la pratique déjà assez fréquente de planter des arbres à croissance rapide le long des routes, aux abords de tous les centres habités. Il recommande en outre l'utilisation de tous les détritus et ordures des villages pour l'établissement et l'entretien de plantations municipales, qui seraient, pense-t-il, très-avantageuses au point de vue de la salubrité et très-profitables par le bois de chauffage qu'elles produiraient. La valeur du bois à brûler est en effet considérable dans cette partie de l'Inde, et l'on calcule que tout travail mécanique produit par des machines à vapeur coûte juste deux fois aussi cher dans l'Inde qu'en Angleterre, au seul point de vue du combustible employé. Il est bien certain que si ce plan était suivi, ce serait un immense service rendu à la production agricole et par conséquent au bien-être des habitants.

Une autre ressource importante sur laquelle M. Robertson appelle l'attention du gouvernement, c'est celle que pourrait procurer la culture bien entendue des eaux douces de la province. Il s'y trouve, en effet, une grande étendue de rivières qui n'assèchent jamais, des canaux et d'immenses réservoirs qui pourraient apporter un appoint considérable à l'alimentation publique. Il est flatteur pour nous de voir que l'auteur cite la France parmi les contrées où l'on apprécie le mieux l'importance et les avantages de la pisciculture et où l'on a obtenu de sa pratique les meilleurs résultats.

Enfin, comme l'enseignement des principes scientifiques et des saines pratiques doit former la base de tout progrès sérieux et durable, le gouvernement a décidé de fonder à Madras un collége d'agriculture ouvert également aux Européens et aux indigènes et où l'enseignement embrassera, outre l'agriculture proprement dite, la chimie, la géologie, la zoologie, la botanique, l'art vétérinaire, la comptabilité agricole, l'arpentage et le dessin. Une partie du temps doit être consacrée tous les jours au travail des champs; c'est, on le voit, un plan d'études analogue à celui de nos fermes-écoles, et l'enseignement pourra s'élever, sous la direction de maîtres distingués, à la hauteur de celui qui est donné dans nos écoles supérieures d'agriculture.

II

LES NEILGHERRIES — PLANTATIONS DE CAFÉ, DE THÉ ET DE QUINQUINA.

Les Neilgherries forment non loin de l'extrémité méridionale de la péninsule indienne et à vingt lieues de la côte de Malabar, un massif très-nettement limité de tous les côtés, excepté vers le nord, où il se raccorde avec les terres hautes du pays de Mysore. La surface de ce massif montagneux dont l'altitude varie de 1800 à 2200 mètres, ne constitue pas précisément un plateau, mais un amoncellement de croupes, à pentes souvent abruptes, séparées par des vallées nombreuses et profondes. C'est seulement au commencement de ce siècle que le pays a été visité pour la première fois par les Européens ; jusque-là, il avait été occupé uniquement par des tribus indigènes, dont la principale, celle des Badagas, forme encore aujourd'hui le fond de la population. Grâce à leur altitude, les Neilgherries jouissent d'un climat relativement tempéré, qui contraste d'une façon si marquée avec celui des plaines environnantes, que les premiers visiteurs européens ont fait au pays la réputation d'un véritable paradis terrestre.

Il est certain qu'en quittant la plaine au moment des grandes chaleurs c'est-à-dire en avril ou en mai, on ne peut manquer d'être délicieusement impressionné par la vue d'un pays frais, verdoyant et vivifié par des cours d'eau perpétuels; mais il est vrai néanmoins que les charmes des Neilgherries résident en grande partie dans la comparaison qu'on peut faire entre leur climat et celui des contrées environnantes, et c'est certainement aller trop loin que de leur attribuer, comme l'ont fait quelques auteurs enthousiastes, le plus beau climat du monde. On doit reconnaître qu'à côté de ses grands avantages: température modérée devenant même fraîche dans les mois d'automne et d'hiver, pluies abondantes et assez régulières, le pays présente des inconvénients réels, au premier rang desquels on doit placer les vents très-violents auxquels il est exposé, et qui apportent, comme nous le verrons, de sérieuses entraves à l'exploitation de certaines parties de la contrée. Certaines portions privilégiées, et surtout les environs de Ootacamund, jouissent de tous les avantages climatériques du pays, tandis que leur position abritée les soustrait en grande partie à l'action des vents: C'est là que sont situés les établissements européens qui forment une véritable station sanitaire comme celles de l'Himalaya, et offrent à la population européenne des provinces méridionales de l'Inde les mêmes avantages que Simlah, Darjiling et Nyni-Tal aux habitants du Bengale et de toute la vallée du Gange. Ces établissements ont une importance considérable, et c'est à leur existence, ainsi qu'aux avantages présentés par les Neilgherries pour la création des plantations de thé et de café, qu'il faut attribuer ce fait remarquable que la proportion des Européens, par rapport au chiffre de la population totale est quatre fois plus considérable dans ce district que dans le reste de la province de Madras, bien que le pays ait été absolument inexploré avant les cinquante dernières années.

A l'époque où a commencé la colonisation du district, l'agriculture était des plus primitives. Les Badagas et surtout leurs voisins les Todas possédaient de nombreux troupeaux de buffles à moitié sauvages, qui paisaient en liberté, et dont le produit, ajouté à quelques maigres récoltes de grains, faisait vivre la population. Bientôt, la présence d'une agglomération de résidents européens modifie la culture, et, chose remarquable, lui donne une certaine analogie avec celle de l'Europe. — Parmi les récoltes de céréales, c'est sur le blé et sur l'orge que porte l'accroissement de la production ; la culture des pommes de terre prend très-promptement un développement des plus considérables et les pâturages naturels sont utilisés pour nourrir, au lieu de buffles, des bestiaux de races européennes ou des croisements de ces races avec les animaux du pays.

L'élève de la volaille et des porcs prend aussi une grande extension et bientôt les marchés d'Ootacamund sont mieux approvisionnés des denrées préférées des Européens que ceux des grandes villes de la plaine.

Ces avantages se joignent à ceux du climat pour attirer de nombreux visiteurs de toute la contrée environnante. Mais la population européenne des Neilgherries ne se compose pas seulement de touristes, d'enfants, d'invalides et de convalescents ; on y compte aussi des planteurs actifs et entreprenants qui, fixés sur divers points du pays, y ont introduit des cultures nouvelles qui tendent à donner au district son caractère particulier ; nous voulons parler des plantations de café, de thé et de quinquina.

Il y a vingt ans, les plantations de café n'occupaient pas dans les Neilgherries plus de deux cents hectares ; mais déjà, les bons résultats qu'elles donnaient pouvaient faire prévoir le développement que cette culture allait bientôt prendre. Aujourd'hui, elle s'étend sur plus de cinq mille hectares, et continue à progresser bien que la culture du thé lui fasse une sérieuse concurrence.

L'industrie du planteur de café demande une mise de fonds assez considérable, et pour s'y livrer avec succès il faut pouvoir attendre plusieurs années le remboursement de ses avances. Dans les Neilgherries, les terrains les plus propres à la culture du café sont généralement couverts de broussailles qui rendent le défrichement pénible et coûteux, sans fournir comme compensation de pièces de bois propres à aucun travail.

Les forêts naturelles ne contiennent quelques arbres de belle venue qu'au bord des eaux, dans le fond des vallées, c'est-à-dire dans les portions abritées contre les vents ; et sur les hauteurs, au contraire, où de grands arbres seraient utiles pour protéger les cultures environnantes, il ne se rencontre qu'une végétation chétive et misérable ; cela doit provenir des ravages des bestiaux bien plus que de la nature du sol ; car il y a de nombreux exemples de plantations d'arbres forestiers réussissant parfaitement sur ces mêmes terres et particulièrement parmi celles qui sont composées d'essences importées d'Australie. L'établissement de rideaux d'arbres destinés à protéger les jeunes plants contre la violence des vents, est une des premières nécessités pour la création d'une plantation de café. Le terrain bien défoncé, les arbustes sont ensuite plantés en lignes régulières, généralement espacés de deux mètres en tous sens.

Le caféier, surtout dans sa jeunesse, ne craint pas moins le soleil que les vents violents; aussi a-t-on coutume de planter en même temps que lui d'autres plantes destinées à l'abriter. Le ricin convient particulièrement pour cet emploi, car il occupe profitablement la terre, en même temps que ses larges feuilles procurent aux plants de café une ombre bienfaisante.

Dès la deuxième où la troisième année, les arbustes commencent à produire, ce n'est que dans les parties les plus froides du pays qu'il faut attendre jusqu'à la quatrième ou la cinquième année. En général, vers cet âge, les plantations sont en plein rapport, et restent productives pendant quinze ou vingt ans ; il est vrai que la récolte n'est pas toujours également abondante. Outre que dans certaines années, les saisons sont moins favorables que dans d'autres, il faut compter avec les ravages des insectes, qui trop souvent détruisent en quelques jours l'espoir de la récolte et parfois compromettent l'existence même de la plantation. On calcule que dans les Neilgherries, il faut compter, pour établir une plantation de café, sur l'emploi d'un capital de 2500 à 3000 francs par hectare. On ne doit pas espérer en retirer, tous frais payés, un intérêt de plus de 15 pour 100. Actuellement, on estime que dans les Neilgherries chaque hectare produit un peu plus de 600 kilogr. de café sec et prêt à être exporté ; cette culture occupe et fait vivre dans le pays plus de dix mille familles.

La culture du thé n'est pas moins ancienne dans les Neilgherries que celle du café, mais c'est seulement depuis dix ans qu'elle a pris beaucoup d'extension; elle n'occupe pas encore tout à fait un millier d'hectares, mais ses progrès sont si rapides qu'on peut lui prédire un avenir des plus brillants. Diverses considérations concourent à faire préférer par beaucoup de cultivateurs la production du thé à celle du café. D'abord, elle n'exige pas un capital tout à fait aussi considérable, ensuite le thé a beaucoup moins à souffrir des maladies et des insectes; la répartition du travail entre les différents mois de l'année y est beaucoup plus égale; enfin, elle se prête admirablement bien à faire partie d'une exploitation ordinaire et s'allie parfaitement à la culture des grains et des fourrages et à l'élève du bétail. Le thé est très-avide d'engrais, et le meilleur moyen de lui donner les abondantes fumures qu'il réclame; c'est d'entretenir un nombreux bétail, au moyen des fourrages récoltés sur les autres parties du domaine. Les exploitations où la culture du thé donne les meilleurs résultats sont précisément celles où elle est associée de la sorte à l'élevage ou à l'engraissement du bétail, et où les cultivateurs, au lieu de préparer eux-mêmes le thé qu'ils récoltent, le livrent frais à des établissements spéciaux où le séchage et la préparation se font sur une grande échelle. Les planteurs se trouvent très-bien en général de monter ces établissements eux-mêmes, d'après le système d'association dont les fruitières ou fromageries de la Franche-Comté donnent chez nous un excellent exemple.

Le thé se plante comme le café en lignes régulières, mais moins espacées; on laisse 1m 20 ou 1m 50 entre les lignes, mais les plants sont placés sur chaque rangée à 0m 50 l'un de l'autre. On cultive dans les Neilgherries trois variétés de thé : celui de Chine qui est le plus rustique, mais le moins productif; celui d'Assam, vigoureux, d'une croissance rapide et soutenue, mais très-exigeant sous le rapport du sol et de l'engrais; enfin, le thé hybride, qui passe pour un croisement des deux autres et qui leur est généralement préféré. A partir de la troisième année, on peut commencer à récolter, et vers la sixième, la plantation est en plein rapport et doit donner par hectare de 250 à 300 kilogrammes de thé valant sur place de 625 à 750 francs.

Les plantations de quinquina, qui ont pris depuis vingt-cinq ans tant d'importance dans certaines parties de l'Inde et surtout dans les possessions néerlandaises des îles de la Sonde, ont été aussi essayées dans les Neilgherries. C'est au gouvernement surtout qu'en appartient l'initiative, et l'industrie privée paraît assez disposée à lui en laisser le monopole. Les planteurs trouvent que les résultats de cette culture se font attendre bien longtemps, qu'après le premier écorçage des arbres, la reproduction de nouvelles écorces est incertaine, enfin, que sur les terres où réussit le quinquina, les plantations de thé donneraient des résultats plus prompts et plus assurés. L'exploitation des plantantions de l'Etat montrera si ces raisonnements sont justes ; l'expérience devra être concluante, car elle a été faite sur une grande échelle, les plantations n'occupant pas moins de 1250 hectares.

Une autre culture caractéristique du pays, c'est celle du pavot en vue de la production de l'opium. Le semis s'en fait en octobre et la récolte de l'opium a lieu en janvier et février. C'est au moment où les capsules sont encore vertes, mais ont déjà pris un certain développement qu'on y fait une incision destinée à provoquer l'écoulement de la séve. Le lait de la plante ainsi répandu, se solidifie sur les bords de la plaie et on le récolte tous les matins pour en tirer l'opium du commerce. Les indigènes qui pratiquent beaucoup cette culture ont remarqué que la séve est moins aqueuse et qu'en même temps la production en est plus abondante pendant les temps frais qu'à l'époque des grandes chaleurs; c'est ce qui a fait choisir l'automne comme époque de semis ; ils y trouvent cet autre avantage que la récolte se fait à un moment où le beau temps est à peu près assuré.

Nous ne nous appesantirons pas sur les développements dans lesquels entre M. Robertson au sujet des améliorations qui pourraient être apportées aux pratiques agricoles du district, principalement en ce qui concerne la culture des plantes fourragères et l'entretien des bestiaux; nous avons voulu nous étendre davantage sur les cultures spéciales qui fournissent au pays ses principaux articles d'exportation et qui donnent à son agriculture un caractère qui la différencie nettement de celle des plaines. En envisageant à la fois les deux districts voisins de Coimbatore et des Neilgherries, on y voit réunies ou plutôt étagées les unes au-dessus des autres toutes les productions des tropiques et celles des pays tempérés, et l'on peut juger de l'étendue et de la variété des ressources de ce pays dont la richesse pourra être encore immensément accrue le jour où l'industrie de ceux qui le cultivent se sera mise au nivau de sa fécondité et de ses ressources naturelles.

Ce résumé, très-incomplet et très-insuffisant malgré sa longueur, ne peut pas donner une idée complète de la production agricole dans l'Inde, mais il pourra servir à faire voir l'intérêt que le gouvernement anglais porte à l'agriculture, les efforts qu'il fait pour en encourager le développement et le sens pratiqué avec lequel, loin de vouloir copier sous les tropiques ce qui se fait en Angleterre, il cherche avant tout à conserver le système de culture locale en y apportant toutes les améliorations fondées sur les progrès des sciences, mais sans en changer le caractère dans ce qu'il a de bien adapté aux conditions du climat et aux nécessités locales.

L'AUSTRALIE

(Extrait du *S. M. Herald*)

PAR M. JULES JOUBERT

Secrétaire de la société d'Agriculture de la Nouvelle-Galles du Sud.

L'AUSTRALIE

(Extrait du *S. M. Herald.*)

PAR M. JULES JOUBERT.
Secrétaire de la société d'agriculture de la Nouvelle-Galles du Sud.

NOUVELLE-GALLES DU SUD.

La France a invité le monde entier à concourir avec elle pour la palme d'excellence dans les arts de la paix. En 1851 elle se distingua elle-même à la première Exposition universelle ouverte à Londres, sous les auspices de sa Majesté la Reine et de son Royal Consort, aux soins duquel on doit en grande partie l'idée première et le résultat final. Quelques années après, solide alliée de notre nation dans une guerre importante et couronnée de succès, la France se montra l'égale de la Grande-Bretagne par le courage héroïque et la prouesse de ses troupes. Plus tard encore, dans des expositions pacifiques, les travaux des ouvriers anglais et des artisans français ont été présentés ensemble dans un esprit d'amicale émulation; mais on n'avait jamais encore invité les colonies australiennes aussi formellement qu'aujourd'hui à prendre leur part dans une exposition des travaux de toutes les nations réunis sur la terre de France. Quand on se souvient de 1851, et de la part distinguée qu'y prit la famille royale d'Angleterre, c'est pour les colonies une satisfaction toute spéciale d'avoir été invitées à donner leur coopération, par l'entremise de son Atesse Royale le Prince de Galles, Président de la Commission Royale de l'exposition qui vient de s'ouvrir à Paris. Dans sa lettre au comte de Carnarvon, contenant pour l'information de sa seigneurie, un résumé général des règlements français, son Atesse Royale daigna exprimer le plaisir qu'elle éprouverait d'apprendre que les divers gouvernements de l'empire colonial s'étaient décidés à jouer un rôle important par une convenable représentation. Cette colonie se réjouit de l'occasion qui lui a été donnée ainsi de prendre part à cette grande démonstration pacifique. Il eût été heureux que nos affaires politiques nous eussent permis de consacrer plus de temps à la préparation de nos envois, mais il y a tout lieu de croire néanmoins que la place assignée à la Nouvelle-Galles du Sud remplie d'échantillons de richesses naturelles, d'habileté mécanique et de talent artistique attirera l'attention des visiteurs du continent à l'Exposition, et exciteera chez les spéculateurs le désir de connaître davantage ce pays des antipodes, qui donne des preuves d'une richesse si fabuleuse et de tant de succès dans toutes les branches d'industrie. C'est dans le but de fournir ces informations que nous préparons une notice spéciale sur la colonie de la Nouvelle-Galles du Sud.

La colonie de la Nouvelle-Galles du Sud est aussi étendue que la France et l'Italie ensemble. Quelques-uns de ses « squatters » (1) afferment pour la pâture de leurs moutons ou de leurs bestiaux, des « runs » (2) plus vastes que des principautés allemandes. La colonie a des richesses non encore développées en quantité suffisante pour faire la fortune d'innombrables millions, mais sa population actuelle n'est que d'un peu plus de 660,000 habitants. Un bref exposé de faits relatifs à son histoire, et à son développement — ses paysages magnifiques, son climat varié, ses terres fécondes, ses ressources minérales, ses richesses pastorales, ses institutions libres, et son brillant avenir, sera suffisant pour montrer qu'elle offre des attractions telles que bien peu de pays sous le soleil peuvent en offrir de semblables, et d'après l'éclat de son aurore, on peut raisonnablement espérer que la splendeur de son midi sera d'une magnificence exceptionnelle. Nous ne désirons pas exciter l'imagination par des récits richement colorés, mais seulement donner une idée fidèle et exacte de notre colonie telle qu'elle est, de sorte que ceux qui pensent à ouvrir de nouvelles voies à l'industrie et au commerce, ou à émigrer en de nouveaux pays, puissent se former une opinion des avantages offerts par la Nouvelle-Galles du Sud à l'emploi du capital et du travail et à l'établissement de la population dans des circonstances de confort, et avec la perspective d'atteindre à une honnête indépendance et en même temps de participer à des chances de fortune et de distinctions, comme il ne s'en présente pas à beaucoup de personnes dans les pays excessivement peuplés du vieux monde. Considérant que la Nouvelle-Galles du Sud est en correspondance quotidienne avec l'Europe par le câble électrique ; considérant aussi la rapidité et la régularité des communications par la vapeur entre l'Angleterre et le groupe australien, cette colonie devrait être mieux connue qu'elle ne l'est; mais sa réputation a un peu souffert par suite de rap-

(1) Les squatters sont ceux qui se livrent à l'industrie pastorale sur une vaste échelle. Ils possèdent de 20.000 à 1.000.000 moutons, ou plusieurs milliers de bêtes à cornes, pour la pâture desquelles ils louent du gouvernement des étendues de pays qui atteignent quelquefois jusqu'à 100 kil. carrés.

(2) On appelle « run », l'étendue de pays occupée par les troupeaux d'un squatter.

ports inexacts. Si ceux qui ont examiné nos produits à l'Exposition de Paris veulent aussi lire la notice suivante sur notre condition actuelle et nos espérances, nous pensons qu'ils en viendront à cette conclusion, que la Nouvelle-Galles du Sud a raison d'être heureuse de ses ressources, fière de son développement et pleine d'espoir dans son avenir.

PRÉCIS HISTORIQUE.

Les grandes lignes de l'histoire de la Nouvelle-Galles du Sud peuvent être esquissées brièvement; elles sont bien définies et profondément intéressantes. Il y a un peu plus d'un siècle, une commission de savants fut envoyée d'Angleterre dans l'océan Pacifique pour observer le passage de Vénus. Ils partirent sur l'*Endeavour* commandé par le capitaine Cook. Après avoir débarqué les astronomes et leurs instruments scientifiques à Tahiti, le célèbre navigateur s'engagea dans un voyage de découvertes maritimes. Il visita la Nouvelle-Zélande et ensuite explora une portion de la côte australienne. Il jeta l'ancre à Botany-Bay, à quelques milles au sud du magnifique port de Sydney, et au nom de la couronne d'Angleterre prit possession de ce continent insulaire d'Australie si grand et si merveilleusement riche. Ainsi à l'époque où les Etats-Unis d'Amérique étaient dans un état de désaffection et allaient six ans plus tard cesser d'appartenir à l'empire britannique, l'Angleterre ajoutait à ses possessions lointaines un territoire austral presque aussi étendu, et ne leur cédant en rien sous le rapport du sol, du climat, et de la richesse minérale. Au commencement, l'Angleterre utilisa sa nouvelle propriété comme prison pour les condamnés à la déportation. Les premiers navires arrivèrent à Botany-Bay en janvier 1788, sous le commandement du capitaine Phillip. C'est pendant que ces navires mouillaient dans la baie que l'infortuné navigateur français Lapérouse arriva à Botany. Il fut sans doute aussi surpris d'y voir flotter le pavillon anglais que le capitaine Phillip d'apercevoir le vaisseau français au large. L'endroit où Cook débarqua n'a presque pas changé, le ruisseau où il prit sa provision d'eau coule encore, mais en honneur de cet événement, un monument a été érigé tout près par l'honorable M. Thomas Holt, propriétaire de ce lieu historique; il est situé sur la plage méridionale de la baie. Sur la pointe nord se trouve une pierre tumulaire qui marque la dernière demeure du Père Le Receveur, et aussi un monument à la mémoire de son commandant Lapérouse, qui fit voile vers le grand inconnu et dont le triste sort fut pendant longues années enveloppé de mystère. Le monument est une colonne élégante, entourée d'une palissade en bon état, une simple inscription rappelle l'histoire de la visite de Lapérouse et des fleurs et des arbustes ornent ce terrain classique. Il n'était pas probable qu'un si beau pays que l'Australie fût destiné à rester longtemps le séjour des criminels. Peu à peu, les côtes furent explorées, d'aventureux voyageurs poussèrent leur voie jusque dans l'intérieur du continent, et l'émigration libre prit naissance. Au commencement de ce siècle, on trouva que l'Australie était éminemment propre à la production de la « toison d'or » (3). Avec le temps plusieurs minéraux de valeur furent découverts. Environ cinquante ans après que M. Macarthur eut démontré les propriétés pastorales de la colonie, l'ouverture des mines d'or australiennes excita la cupidité du monde entier, et la terre nouvelle devint fameuse. Il y a 90 ans, il y avait un petit établissement sur les bords de Sydney Cove; aujourd'hui un groupe de vigoureuses colonies se partagent la totalité du continent australien. Elles le sillonnent de chemins de fer, de télégraphes, et édifient une nouvelle « Britannia » dans un nouveau monde. Quelques-unes des colonies australiennes sont des rejetons directs de la Nouvelle-Galles du Sud; quelques autres se formèrent indépendamment de cette colonie, mais sans aucun doute on peut dire que la Nouvelle-Galles est leur mère à toutes. C'est un fait remarquable que la superficie des diverses colonies australiennes est en raison inverse de leur population. Ainsi Victoria, séparée de la Nouvelle-Galles en 1851, contient 88, 200 milles carrés, et a une population d'environ 860.000 habitants. La Nouvelle-Galles contient 323.437 milles carrés, et a 662.000 habitants. L'Australie méridionale propre, sans compter le « Territoire Septentrional, » qui formera quelque jour deux ou trois colonies distinctes, contient 380.328 milles carrés, et a une population d'environ 240.000 habitants. Queensland, primitivement connue sous le nom de district de Moreton-Bay, se sépara de la Nouvelle-Galles en 1859. Elle a une superficie d'à peu près 670.000 milles carrés avec une population d'environ 200.000 habitants. La colonie de l'Australie occidentale, qui contient environ 978.000 milles carrés fut fondée en 1826 et a une population de 30.000 habitants. L'Angleterre prit possession de la Terre de Van Diémen en 1803; on l'appelle aujourd'hui Tasmanie. Ses progrès ont été lents; mais elle jouit d'un beau climat, et les valétudinaires des colonies australiennes la visitent souvent. Nous devons aussi mentionner la Nouvelle-Zélande, qui consiste en trois îles et qui acquiert chaque jour une plus grande importance. On verra ainsi que la colonie de la Nouvelle-Galles possède autour et près d'elle des établissements florissants ayant chacun son histoire et ses caractères propres. L'Angleterre a dans les colonies d'Australie une population loyale, à peu près égale en nombre aux émigrants qui se séparèrent d'elle il y a un siècle, pour s'engager dans une carrière d'indépendance sous le drapeau étoilé. Mais entre toutes les autres, il n'en n'est aucune aussi belle et aussi riche que la Nouvelle-Galles. Son histoire a présenté ces vingt dernières années un tableau de merveilleux développements. Son commerce est sans entraves; sa politique s'est élevée jusqu'aux dernières limites de la liberté; elle jouit de la plus parfaite tolérance religieuse; elle est très-avancée dans les arts libéraux et les raffinements sociaux, et les divers spécimens qu'elle

(3) C'est le nom emphatique donné par les littérateurs australiens à la laine.

expose maintenant à *Paris ne donnent qu'une modeste idée de sa* richesse naturelle et de ses progrès généraux.

GÉOGRAPHIE DE LA COLONIE.

La Nouvelle-Galles du Sud est située dans la zone tempérée du sud entre 28° 10' et 37° 28' de latitude et entre 157° 37' et 141° de longitude est. Elle est bornée à l'est par l'océan Pacifique, au nord par Queensland, à l'Ouest par l'Australie méridionale, et au sud par Victoria suivant une *ligne tirée du cap Howe* jusqu'à la source du Murray, et de là suivant le cours occidental de cette rivière. Sa plus grande longueur est d'environ 700 milles, et sa largeur extrême d'environ 750 ; sa surface est de 323,477 milles carrés. Au début, la colonie comprenait toute la partie orientale de l'Australie ; mais en 1851 la colonie méridionale de Victoria s'en sépara, et en 1859, Queensland, au nord, se fit une existence indépendante.

Les traits physiques de la colonie sont aisés à comprendre. Le long de la côte se trouve une bande de terres basses dont la largeur varie de 30 à 100 milles. Vers l'ouest, la grande chaîne de partage s'élève soudainement, et coupe la colonie du nord au sud. De là, jusqu'à 30 ou 90 milles vers l'intérieur se trouvent de magnifiques plateaux, puis le sol s'incline peu à peu vers les plaines de l'intérieur qui forment la plus grande portion de la Nouvelle-Galles du Sud. Le pays peut donc se *diviser en quatre* zones distinctes : la zone ondulante des côtes en grande partie cultivable ; la chaîne stérile des montagnes, les plateaux fertiles qui s'élèvent à une moyenne de 2500 pieds au-dessus du niveau de la mer, et les plans inclinés et prairies basses de l'intérieur situés de 400 à 800 pieds.

La ligne de côtes qui s'étend vers le nord a une longueur de 800 milles ; elle est bordée de récifs s'élevant à trois cent pieds, coupés çà et là de baies sablonneuses, d'anses et de havres. A l'extrémité sud de la colonie, Twofold-Bay offre un bon port à la navigation. Jervis-Bay, 190 milles plus au nord, a sept milles de longueur sur quatre de largeur, *avec une ouverture de deux milles. 80 milles encore plus au* nord est située Botany-Bay. Quoique de plus de 20 milles carrés, cette baie est fort peu profonde ; mais il y a sur son rivage de l'ouest une anse magnifique appelée, en l'honneur de la femme du gouverneur actuel « Lady Robinson's Beach. » Le Port-Jackson sur les bords duquel Sydney *est située passe pour être un des plus* beaux, sinon le plus beau du monde. Il s'enfonce dans les terres jusqu'à une distance de sept ou huit milles et sa largeur varie d'un demi à plusieurs milles. Il est découpé d'un grand nombre de baies magnifiques, sur les bords desquelles s'élèvent des collines boisées à l'exception (naturellement) de l'endroit *où s'étend* la cité, et là le rivage se transforme en pentes gazonnées, couvertes de villas pittoresques. Le port est profond presque partout, et parfaitement protégé contre les gros temps. «Middle Harbour» qui est un tributaire de Port-Jackson vers le nord a aussi une vaste surface et est entouré d'un paysage magnifique; mais il est moins profond que Port-Jackson. Broken-Bay, à 20 milles au nord est peu fréquenté, excepté comme port de refuge. Newcastle, à 50 milles au nord est le second port de la colonie et l'on en a perfectioné l'entrée au moyen de brise-lames au nord et au sud pour la plus grande sécurité du grand nombre de navires qui y entrent, Newcastle étant le grand port charbonnier du Pacifique méridional. 20 milles plus au nord est situé Port-Stephens, peu inférieur à Port-Jackson, mais rarement visité, si ce n'est comme port de refuge. Encore plus au nord, les ports sont formés principalement par l'embouchure des rivières; et ils ont des barres dont la navigation n'est sans dangers excepté pendant le beau temps. Le lac Illawarra, le lac Macquarie, et plusieurs autres lacs salés découpent aussi la ligne des côtes.

Les montagnes de la Nouvelle-Galles ne sont pas d'une grande élévation. On peut les ranger en quatre classes, comprenant la chaîne de la côte ou Cordillières, la Grande Chaîne de partage, les chaînes de l'intérieur, et enfin les collines irrégulières disséminées dans tout le pays. Cependant une de ces chaînes, la grande chaîne de partage, est connue pratiquement sous sept noms différents, selon les lieux. La plus haute montagne de cette chaîne est le mont Kosciusko, 7.308 pieds; d'autres pics s'élèvent jusqu'à 5.000 pieds. La chaîne des côtes, qui s'étend sur une ligne parallèle à la chaîne de partage et non loin d'elle, n'est pas d'une si grande élévation, son pic le plus élevé n'ayant que 3.712 pieds. Parmi les montagnes isolées ou en groupes la plus haute n'atteint qu'à 2.900 pieds au-dessus du niveau de la mer. Les chaînes de l'intérieur qui forment le bassin occidental ne s'élèvent qu'à environ 2.000 pieds.

D'après ce qui vient d'être dit sur l'élévation de la contrée, il est aisé de voir que les rivières de la colonie prennent leurs sources dans la principale chaîne de montagnes. Celles du versant oriental se déchargent dan l'océan Pacifique, celles du versant occidental coulent généralement vers l'ouest jusqu'à la rivière Darling où elles se déchargent. Cette rivière coule vers le sud, s'unit à la rivière Murray et se jette finalement dans l'océan au sud du continent. Les principales rivières du versant des côtes sont le Hawkesbury, 330 milles; le Hunter, 300 milles; le Shoalhaven 260; et le Clarence, 240. Ces cours d'eau arrosent de 3.000 à 8.000 milles carrés. Le Clarence est navigable aux vapeurs intercoloniaux, sur une longueur de 70 milles; le Hunter, de 39 milles; et les autres d'une distance moindre. Il ont tous un cours tortueux et débordent fréquemment aux fortes pluies. Parmi les rivières de l'intérieur, le Darling a une longueur de 1.160 milles; avec ses affluents il arrose 200.000 milles carrés de pays; il est navigable sur une étendue de 600 milles jusqu'à Bourke, et quelquefois plus loin dans les saisons pluvieuses. Le Murrumbidgee a un cours de 1.390 milles, arrose 29.000 milles carrés et se jette dans le Murray; il est quelquefois navigable jusqu'à 900 milles. Le Lachlan a un bassin de 27.000 milles carrés de pays et se jette dans le Murrumbidgee après une course de 700 milles. Le Murray, qui sépare Victoria de la Nouvelle-Galles du Sud, a un cours de 1.120 milles, arrose 270.000 milles carrés, et est navigable plusieurs centaines de milles jusqu'à Albury dans les saisons favorables. En temps de sécheresse, ces rivières ne sont pas navigables, sur une longueur de plusieurs milles leur cours n'est qu'une série de flaques d'eau. Le peu de profondeur de nos grandes rivières de l'intérieur, en comparaison de leur longueur et du niveau peu élevé de la contrée qu'elles arrosent, est remarquable. Quand la pluie est peu abondante, ces courants peuvent largement entraîner cette eau; mais quand elle est plus abondante que d'ordinaire, de vastes étendues de plaines sont innondées sur une surface de plusieurs milles. Plusieurs des affluents supérieurs du Darling ont de 390 à 750 milles de longueur.

Il n'y a que peu de lacs dans l'intérieur; le lac Georges est le plus grand.

La Nouvelle-Galles est divisée en comtés et en districts pastoraux. Il y a 20 anciens comtés et 13 districts pastoraux, lesquels ont encore été divisés en nouveaux comtés au nombre de quatre vingt dix-huit. Les districts pastoraux sont tous de vastes surfaces de pays, dans un ou deux cas plus grandes que l'Angleterre. Sur cette immense étendue de territoire sont dispersés 750 villes et villages, dont un grand nombre, cela va sans dire, sont dans leur enfance; mais (considérant les ressources du pays qui les entoure, ressources pastorales, agricoles, minérales, et manufacturières), douées d'une capacité de croissance probablement sans égale parmi un pareil nombre de jeunes villes situées en dehors de l'Australie. Après la capitale, qui a une population d'environ 200.000 âmes, la plus grande cité est Newcastle, avec une population de 10.000 âmes; Parramatta, West-Maitland, et Bathurst ont des populations de 5,000 habitants.

CLIMAT, SOL, ET PRODUCTIONS.

La lecture des opinions des voyageurs expérimentés est l'épreuve la plus sévère à laquelle l'appréciation du climat d'un pays puisse être soumise. Celui de la Nouvelle-Galles du Sud peut supporter cette épreuve et en sortir victorieux. Les saisons y sont douces, l'atmosphère claire et pure, le ciel brillant et d'autres dons nombreux de la nature concourent à y établir la salubrité, la prospérité et le bonheur. Parmi les habitants de ce pays l'on rencontre des individus appartenant aux climats les plus chauds, aussi bien qu'aux plus froids, des gens qui après plusieurs années de résidence n'ont pas perdu la plus petite portion de leur vigueur primitive. Les enfants du pays sont actifs et peuvent être comparés favorablement au physique avec toute autre race. Ils peuvent travailler dans leurs champs ou poursuivre leurs métiers presque tous les jours de l'année. Ils n'en sont empêchés ni par des chaleurs tropicales, ni par la neige, la glace ou les brouillards, seules les pluies bienfaisantes viennent interrompre le cours de leurs travaux qui sont du reste amplement payés par les produits d'un sol riche et fertile. Douée d'une température constante et arrosée par des pluies régulières, comparée favorablement même avec les contrées les plus humides, la Nouvelle-Galles du Sud est éminemment propre à servir à l'établissement de ceux qui désirent passer leur vie en poursuivant la carrière agricole, le labour du sol, et l'élève des bestiaux. Quel vaste champ elle offre au colon! Combien ses fermiers prospèrent! Quelle richesse chez ses éleveurs! Elle contient une superficie de 207.000.000 d'arpents pour une population de 662,000 habitants dont 40.000 seulement occupent le sol comme agriculteurs et ne possèdent en tout que moins du dixième de la superficie totale aliénée par la couronne. La Nouvelle-Galles du Sud avec 513.840 arpents cultivés, 12.000.000 enclos, et seulement 25.269.755 moutons, 3.131.013 têtes de bétail, 366.703 chevaux et 173.604 porcs devrait être pour l'agriculteur industrieux ce qu'était le jardin d'Eden pour ceux dont il est descendu.

La saison d'été, qui commence dans la Nouvelle-Galles du Sud au mois de décembre, ressemble à celle de cette partie de l'Europe occidentale qui s'étend entre 41°55' et 41° 57' de latitude; et l'hiver qui commence au 21 juin est semblable à celui de cette partie des côtes de la Méditerranée qui comprend celles de l'Espagne, de l'Italie, de la France et de l'Algérie, et s'étendent de Tunis au Caire, et concentre ainsi — pour employer les paroles de l'explorateur scientifique, comte Strzelecki — dans un espace de onze degrés de latitude les éléments des saisons les plus nécessaires et les plus essentiels pour le déploiement de toutes les énergies productives, animales et végétales. Le climat qui permet de cultiver, au grand air avec succès les productions végétales de presque tous les pays du monde doit être naturellement agréable. les arbres indigènes produisent des bois qui sont forts, beaux et durables. Les palmiers et les fougères arborescentes abondent, côte à côte, avec les magnifiques spécimens de la famille Eucalyptus. Les forêts en produisent plus de cent espèces dont beaucoup sont appréciés pour leur excellence.

Le sol et l'air qui nourrissent ces essences indigènes sont aussi favorables aux monarques des forêts étragères. Les cèdres du Liban, les cyprès d'Amérique, le chêne anglais, le châtaignier d'Espagne et le bambou des Indes, le camélia de Chine, la magnolia de l'Amérique du Nord, ainsi que beaucoup d'autres, élèvent orgueilleusement leurs têtes dans la Nouvelle-Galles du Sud aussi haut qu'ils le font dans leur terre natale. A quelques milles de Sydney, des pommes aussi belles et aussi savoureuses que celles que l'Angleterre peut produire croissent à côté d'oranges égales en saveur à celles de toute autre partie du monde. Cette remarque d'un visiteur étranger de distinction était très-favorable mais en même temps peu flatteuse lorsqu'en traversant le marché de Sydney il s'écriait : « Quoi! voilà ici les fruits de tous les pays! » L'agriculture et l'horticulture sont encore dans leur enfance dans la colonie. Cependant beaucoup a été fait pour montrer ce que le sol peut produire. Les fermiers du Nord ont leurs riches champs de canne à sucre et de maïs, et leurs vertes plantations de fruits tropicaux. Au sud, le long des côtes se trouvent les riches districts ruraux et dans l'intérieur, dans presque chaque localité un peu peuplée, les capacités du sol ont été essayées, et il a montré partout combien il est propice à la culture des céréales. Les vignes abondent, car il y a peu d'endroits où les éleveurs n'aient autour de leur maison d'habitation quelques enclos de vigne. Mais l'élevage des bestiaux sur des étendues de terrain presque sans limites est beaucoup moins onéreux et beaucoup plus profitable que la culture. Les fermes d'élevage sont ici dans un état fort avancé. Une population, ou en d'autres termes, une main-d'œuvre considérable est nécessaire pour développer les ressources et la fertilité du sol, et recueillir les avantages d'un climat favorable. Dans les districts où l'on a à se prémunir contre de longues saisons de sécheresse (et l'on se ressent quelquefois de pareilles saisons dans l'intérieur), à mesure que la colonisation avance l'on pourvoira à la conservation de l'eau et à l'irrigation du sol et l'on vaincra ainsi certaines difficultés contre lesquelles les éleveurs ont à lutter. Aujourd'hui la nature est encore presque partout laissée à elle-même et cependant la Nouvelle-Galles du Sud est très-prospère.

Dans les remarques générales sur le climat de la colonie, M. H. C. Russell, l'astronome du gouvernement, dit :

La moyenne des pluies sur le versant oriental prise dans les cinq dernières années de 1871 à 1875, est de 41 pouces; le nombre de jours pendant lesquels elles tombèrent est en moyenne de 103, et la moyenne par jour est de 0,419 de pouce. Le versant occidental des montagnes commence à 2.500 pieds au-dessus du niveau de la mer et s'étend graduellement jusqu'à 400 milles dans l'Ouest où la contrée n'est plus élevée que de 400 pieds au-dessus de ce même niveau. Les rivières coulent lentement à travers cette vaste étendue de pays, la moyenne des pluies n'étant là que de 24 pouces et l'évaporation considérable. D'après M. Russell, la température à l'ombre en prenant la moyenne de toutes les stations des deux côtés de la ligne de partage des eaux est de 59° 6 Farenheit. Si les stations des deux versants sont prises séparément la différence de la température moyenne est très-petite; mais la température dans l'intérieur est beaucoup plus élevée que sur la côte. Dans les plaines de l'Ouest le thermomètre monte quelquefois à l'ombre à 100° et se maintient entre 100° et 120° (F.). La température moyenne sur une station du nord-ouest serait donc d'environ 68° et sur une station de l'intérieur et de l'extrême sud de 58° (F.). Les vents généraux sont généralement frais, venant de l'ouest et du sud en hiver, du nord-ouest et de l'ouest en été. Le sol de la côte nourrissait dans l'origine de belles forêts de cèdres et des broussailles épaisses, elles ont disparues graduellement, et sur les bords d'une douzaine de petits cours d'eau qui coulent à travers des plaines d'alluvion, l'on rencontre aujourd'hui les principales fermes de la colonie établies sur un sol dont la fertilité est sans égale. Les districts côtiers s'étendent sur une longueur de 660 milles, et une largeur de 400. Les herbes indigènes de cette partie du pays sont en général dures et fortes, et ont été, sur une grande étendue, remplacées par des herbes artificielles telles que le rye-grass, le coksfoot, prairie grass, rib, herbes anglaises mélangées, luzerne, trèfle blanc et incarnat.

Les trèfles poussent dans le Sud là où l'on s'occupe principalement de la production du lait et du beurre; et la luzerne dans le Nord, où l'on en fait plusieurs coupes par année qui rapportent aux fermiers un profit assez élevé. Les chevaux aussi bien que les bestiaux, surtout parmi ces derniers les vaches laitières, réussissent admirablement; mais cette partie de la contrée ne s'adapte pas aussi bien à l'élevage du mouton et peu d'individus de cette catégorie sont compris dans les troupeaux des fermiers des côtes. La ligne de partage, qui s'étend sur une longueur d'environ 600 milles et sur une largeur de 70, a un climat qui passe des neiges éternelles sur le sommet des montagnes à la douce température des plateaux, ces derniers formés en grande partie par la roche primitive, le granit et ses variétés.

Cette division, quoique rocheuse contient une grande quantité de terres propres au pâturage et à l'agriculture. Au fait, on y rencontre quelques-uns des meilleurs terrains à blé et des meilleurs vergers de la colonie. Dans la partie sud se trouvent les riches plaines du Monaro, avec leur sol volcanique et leurs inépuisables cours d'eau, où se trouvent situées quelques belles fermes. Les moutons de toute espèce y réussissent, et les plus beaux bestiaux de la colonie y ont leurs pâturages. Au milieu de ce district les plaines de Goulburn, Yass, et Bathurst, offrent de riches pâturages, et au nord se trouve le fameux district de la Nouvelle-Angleterre (ainsi appelé à cause de sa ressemblance avec le Royaume-Uni), où les fermiers et les éleveurs trouvent un emploi lucratif. Les chevaux élevés dans cette partie du pays sont les meilleurs de la colonie. On y élève aussi des bestiaux de Durham, de Hereford, et du Devon, ces derniers s'acclimatant très-bien dans les terrains élevés et plus froids. L'espèce de moutons à longue laine, comme ceux du Leicester et les mérinos y réussit d'une façon très-profitable. Les mérinos fortement charpentés, et une espèce croisée entre le mérinos et le mouton du Lincoln, donnent de bonnes toisons et sont généralement peu sujets aux maladies. L'eau et l'herbe y sont en grande abondance. Sur quelques-uns des « runs » (pâturages) le granit et le grès dominent dans la formation géologique, les moutons y sont sujets à une maladie appelée le « foot rot » (pourriture des pieds), au carrelet et aux vers; mais même avec ces entraves la partie montagneuse est une sorte de havre, dans lequel les moutons des plaines dont nous allons parler plus loin viennent chercher un refuge pendant les saisons de sécheresse et lorsque la nourriture menace de devenir rare dans leurs pâturages. La division suivante s'avance dans l'intérieur sur le versant occidental sur une étendue d'environ 550 milles de longeur sur 90 milles de largeur. Là se trouvent quelques magnifiques districts, sous un doux climat où les troupeaux peuvent être maintenus en bonne condition durant tout le cours de l'année. Le sol se compose en grande partie de glaise rouge et chocolat, couverte d'une espèce d'Eucalyptu que l'on nomme « Box ». Les différentes parties en sont connues sous les noms de districts du Murrumbidgee, du Lachlan, du Mudgee, et des plaines de Liverpool, la meilleure partie de la colonie pour l'engraissage des bestiaux se trouvant dans ces districts. En outre des pâturages il y a aussi de bonnes terres agraires sur lesquelles sont établis des fermiers et des « free selectors » (1) qui y prospèrent. Le climat et les pâturages rendent ce district plus propre que tout autre à l'élevage des chevaux. Toutes les espèces de bétail y réussissent et une partie de la meilleure laine de la colonie est produite par ses moutons.

Encore plus loin dans l'intérieur se trouve la division intermédiaire, ainsi appelée par ce qu'elle se trouve placée entre deux classes bien distinctes du pays, celle qui se compose de terres salines (salt bush) et celle qui ne contiennent pas ces dernières; la première est le célèbre «salt bush» (plaines salées) australien. Son étendue est de 550 milles de longueur sur 120 milles de largeur. Le pays est en général plat et uni, et le climat y est plus chaud et plus sec que sur le versant occidental. Le sol est salin dans beaucoup d'endroits, mais certaines parties de ce district sont admirablement adaptées aux travaux et à la charrue du laboureur.

Les districts du Murrumbidgee, du Lachlan, de Wellington, et de Gwydir, qui occupent la plus grande partie de cette division sont célèbres pour leurs pâturages. Dans la saison humide de l'année, les herbages naturels, surtout l'avoine sauvage et l'orge y croissent de la manière la plus luxuriante et après une saison de sécheresse une petite pluie ramène le pays dans d'excellentes conditions. On y élève des chevaux et du bétail, mais ce genre d'occupation n'est pas très-rémunératif, aussi y préfère-t-on les moutons. L'espèce mérinos y est la favorite, et elle produit une excellente laine à carder (combing wool) de bonne venue qui en ce moment-ci est d'un profit plus considérable que toute autre espèce. La dernière et la plus éloignée des divisions du pays, est celle que l'on appelle le «salt bush» (plaines salées), nom qui lui est donné à cause de la qualité du sol qui est remarquablement salin. C'est une étendue d'environ 400 milles de long sur 300 de large, dont le climat est chaud et sec, bien qu'il ne soit pas cependant trop chaud pour l'élevage. Le sol en est friable et sablonneux, mais le long des cours d'eau il y a quelques morceaux de terrains d'alluvion très-riches. Il y a peu d'herbe, leur place y est remplie par la broussaille salée, le coton et d'autres espèces végétales desquelles les animaux se nourrissent et se conservent en parfaite santé. Les chevaux y pourraient réussir, mais on ne les y élève pas sur une grande échelle, parce que les moutons et le bétail attirent seuls l'attention des éleveurs, qui possèdent d'immenses étendues de terrains qu'ils louent de la courone et sont connus en Australie comme les « squatters » des districts du Darling, de l'Alberd et du Warrego.

(1) Les «free selectors» sont une classe de petits fermiers et agriculteurs établis sur des terrains choisis (selected) par eux en déhors des réserves du Gouvernement, là où ils l'entendent, et souvent même sur les terraine déjà loués aux grands propriétaires éleveurs ou « squatters.«

Le sol et le climat de cette vaste étendue de territoire ayant été ainsi brièvement esquissés, afin de remplir le but de cet article il est nécessaire de fournir quelques renseignements sur le «stock» que le sol produit et nourrit aujourd'hui.

Comme nous l'avons dit plus haut l'on y compte plus de 25.000.000 de moutons, quantité supérieure à celle de France, ou à peu près un vingtième du chiffre total de moutons du monde entier et les cinq douzièmes du «stock» total de l'Australasie (1).

La Nouvelle-Galles du Sud possède 38 moutons par tête de la population. La France possède à peine les deux tiers d'un mouton par tête, et le Royaume-Uni d'Angleterre, d'Irlande et d'Ecosse, n'en compte qu'un seul dans la même proportion. La Nouvelle-Galles du Sud supporte ses moutons sur ses pâturages naturels; dans de bonnes saisons elle pourrait faire plus, pendant les saisons sèches elle a assez à faire; mais si les propriétaires de ces moutons cherchaient l'aide de la charrue, comme l'ont fait leurs frères des vieux pays, où il y a des pâturages permanents, et où l'on cultive en grand les racines alimentaires, le «stock» actuel pourrait être doublé et triplé aisément. Le tableau suivant donne une idée très-claire des capacités agricoles en ce genre.

Nombre des bestiaux et moutons par étendue de 100 arpents, à l'exclusion des lacs, rivières, bois et forêts:

Contrées.	Bétail par 100 arpents.	Moutons par 100 arpents.
Royaume-Uni	13.8	47.1
Wurtemberg	28.4	17.2
Bavière	21.2	10.6
Belgique	20.3	9.5
Hollande	18.2	11.3
Danemark	15.1	22.7
Autriche (propre)	14.5	9.8
Prusse	13.0	29.8
Nouvelle-Galles du Sud	1.5	12.5

L'élevage des moutons a fait de grands progrès pendant les quinze dernières années; mais pendant les années précédentes les progrès avaient été lents. Les premiers moutons furent introduits ici de la colonie du Cap en 1797. Le sol devait leur être favorable, car en 1803 M. Macarthur, qui peut être justement considéré comme le promoteur de la «grande» industrie de la colonie, apporta en Angleterre quelques toisons qui attirèrent l'attention, et lui permirent de se procurer quelques mérinos provenant des fameux troupeaux de Georges III. M. Macarthur fut de plus encouragé par la donation de 10.000 arpents de terre, et fut vite en mesure de prouver aux courtiers de Londres que le sol de la Nouvelle-Galles du Sud était éminemment favorable à l'acclimatation du mérinos. En

(1) On comprend sous cette dénomination l'Australie, la Tasmanie et la Nouvelle-Zélande

1828 il n'y avait dans la colonie que 12.479 chevaux, 262.868 têtes de bétail, et 536.391 moutons ; en 1866 ces nombres étaient doublés et aujourd'hui en 1878 d'après les rapports des statistiques, le «stock» de 1864 est à peu près quadruplé.

A propos des moutons introduits par M. Macarthur, l'opinion suivante émise par un vieux colon montre combien la race s'est améliorée depuis leur introduction. En 1870 il écrivait : « Ce fut dans l'année 1862 que je vis pour la première fois ces moutons célèbres ; ils étaient beaucoup plus petits que le mérinos australien de l'époque actuelle. Les brebis que je vis ne pesaient pas plus de 30 à 34 livres chacune. Ces moutons étaient petits, mais bien bâtis et portaient des toisons très-fines, mais légères. Ils manquaient en longueur et en poids.» Beaucoup parmi les premiers colons n'épargnèrent ni peine ni argent pour se procurer des moutons provenant des troupeaux les plus choisis de la France, de l'Espagne, et de l'Allemagne, pour améliorer le stock général. Par un élevage judicieux, joint aux effets du sol et du climat, ce but a été atteint. Il y a une augmentation dans la taille de la charpente, on a obtenu une bonne longueur de laine sans y sacrifier la finesse et la densité, et le mérinos australien peut être classé aujourd'hui comme égal sinon supérieur à n'importe quel mouton du monde. Quelques-unes des plus belles toisons que l'Allemagne puisse produire, envoyées en présent à la société d'agriculture de la Nouvelle-Galles du sud arrivèrent ici il y a quelque temps, mais elles ne peuvent pas soutenir une comparaison favorable avec une toison australienne et il n'est pas probable que l'on importe des béliers mérinos d'Allemagne. Les mérinos de la colonie appartiennent en général à ce type, et un quatrevingtième du stock actuel à la race à longue laine. Les mérinos sont divisés en deux classes : « combing » et « clothing (2). » Un beau mouton australien porteur d'une toison épaisse pèse 50 livres. La tonte annuelle d'un mouton de cette race donne en moyenne trois livres de laine lavée. Certains mérinos d'une rare qualité ont donné jusqu'à 15 livres de laine à carder (non lavée), mais la moyenne de cette dernière description est de 5 livres. Les béliers mérinos dont la généalogie est connue valent de 500 à 12,500 f., les brebis de 500 à 5.000 f , pièce. Il y a environ 400,000 moutons à longue laine où de races croisées dans la colonie. On estime beaucoup les moutons du Lincoln et de Leicester, et les moutons croisés de Lincoln et de mérinos produisent une excellente race, qui est très-profitable aux petits éléveurs. Tous les ports de la colonie ont été fermés depuis 1873 aux importateurs étrangers à cause des maladies survenues dans les troupeaux européens et les éleveurs ont souffert de terribles pertes à cause de cela. Les toisons des races croisées sont généralement très-lourdes et leur laine est en grande demande sur le marché de Londres. Lorsque les ports seront ouverts de nouveau (et l'on pense que cela aura lieu avant la fin de l'année courante) les moutons anglais à longue laine seront importés sur un grand nombre.

(2) Les premiers sont ceux qui produisent la laine à carder (combing) et les seconds la laine à faire du drap (clothing).

Il y a, ainsi que nous l'avons dit plus haut, plus de trois millions de bêtes à cornes dans la colonie, mais leur qualité n'a pas encore atteint le degré de perfection de celle des moutons. La race à cornes courtes où de Durham y domine, et nous en possédons à peu près 2,700,000 têtes ; celle d'Hereford vient ensuite avec 300,000. Il y a quelques troupeaux de bétail du Devon, ainsi que quelques têtes appartenant aux variétés du Ayrshire et des îles de la Manche. Bien que nos bestiaux soient loin de valoir comparativement nos moutons, on a fait dans les vingt-cinq dernières années des progrès immenses dans leur amélioration. Avant cette époque ils étaient de très-mauvaise qualité, car le stock primitif venu du Cap et d'Angleterre n'était pas de bonne qualité non plus. Cependant dans ces derniers temps on n'a épargné aucune dépense pour réparer ce manque de jugement. Avant que les ports fussent fermés, quelques herefords et devons, bien choisis, arrivèrent ici, et il existe aujourd'hui quelques beaux troupeaux de bestiaux de race pure. Les sociétés agriculturales de la colonie, dont le nombre s'élève à quarante environ, ont beaucoup encouragé cette industrie et les bêtes exposées chaque année dans leurs comices ne seraient pas hors de place dans les meilleures expositions d'Europe ou d'Amérique. Plus de 2.5000 fr. ont été fréquemment donnés pour un taureau à cornes courtes où une vache du même genre appartenant à une race pure.

Les meilleures têtes des races d'Hereford et du Devon valent de 6.250f. à 12,500f. et dans un troupeau médiocre un taureau vaut en moyenne 750f. A l'époque actuelle nous pouvons dire que nous possédons environ 2.000.000 de têtes de bétail de qualité moyenne dans la colonie. Parmi celles-ci 12.000 peuvent être classées comme de races pures et 3.00000 d'un bon stock amélioré duquel on peut en agissant avec soin former des troupeaux égaux à ceux du monde entier. Les bêtes grasses se vendent sur le marché à raison de 25 à 37f. par 100 livres. Les bêtes ordinaires valent environ 100 f. par tête. Les moutons gras, les jeunes moutons de 56 livres se vendent à Sidney environ 17f. 25c. par tête ; les moutons ordinaires varient dans leurs prix de 8f. à 15f. suivant la demande et la qualité. Des bœufs gras de taille moyenne se vendent quelquefois à Sidney au prix de 175f. Autrefois les chevaux de la colonie étaient remarquablement bons, et l'on raconte des exploits merveilleux accomplis par les chevaux de louage australiens avant qu'on eût eu même l'idée d'établir de bonnes routes et des chemins de fer. La découverte de l'or, qui tourna la tête à tant de colons, fit tort à l'élève de ces animaux précieux et pendant quelque temps on ne se donna pas la peine de choisir les étalons ou les juments. Les chevaux multiplièrent abondamment ; de fait, ils parcouraient les montagnes en hordes à l'état sauvage ; mais leur qualité était sérieusement affectée. On a dernièrement tâché d'arrêter cet état de choses. On tue les chevaux sauvages et l'on importe chaque année le meilleur sang d'Angleterre. Le dommage de 1850 à 1860 a été presque oublié. Les chevaux de trait ont été très-améliorés, et il y a aujourd'hui environ 25.000 têtes de bonne qualité de cette sorte dans la colnie. Il y a en tout environ 80.000 chevaux de trait parmi lesquels on peut choisir, mais quelques-uns d'entre eux sont très-inférieurs. Il y a plus de 70r00) chevaux de voitures légères, et environ 200,000 chevaux de selle communs, la moitié desquels est d'assez bonne qualité, leur supériorité venant d'une certaine proportion de bon sang. Y compris les arabes, le nombre des pur sang faisant partie du stock actuel de la colonie est estimé à 3.500. On peut dire qu'il n'existe plus guère que 60.000 chevaux sauvages à tracasser les colons qui les détruisent à coups de fusil ou autrement. Les chevaux de pur sang atteignent ici de très-hauts prix, comme en Angleterre, selon leur généalogie; les étalons et juments de trait sont cotés de 50 à 1000 livres chacun (1250 à 25.000f.) les hongres de même espèce se vendent de liv. 20 à liv. 60 (500 à 1500f.) les bons chevaux de selle et de voitures légères de liv. 20 à 50 (de 500 à 1250f.) les chevaux de services de médiocre et inférieure qualités de liv. 1 à liv. 20 (25 à 500 f.).

Les chevaux non dressés et de sang douteux se vendent quelquefois à la campagne quelques shillings par tête. L'Inde a été pendant plusieurs années un bon marché pour les chevaux de la colonie qui sont très-utiles pour la remonte de la cavalerie. On expédie plusieurs chargements tous les ans et l'on pense qu'on pourrait disposer annuellement pour le marché indien de 3.000 têtes de chevaux de bon usage si l'on y trouvait un avantage suffisant. Aujourd'hui le trafic est entre les mains de quelques spéculateurs qui choisissent leur chargement et courent les risques, puis ont affaire aux acheteurs de l'Inde. Les cochons de la colonie, grâce à des importations récentes, sont d'une belle qualité, et le commerce de lard salé commence à prendre de l'importance. Dans plusieurs districts, principalement dans ceux de la côte méridionale, il y a des établissements qui livrent des jambons et du porc aussi bons que ceux des meilleurs comtés de l'Angleterre; dans les districts qui produisent du maïs l'élève des cochons est faite avec beaucoup de profit.

D'après ces détails qui sont nécessairement brefs, le lecteur peut se rendre compte de la condition florissante de l'industrie pastorale dans la Nouvelle-Galles du Sud. Son exportation en produits pastoraux peut être estimée à environ liv.8.000.000 par an, les trois quarts de laquelle somme sont tirés de la laine, et du stock entier des colonies du groupe australien qui s'élève à 958.952 chevaux, 7.232.131 bêtes à cornes, et 63,590,135 moutons. La Nouvelle-Galles possède 366,703 chevaux, 3,131,013 bêtes à cornes et 25.269.799 moutons presque tous exempts de maladie. La gale des moutons et la pleuro-pneumonie des bêtes à cornes autrefois si inquiétantes, ont tout à fait disparu, grâce à un système bien organisé dirigé par une administration capable et spéciale. Les fermiers éleveurs, depuis l'énergique «frees elector» avec son petit troupeau de moutons et ses quelques têtes de bétail jusqu'au grand «squatter» qui tond annuellement 200,000 moutons et peut compter 20.000 têtes de bêtes à cornes, sont prospères, ont de bon logis et de belles perspectives d'avenir. Elle ne manque pas de place pour ceux qui auraient le désir de partager sa prospérité. L'Europe lui présente un marché toujours ouvert pour ses laines, ses cuirs, son suif, ses viandes conservées; et au sud, tout près, à Victoria, il existe pour ses bœufs gras une demande constante qui produit un trafic de plus d'un million sterling par an.

VIN.

La Nouvelle-Galles du Sud possède à la fois un sol et un climat adaptés à la culture de la vigne, et elle arrivera sans aucun doute par la suite à prendre rang parmi les plus importants pays vinicoles du monde. Cette industrie existe dans la colonie depuis quelques années déjà quoiqu'elle n'ait atteint une certaine extension que dans les dix ou quinze dernières. Dans l'année 1868 il y avait dans la colonie 2.531 arpents de vigne, produisant 285.283 gallons (1) de vin et 3.856 gallons d'eau-de-vie ; on y cueillit aussi 700 tonnes de raisins qui furent vendus pour l'usage de la table. Durant l'année qui finit au 31 mars 1877, la superficie de nos vignobles montait à 4.457 arpents, dont le produit fut d'environ 800.000 gallons de vin, 3,000 gallons d'eau-de-vie, et près de 1000 tonnes de raisins pour l'usage de la table. Presque toutes les variétés de vignes cultivées en Europe et en Amérique ont été acclimatées dans la colonie, mais les espèces les plus en usage sont le Hambro noir, le muscat, et le « sweet water » (littéralement « eau douce. »(2) On trouve des vignobles dans presque toutes les parties de la colonie ; et ceux d'Albury, de la Nouvelle-Angleterre, des rivières de Hunter, de Paterson, et de Williams ont gagné une renommée qui s'est même étendue jusqu'en Europe. Dans les saisons favorables, les raisins se vendent en quantité dans les rues de la métropole à 0.20 c., 0.30 c., et 0.40 c., la livre. Des vins d'excellente qualité rouge et blanc, peuvent être produits au détail au prix de 1 fr. 25 c. la bouteille, et en gros à celui de 3 francs le gallon et au-dessus. Il existe en même temps des vins de choix qui se vendent sur la place aux prix du meilleur bourgogne ou des meilleurs vins du Rhin.

L'augmentation dans la production du vin dans la colonie dans ces dernières années est en grande partie due à l'introduction dans le pays de vignerons français et allemands qui se sont établis et sont entrés vigoureusement dans cette branche de l'industrie. On les rencontre en général dans le district d'Albury et dans la vallée du Hunter. Beaucoup d'entre eux vendent leurs raisins à de plus grands vignerons et y trouvent leur profit. Quelques-uns préfèrent faire leur vin eux-mêmes. Un homme avec sa famille pendant la saison peut vendanger de 8 à 10 arpents de vigne qui produisent une moyenne de 400 à 500 gallons à l'arpent. L'outillage nécessaire à la fabrication du vin n'est pas trop coûteux, et beaucoup de vignerons sont assez adroits pour le fabriquer

(1) Le gallon vaut de cinq à six litres.

(2) *Chasselas.*

eux-mêmes. Le rendement serait donc d'environ 1000 à 1250 francs par arpent, ce qui semble passablement profitable à ceux qui s'y sont engagés. Le terrible phylloxera n'a jamais fait son apparition dans la Nouvelle-Galles du Sud. Il y a quelques années il y eut une certaine alarme lorsqu'on s'aperçut que la maladie connue sous le nom d'oïdium avait attaqué nos vignes, mais on découvrit bientôt que l'ennemi pouvait être facilement expulsé à l'aide du soufre, et le vigneron, armé aujourd'hui de son soufflet à soufre, s'occupe fort peu de l'oïdium lorsqu'il en aperçoit les traces dans ses vignes. Le terrain qui est connu sous le nom de terrain chocolat, à cause de sa belle couleur brune, est surtout favorable à la culture de la vigne de même que les terres qui s'étendent au-dessus de nos riches mines de charbon.

Dans un des plus grands vignobles situés sur la rivière Hunter, certaines espèces de raisins ont donné un rendement de 1.000 gallons par arpent, et le vin a été d'excellente qualité. Il y a quelque temps, dans l'intention d'éprouver la vigueur des vins australiens, M. T. J. Fallon, d'Albury, embarqua une certaine quantité de vins, rouge et blanc, pour un voyage autour du monde — en Angleterre et de retour. A leur arrivée en Australie, ces vins furent goûtés par un certain nombre d'experts, et le résultat fut qu'aucun d'eux n'avait souffert la moindre détérioration, tandis que certaines espèces avaient au contraire beaucoup gagné. On pense généralement que si l'on modifiait en Angleterre la taxe sur les vins coloniaux, ils soutiendraient avec succès la concurrence avec les vins légers de France. Si cela était, et que des améliorations fussent faites dans les lois sur la distillation, qui permissent au vigneron de distiller de l'eau-de-vie sans les restrictions actuelles, l'industrie vinicole arriverait bientôt au premier rang et deviendrait une de nos plus profitables entreprises.

SERICICULTURE.

On peut à peine dire que la sériciculture soit une industrie établie dans la Nouvelle-Galles du Sud, mais des expériences ont été faites dans cette direction qui donnent des preuves suffisantes que la colonie est admirablement propre à l'élève des vers à soie. Plusieurs variétés de vers, comprenant l'italien, le français, et l'égyptien, réussissent, et jusqu'ici ils n'ont point été affectés des maladies qui ont été si fatales aux vers et si funestes à l'industrie dans plusieurs parties de l'Europe. La nourriture dont ils ont besoin peut être produite en quantité illimitée, en grande variété : il y a plusieurs espèces de mûriers qui croissent dans la colonie de la façon la plus luxuriante. Plusieurs personnes ont apporté beaucoup d'attention à l'élève des vers à soie dans la colonie, et elles ont si bien réussi qu'elles ont pu prouver qu'une excellente qualité de soie pouvait être produite ici avec peu de travail et de frais comparativement. Les qualités les plus remarquables de cette soie sont la force de la fibre et le brillant qui sont très-remarquables. Il y a quelques années un résident, qui habitait Maitland sur les bords du « Hunter river, » s'amusa à élever une petite quantité de vers à soie. Il sauva soigneusement les cocons, en dévida la soie et en envoya un spécimen à quelques amis en Angleterre. Cette soie fut montrée l'un des plus grand marchands de soie de Londres,qui fit immédiatement l'offre de prendre toute la quantité disponible de soie de ce genre au plus haut prix donné pour les meilleures qualités sur le marché de Londres. Mme Bladen Neil et M. Charles Brady sont à présent les grands pruducteurs de soie de la colonie. M. Brady qui a porté une grande attention à l'étude de cette industrie, a découvert une méthode pour régler l'hibernage des graines (œufs des vers à soie), de sorte que l'éclosion peut en être avancée ou retardée aussi longtemps qu'on peut le désirer. De cette manière, on évite l'une des plus grandes difficultés de l'élève, celle d'avoir des œufs éclos avant que l'on puisse avoir de quoi nourrir les jeunes vers. Par le procédé de M. Brady les œufs peuvent être éclos en quantités nécessaires et à telles époques qu'on le désire, de sorte que l'élève des vers est réduite à la certitude d'un calcul absolu, ce qui amène une grande économie dans les opérations de cette industrie.

CÉRÉALES.

Il est une question que chacun est naturellement tenté de faire à propos des pays neufs. Quelle est leur capacité productrice pour ce qui est des denrées alimentaires ? Quelles sont les espèces de grains qui y croissent ? La réponse à ces questions en ce qui touche la Nouvelle-Galles du Sud est facile à donner d'une manière satisfaisante, car non-seulement nous produisons toutes ou à peu près toutes les récoltes que l'on rencontre dans les contrées agricoles de l'Europe, mais de plus nous y joignons les produits des pays tropicaux. L'agriculture fut une des premières occupations à laquelle se livrèrent les premiers colons, mais les résultats furent peu considérables, d'abord à cause de leur ignorance des méthodes de culture à employer dans un pays si nouveau pour eux, et en partie parce que le sol du district de Cumberland, où ils vinrent s'établir alors, n'est pas généralement d'une bonne qualité. A mesure que le pays devenait plus connu, des terres plus propres à la culture étaient découvertes, et les colons commencèrent à utiliser le riche sol de la vallée du Hunter, les terrains plats situés le long des bords des rivières de Hawkesbury et de Nepean, et les fertiles ravins du district d'Illawarra. Le genre d'agriculture de cette époque était primitif, et le « husbandry » (1) dans le propre sens du mot était à peu près inconnu. Dans beaucoup d'endroits on se contentait simplement de couper les arbres des anciennes forêts et d'en laisser les racines encombrer le sol. La terre était labourée sans soins et la graine jetée au hasard, et cependant avec cette façon de travailler, les rendements étaient considérables. Récoltes sur récoltes fatiguaient le sol, et le prodigue fermier avait alors à se transporter dans d'autres endroits, ou à cultiver sa terre d'après des méthodes plus scientifiques. Le résultat fut que bien que jusqu'à une certaine époque l'agriculture ait été regardée avec peu de faveur, l'introduction d'un outillage perfectionné et de meilleures méthodes de culture ont montré que la colonie pouvait arriver à de grands résultats dans la production des céréales et des denrées alimentaires.

Le blé a toujours été le grain favori de nos fermiers, probablement parce que toutes les classes de la race anglo-saxonne veulent avoir leur pain manufacturé avec de la farine de froment. Il y a même cinquante ans, lorsque la population était confinée aux districts côtiers il n'y avait pas moins de 59.000 arpents plantés en froment. Mais à peu près à cette époque l'attention générale fut attirée vers l'élevage; cela était dû au prix considérable qui était offert pour le bétail gras. En conséquence, beaucoup de colons tournèrent leurs champs de blé en prairies pour l'engrais (grazing poddocks) et le rendement du froment diminua pendant quelques années. Mais à mesure que de nouvelles étendues de pays étaient ouvertes, la culture des céréales augmenta par degrés, surtout dans les riches plaines d'alluvions des rivières de Hunter, de Patterson, et de Williams, et sur les bords du Wollombi Creek. La culture du blé était surtout la culture favorite des fermiers parce que la précocité de la saison leur permettait de couper le grain mûr assez tôt dans l'été pour qu'ils puissent mettre une autre récolte avant le commencement de l'hiver. Mais cette culture reçut un échec dans ces districts il y a environ vingt ou vingt-cinq ans. Soit à cause du mauvais système de culture, soit à cause des effets des inondations, ou pour quelque autre cause inconnue, le froment fut affecté de la maladie connue sous le nom de rouille, et le fermier vit chaque année ses récoltes détruites. On découvrit que la variété connue sous le nom de blé d'Egypte était à peu près sinon complétement à l'épreuve de la rouille, et depuis, d'autres espèces de grains furent semés qui réussirent, et aujourd'hui, bien que les fermiers de cette partie du pays ne considèrent plus le blé comme leur principale culture, ils le cultivent cependant encore en grande quantité. A la même époque, d'autres parties de la colonie furent reconnues propres à la culture du froment, et dès que les chemins de fer ont pu venir en aide au cultivateur pour le transport de ses produits sur le marché, de grandes étendues de terrains ont été semées en blé autour de Tamworth et d'Armidale dans le Nord; de Bathurst et d'Orange dans l'Ouest; de Goulburn, de Wagga, d'Albury et d'autres parties du district de

(1) Expression qui signifie manière de travailler et de diriger un établissement agricole d'une manière éconoique.

Riverina dans le Sud. Il résulte de cela que la superficie cultivée d'après les derniers rapports comprend 145.608 arpents de blé, donnant un rendement de 3.879.537 boisseaux, soit une moyenne de 16 boisseaux et demi par arpent. L'orge devint aussi une des récoltes favorites de nos fermiers à cause de la demande considérable qui en existe pour la nourriture du bétail, aussi bien que sous forme de grain. Les rapports du 31 mars 1877 nous montrent une étendue de 5.662 arpents employés à cette culture, produisant 134.158 boisseaux, ce qui constitue une moyenne de 23 boisseaux et demi à l'arpent. L'avoine aussi a été largement semée. Les rapports de l'année dernière nous informent qu'il y eut 21.828 arpents semés en avoine qui produisirent 461.916 boisseaux, c'est-à-dire une moyenne d'un peu plus de 21 boisseaux à l'arpent. Le maïs est une des plantes qui furent introduites dès les premiers temps de la colonie lorsque le public commença à porter son attention vers l'agriculture, et il s'adapte si bien à notre sol et à notre climat qu'on peut le cultiver partout dans la colonie depuis la rivière Clyde dans le Sud jusqu'à la Tweed dans le Nord. On a des exemples de rendements énormes; dans les riches terrains vierges des bords de la rivière Clarence, entre autres, il était fréquent que la première récolte après que le terrain eût été déblayé donnât un rendement de 100 à 120 boisseaux par arpent. La moyenne de la production pour toutes les parties de la colonie prise l'une dans l'autre, et dans une saison ordinaire, est d'environ 32 à 35 boisseaux par arpent. Pendant l'année qui finit en mars dernier, la superficie plantée en maïs était de 116.306 arpents qui produisirent 3.879.537 boisseaux, c'est-à-dire un peu plus de 33 boisseaux à l'arpent. L'avantage des récoltes de maïs est que cette culture ne demande pas de très-grands soins, et que le grain est mûr de bonne heure; au bout de 3 à 6 mois, suivant l'espèce semée. On plante généralement par sillons à une distance de six pieds l'un de l'autre, et l'on sème quelquefois aussi dans les intervalles, des citrouilles, des pommes de terre et même du tabac. Cette céréale n'a jamais été jusqu'ici attaquée d'aucune maladie ou par aucun insecte de façon à causer un dommage sérieux dans la récolte, et on la cultive continuellement dans le même terrain sans qu'il y ait apparence de diminution dans le rendement. Bien que quelquefois la récolte soit très-abondante, et le prix du maïs tombe très-bas, cette culture paie en général le fermier d'une manière très-profitable.

SUCRE.

La culture de la canne à sucre est une industrie qui, bien qu'introduite sur une échelle pratique depuis dix ou douze ans seulement, est arrivée par degrés à atteindre de grandes proportions, et promet de devenir sous peu la principale industrie des colons établis sur les rivières du nord de l colonie. Dans l'année 1817 il n'y avait que 116 arpents de terre plantés en cannes à sucre dans toute la colonie; dans l'année finissant au 31 mars 1877, la superficie de terre consacrée à la canne à sucre s'élevait à 6.755 arpents, dont 3.524 étaient productifs, le reste comprenant les jeunes plants qui ne pouvaient encore rapporter. La culture de la canne à sucre n'est pas difficile; les cannes arrivent à maturité prêtes à être coupées, dans un espace de douze mois à deux ans, et continuent à produire des récoltes d'année en année provenant des racines primitives. La canne à sucre possède l'avantage de n'être affectée d'aucune maladie ou d'insectes destructeurs, et elle résiste aux inondations plus que toute autre espèce de plante connue. Le rendement de la canne varie, suivant la qualité de la terre et le mode de culture adopté, entre 30 à 50 tonnes à l'arpent, ce qui donne une moyenne de 2 1|2 tonnes de sucre pour cette étendue. Les siéges principaux de l'industrie sucrière sont situés sur les bords des rivières de Tweed, Clarence, Richmond, Macleay, et Manning, mais la canne à sucre a été cultivée avec succès sur le « Hunter river, » bien que sur une petite échelle.

Sur les rivières ci-dessus mentionnées il y a plusieurs moulins où les cannes sont écrasées et le sucre manufacturé. Pendant le cours de l'année dernière soixante-dix moulins travaillaient dans les différentes parties de la colonie. Le poids des cannes écrasées fut de plus de 1.150.000 cwt. * qui produisirent environ 94.000 cwt. de sucre, plus une grande quantité de mélasse. La valeur du sucre ainsi manufacturé n'était pas loin de liv. 150.000 soit 3.750.000 francs. On a manufacturé dans la colonie du sucre d' « imphée » de « sorghum » et de betterave. Les rendements de la canne sont, malgré tout, plus profitables et plus certains que ceux des autres plantes, dont la culture est tombée en désuétude, sauf dans quelques lieux où l'on s'en sert comme de nourriture pour les bestiaux et probablement parce qu'on n'en connaît pas encore la culture et surtout la manufacture.

ORANGES.

La culture des oranges s'étendit graduellement sur les bords du Hunter et sur ceux des autres rivières du Nord. Il y a en tout trente espèces différentes d'oranges et de limons cultivées dans nos vergers, en y comprenant les oranges de St.-Michel, les *navel*, les *tongareen*, celles de Séville, les mandarines, le limon de Lisbonne, le limon ordinaire, le limon doux, le citron, et le pamplemousse. La culture des oranges et autres fruits de la même famille a été en général rémunératrice ici, et comme ces fruits ne croissent pas bien dans Victoria, en Tasmanie, ni en Nouvelle-Zélande, on en exporte une grande quantité dans ces derniers pays. La valeur de ce commerce d'exportation a atteint le chiffre de liv. 640.000 à 650.000, c'est-à-dire, de 1 million à 1.250.000 francs annuellement. Beaucoup d'arbres dans nos orangeries ont atteint des dimensions considérables, et produisent une quantité énorme d'oranges. On cite le fait de 1.000 douzaines d'oranges cueillies sur le même arbre dans la même saison, et certains spécimens d'oranges d'un goût délicieux ont atteint le poids de 25 onces (environ 2 livres).

Peu de fruits propres aux climats chauds réussissent mieux dans la colonie que ne le font les citrons et autres fruits de la même espèce, surtout dans les districts côtiers, et dans les régions où ils ne sont pas exposés à la gelée. Ils croissent abondamment en plein air dans les environs de Sydney et sur les bords des rivières côtières. L'orange fut, dans le principe, apportée du Brésil par la première flotte qui amena des colons sur ces côtes. Le capitaine King, qui fut plus tard le second gouverneur de la jeune colonie, nous informe, dans son histoire de sa formation et de ses premiers progrès, qu'en 1790 les citronniers étaient dans un état de grande prospérité. Les premières grandes orangeries furent plantées près de la ville de Parramatta, et dans les ravines et les petites vallées le long de la rivière du même nom.

TERRAINS.

Lorsque nos lecteurs auront apporté une certaine attention à la quantité et à la qualité de la terre dans la Nouvelle-Galles du Sud, ils désireront sans doute savoir comment on peut en obtenir possession, et s'il est aisé ou difficile pour un émigrant de devenir propriétaire foncier. Ils seront donc heureux de savoir que la politique de la colonie, est basée sur ce principe, qu'il est désirable d'encourager les gens à s'établir sur la terre et de rendre les termes d'acquisition aussi libéraux que possible aux cultivateurs de bonne foi. Il n'y a que peu d'années, il était encore difficile dans bien des cas pour les petits capitalistes d'obtenir des terres. On les mettait aux enchères, et celui qui avait les ressources les plus considérables l'emportait. On fit donc un effort pour donner aux gens qui désiraient s'établir et cultiver la terre la facilité d'acheter des fermes sans concurrence, et en 1861 une loi fut passée par l'Assemblée permettant à toute personne d'envoyer à un officier, appelé « agent des terres, » une demande écrite pour l'achat conditionnel d'une étendue de terrain pas moindre de *quarante* arpents et ne dépassant pas *trois cent vingt*, au prix de 25 francs l'arpent, et en payant comptant, 25 pour 100 du prix d'achat. Dans le cas où aucune demande semblable n'eût été faite antérieurement pour ce lot, le pétitionnaire en deviendrait possesseur. S'il y avait plusieurs demandes pour la même terre, le propriétaire en serait déterminé par le tirage au sort. Les terres peuvent être choisies avant l'arpentage, que le gouvernement fait ensuite. Les gens qui s'établissent d'après le système de l'achat conditionnel, sont tenus de résider sur les lieux pendant trois ans, et d'y faire des améliorations d'une valeur égale à 25 francs par arpent; et au bout des trois ans, d'après la loi de 1861, ils peuvent payer la balance et obtenir un titre de propriété, ou laisser cette balance courir pendant une période indéfinie en payant un intérêt de 5 pour 100 par an. Quelques abus de cette loi se présentèrent, et l'on craignit des dangers à cause de ces conditions de crédit illimité. On s'abstenait de remplir la condition de résidence, on choisissait des terres au nom d'enfants mineurs, et même de ceux d'habitants en perspective! On s'aperçut alors que si ce mode de crédit illimité était maintenu plus longtemps, les débiteurs de l'Etat deviendraient trop nombreux et pourraient former une source de périls politiques. La loi fut donc amendée en 1875. On augmenta ensuite l'étendue de terre qui pouvait être choisie conditionnellement, de sorte qu'une personne peut aujourd'hui choisir de *quarante* à *six cent quarante* arpents sans concurrence. La loi demande alors le dépôt au jour de l'achat, d'une somme de 5 shillings (6 fr. 25 c.) par arpent, et si au bout de trois années, la balance de 15 shillings (17 fr. 50 c.) par arpent n'est pas payée, l'acheteur sous condition, ou son représentant, devra, au lieu de payer l'intérêt de la balance, d'après les termes de la Loi de 1861, « payer dans une période de trois mois après l'expiration dudit terme de trois ans, au trésorier colonial où l'agent des terres du district, la somme d'un shilling (1 fr. 25 c.) par arpent contenu dans cet achat conditionnel; et après cela, du 1er janvier au 1er avril de chaque année payer audit trésorier colonial ou à l'agent ci-dessus désigné, la même somme d'un shilling par arpent jusqu'à ce que la balance et l'intérêt au taux de 5 pour 100 par an soit payés, auquel cas le titre de propriété sera donné au véritable propriétaire. »

Bien qu'il ne soit plus légal que des enfants puissent choisir des terres, la loi permet à toute personne âgée de seize ans et au-dessus de prendre de la terre dans les conditions précitées et il existe alors une clause qui rend les propriétaires qui n'ont pas encore atteint l'âge de vingt et un ans, responsables sous contrat. On verra par là que l'on peut aisément acquérir des propriétés d'une étendue de 40 arpents à un mille carré dans des termes libéraux et sans concurrence, au prix de 25 francs par arpent, sous conditions de résidence et d'améliorations. On ne demande seulement que 5 shillings (6 fr. 25 c.) par arpent, comptant au jour d'achat : la balance reste trois ans sans payer d'intérêts, et peut alors être payée en entier, ou, ainsi que l'on a dit plus haut, en un payement annuel de 1 fr. 25 par arpent. Les terres du gouvernement peuvent aussi être achetées aux enchères. Le prix réservé varie pour les lots des villes et des campagnes, mais dans tous les cas il est très-modéré. En attendant les progrès de la colonisation, une grande partie des terrains de la colonie sont loués à des éleveurs de moutons et de bestiaux. Ces éleveurs louent de la couronne d'immenses étendues, et paient un faible loyer et un impôt léger dans le but de « squatting » (1), ainsi que l'on nomme ce genre d'opération. Les pâturages sont appelés des « runs » (to run, courir). Les locataires sont exposés à voir d'un moment à l'autre les terres occupées par des « acheteurs sous conditions » (free selectors) qui remplaceront graduellement les squatters.

Les tenants pastoraux de la couronne sont en même temps devenus grands acheteurs de terres. Ils ont acquis celles de beaucoup * d'acheteurs conditionnels » et acheté largement à l'encan, et en vertu de certains autres droits donnés par la loi. Les lois des terres sont aussi très-libérales en ce qui regarde l'acquisition de terrains, soit par location, soit par achat, dans le but d'y miner. Nous n'avons pas ici pour objet de discuter la loi sur les terres, mais seulement de montrer que la possession de la terre, si difficile à obtenir pour une grande partie du peuple dans d'autres pays, est ici, à la portée de gens à petits moyens. Dans la colonie, c'est une chose commune de voir le peuple posséder la terre. Si l'on jette un regard sur les listes électorales, on observe fréquemment le mot « freeolder » (propriétaire libre), et dans la campagne le nombre des propriétaires est considérable en proportion de la population, et en comparaison avec les autres pays. On ne doit s'imaginer cependant que la propriété publique a déja disparu et qu'il n'en reste plus pour les nouveaux venus. La superficie de la colonie est d'environ 207 millions d'arpents ; desquels 180 millions ne sont pas aliénés. La vente des terres marche cependant d'une façon assez rapide. Durant le cours de l'année dernière la quantité de terre vendue à l'encan ou achetée après avoir été offerte aux enchères sans avoir été vendue, montait à 2.110.000 arpents, et un million et demi d'arpents furent achetés sous condition dans la même année terminée au 31 décembre, 1877. Les ventes de terre depuis 1872, jusqu'à la fin de 1877, comprenaient 6.377.120 arpents vendus à l'encan, et 8.977.878 arpents vendus conditionellement. Si l'on considère ces chiffres et qu'on les compare avec les statistiques vitales de la colonie, elles auront encore une plus grande signification, car le chiffre de la population à la fin de l'année dernière était de 662.000 habitants. L'énorme superficie de 180 millions d'arpents qui ne sont point encore aliénés représente une source de revenus pour bien des années à venir. Les gens du pays ne sont pas satisfait de leur loi sur les terres, et il est probable qu'on les amendera d'ici peu. Il n'est pas probable cependant que le présent « Premier » et Ministre des Terres (l' Hon. J. S. Farnell) tente de diminuer les avantages que les agriculteurs de bonne foi possèdent, pas plus qu'il n'est probable qu'aucun parlement futur en fasse autant. On peut regarder comme certains que les changements tendront dans la direction d'une libéralité encore plus grande. On dit qu'il est question d'augmenter encore le maximum de superficie que l'on peut acheter conditionnellement, de tenter d'obtenir des « squatters » des revenus plus considérables, de régler plus sagement les ventes aux enchères, et d'introduire un meilleur système pour s'assurer que les conditions imposées aux « acheteurs conditionnels » sont honnêtement remplies, Il n'est pas du tout improbable que le présent « Premier » et Ministre des Terres n'établisse des Cours de justice pour le règlement de toutes les disputes qui peuvent se présenter dans la manière dont les

* Littéralement « s'installer sur la propriété d'autrui » (la propriété publique dans le cas présent) d'où leur vient le nom de «squatters» par lequel on les désigne.

lois des terres sont appliquées, et qu'il améliore de beaucoup les facilités offertes au public de la colonie, pour obtenir des informations sur les terrains à vendre dans toute l'étendue de la Nouvelle-Galles du Sud. Nous ne pensons pas que le système actuellement en force soit le meilleur que l'on puisse deviser dans le but de la colonisation et de l'accroissement du revenu; mais il met les acquisitions de terrains à termes modérés qui permettent de devenir propriétaires à bien des gens d'Angleterre et du continent d'Europe, qui n'eussent jamais pu être en position de pouvoir posséder.

COMMUNICATIONS INTÉRIEURES.

Avec des lignes de chemin de fer s'allongeant de plus en plus, un réseau de routes, un système de voitures publiques bien organisé et une grande et puissante flotte de bateaux à vapeur, les moyens de communication d'un lieu à l'autre offrent aux voyageurs toutes sortes de facilités. La politique du Gouvernement entre les mains duquel le système des chemins de fer se trouve, a toujours été d'étendre trois grandes lignes principales, au nord, à l'ouest, et au sud, afin d'aller atteindre les confins de la colonie septentrionale de Queensland; de pénétrer au milieu des riches pâturages des districts situés à l'extrême occident de la Nouvelle-Galles du Sud près des frontières de l'est de l'Australie méridionale (South Australia), et de rejoindre au sud les lignes établies par la colonie de Victoria. Non-seulement ce plan permettra par la suite de réunir les trois colonies par des lignes ferrées, mais il rendra agréable et facile le voyage d'une métropole à l'autre, ce qui donnera alors à chaque colonie les mêmes avantages que l'Australie entière pourrait posséder; car malgré les petites difficultés actuellement existantes entre deux des colonies (Victoria et la Nouvelle-Galles du Sud) à propos de tarifs, il existe un sentiment national très-prononcé qui amènera par la suite les populations à laisser disparaître leurs appellations diverses pour devenir les Australiens d'une Australie fédérée. Il y a dans la colonie, aujourd'hui, environ 600 milles de chemins de fer en exploitation journalière. Le Parlement a voté des fonds pour leur extension et différentes routes ont été tracées sur une longueur additionnelle de 1,461 milles; mais la longueur approximative des lignes qui ont été votées n'est que d'environ 858 milles. Le grand chemin de fer de l'ouest, qui, ainsi que la grande ligne du sud part de Sydney, montre un triomphe dû à l'habileté de l'ingénieur en chef M. Whitton. Cela consiste dans la traversée de la chaîne de montagnes qui formait à une époque une barrière insurmontable au progrès de la colonisation vers l'ouest, mais aujourd'hui, non-seulement le train traverse cet obstacle jadis formidable, mais il court à plus de 150 milles au delà, mettant ainsi à portée de la métropole les districts ruraux et pastoraux de l'ouest, les plus riches peut-être de la colonie. S'étendant jusqu'à Orange, ville florissante à 190 milles de Sydney, le chemin de fer est rapidement poussé vers une autre industrieuse petite ville, appelée Dubbo, le centre d'un riche district pastoral, situé à 270 milles de la métropole. De Dubbo la ligne s'étendra vers Bourke, sur la rivière Darling, et d'ici à quelques années atteindra les confins occidentaux de la colonie. Dans le Sud, le sifflet de nos locomotives (*the scream of our iron horse*) peut être presque entendu des Victoriens. La ligne s'avance déjà si loin de Sydney que l'on pense que d'ici à trois ans il rejoindra les chemins de fer de Victoria. Dans le Nord la locomotive court de Newcastle, port de mer important à 60 milles de Sydney, jusqu'àQuirindi, 114 milles sur le chemin de Queensland, traversant des districts riches et florissants, et l'on espère que bien peu d'années s'écouleront avant que la communication par « rail » ait atteint les frontières de Queensland. L'importance de l'extension des chemins de fer comme moyen de communication est comprise de tout le monde dans la colonie, et l'on n'épargne aucun effort pour développer ce grand travail public aussi complétement que possible. D'après les dernières statistiques publiées, celles de l'année 1876, le chiffre total des milles de chemin de fer en exploitation était de 509, mais ce chiffre a considérablement augmenté pendant les douze mois qui viennent de s'écouler.

En exagérant un peu les statistiques de 1876, le lecteur aura une idée exacte des progrès que la colonie a faits dans la voie des communications intérieures. Les rapports nous montrent que durant l'année 1876, il y eut 2,478,946 voyageurs sur les chemins de fer, en y comprenant ceux qui avaient des billets de saison, ce qui donne une augmentation de 570.541 sur l'année précédente. Cela seul indique jusqu'à quel point le public profite des facilités de communication qu'offrent les voies ferrées; et le fait que les bénéfices, en 1876, se montaient à 17.330.625 fr. contre 15.366.175 f. dans l'année précédente, c'est-à-dire une augmentation de 1.965.450 fr., montre aussi que les gains des chemins de fer sont considérables. La somme totale dépensée pour les chemins de fer dans la colonie, pendant l'année 1876 fut de 19.456.800 fr. et, quoique ce fait donne une certaine idée de l'esprit d'entreprise coloniale dans cette voie, l'activité qui se montre dans le progrès de nos chemins de fer rendra la dépense annuelle plus considérable et le progrès des « railways » plus grands. La somme générale que la colonie a dépensée sur ses chemins de fer se montait, à la fin de 1876, à 218.750.000 fr. Le voyageur qui débarque à Sydney peut se rendre aux confins de la colonie, dans presque toutes les directions, avec facilité, confort et à bon marché. Une course en « cab » de 10 minutes le mènera des quais à la gare des chemins de fer de l'Ouest et du Sud, et un train bien installé le transportera d'une seule traite jusqu'à une courte distance de Victoria—si courte, que le voyage en diligence, après qu'on a quitté le train, n'a plus aujourd'hui rien de désagréable—et, d'un autre côté, lui fera traverser plus de 200 milles dans l'intérieur de l'Ouest, le débarquant dans toutes directions au milieu de riches districts couverts de villes prospères et quelquefois bien bâties, où il se trouve à sa disposition toutes les nécessités et même le luxe de la vie. Si ses inclinations le portent vers le nord et qu'il désire s'y rendre par le chemin de fer, il peut s'embarquer à bord d'un rapide et confortable vapeur côtier qui le déposera au bout de six ou sept heures à Newcastle, la tête de ligne du grand chemin de fer du Nord et il peut, de là, passer de villes en villages et de villages en villes jusqu'à une distance de 150 milles.

Mais l'on peut laisser le train de côté pour certains voyages au nord et au sud. Une plus belle flotte de vapeurs côtiers que celle qui appartient à la Nouvelle-Galles du Sud ne se rencontre peut-être nulle part, et des «steamers» font journellement route entre Sydney et les ports de la côte.

Le voyage est très-agréable, et les prix sont très-modérés. Les vapeurs engagés sur la côte de la Nouvelle-Galles du Sud sont surpassés par ceux qui courent entre les ports intercoloniaux. Presque chaque jour, de grands bateaux à vapeur partent régulièrement de Sydney pour Brisbane et Melbourne, correspondant à ce dernier port avec ceux qui se rendent à Hobart-Town, Adélaïde, et quelques-uns des ports de l'Australie occidentale. Des communications à vapeur directes et régulières sont entretenues avec la Nouvelle-Zélande, Fidji, et la Nouvelle-Calédonie, le voyage d'aller ou de retour de Nouméa ne durant pas plus de quatre à sept jours; et comme le commerce entre Sydney et cette colonie française augmente de jour en jour, la quantité de navires qui s'y rendent augmentera à mesure, et l'échange de visites entre les habitants des deux colonies deviendra plus fréquent qu'il ne l'est aujourd'hui. Notre système de diligences est employé là où le chemin de fer n'a pas encore fait son apparition; il est bien organisé et de beaucoup semblable au vieux système des « coches » anglais. La dernière gare dans l'intérieur est toujours le point de départ et d'arrivée des diligences, et le trafic part de ce centre dans toutes les directions, transportant les passagers avec une certaine célérité, et, généralement, une grande sécurité. Les routes sont construites à l'aide des fonds publics, et elles ne sont désagréables pour les voyageurs que pendant les temps pluvieux.

Trois grandes routes principales traversent le pays — au nord, à l'ouest, et au sud : et des branches en partent dans la direction des diverses localités où il existe un centre de population.

Le parlement vote chaque année un certaine somme pour l'entretien des routes, et elles sont maintenues en assez bon état. Quelques-unes sont aussi bien construites et aussi unies que les rues macadamisées d'une ville. D'après les statistiques du directeur général de l'enregistrement, le coût de construction et d'entretien des routes et des ponts dans la colonie, pendant l'année 1876, fut de 8.575.000 fr. auxquels il faut ajouter les dépenses pour les chemins vicinaux et secondaires (dépenses locales) qui se montèrent à 982.500 fr., ce qui fait une dépense totale de 9.557.500 fr. On n'a pas oublié non plus l'importance du télégraphe et de la poste, et les affaires de ce département sont conduites d'une façon très-satisfaisante. Il y avait 171 stations télégraphiques en opération à la fin de l'année 1876, et elles donnaient un revenu de 1.475.000 fr. Le nombre des dépêches expédiées dans toutes les parties de la colonie s'élevait à 136.144, et celui des dépêches transmises de la colonie à l'extérieur à 858.301. Ces dernières fournirent une somme de 1.757.500 fr. Le nombre des stations télégraphiques de la colonie a été porté de 137 à 171 dans l'année 1873 à 1875, et le nombre de milles de lignes a été également porté de 8.012 à 8.472. Le coût total de construction des lignes télégraphiques se montait, à la fin de l'année 1876, à la somme de 6.800.000 fr. Ces chiffres donneront une idée de l'usage étendu que l'on fait du télégraphe dans ce pays-ci, et, bien que les lignes s'allongent constamment, le coût des dépêches est loin d'être élevé. On envoie un message de dix mots dans toutes les limites de la colonie pour un shilling, et pour deux shillings dans l'une ou l'autre des colonies australiennes. Mais nous ne sommes pas seulement en communication télégraphique avec chaque district et presque chaque ville dans les limites de la colonie et des colonies voisines : nous recevons aussi journellement des dépêches qui traversent tout le continent Australien, la mer de Chine, une portion considérable de l'Asie et une grande partie de l'Europe, nous apportant à notre déjeuner les nouvelles de la veille, de Londres et d'Europe.

Les besoins télégraphiques de la colonie sous ce dernier rapport ont tellement augmentés, que l'on sent déjà la nécessité absolue de poser un second câble pour nous mettre en communication avec l'Europe, et cela sera probablement un fait accompli d'ici à quelques mois. Cela n'est pas le seul grand ouvrage complété par le département du télégraphe de la Nouvelle-Galles du Sud. Nous avons déjà posé un câble à travers cette partie de l'océan Pacifique qui sépare nos côtes de celles de la Nouvelle-Zélande ; et l'on propose aujourd'hui (et cela sera probablement exécuté avant peu) de poser un autre câble entre la Nouvelle-Zélande et San Francisco, mettant ainsi une ceinture autour du globe, et nous plaçant en communication presque instantanée avec toutes les parties du monde civilisé. En fin de compte, notre système télégraphique est dans un haut état d'efficacité et de progrès, et dirigé par un état-major d'électriciens habiles. La poste et les facteurs se rencontrent dans toute l'étendue de la colonie. Notre système de postes intérieures nous procure le transport sûr et la distribution rapide de nos lettres, et notre service postal est conduit sur une large et coûteuse échelle. Dans la colonie nos lettres, journaux et paquets divers sont transportés par le train, la diligence, et les chevaux de poste, et au delà de la colonie par des bateaux à vapeur. A la fin de 1876 nous avions 782 bureaux de poste, qui employaient 1090 personnes, et les affaires de l'année comprenaient la transmission de 14,466.900 lettres, 6,917,200 journaux, en 413,000 paquets. Nous payons aussi, de concert avec la Nouvelle-Zélande, un subside à la compagnie des paquebots du Pacifique, pour le maintien d'un service postal entre Sydney et San Francisco viâ Auckland (Nouvelle-Zélande), et en addition à cela nous avons des facilités offertes par les colonies de Victoria et de Queensland pour la transmission de nos correspondances en Angleterre par les paquebots qui s'y rendent par les voies du canal de Suez et du détroit de Torrès. Ces avantages seront même bientôt probablement surpassés sous le rapport de la rapidité, par une concurrence de vitesse qui s'élève en ce moment-ci entre les paquebots réguliers et plusieurs grands « steamers, » que l'entreprise et la prévoyance de quelques armateurs anglais ont placés à la disposition du commerce australien.

LA NOUVELLE-GALLES DU SUD COMME CHAMP POUR L'ÉMIGRATION.

La Nouvelle-Galles du Sud a maintenant quatrevingt-dix ans d'existence comme colonie britannique. Elle peut offrir à l'émigration un « home » égal à tout autre monde; elle peut lui donner des chances de faire fortune qu'il ne rencontre dans aucun des vieux pays d'Europe; elle peut procurer au laboureur hardi de la Grande-Bretagne un confort que ses plus grands efforts ne pourraient lui donner ailleurs.

Nous ne prétendons pas dire que l'Australie soit un Eldorado, où l'or se ramasse dans les rues. En Australie, comme partout ailleurs, un homme doit travailler pour gagner sa vie, mais son travail lui rapporte plus ici qu'en Angleterre ou sur le continent, et les gens qui possèdent un petit capital peuvent l'employer avec plus d'avantage ici qu'ailleurs. Les émigrants qui ont abordé sur nos rivages avec l'esprit de travail et d'entreprise n'ont jamais été déçus, et il existe des milliers d'intérieurs heureux en Australie pour confirmer ce fait. Nous avons besoin que cela soit plus généralement connu. C'est notre avantage qu'il en soit ainsi, et de là pour nous la valeur de ces expositions internationales.

Un individu désireux d'émigrer en Australie demandera naturellement : De quelles sortes de gens avez-vous besoin dans la Nouvelle-Galles du Sud? Dans quels genres pouvez-vous leur procurer de l'emploi? Car si je ne suis pas certain de trouver une place, il est inutile que j'y aille; je puis exister ailleurs, et il n'y a aucun avantage pour moi à m'en aller à 6,000 lieues de mon pays pour être là-bas aussi mal que je suis ici Au fait, suis-je sûr de trouver à travailler en Australie? Nous répondrons à cette question en commençant par poser la suivante : « Que pouvez-vous faire? » Ce serait abuser les gens que de leur dire que tout le monde peut trouver à travailler ici. Il y a du reste deux classes de personnes qui ne feront de bien ni aux autres ni à eux-mêmes s'ils viennent chez nous. Les premiers sont ceux qui ne peuvent faire que des travaux de tête, et les seconds ceux qui ne veulent pas travailler du tout. Cela peut sembler une dure vérité, mais l'expérience du passé nous a démontré que trop d'émigrants appartiennent à l'une ou à l'autre de ces deux classes. Malheureusement, beaucoup de gens malades de corps et d'esprit, rebuts des maisons de refuge, et la plus mauvaise classe de la population femelle des grandes villes sont arrivés ici comme émigrants, tout simplement pour remplir nos hôpitaux, nos maisons de fous et nos prisons. Leurs amis dans leur pays étaient heureux de s'en débarrasser, et regardaient l'Australie comme suffisamment éloignée pour qu'il n'y ait que peu de chances de leur retour. Ce sont des fraudes qu'il nous a fallu supporter. Ensuite la classe dont nous avons parlé plus haut, qui dépend du travail de tête seulement, n'a pas grand chose à faire ici. Il y a peu de voies ouvertes pour ceux qui en font partie, et ils ont été élevés de telle façon qu'ils ne peuvent faire aucun travail manuel, ou même aucune sorte de travail dur. Il est bon aussi de cautionner d'avance ceux qui se livrent aux travaux manuels qui exigent de l'habileté, s'ils croient pouvoir vivre du fruit de leur travail; le temps viendra pour eux, mais il n'est pas encore arrivé. Cela n'est qu'un simple avis que nous leur donnons là, car si l'émigrant a de l'argent, l'avis n'est pas nécessaire. Mais surtout nous n'engageons personne à émigrer dans un pays nouveau, s'ils ne connaissent quelque métier manuel, à moins bien entendu qu'ils n'y viennent comme laboureurs. Les vicissitudes que l'on rencontre dans les pays neufs sont d'un caractère si particulier, qu'il se peut faire qu'un homme, aujourd'hui dans une belle position, soit demain sans emploi, par le fait de circonstances tout à fait imprévues. Nsus n'avons pas besoin d'aller plus loin que chez nos voisins de la colonie de Victoria pour en chercher une preuve. Là, par suite de la politique suicide d'un ministère tyrannique, des centaines de gens dans de bonnes positions ont été mis hors d'emploi, et, à cause de leur manque de connaissances d'un métier quelconque ils sont maintenant dénués de tout; et comme d'autre part ils avaient peu l'habitude de l'économie, ils n'ont pas de fonds de réserve pour leur venir en aide. Nous ne dirons pas que s'ils avaient été des ouvriers ils n'eussent pas eu à souffrir des procédés erratiques du gouvernement, mais leurs souffrances eussent été moindres que celles de ceux qui « ne peuvent pas piocher la terre, et auraient honte de mendier ». Les meilleurs émigrants parmi les classes ouvrières, sont de solides laboureurs et de bons ouvriers; des gens possédant à la fois le pouvoir et la volonté de travailler pour gagner leur vie, et la ferme détermination de faire leur chemin et d'arriver.

Le tableau suivant donne le taux courant des gages dans la Nouvelle-Galles du Sud pendant le mois de mars dernier (1878) : charpentiers, de 1 fr. 65 c. à 1 fr. 75 c. par heure; forgerons, de 1 fr. 45 c. à 1 fr. 95 par heure; charrons, de 12 fr. 50 c. à 14 fr. 25 c. par jour; maçons en brique, de 12 fr. 50 c. à 15 fr.; maçons en pierre, de 12 fr. 50 à 15 fr.; valets de ferme, de 875 fr. à 1125 fr. par an, y compris la nourriture et le logement; bergers, de 875 à 1125 fr. Pour ceux de ces gens qui vivent dans les villes, la pension peut être obtenue y compris le logement au prix de 18 fr. 75 c. par semaine, par personne, mais cela n'est pas très-recherché, et à 21 fr. 50 c. ce qui est préférable. La journée de travail habituel, adoptée dans presque tous les métiers, est de huit heures; mais, dans bien des cas, le travail supplémentaire existe et est bien payé. Les gages des servantes sont à peu près les suivants : cuisinières, de 800 à 1300 fr. par an (les rapports officiels donnent comme limite 1625 fr., mais ce chiffre est assez décevant; les cuisinières d'hôtel reçoivent quelquefois cette somme, mais ce sont des gages exceptionnels);

femmes de chambre, de 650 fr. à 1,000 fr.; blanchisseuses, de 800 à 1125 fr. (autre cas exceptionnel : peu de familles ayant de blanchisseuse en plus des domestiques de la maison); bonnes d'enfant, de 500 à 875 francs (cela dépend de l'âge et des besoins); domestique pour tout faire, de 650 à 1,000 fr. D'après cela, quelques-uns de ces prix pourraient paraître contestables, mais la raison en est que les gages élevés ne se donnent en général qu'aux domestiques les mieux dressés et les plus compétents, dont le nombre, pour des raisons qui seront facilement comprises en Angleterre, est extrêmement limité. Les domestiques femmes qui arrivent ici à bord des navires d'émigrants sont en général de fort jeunes femmes, mais pas du tout ce que l'on considère chez nous comme de bonnes servantes. Ces dernières sont rares, et cherchent naturellement à changer leur condition aussitôt que possible. Beaucoup de femmes qui émigrent se marient, et se marient bien, tandis que d'autres vont travailler dans les manufactures, où elles ont plus de liberté le soir, le dimanche et les jours de fête qu'elles n'en pourraient obtenir en service.

Le coût de la vie varie considérablement suivant la saison de l'année. Si l'ouvrier adoptait le même genre d'existence en Australie que celui qu'il mène dans les vieux pays, surtout dans les villes, la vie serait pour lui à bon marché. Mais il ne fait rien de la sorte. Ici, il a de la bière à son dîner et peut-être aussi à son souper au prix de 30 cent. à 60 cent. la chopine ; de la viande deux fois par jour au moins à celui de 30 cent. à 70 cent. la livre ; du pain, à 20 cent. la livre ; du beurre, de 90 cent. à 3 francs la livre ; des pommes de terre ad libitum, au prix de 15 cent. à 30 cent. la livre ; du fromage quand il en désire à celui de 60 cent, à 2 fr. 15 cent. la livre et ainsi de suite. Le poisson est à un prix très-modéré, et il en use à sa fantaisie. Il méprise la chandelle de suif, et il ne tolère les bougies et l'huile de pétrole que dans le cas ou il ne peut obtenir de gaz, tandis qu'il fume du tabac à 5 francs la livre.

Voilà un genre de vie qui n'est pas à dédaigner (et c'est là l'ordinaire), et après avoir compté tout ce qui lui est nécessaire, y compris l'habillement qui est assez bon marché, il lui reste de quoi mettre à la caisse d'épargne s'il est économe.

D'après les règlements du gouvernement on admet comme émigrants les personnes entre quinze et cinquante ans qui déposeront ou feront déposer une somme de 50 francs et les enfants entre 3 et 12 ans, venant avec leurs parents pour lesquels on déposera 25 fr., les enfants plus jeunes viennent sans payer. Les personnes que l'on désire introduire ici doivent jouir d'une santé robuste et d'un esprit sain, avoir un caractère moral, et consister en ouvriers, mineurs, domestiques, fermiers, vignerons et autres genres d'ouvriers, convenables aux besoins de la colonie. Les gens mariés avec leurs enfants, et les célibataires, ont l'autorisation de rester à bord quatre jours entiers après que le navire a jeté l'ancre à Port-Jackson, et les femmes non mariées sont reçues dans un « Immigrant's Home » (1) et

(1) Maison où l'on reçoit les émigrants, et où le gouvernement les loge à leur arrivée.

peuvent y rester huit jours sous le contrôle de l'agent du gouvernement pour l'émigration. Dès leur arrivée on s'empresse de leur trouver de l'ouvrage convenable aussitôt que possible.

LA VIE DE CAMPAGNE DANS LA NOUVELLE-GALLES DU SUD.

L'objet de l'article qui va suivre n'est pas d'entrer dans des détails sur les particularités de la vie rurale dans la colonie, qui n'est pas probablement très-différente de celle des autres colonies du groupe australien, mais de faire voir les quelques points dans lesquels la vie coloniale diffère de celle des autres parties du monde. Les épreuves et les difficultés du pionier ne sont pas des choses du passé, car, dans le fond de l'intérieur, là où l'on se livre à la vie pastorale et où il faut avoir à sa disposition d'immenses étendues de pays pour que ce genre d'occupation soit profitable, il lui faut se soumettre à l'isolement de toute société, et l'émigrant en général évite ces lieux isolés lorsqu'il s'agit d'y fixer sa résidence individuelle. C'est surtout à la vie dans les districts colonisés que les remarques suivantes s'appliquent.

Pour rendre la vie de campagne en Australie à la fois profitable et heureuse, deux qualités sont indispensables. La première est celle d'une grande confiance en soi-même et la seconde, des ressources personnelles. En s'établissant l'objet du colon est de se créer une existence indépendante de toute assistance étrangère. Au fait il n'a guère besoin de cette dernière même au début de sa carrière. La « brousse australienne » (Australian bush) comme on l'appelle, excepté sur les bords des cours d'eau et dans les parties tropicales n'est autre chose qu'une forêt clairsemée pas plus boisée que ne l'est le parc d'un « gentleman » en Europe. Le colon a sous la main les matériaux nécessaires pour son habitation et son foyer, mais les arbres sont si espacés que l'on peut immédiatement commencer à cultiver en les abattant sans s'occuper d'en arracher du sol les racines; ces dernières dessèchent si complétement que dans le cours d'une année ou deux on peut les extirper du sol par le moyen du feu. L'écorce des arbres sert à fabriquer des toits, et la maison et la ferme sont construites à l'aile du bois fendu en planches à un prix peu élevé. La maison est sans doute d'une assez rude construction et la ventilation en laisserait peut-être à désirer dans un climat moins favorable, mais là c'est bien le genre d'habitation le plus confortable et le plus sain que l'on puisse ériger. Une charrette et quelques instruments d'agriculture, quelques vaches achetées au prix moyen de 100 francs par tête, une demi-douzaine de chevaux à un prix un peu plus modéré, deux ou trois porcs pour l'élève et une petite quantité de volailles complètent l'installation de la ferme. Avec cela et un jardin potager attaché à sa résidence le colon peut dire qu'il a tout ce qu'il lui aut. Obtenant possession de la terre du jour où il s'établit dessus à un prix si modéré qu'il peut s'en dire immédiatement possesseur libre, et les impôts directs, de quelque nature qu'ils soient, n'existant pas dans les districts ruraux, il sent sa propre indépendance avant d'y avoir établi sa résidence depuis douze mois, et c'est là une des plus grandes satisfactions que la vie à la campagne puisse lui procurer. Quelque isolée que soit sa position, il sent que le courant du progrès monte rapidement vers lui. A la rapidité avec laquelle la colonisation s'avance, l'émigrant s'aperçoit vite que son isolement devient une chose du passé.

De nouveaux devoirs sociaux lui sont alors imposés. Il faut qu'il coopère avec ses voisins à l'établissement d'écoles dans son voisinage, et qu'il puisse en cas de maladie obtenir l'assistance du médecin ; les visites ministérielles, l'érection de chapelles et d'écoles, l'amélioration des routes, et enfin tant d'autres choses tendant à l'avancement social viennent aussi, s'il a tant soit peu d'esprit public, occuper son attention et demander ses services. Le service télégraphique et postal le suivent et l'on s'établit autour de lui, aussi faudrait-il qu'il trouvât un lieu bien isolé pour qu'il pût échapper à la vigilance des agents des journaux. Lorsque des gens établis à des centaines de milles dans l'intérieur ont l'avantage de pouvoir lire chaque semaine des nouvelles d'Europe qui n'ont pas plus d'une quinzaine de jours de date, et se tenir au courant de tout ce qui se passe dans leur propre colonie et celles qui les entourent, on ne peut pas dire que s'ils ont quelques ressources personnelles le temps leur pèsera bien lourd, si toutefois il leur en reste à perdre. Si l'émigrant se mêle aux amusements de ses voisins, il se joint vite à eux pour tirer le meilleur parti de la position. Dans les champs de course de campagne, avec leurs tentes de calicot, il y a quelquefois plus d'animation que dans les fameux hippodromes d'Epsom et de Longchamp. Il connaît tout le monde et le cheval de chacun, et ces « jeux Isthmiques » ruraux, sont considérés, tout pauvres qu'ils soient, avec un intérêt que les colons peuvent seuls comprendre.

Les bals périodiques auxquels il faut se rendre par une course à cheval de quarante milles — ce qui n'est qu'une petite considération — sont des jours marquants dans la famille, et c'est plus tard, en un mot, que le colon se souvient avec plaisir combien il s'amusait à ces parties, considérant surtout le peu de moyens qui lui permettaient d'y pourvoir. La visite à la métropole, qui dans les circonstances favorables a lieu tous les trois ans, est un événement dans l'histoire de la famille, que l'on note soigneusement, mais il est remarquable de voir combien le colon des campagnes se fatigue vite de la vie des villes et avec quel plaisir il retourne dans ses lares et ses pénates. L'éclat et le clinquant, le tumulte et l'excitement d'une grande ville, n'ont aucun charme pour lui. Cependant la colonie n'a presque aucun intérêt pour le voyageur ordinaire. Le paysage, sauf près des côtes, n'est pas particulièrement remarquable, on peut même l'appeler monotone, mais d'une manière où d'une autre il possède certains charmes qui lui sont propres. Un climat agréable, des ressources illimitées, et les avantages naturels du pays qui y rendent un établissement meilleur marché que dans toute autre contrée, et son degré constant de progrès le recommandent à l'émigrant. Quel que soit le but du colon, qu'il tourne son attention vers l'état pastoral et l'agriculture, la production du vin ou du sucre, il cherche invariablement à se rendre, s'il le peut, indépendant de toute influence étrangère en ce qui concerne la production des nécessités de l'existence. S'il est doué d'une grande confiance en lui-même il élève ses enfants à la même école, et lorsque ceux-ci poussent plus loin dans l'intérieur et s'y établissent, ils emportent avec eux une expérience pratique qui leur permet de faire face à tout. La vie de campagne en Australie a cette différence avec celle d'Europe qu'ici l'homme a à établir son propre « home, » et qu'il doit faire dériver ses plaisirs de ses ressources personnelles. On fera fort peu pour lui, et à moins qu'il ne soit prêt à accepter une situation comparativement solitaire et s'en arranger de son mieux, la monotonie de la situation sera vite pour lui désespérante. Une vie d'un certain confort, libre de toute restreinte conventionnelle, et d'une indépendance complète, ne s'obtient pas sans qu'on y sacrifie les commodités, le luxe et le plaisir qu'offrent les pays plus largement peuplés. Il n'y a aucun doute que le premier genre de vie est meilleur pour un homme dans son propre intérêt, et celui de ceux qu'il laisse après lui; mais on ne peut l'obtenir sans sacrifice personnel et confiance en soi-même. Si quelqu'un doute de posséder cette dernière, il vaut mieux pour lui qu'il s'arrange dans un pays plus peuplé où ses services seront plus utiles aux autres qu'à lui-même. Pour ceux-là la vie de campagne dans la colonie signifie misère et ennui, quelquefois les deux.

Paris. — Imprimerie de E. Donnaud, rue Cassette, 9.

www.ingramcontent.com/pod-product-compliance
Ingram Content Group UK Ltd.
Pitfield, Milton Keynes, MK11 3LW, UK
UKHW021852190726
13855UKWH00001B/285

9 782013 499156